복 있는 사람
오직 여호와의 율법을 즐거워하여 그 율법을 주야로 묵상하는 자로다.
저는 시냇가에 심은 나무가 시절을 좇아 과실을 맺으며 그 잎사귀가
마르지 아니함 같으니 그 행사가 다 형통하리로다.　　　(시편 1:2-3)

목회자 후보생들에게

목회자 후보생들에게

김회권 지음

복 있는 사람

목회자 후보생들에게

2012년 2월 22일 초판 1쇄 발행
2015년 11월 30일 초판 3쇄 발행
지은이 김회권
펴낸이 박종현
도서출판 복 있는 사람
서울특별시 마포구 연남동 246-21
Tel 723-7183 | Fax 723-7184
blesspjh@hanmail.net
영업 마케팅 723-7734
등록 1998년 1월 19일 제1-2280호

ISBN 978-89-6360-076-5

ⓒ 김회권 2012

이 책의 저작권은 저자와 도서출판 복 있는 사람에게 있습니다.
저작권법에 의하여 보호를 받는 저작물이므로 무단전재와 복제를 금합니다.

차례

저자 서문   9

1강_ 너희는 주의 길을 준비하라 마가복음 1:1-8   13

2강_ 때가 찼고 하나님의 나라가 가까이 왔으니   63
        회개하고 복음을 믿으라 마가복음 1:9-15

3강_ 제자들을 부르신 예수님 마가복음 1:16-28   95

4강_ 예수님의 성무일과: 새벽 미명의 비밀 마가복음 1:29-39   133

5강_ 원하시면 저를 깨끗하게 하실 수 있나이다 마가복음 1:40-45   197

6강_ 일어나 네 상을 가지고 집으로 가라 마가복음 2:1-12   235

7강_ 나는 의인이 아니라 죄인을 부르러 왔노라 마가복음 2:13-17   285

대화_ 김회권 목사의 신학, 목회 소명 그리고 교회 이야기   319

주   365

일러두기

1. 독자들의 헬라어 원전 읽기를 격려하기 위해 설교된 본문들의 헬라어 원문과 헬라어 낭독(음역), 그리고 저자 사역(私譯)을 실었다. 일반 독자들은 헬라어 원문과 사역 부분을 건너뛰고 읽어도 본문의 내용을 이해하는 데 아무런 어려움이 없을 것이다.

2. 헬라어 한국어 음역시 세타(θ) 자음의 발음은 쌍시옷(ㅆ)이지만 여기서는 경우에 따라서 디귿(ㄷ) 혹은 티읕(ㅌ) 음가로 분리해 읽었음을 일러둔다. 일반적으로 한국 그리스도인들이나 학자들의 발음에 가깝게 읽는 과정에서 이런 구분이 일어났음을 밝힌다.

3. 저자 사역은 헬라어 구문에 대한 직역인데, 헬라어 구문을 살리기 위해 헬라어 도치 구문을 번역할 시에도 도치구문으로 번역했다.

4. 왕래발착동사나 발화(發話)동사는 헬라어 구문을 그대로 살려 직설법 현재시제로 번역했다. 굵은 글씨체로 표시하여 헬라어 원문 성경 읽기의 묘미를 부각시켰다.

5. 미주 중 경어구어체로 된 부분은 미주 처리된 그 문맥에서 구두로 설교된 부분이었으나 편의상 미주로 처리했음을 밝힌다.

저자 서문

이 책은 2011년 3월 23-25일 경기도 광주 소망수양관에서 열린 장로회신학대학원 봄 사경회에서 '선교와 봉사'라는 주제 아래 행해진 일곱 차례의 설교와 한 시간 반에 걸쳐 진행된 질의응답식 강좌의 답변을 엮은 것이다. 중간 중간에 문맥을 해치지 않는 범위 안에서 본문 강해를 보충하는 문장들을 삽입했으나, 근본적으로 구두로 선포된 설교들을 거의 그대로 살렸다. 구두로 선포된 설교였으나 원래 문어체로 된 설교원고를 가지고 설교했기 때문에, 이 책에는 구어체적인 설교문과 문어체적인 석의釋義가 뒤섞여 있다.

장로회신학대학원은 저자가 기초적인 수학수련을 쌓았던 선지동산이요 소중한 교수님들과 동역자들을 만났던 복되고 감미로운 배움의 터였다. 장로회신학대학원에서 보낸 5년 동안, 나는 기독교 신앙과 신학의 풍성한 유산을 폭넓게 배우고 균형 잡힌 시각으로 공부할 수 있었다. 성경 원어와 주석, 교회사, 조직신학, 실천신학 등 모든 신대원 수업 과목들은, 신학공부 없이 1983년부터 5년째 캠퍼스 복음화 사역에 투신해 왔던 나에게 마른땅에 쏟아지는 샘물 같았다. 특히 보수적인 전통신학과 현대정신에 적응하느라 분투하는 혁신적인 신학사조들을 균형감각을 갖고 가르치는 신대원 학풍은 미국 유학기간 동안 큰 도움이 되었다. 이 지면을 빌어 모교와 모교의 은사님들께 진심으로 감사를 드린다. 이처럼 장로회신학대학원은 나에게 감미로운 기억을 만들어 준 모교였기에 모교의 후배들을 위한 사경회 인도는 영광이자 거룩한 부담이었다. 사경회 기간 내내 천 명이 넘는 교역자 후보생들과 교수님들과 나눈 배움과 사귐은 정작 나 자신에게 다시금 신학함이 무엇인지를 되묻게 만드는 계기가 되었다.

장로회신학대학원 봄 사경회 주제는 '선교와 봉사'였다. 선교는 본질적으로 하나님 나라 복음을 죽음의 땅에 파송하는 하나님의 고유과업이며(사 52:7), 봉사는 그것이 온 누리에게까지 확장되는, 하나님의 자애로운 돌봄이요 다스림이다. 나는 마가복음 1-2장이 그리는 세례 요한의 회개의 침례운동과 나사렛 예수의 갈릴리 사역에서 선교와 봉사의 전범을 찾았다. 나사렛 예수는 로마제국, 헤롯 가문의 분봉왕 체제, 그리고 예루살렘 성전의 종교지배 체제의 수탈, 억압, 그리고 모멸적인 냉대 아래 병들고 귀신 들려 치명상을 입고 살아가던 사람들을 치유하고 재활복구시켜 하나님 나라의 자녀로 재창조해 가신다.

마가복음에서 계시되는 하나님 나라는 객관적인 실재다. 겨울의 한기를 밀어낸 찬란한 봄의 온기와 같이 보편적으로 경험되는 객관적인 현실이다. 그 누구도 태양의 온기를 피할 수 없듯이, 도래하는 하나님 나라의 온기로부터 피하거나 숨을 수 없다. 나사렛 예수를 통해 비쳐 오는 하나님 나라의 여명은 치유, 귀신축출, 거룩한 사랑과 우정의 동아리 형성, 인격갱생을 통한 공동체 재구성 등으로 실체화된다. 나사렛 예수를 통해 가까이 온 하나님 나라는 갈릴리의 누추하고 빈한한 마을과 도시들을 거룩하게 격동하여 은혜의 질서 아래 재편한다. 지상의 교회와 개개의 그리스도인은 나사렛 예수가 개척했던 이 고귀한 하나님 나라 운동 과업을 계승하도록 부르심 받았다. 하지만 안타깝게도 한국교회에는 이런 갈릴리발 하나님 나라 복음이 거의 잘 들리지 않거나 외면당하고 있다. 기업형 교회성장과 종교권력 확장에 치중하는 성직자들과 그들을 뒷받침하는 우중愚衆 때문에 하나님 나라 복음은 교회 안팎에서 동시에 도전과 배척을 받고 있다.

이 책은 이런 어려운 시대에 나사렛 예수의 하나님 나라 복음을 영접하고 신학도의 길을 걸어가는 목회자 후보생들에게 들려진 설교다. 일곱 차례의 설교는 그들 각각을 애초에 선지동산으로 내몰았던 그 소명감을 갱신하고 되새겨 보길 기대하며 나사렛 예수의 하나님 나라 복음이 뿜어내는 선교적 동력과 세상 변혁적 봉사를 조명하고 있다. 기독교 신앙의 핵심은 하나님의 구원과, 그 구원에 감격한 하나님 자녀들의 자기 비움과 자기 낮춤을 통한 타자에 대한 사랑의 실천이다. 이것은 비릿한 이기심을 충족시키는 세속화된 종교와는 전혀 상관없는 천상적 기원을 갖는다. 따라서 기독교 신앙은 천상에서 파송된 하늘시민들만이 보유할 수 있고 그 안에서 행할 수 있는 신앙이다. '선교'는 세상에 파송되어 하나님 나라의 복음을 전파하는 과업이며, '봉사'는 하나님 말씀을 실천하기 위해 몸 전체를 태워 드리는 번제로 바치는 일이다. 이 선교와 봉사는 교회와 그리스도인의 과업이기 이전에, 죄인의 거역과 불순종에도 불구하고 그치시지 않는 사랑으로 마침내 인류구속의 역사를 완성해 가시는 하나님의 고유사역이다. 성경의 구원사는 하나님의 고유사역, 곧 인류와 온 피조물을 위한 선교와 봉사의 자리에 인간 동역자를 초청하시는 하나님의 분투로 가득 차 있다. 아브라함의 후손들인 이스라엘과 교회는 이 하나님의 장엄한 선교와 봉사에 동역자로 부름받은 것이다. 이 책을 읽는 독자들도 성령의 조명과 감동으로, 하나님의 선교와 봉사에 동참하는 소명감이 갱신되기를 간절히 빈다.

    끝으로 설교원고를 녹취하고 원고를 정리하는 일차적 책임을 떠맡았던 이도윤 전도사의 헌신과 수고, 그리고 양진일 목사의 수고에 감사드린다. 마지막 저자 교정 과정에 참여하여 책의 가독성을 높이는 데 도움을 준 장로회신학대학원 김주석, 도화영, 안세훈, 채철우 전도사와 하경화 자매에게도 감사드린다. 이길하 전도사는 헬라어 음역 부분을 철저하게 검독해 주었다. 복 있는 사람의 박종현 대표와 박주상 형제와 편집진의 편집작업에도 감사드린다. 아내 정선희는 초안부터 마지막 저자 교정 원고까지 철저하게 읽고 검독해 주었을 뿐만 아니라 애매모호한 내용들을 명료하게 정리하도록 도와주었다. 나의 책을 가장 열심히 읽는 애독자요 냉정한 원고 검열관인 아내와 함께 이 책 출간의 기쁨을 나누고 싶다.

2012년 2월 22일
파주 심학산 자락에서 사순절을 기다리며
저자 김회권

1강

너희는 주의 길을 준비하라

마가복음 1:1-8

설교 1 (3월 23일 수요일 오전, 개회예배)

하나님의 아들 예수 그리스도의 복음의 시작이라. 선지자 이사야의 글에 보라, 내가 내 사자를 네 앞에 보내노니 그가 네 길을 준비하리라. 광야에 외치는 자의 소리가 있어 이르되 너희는 주의 길을 준비하라. 그의 오실 길을 곧게 하라. 기록된 것과 같이 세례 요한이 광야에 이르러 죄 사함을 받게 하는 회개의 세례를 전파하니 온 유대 지방과 예루살렘 사람이 다 나아가 자기 죄를 자복하고 요단 강에서 그에게 세례를 받더라. 요한은 낙타털 옷을 입고 허리에 가죽 띠를 띠고 메뚜기와 석청을 먹더라. 그가 전파하여 이르되 나보다 능력 많으신 이가 내 뒤에 오시나니 나는 굽혀 그의 신발끈을 풀기도 감당하지 못하겠노라. 나는 너희에게 물로 세례를 베풀었거니와 그는 너희에게 성령으로 세례를 베푸시리라.

선지자 생도들 앞에서 말씀을 증거하는 일의 엄숙함

오늘 천 명이 넘는 목회자 후보생들 앞에서 하나님 말씀을 대언하게 되어 영광입니다. 또 한편 두렵고 떨리는 마음입니다. 저는 여러분에게 이번 사경회에서 전할 말씀을 준비하면서 몇 권의 책을 읽었습니다. 그것들 중 일부는 강의 도중에 인용되거나 언급될 것입니다만, 여러분들에게 도움이 되도록 먼저 소개하고자 합니다. 복음서의 앞부분을 이해하는 데 도움이 되는 공관복음사의 전사前史, 즉 배경사에 해당되는 책은 요세푸스의 「유대전쟁사」 1, 2권입니다.[1] 세례 요한과 예수님이 폭풍 같은 설교를 터뜨리게 만들었던 저 갈릴리적 아우성과 그 아우성의 뿌리가 무엇인지를 잘 설명하는 책입니다 (1권 308-312, 371쪽 참조). 또 다른 책은, 칼 바르트가 생애 마지막에 썼던 「복음주의 신학입문」인데, 그가 미국에 가서 일곱 차례 특강했던 내용들을 정리한 것입니다.[2] 그의 필생의 역작인 「교회교의학」을 압축했다고도 알려진 이 책의 3부 '신학을 위협하는 요소' 중에서 10장 '고독'과 11장 '의심', 이 두 장이 특별히 도움이 됩니다. 그리고 좀 두꺼운 책입니다만 알리스터 맥그래스의 「기독교, 그 위험한 사상의 역사」는 16세기 종교개혁을 통해 탄생된 개신교 기독교가 얼마나 체제 변혁적이며 세상을 창조적으로 재구성했는지를 잘 보여 주는 책입니다.[3] 또 찰스 스펄전이 목회자 후보생들에게 주었던 충고를 모은 「목회자 후보생들에게」, 마찬가지로 찰스 스펄전의 「목회자들을 위하여」,[4] 그리고 리처드 백스터의 「참 목자상」이라는 책도 있습니다.[5] E. M. 바운즈의 「기도의 능력」,[6] 성 아우구스티누스의

「하나님의 도성」7 또한 이번 사경회 말씀 준비를 위해 다시금 정독한 책들입니다. 이런 책들은 마가복음 1-2장의 메시지를 부분적으로 또는 전체적으로 파악하고 그것들 안에 담긴 선교와 봉사 신학을 읽어 내는 데 유용한 틀을 제공해 줍니다. 마지막으로, 공관복음서 이해를 돕는 요아힘 예레미아스의 「신약신학」을 언급하지 않을 수 없습니다.8 예레미아스는 불트만이 분리시킨 역사적 예수와 신앙의 그리스도를 다시 연결시키려는 학문적 열정으로, 공관복음서 전체에서, 그리고 예수의 비유에서 역사적 예수의 진정성 있는 음성, 어록, 행위들을 찾으려고 분투한 학자입니다. 이번 사경회에서 제가 제시할 마가복음의 예수님 이해는 그의 통찰에 직간접적으로 빚지고 있습니다.

저와 여러분은 지금부터 일곱 차례 밀도 높은 영적인 소통을 해야 할 텐데, 잘 될지 궁금합니다. 여러분이 각각 신학 수업 연한이나 신학의 이해에 편차가 있을 듯해 여러분 모두에게 의미 있는 메시지를 효과적으로 전달할 수 있을 것인지 고민하게 됩니다. 아마도 1학년들은 한동안 세속의 물결에 휩쓸려 살다가 갑자기 소명의 바다에 끌려와서 지금 좌우를 분별하지 못한 채 수련회에 붙들려 왔을 것입니다. 바벨론 포로처럼 끌려와 있는지도 모릅니다. 반면에 3학년 정도 되어 구약 및 신약 석의방법론을 수강한 후 구약과 신약 원전강독 수업도 한두 차례 들으며 히브리어와 헬라어 구절들을 읽을 정도라면, "아아, 이건 수준이 너무 낮지 않은가!" 하고 생각할 수도 있습니다. 이렇게 신학 수업 연한과 신학 이해력, 그리고 영적인 성숙도에 차이가 있는 신대원생 전체를 상대로 말씀을 증거해야 하기 때문에, 이번에 저는 멀티 클래스용 메시지를 준비했습니다. 저와 여러분이 일곱 번의 강의시간을 통해 묵상할 말씀은 마가복음 1장과 2장입니다.

사경회의 주제 본문인 마가복음 1-2장

마가복음 1장과 2장을 사경회 성경강해 본문으로 삼은 까닭은 이 두 장 안에 이번 사경회 주제인 '선교와 봉사'가 압축적으로 담겨 있기 때문입니다. 이 1장과 2장 헬라어 원어 본문을 소리 내어 반복해서 읽어 보면, 직설법 현재시제로 표현된 부분과 부정과거aorist 시제로 표현된 부분, 미완료imperfect로 쓰인 부분들이 다르게 느껴집니다. 나중에 살펴보면 알겠지만, 이 두 장에 나오는 예수님의 발언행위 묘사는 대개 직설법 현재시제로 표현되어 있다는 점이 인상적입니다. 예수님의 말씀은 영원한 현재직설어법으로 경청해야 한다는 저자의 의지를 표현한 것으로 보입니다. 헬라어 성경을 읽으면 직설법으로 표현된 본문이 눈에 금방 들어오게 됩니다. 그리고 분사형과 정동사finite verb 부분이 쉽게 식별됩니다. 자, 지금부터 제가 헬라어 성경 마가복음 1:1-8을 읽어 드리겠습니다.

헬라어 본문 낭독과 사역私譯

1 Ἀρχὴ τοῦ εὐαγγελίου Ἰησοῦ Χριστοῦ [υἱοῦ Θεοῦ]
  아르케 투 유앙겔리우 예수 크리스투 (휘우 데우).
  예수 그리스도(하나님의 아들)의 복음의 시작.

2 Καθὼς γέγραπται ἐν τῷ Ἠσαΐᾳ τῷ προφήτῃ
카쏘스 게그랍타이 엔 토 예사이야 토 프로페테,

예언자 이사야에 쓰여 있듯이,⁹

ἰδοὺ ἀποστέλλω τὸν ἄγγελόν μου πρὸ προσώπου σου,
ὃς κατασκευάσει τὴν ὁδόν σου
이두 아포스텔로 톤 앙겔론 무 프로 프로소푸 쑤
호스 카타스큐아세이 텐 호돈 쑤.

보라! 내가 네 앞서, 네 길을 예비할 내 사자를 보낼 것이다.

3 φωνὴ βοῶντος ἐν τῇ ἐρήμῳ
ἑτοιμάσατε τὴν ὁδὸν κυρίου,
εὐθείας ποιεῖτε τὰς τρίβους αὐτοῦ,
포네 보온토스 엔 테 에레모.
헤토이마사테 텐 호돈 큐리우
유데이아스 포이에테 타스 트리부스 아우투.

광야에서 외치는 한 소리. "주의 길을 예비하라. 그의 길들을 평탄케 하라."

4 ἐγένετο Ἰωάννης [ὁ] βαπτίζων ἐν τῇ ἐρήμῳ καὶ κηρύσσων
βάπτισμα μετανοίας εἰς ἄφεσιν ἁμαρτιῶν
에게네토 요안네스 (호) 밥티존¹⁰ 엔 테 에레모 카이 케뤼손
밥티스마 메타노이아스 에이스 아페신 하마르티온.

광야에서 침례를 베풀면서 죄들을 사함받기 위한 회개의 침례를 선포하고 있는 요한이 왔다.

5 καὶ ἐξεπορεύετο πρὸς αὐτὸν πᾶσα ἡ Ἰουδαία χώρα καὶ οἱ Ἱεροσολυμῖται πάντες, καὶ ἐβαπτίζοντο ὑπ' αὐτοῦ ἐν τῷ Ἰορδάνῃ ποταμῷ ἐξομολογούμενοι τὰς ἁμαρτίας αὐτῶν
카이¹¹ 엑세포류에토 프로스 아우톤 파사 헤 유다이아 코라 카이 호이 예로솔뤼미타이 판테스 카이 에밥티존토 휘포 아우투 엔 토

요르다네 포타모 엑소몰로구메노이 타스 하마르티아스 아우톤.

그리고 모든 유대 농촌지역 사람들과 모든 예루살렘 사람들이 그에게 나아왔다. 그리고 그들의 죄들을 고백하면서 요단 강에서 그에 의해 침례를 받았다.

6 καὶ ἦν ὁ Ἰωάννης ἐνδεδυμένος τρίχας καμήλου καὶ ζώνην δερματίνην περὶ τὴν ὀσφὺν αὐτοῦ καὶ ἐσθίων ἀκρίδας καὶ μέλι ἄγριον
카이 엔 호 요안네스 엔데뒤메노스 트리카스 카멜루 카이 조넨 데르마티넨 페리 텐 오스퓐 아우투 카이 에스씨온 아크리다스 카이 멜리 아그리온.

그런데 요한은 낙타털을 입고 가죽 허리띠를 그의 허리에 두르고 있었으며 메뚜기와 야생 꿀을 먹고 있었다.

7 Καὶ ἐκήρυσσεν λέγων· ἔρχεται ὁ ἰσχυρότερός μου ὀπίσω μου, οὗ οὐκ εἰμὶ ἱκανὸς κύψας λῦσαι τὸν ἱμάντα τῶν ὑποδημάτων αὐτοῦ
카이 에케뤼쎈 레곤 에르케타이 호 이스퀴로테로스 무 오피쏘 무 후 우크 에이미 히카노스 퀍사스 뤼싸이 톤 히만타 톤 히포데마톤 아우투.

그리고 그는 다음과 같이 말하면서 외쳤다. "내 뒤에 나보다 더 강력한 분이 오신다. 나는 구푸려 그의 신발들의 끈 하나를 풀기에도 미천한 자다."

8 ἐγὼ ἐβάπτισα ὑμᾶς ὕδατι, αὐτὸς δὲ βαπτίσει ὑμᾶς ἐν πνεύματι ἁγίῳ
에고 에밥티사 휘마스 휘다티 아우토스 데 밥티세이 휘마스 엔 프뉴마티 하기오.

나 자신은 여러분을 물로 침례했으나, 그분 자신은 거룩한 영으로 여러분을 침례할 것이다.

1강_너희는 주의 길을 준비하라

헬라어를 처음 배울 때 기억나나요? 인칭대명사를 돌출적으로 따로 쓰면 무슨 뜻이 있죠? 대부분 동사의 격변화로 인칭과 성수를 알 수 있지만, 어떤 경우에는 인칭대명사를 격변화와 상관없이 돌출적으로 따로 쓸 수 있습니다. 무슨 뜻이죠? 지난 혹한의 겨울에 다 잊어버렸습니까? 자, '에고 에밥티사'에서 '에고'는 '나 자신은I myself'을 의미합니다. "에고 에밥티사 휘마스 휘다티 아우토스", "나 자신은 여러분을 물로 침례했으나," '아우토스', 즉 "그분 자신은 거룩한 영으로 여러분을 침수시킬 것이다"라는 말입니다. '에밥티조'의 원형 '밥티조마이'라는 동사는 단지 "물에 씻다"라는 뜻이 아니라, "물에 빠뜨리다", "침수시키다immerse"는 의미입니다[12] (겔 36:25-26, 여호수아와 이스라엘 백성의 요단 강 침수를 상기시키는 행위). 제의적 정화를 위하여, 즉 새 언약 체결식에 참여하기 위하여 온몸을 씻는 행위입니다(출 19:14, 수 3:5). 오늘 본문의 큰 주제는 물세례와 성령세례의 연속적인 사역, 즉 물로 세례를 주는 세례 요한과 거룩한 영으로 침례를 주는 예수님을 비교하는 것입니다.

여러분, 헬라어 본문이 완전히 암송되어서 입천장에 달라붙을 때까지 소리 내어 반복해서 읽으시기 바랍니다. 히브리어도 안 되고 헬라어도 안 되면 한글성경이라도 열심히 읽으시기 바랍니다. 한글성경의 여러 역본들을 서로 비교해 가며 많이 읽으면 원전 읽는 것과 같은 효과가 납니다. 그런데 한 가지 유념할 것은, 하나님의 말씀을 낭독할 때 운율을 집어넣어 읽어야 한다는 것입니다. 운율을 동반해 소리 내어 읽지 않으면, 영적 깨달음이 잘 일어나지 않습니다. 석의釋義적인 상상력이 일어나려면 음악적 운율을 덧붙여 낭송해야 합니다.

암송과 낭송, 이것은 예수님과 사도들의 공부방법이었습니다. 우리 옛 조상들도 공부할 때 경전 전체를, 혹은 중요한 부분을 전부 암송했습니다. 책을 눈으로 보고 그 이치를 터득하겠다는 생각 자체를 옛날 사람들은 하지 못했습니다. 들음에서 깨달음이 일어나고 역동적인 의사소통이 일어난다고 믿었기 때문입니다. 예수님 당시 사람들은 성경 두루마리 전체를 집에 보관하거나 사유하지 않았습니다.[13] 대부분 사람들은 랍비나 제사장 등 영적 지도자들과 선생들이 성경을 읽어 줄 때 듣는 것이 전부였습니다. 그래서 회당에서 그날 읽어 준 본문을 듣지 못하면, 일주일 내내 성경 없이 사는 사람Bibleless people이 됩니다. 그래서 쉐마 "이스라엘아, 들으라!"(신 6:4)가 강조하듯이 하나님의 백성들은 듣지 않으면 안 되었습니다. 여러분은 스스로 하나님의 예언자의 목소리가 되어 여러분 자신에게 두루마리를 낭송해 주십시오. 집에서는 큰소리로 읽으시고, 전철에서는 작은 소리로 읽으십시오. "아르케 투 유앙겔리우"로 시작되는 마가복음 1장 1절부터 8절까지를 암송하십시오! 성경을 암송하며 다니셔야지 집사님들 앞에서 선지자 생도다운 후광이 생깁니다. 집사님과 장로님이 여러분을 객과 고아 수준의 레위인 취급할 때(신 14:29, 삿 18:1-4), 여러분이 히브리어, 헬라어 성경구절들을 주섬주섬 외우면 그분들이 "아, 저분은 범접할 수 없는 전도사구나. 저분은 곧 용이 되실 이무기구나"라고 생각하며 존경하기 시작할 것입니다. 그러나 히브리어나 헬라어 성경은커녕 개역성경의 필수 성경구절 찾는 데도 시간이 오래 걸리고, 심지어 어떤 때는 "집사님, '……'라고 하는 성경구절, 어디 있죠?" 하고 묻는 수준이라면, 여러분은 그 다음 날부로 감사패 받으면서 이임離任하는 사태가 일어날 수도 있습니다. 그래서 집사님과 장로님들로 하여금 여러분에 대해 적당한 외경심과 존경심을 유발하는 길은, 헬라어, 히브리어 성경을 줄줄 암송하는 실력과 영성 함양이라고 봅니다. 신학대학원을 다니는 학생들 중에 헬라어, 히브리어를 형식적으로 이수한 후 다시는 들춰보지 않으면서 인터넷 검색을 통해 예화를 구하려고 하는 지적 화전민들이 많다는 말을 들었습니다. 지적 화전민이라 함은 700단어 이하로 살아가는 사람들입니다. 비옥한 지성과 영성의 농토를 경작할 수 없는 사람들입니다. 신학생과 전도사님들이 화전민처럼 전혀 자신의 지성을 계발하지 않고 지적으로나 영적으로 아둔한 상태에 머물러 있으면 그것은 비극입니다. 하나님 말씀을 암송하지 못할 뿐 아니라 음악적 운율을 내어 익히거나 체질화시키지도 않고 단지 필요할 때마다 찾아 눈으로 보려고만 한다면, 신학대학원 다니는 보람이 뭐가 있겠습니까? 여러분, 먼저 한글성경 암송 습관부터 기르고, 그다음에 헬라어, 히브리어, 혹은 아람어로 성경을 몇 구절씩 암송하여, 여호와의 율법을 즐거워하고 주야로 묵상하는 신학도로 성장할 수 있기를 바랍니다. "아슈레 하 이쉬 아쉐르 로 할라크 바아짜트 하르샤임." "복이 있도다, 악인들의 꾀를 따라 걷지 않는 사람이여!" 이렇게 말입니다. 꼭 암송하세요. 알겠죠, 여러분?

제가 이번 사순절에 마가복음 헬라어 본문을 직역해 봤는데 큰 은혜를 받았습니다. 사순절 기간에 스스로 고난 받기 위해서 헬라어 성경을 읽고 번역했습니다. 헬라어 성경을 읽는 것은 진도가 느리기 때문에 마치 오르막길을 등정하는 것과 같은 고난입니다. 헬라어 성경을 읽으면서 광야 경험도 했습니다. 한가하면서도 외로운, 꼭 들짐승들과 함께 있는 느낌을 받았습니다.[14] 사순절적인 고난의 전례라고 할 수 있는 헬라어 성경 직역을 통해서 은혜를 많이 받았기 때문에 제가 받은 은혜를 여러분과 같이 나누고자 합니다. 본문 강해에 들어가기에 앞서 먼저 마가복음 전체 주제를 잠시 말씀드리겠습니다.

마가복음의 중심: 하나님의 아들 예수 그리스도의 복음

마가복음을 압축하는 주제는 하나님의 아들 예수 그리스도의 "복음"입니다(1절). "예수 그리스도의 복음"이라는 말은 예수 그리스도가 주체가 되어 스스로 전파한 하나님 나라의 복음을 가리키기도 하고(마 4:17, 막 1:15), 사도들에 의해 "복음"이라고 불린 예수 그리스도 자신을 가리키기도 합니다(롬 1:1-4[특히 3절 참조], 사 52:7). 후자를 취하면 하나님의 아들과 복음은 동격이 됩니다. "예수 그리스도라는 하나님의 복음"이라는 뜻입니다. 기쁜 소식을 의미하는 유앙겔리온의 구체적 내용은 15절에 나오는데, 그 구절이 마가복음의 주제절입니다. "때가 찼고 하나님의 나라가 가까이 왔으니 회개하고 복음을 믿으라." 헬라어로 암송해야 하기에 읽어 드리겠습니다. 페플레로타이 호 카이로스 카이 엥기켄 헤 바실레이아 투 데우 메타노이에테 카이 피스튜에테 엔 토 유앙겔리오.

여기서 말하는 복음은 오랫동안 이민족과 억압적 통치자들(로마제국, 헤롯 가문 등 악한 정치체제와 귀신들과 온갖 질병들)에게 시달려

온 하나님의 백성들에게 하나님의 직접적인 통치가 시작되었다는 소식(사 52:7-8)입니다. 복음은 하나님께서 직접 당신의 백성들을 다스리실 것이라는 선언입니다. 즉 하나님께서 파라오 같은 악마적 지배자로부터 당신의 백성을 건져 내어 직접 사랑과 인애로 다스리실 것이라는 소식입니다. 하나님의 해방과 구원은 곧 통치를 위한 것임을 선포합니다. 하나님께서 이스라엘을 애굽 땅 종 되었던 집에서 구원하신 목적이 다스리시기 위함이었듯이(출 15:17-18, 레 26:13), 예수님을 통한 하나님의 구원도 인간을 하나님의 통치 아래 복속시키기 위함이었습니다. 신약의 이신칭의 구원도 결국 주 예수의 통치 아래 복속되기 위한 절차일 뿐입니다. 하나님의 통치를 거절하면, 인간은 누구의 지배를 받습니까? 악과 고난, 죄와 죽음의 지배를 받습니다. 죽음의 현현세력들manifestations이 가난, 질병, 귀신 들림, 압제의 형태를 띠고 인간을 지배합니다. 하나님 나라가 도래했다는 기쁜 소식을 듣는 이스라엘 백성들은 지금 죽음의 지배, 악과 고난을 강요하는 악마적 통치 아래 시달려 오고 있습니다. 그런 이스라엘 백성에게 하나님의 생명통치, 자유, 해방, 구원, 치유가 도래했다는 소식이 들려온 것입니다.

 마가복음은 하나님의 아들의 복음을 소개하면서 예수의 인격과 사역에 초점을 맞춥니다. 예수 그리스도의 말뿐만 아니라 그의 인격과 사역 전체가 하나님의 복음이라는 암시입니다. 온갖 악마적, 억압적 정치체제와 영적 세력들로부터 하나님의 백성들을 구원할 분이 바로 다윗의 아들로 오신 나사렛 예수(마 1:21, 요 3:16)라는 소식입니다(마 11:5, "맹인이 보며 못 걷는 사람이 걸으며 나병환자가 깨끗함을 받으며 못 듣는 자가 들으며 죽은 자가 살아나며 가난한 자에게 복음이 전파된다"). 복음은 예수 그리스도를 통해 분출된 하나님의 생명 회복 사역 총체를 가리킵니다. 그런데 이 예수님이 전한 하나님 나라의 복음이 사도 바울에게 오면 "주 예수의 복음"(행 16:31)으로 바뀝니다. 그러나 내용은 동일합니다. 하나님 나라가 예수 그리스도의 십자가의 죽으심과 부활, 그리고 성령강림으로 개개인에게, 그리고 교회 공동체에게 먼저 임했기 때문입니다. 결국 사도들에게는 예수 그리스도의 대속적, 대신적, 대표적 죽음을 통해 선사된 하나님의 죄 사함이 복음의 주된 내용이 됩니다(롬 1:17).[15] 좀 더 구체적으로 말하면, 예수 그리스도가 십자가상의 죽음과 부활을 통해 인류를 율법과 죄의 저주에서 속량하시고, 십자가에 죽으신 후 삼 일 만에 부활하신 나사렛 예수를 내 삶의 주인이요 구세주로 영접한 사람들에게 성령을 보내 주셔서, 하나님께 순종할 수 있는 삶을 선사해 주셨다는 소식입니다(롬 3:24-26; 4:25; 6:3-5; 8:4-11, 행 2:22-38[특히 33-34절 참조]). 그런데 하나님 나라가 가까이 왔다는 말 앞에 "때가 찼다"는 말이 온 것은 깊이 묵상해야 할 내용입니다. 그것은 예수 그리스도의 오심이 우발적인 사태가 아니라 구약에서 오랫동안 약속된 하나님 나라 예언의 절정 성취사건임을 강조합니다(창 3:15, 삼하 7:12-16, 사 9:5-6; 11:1-9; 53:4-7).

마가복음에서는 예수 그리스도의 사역과 인격과 말을 통한 하나님 나라 사역이 집중적으로 나타납니다. 하나님의 아들 예수 그리스도의 십자가의 죽음과 부활을 통해 선사된 죄 사함의 복음은, 마가복음 8:27 이하 가이사랴 빌립보 도상의 신앙고백 사건 이후에 부각되기 시작합니다. 이때부터 나사렛 예수는 거의 축자적으로 예언을 성취하려는 듯이, 이사야 53장의 각본을 무대에 올린 배우처럼 자신의 목숨을 많은 사람들을 위한 대속물로 주기 위한 여정에 돌입하십니다. 예루살렘 입성은, 자신의 죽음을 통해, 이미 (창세전부터) 공생애 전체에 걸쳐서 하나님 아버지께 드린 순종을 완성하기 위함이었습니다.

빈 들에서 외치는 소리(1-6절)

방금 우리가 읽은 본문은, 1절 마가복음 전체 표제 소개, 2-3절 세례 요한의 세례운동의 성경적 근거(예언적 근거), 4-5절 세례 요한의 세례운동의 파급효과, 6절 엘리야의 회개사역을 상기시키는 세례 요한의 면모, 7-8절 하나님의 아들 예수 그리스도를 공적으로 소개하는 세례 요한의 선구자적 사역으로 구분됩니다. 사실상 세례 요한의 입에서 예수 그리스도는 아직 언급되지도 지칭되지도 않습니다. 단지 '아우토스', "그분" 즉 "성령으로 세례를 주실 분"으로만 소개됩니다.

　세례 요한의 회개 세례운동의 근거를 밝히는 예언서가 이사야로 언급된다는 점은 시사하는 바가 적지 않습니다. 하지만 2절("보라, 내가 내 사자를 네 앞에 보내노니 그가 네 길을 준비하리라")은 사실상 말라기 3:1의 부분 인용인데, 마가복음 저자는 이사야 예언의 일부인 것처럼 말합니다. 이사야서에는 "광야에 외치는 자의 소리가 있어 이르되 너희는 주의 길을 예비하라"고 되어 있죠. 그래서 어떤 헬라어 성경사본에는 이사야라는 말 대신에 '프로페테스', "예언서들에 있듯이"로 되어 있는 것도 있습니다. 그런데 소개하고자 하는 예언의 더 중요한 핵심은 이사야서에 있기 때문에, "이사야서에 있듯이"라고 해도 그 당시 기준으로는 괜찮았을 것입니다.[16]

    3절은 세례 요한의 사명선언입니다. 말라기 3:1과 이사야 40:3 등으로 자신의 사명을 확정한 세례 요한은 광야에 이르러 죄 사함을 받게 하는 회개의 세례를 전파합니다. 3절은 세례 요한이 직접 발설했을 가능성이 큽니다. 요한복음 1:22-23이 우리의 추측을 지지합니다. "또 말하되 누구냐. 우리를 보낸 이들에게 대답하게 하라. 너는 네게 대하여 무엇이라 하느냐. 이르되 나는 선지자 이사야의 말과 같이 주의 길을 곧게 하라고 광야에서 외치는 자의 소리로라 하니라." 이사야 40:3은 요한 자신에 의해 발설된 말씀이었다는 것입니다. 자신의 선구자적 사역을 확증하는 선언입니다.

    왜 세례 요한은 이사야서를 붙들고 자기 사명선언의 토대로 삼았을까요? 요한이 받은 사명(3절)은 이사야 40-55장에 나타나는 이스라엘의 회복과 시온의 위로라는 큰 주제를 잘 드러내고 있기 때문일 것입니다. 특히 이사야서는 시온의 영광, 이스라엘 남은 자의 구원에 대한 가장 포괄적인 예언을 담고 있어서 주전 2세기부터 의로운 남은 자들의 베스트셀러 성경책이었을 가능성이 큽니다(쿰란의 이사야서 전질사본, 벤시락 48장의 이사야 구원예언 강조, 예수님의 이사야 61장 인증과 인용, 예수와 바울의 광범위한 이사야서 인용). 이렇게 해서 이사야 40:3이 결국 세례 요한의 케뤼그마(하나님 나라 선포)의 토대가 되었습니다.

마가복음에서는 세례 요한의 케뤼그마가 생략되었으나 마태복음은 명시합니다. "회개하라. 천국이 가까이 왔느니라"(마 3:2). 그에게 천국의 도래는 심판과 정화를 의미했습니다. 예수의 경우는 "때가 찼고"가 요한의 케뤼그마 앞에 붙어 있고, "복음을 믿으라"는 초청이 첨가되어 있습니다. 예수님은 천국의 도래가 심판을 넘는 기쁜 소식임을 강조한 것입니다. 심판을 피할 길, 그것은 복음을 믿는 길이라는 점을 강조한 것입니다.

결국 세례 요한은 자신의 사명을 메시아의 길을 예비하는 것과 메시아의 길을 평탄케 하는 것으로 정리합니다. 구약성경에서 "광야"가 메시아의 길이 예비되는 곳이라면, 마가복음에서 광야는 "외치는 자의 소리"가 들리는 곳입니다. 빈 들, 광야는 주의 길을 예비하라고 외치는 예언자의 활동공간이면서 길이 만들어지는 곳입니다. 즉 광야에서 외치는 자의 소리를 듣고 회개하는 곳에 바로 길이 만들어지기 때문입니다.

길을 예비하고 평탄케 한다는 말은, 회개를 통해 빈부 격차가 극복되고 언약 공동체가 회복되는 것입니다. 누가복음 3:7-14이 예해하듯이, 그것은 옷 두 벌 가진 자가 옷 없는 자에게 한 벌 주는 행위이고, 군인들이 강포를 그치고 정한 월급으로 만족하는 행위이며, 세리들이 가렴주구를 그치고 늑징하지 않는 것입니다. 이처럼 세례 요한이 요구한 회개는 사회경제적 차원의 회개를 포함하였습니다. 물에 몸을 담가 씻으라고 요구한 것은 회개를 공개적으로 천명하기 위한 것입니다. 세례의 근거는 에스겔 36:24-27입니다.

24 내가 너희를 여러 나라 가운데에서 인도하여 내고 여러 민족 가운데에서 모아 데리고 고국 땅에 들어가서 25 맑은 물을 너희에게 뿌려서 너희로 정결하게 하되 곧 너희 모든 더러운 것에서와 모든 우상 숭배에서 너희를 정결하게 할 것이며 26 또 새 영을 너희 속에 두고 새 마음을 너희에게 주되 너희 육신에서 굳은 마음을 제거하고 부드러운 마음을 줄 것이며 27 또 내 영을 너희 속에 두어 너희로 내 율례를 행하게 하리니 너희가 내 규례를 지켜 행할지라.

에스겔 36:24-25은 물세례를 말하고 26-27(롬 8:4)은 영의 세례를 가리킵니다. 사독계열 제사장 가문에서 난 예언자 요한은 이 에스겔 본문 등에 근거하여 회개의 세례, 즉 자신의 죄를 자복하면서 요단강에 침수시키는 침례식을 거행하였습니다. 요한은 살렘 가까운 애논에서 세례운동을 펼쳤고(요 3:23) 후에 예수님 또한 세례운동을 벌였습니다(요 3:22). 둘 다 예루살렘과 유대 가까운 요단에서 세례를 베풀었습니다(예수의 세례운동이 더 많은 파급효과를 일으키며 유대인들의 주목을 받기 시작하자[요 3:26], 예수는 제자들과 함께 유대를 떠나 갈릴리로 철수하십니다[요 4:3]. 예수는 갈릴리로 떠나기 전에 이미 상당수의 제자들을 확보했습니다. 요한복음 4:2은 제자들이 세례를 주었다고 증언합니다).

여기서 세례라는 말이 굉장히 중요합니다. 여기서 "세례"는 요즘 기독교인들이 입교할 때 받는 세례와 다릅니다. 세례라는 이 말은 밥티조마이, "물에 담근다"를 의미합니다. "침수시킨다submerge, immerse"는 뜻입니다. 고린도전서 10:2에 보면, 온 이스라엘이 출애굽하여 바다를 지나면서 "세례를 받았다"고 합니다. 세례 요한이 말하는 그 세례는, 물에 한 번 씻은 후에도 계속 씻는 엣세네파나 쿰란 공동체적인 반복 정결례가 아니라, 새로운 결정적인 도강을 통하여 한 번 영 단번에 씻어서 새 백성이 되는 언약 갱신적 정화 절차로서의 침례입니다. 모든 사람이 죄를 자복하면서 세례를 받았기 때문에 이 세례 요한의 세례는 죄 사함을 예비시키는 세례가 되었습니다. 하지만 죄 사함을 얻게 하기 위한 이 물세례가 바로 죄 사함을 가능케 하는 의식은 아닙니다. 다만 죄 사함 받게 하기 위하여 주의 길을 예비하는 겁니다. 죄를 씻어 정결케 되는 것은 언약 재갱신의 첫 단계입니다.

예루살렘에서 가까운 광야이자 요단 강 부근에서 벌어진 세례 요한의 회개 세례운동은 엄청난 파급효과를 끼쳤습니다(4-5절. 참조. 겔 36:20-26). 그가 세례를 주던 곳은 베레아, 사마리아, 데가볼리 등으로 나가는 교통 요지와도 멀지 않았습니다.[17] 아울러 요단 강 근처의 회개 세례운동은 구속사적으로 중대한 상징성을 띠고 있습니다. 그곳은 여호수아와 이스라엘 백성이 여리고로 들어올 때 통과한 지역과 멀지 않은 곳입니다. 그들은 여리고 맞은편 요단 강을 건너(즉 세례를 받고) 길갈에서 언약 공동체로 재결성되었습니다(수 5:1-9). 할례를 행함으로써 가나안 땅에서 하나님의 성민으로 살아가기로 결단한 것입니다. 온 유대와 예루살렘 지역 사람들이 이 요단 강 회개 세례운동에 주도적으로 참여한 것은 이 지리적 근접성 때문이었고, 요한이 볼 때 회개운동에 참여하여 회개하고 쇄신되어야 할 사람들이 예루살렘과 유대지역의 권력자들이요 당국자들이었기 때문이었습니다. 그래서 모든 유대 농촌지역 사람들과 모든 예루살렘 사람들이 그에게 나아왔습니다. 자신들의 죄를 고백하면서 요단강에서 그에 의해 침례 받았습니다.

물론 모든 유대 농촌지역 사람들(파사 헤 유다이아 코라)과 모든 예루살렘 사람들(호이 예로솔뤼미타이 판테스)이 그에게 나아왔던 것은 지리적 근접성 때문만은 아니었습니다. 죄 사함을 약속하는 요한의 세례가 청중에게 죄 씻음 받고 싶은 영적 욕구를 불러일으켰고, 그것은 전국적으로 큰 반향을 일으켰기 때문이었습니다. 요한에게 나아온 모든 사람들은 그들의 죄를 자복하면서 그에게 침례를 받았습니다. 파급효과는 전국적, 전 계층적이었습니다. 이 사실은 유대 지방과 예루살렘 사람들까지 "다" 나와서 자기 죄를 자복하고 세례 받았다는 데서 드러납니다(약간 다른 양상은 요 1:19-28의 심문과 조사를 위해 파송된 예루살렘 사람들). 심지어 세리와 군병들도 양심의 찔림을 경험하고 "씻고 싶다"(영적 갱생)는 열망을 토로할 정도였습니다(눅 3:12-14).

그렇게 죄를 고백하는 죄인들 대부분은 세리들Tax-collectors, 혹은 데가볼리 지방의 로마 주둔군에게 돼지고기를 납품하는 데가볼리 지방 돼지목장 주인들(아마도 로마제국 주둔군 군납용 도축업자들)이었을 것입니다. 그다음에 로마황제의 초상화가 새겨진 데나리온을 가지고 장사하는 상인들입니다. 이 사람들은 직업적으로 도저히 정결케 될 수 없는 죄인들입니다. 로마황제의 초상화를 가지고 세금을 거두는 것 자체도 죄이지만, 로마황제의 초상화가 새겨진 돈을 쓰는 행위 자체도 십계명을 어긴 것으로 보았던 그 엄격한 시대에, 얼마나 많은 죄인들이 양산되었겠습니까?

그런데 모든 사람들이 세례 요한 앞에서 세례를 받는 것이 사회적, 경제적, 정치적으로 어떤 함의가 있을까요? 이것이 중요합니다. 이 점을 더 분명하게 이해하기 위해 다시 병행본문, 누가복음 3:7-14로 갑니다. 여기서는 세리와 군병들의 회개가 민중들의 삶에 엄청난 복음이 됩니다. 보십시오. 세리와 군병이라는 두 집단은 원래 파트너입니다. 세리는 주로 로마제국이 부과한 속주민세(소득의 10분의 1이었으나 실제로는 그 이상을 거두어 들였음)를 거두었습니다. 그 외 통행세 등 일련의 직접세를 거두었을 가능성도 있습니다. 세리들이 세금을 거둘 때 세금을 적게 내거나 내지 않는 사람들에게는 폭력을 가했습니다. 군병들은 세리의 강압적 징세를 돕는 자들이었습니다. 그들은 폭력을 행사해서 세금을 더 빼앗아 가고, 빼앗은 그만큼 커미션을 받았습니다. 그래서 세리와 죄인들은 항상 군병들과 같이 다닙니다. 요한의 요단 강 세례 현장에는 세리와 군병들로 가득 차 있었습니다.

그 많은 죄인들이 세례 요한 앞에서 집단으로 침수하는데, 거기에, 집단 침수를 하는 그 현장에, "예수께서도 세례를 받으러" 오셨습니다. 그런데 여기서 '휘포 아우투'는 "그에게" 혹은 "그에 의하여" 세례를 받았다는 뜻입니다(마 3:6, 14, 막 1:5, 9). 예수님이 세례를 받은 것은 손으로 물을 몇 방울 떨어뜨리는 정도의 그런 세례가 아니었고 여러 사람과 함께 침례를 당했기에, "그 앞에서" 세례를 받았다고 보는 것이 더 낫습니다. 예수님이 세례 요한 앞에서 세례를 받는데, 드디어 물에 깊이 잠기는 그 장엄한 세례의 순간이 온 것입니다. 이때 하나님의 선언, 즉 "너는 내 사랑하는 아들이라"는 음성이 들려왔습니다. 예수님이 40일 동안 광야로 들어가신 것은 이 선언을 듣고 확신했기 때문입니다. 예수님은 정확하게 이스라엘이 40년 동안 광야에서 시험받던 그 상태를 추체험 re-experience 하신 겁니다. 그 옛날 이스라엘 백성이 쓰러지고 넘어졌던 그 광야에서, 지금 예수님은 쓰러지지 않고 넘어지지 않고 시험을 이기는 자가 되어 돌아오십니다. 예수님은 지금 모세오경의 원초적 경험을 반복하는 것입니다. 그런데 "우리가 물과 바다를 지나면서 세례 받았다"는 고린도전서 10:2 말씀에 비추어 볼 때, 지금 세례 요한의 세례 상황은 한 사람 한 사람씩 세례 받은 것이 아니라 한꺼번에 세례 받은 것으로 볼 수 있습니다. 예수님이 세례 받았을 때 예수님과 세례 요한, 이렇게 둘만 세례를 주고받은 것이 아니라, 여러 '하마르톨로이' 죄인들과 '텔로나이' 세리들과 함께 각기 '엑소몰로구메노이', 자기 죄를 자복하면서 전부 다 함께 세례를 받은 것입니다. 모든 사람이 각각 자기 죄를 자복하면서, 세례 요한이 신호 signal 를 하면 물에 잠겨서 숨을 참을 수 없을 때까지 머물렀습니다. 굉장히 장엄한 순간이라고 봐야 됩니다. 이처럼 예수님이 세례 받을 때 예수님과 세례 요한 두 명만 그곳에 있었던 것이 아니라, 모든 사람들이 한꺼번에 공동체적인 자의식을 가지고 물속에 자신을 침잠시킨 것입니다. 죄를 자복하는 다른 사람들과 함께 예수님도 자기 죄를 자복하면서 세례 받는 장면으로 들어가신 것입니다.

마가복음 1:5 그리고 마태복음 3:14-15에서, 각기 자기 죄를 자복하는 현장에 예수님이 나타나서 죄를 자복하며 세례를 받으려

하시니 세례 요한이 깜짝 놀랍니다. "당신은 예외입니다. 안 됩니다." 그래서 자기가 예수님께 세례를 받으려고 물에 들어가는 겁니다. 그때 예수님은 강하게 요한을 설득합니다. "안 됩니다! 내가 세례 받는 것을 허락하십시오. 내가 이 '하마르톨로이' 죄인들과 '텔로나이' 세리들과 함께 물에 깊이 잠수하는 것, 이것을 허락하십시오. 이렇게 하는 것이, 하나님의 모든 의를 이루는 길입니다"(마 3:15). 요한이 말한 그 "성령으로 세례 주실 분"의 등장입니다. 여기서 우리는 무리들의 죄 사함을 얻게 하는 침례대열에 기꺼이 참여하신 예수님이 죄 사함을 얻게 할 성령세례를 베푸실 것이라는 암시를 받습니다.

6절은 요한의 메시지와 그것이 가진 엄청난 영적 감응력이 그의 "단순한 삶"과 모종의 관련이 있음을 암시합니다(6절, 눅 1:80; 3:2, 마 11:2-14〔특히 14절 참조〕). 요한은 낙타털을 입고 가죽 허리띠를 허리에 두르고 있었으며 메뚜기와 야생 꿀을 먹고 있었습니다. 반찬은 몇 가지입니까? 동물성 단백질 메뚜기하고, 그다음에 식물성 칼로리 원기 회복제 석청(일종의 로얄제리 비슷한 겁니다), 이 두 가지만 먹었습니다. 약대 털옷을 입고 소박한 식사를 하면서 하나님의 말씀 경청에 몰입한 삶이었습니다. 실로 이 절은 요한의 영적 감응력이 어디서 연유하는지를 암시하는 것처럼 보입니다. 몇 가지 실마리를 찾아볼 수 있습니다. 첫째, 그는 거룩한 영적 혈통을 타고 태어났습니다. 사가랴와 엘리사벳의 제사장 가문에 태어나 나실인으로 자랐습니다. 둘째, 이스라엘에 나타날 때까지 오랫동안 빈 들에 있었습니다. 수련기간이 있었습니다. 하나님의 말씀의 성취를 기다리면서 긴 시간 동안 기다렸습니다. 셋째, 그의 단순한 삶이었습니다. 이 마지막 이유가 제일 중요한 이유일 것입니다.

이 장면은 엘리야를 방불케 하는 상황입니다. 세례 요한이 자신을 재림 엘리야 정도로 자임했을 가능성도 있으며, 예수님은 한두 차례 이상 그를 엘리야의 재림 버전이라고 말했습니다(비교. 왕하 1:8, 마 11:13-14; 17:10-13). 세례 요한은 엘리야의 식단과 형상을 하고 있습니다(말 4:5-6, 마 11:12-14[특히 14절]). 회개의 메시지로 메시아를 만나기에 앞서 이스라엘을 회개케 할 사명을 띤 엘리야의 사명 선언에 자신을 결박한 것입니다(말 4:5-6). 요한은 이스라엘에 나타날 때까지, 그리고 공생애 내내, 고도의 절제와 청빈으로 자신을 단련했습니다. 거룩하신 하나님과 영통하기 위하여 자신을 비우고 비웠습니다. 비릿한 과잉욕망을 비운 영인靈人에게 하나님의 말씀이 쩌렁쩌렁 공명을 일으키며 소통되어, 마침내 온 누리에 퍼져나갑니다.[18] 에밀레종의 원리는 자기 비움을 통한 맥놀이, 공명의 원리 아닙니까? 세례 요한은 에밀레종이 되었습니다. 오늘날 호의호식을 성공한 목회자의 표상으로 아는 시대인데, 그것은 부끄러워해야 할 것을 자랑스러워하는 꼴입니다.

세례 요한은 이렇게 엄청난 영적 감응력을 발휘하고도 자신을 낮추고 은닉합니다. 자신을 메시아라고 오해할까 봐서 자신을 부인했습니다. 7절입니다. "내 뒤에 나보다 더 강력한 분이 오신다. 나는 구푸려 그의 신발들의 끈 하나 풀기에도 미천한 자다." 헬라어 성경을 읽어 보면 "of whom I am not worthy"라는 영어 번역이 가능합니다. 신발 끈을 푸는 일은 가장 미천한 종이 하는 일이었습니다. 요한은 자신이 자신보다 뒤에 올 그분(예수)의 신발 끈 하나를 풀기에도 미치지 못하는 지극히 비천한 종이라고 선언한 것입니다. 하나님의 영에 사로잡힌 자의 자기 부인입니다. 하나님의 영에 사로잡힌 사람은 극단적으로 겸손해질 수 있습니다. 하나님의 영에 감화 감동 받지 않고서는 예수님 앞에 자기를 극단적으로 낮추는 일은 불가능합니다. 로마의 성 베드로 성당에 가 보면 교황이 주 예수 그리스도 앞에 내려와 앉은 부조가 있습니다. 실제로 교황 또는 교황급 당회장은 자신의 황금보좌로부터 내려와 예수님의 발 앞에 청지기의 자세로 고쳐 앉아야 한다는 말입니다. 그런데 그것은 하나님의 영으로 가능해지는 현실입니다. 문제는 종교지도자들이 하나님의 영에 더 이상 감화 감동을 받지 못하고 너무 높아져 있다는 것입니다. 허영의 높이가 하늘을 찌를 듯합니다. 누가 더 속이 텅 빈 멍텅구리인지를 경쟁하는 높이의 경쟁입니다. 자신을 쓰러뜨릴 위태로운 높이 경쟁일 뿐입니다. 그들은 종교권력자가 되며 필시 정치권력도 넘보는 자들로 악한 진화를 거듭하게 될 뿐입니다.

이에 비하여 요한은 시종일관 자신을 극단적으로 낮추며 자신보다는 자신의 뒤에 오실 더 강력한 분을 주목하도록 청중의 주의를 집중시킵니다. 8절은 그 이유를 말합니다. "나 자신은 여러분들을 물로 침례했으나, 그분 자신은 거룩한 영으로 여러분들을 침례할 것입니다." 인칭대명사의 대구적 사용을 보십시오. 에고와 아우토스. "나 자신은…… 그분이야말로"의 대조구문입니다. 물세례는 죄를 씻기 위한 의도적인 죄 고백이자 죄와의 결별선언을 인정해 주는 세례입니다. 죄를 씻기를 원하는 자발적인 의지 표명입니다. 하나님께서 이 자발적이고 심사숙고 끝에 드린 고백의 진정성을 받으셔서 성령으로 침례를 베푸십니다. 성령침례는 하나님과의 언약관계를 봉인하는 인침의 의식입니다. 하나님과의 언약적 결속감과 친밀성을 보증하는 세례입니다. 율법의 요구를 행할 능력을 주시는 세례입니다(롬 8:3-4). 각각의 개인은 성령의 침례를 받아야만 하나님의 통치를 받을 수 있습니다(롬 8:4-16). 즉 이 세상에 하나님 나라가 임한다는 말은 각각의 개인이 성령의 침례를 받는다는 것을 의미합니다. 욕망과 이기심으로 부서진 인류가 하나님의 언약으로 묶여지면서 사랑과 우애와 우정으로 재결성된다는 것을 의미합니다. 하나님의 거룩한 영으로 세례를 받으면 계급적, 계층적 장벽의 붕괴를 경험하게 됩니다.

이런 강력하고 직접적인 회개 세례운동을 통해 요한은 이스라엘 전역에 양심의 폭풍과 경악을 불러일으켰습니다. 마태복음과 누가복음 병행본문은 이 회개 세례운동이 일으킨 파급효과를 좀 더 자세히 기록하고 있습니다. 마태복음은 많은 바리새인들과 사두개인들이 세례 베푸는 데로 오는 것을 보고 반응하는 요한의 격한 분노를 보도합니다(3:7). "독사의 자식들아, 누가 너희를 가르쳐 임박한 진노를 피하라 하더냐?" 이들은 임박한 진노를 피하는 데 관심이 있었으나 진정한 회개에 무관심했습니다. 그는 그들을 향해 회개에 합당한 열매를 맺고(8절) 속으로 아브라함이 우리 조상이라고 생각하는 선민의식에 빠지지 말라고 경고했습니다(9절). 하나님은 광야에 흔하게 굴러다니는 돌들로도 능히 아브라함의 자손이 되게 하실 수 있다고 선포합니다(9절). 요한은 회개를 임박한 진노 및 심판과 연동시켰습니다. "이미 도끼가 나무 뿌리에 놓였으니 좋은 열매를 맺지 아니하는 나무마다 찍혀 불에 던져지리라"(10절). 회개는 임박한 진노를 피하기 위한 살 길입니다. 열매 맺지 못하는 나무를 찍어 화목火木으로 사용하듯이 하나님께서는 열매 맺지 못하는 포도나무를 잘라 던져 버리실 것입니다(사 5:1-7, 눅 13장, 요 15장). 이스라엘 백성이 하나님께 열매 맺는 언약 공동체로 존재하지 못한다면 가나안 땅을 차지하고 살 이유가 없다는 것입니다(시 105:44-45). 요한은 하나님의 임박한 진노, 하나님의 위대한 결단, 즉 이스라엘로부터 언약백성의 지위와 신분을 박탈할 결정을 철회시키려면 즉각 회개해야 한다고 외친 것입니다. 이것이 참으로 예언자적 감수성입니다(겔 33장, 창 18장의 소돔 성 앞에서 중보하는 아브라함, 겔 22:30). "손에 키를 들고 자기의 타작마당을 정하게 하사 알곡은 모아 곳간에 들이고 쭉정이는 꺼지지 않는 불에 태우시리라"(사 28:23-29).

누가복음 병행본문(3:1-14)은 이사야 40장을 좀 더 길게 인용합니다. 주의 길을 예비하고 평탄케 하는 사역의 의미를 부연합니다. 주의 길을 예비하라는 말의 의미를 훨씬 더 구체적으로 예해합니다. 주의 길을 예비한다는 것은 하나님 사녀들의 사발적이고 공동제적인 평탄작업을 통해 하나님의 통치가 나타나도록 하는 회개행위를 가리킵니다.[19] 하나님의 현존인 하나님의 영광을 볼 수 있을 정도로 의롭고 자비로운 공동체로 거듭나기 위한 자발적인 회개운동이 바로 길을 만드는 작업이라는 것입니다(사 58:11-12). 포로귀환 공동체의 평탄작업을 진두지휘하는 느헤미야의 지도력이 대표적인 주의 길 평탄작업입니다(느 5장 참조). 마침내 요한의 회개 세례운동으로 세리들도 하나님 나라 운동에 참여하기 시작합니다(막 2:15의 예수를 추종하는 세리 무리 형성, 눅 19:1-10). 군병들도 동참합니다. 요한은 세리들에게 부과된 것 외에는 거두지 말라 하고(13절) 군인들에게는 강탈하지 말며 거짓으로 고발하지 말라고 촉구했습니다. 받는 급료를 족한 줄로 알라는 말도 덧붙였습니다. 세례 요한은 이처럼 위대한 회개운동을 벌이면서도 자신의 자리를 이탈하지 않았습니다.

요한은 자신이 벌이는 이런 구체적인 물세례 회개운동의 궁극적 지향을 말합니다(7-8절). "나보다 능력 많으신 이"를 소개하는 데 열중합니다. 곧 밝혀지겠지만 "나보다 능력 많으신 이"는 나사렛 예수를 가리킵니다(비교. 마 3:13-17, 요 1:29, 31). 능력은 여기서 죄 사함의 권세를 가리킵니다. 예수가 요한보다 능력이 많은 분이라고 소개되는 이유는 나사렛 예수가 세상 죄를 지고 가는 어린양이기 때문입니다. 예수는 세상 사람들의 죄 때문에 대신 벌 받고 골고다로 올라갈 것이기 때문입니다. 그는 성령으로 세례를 주시는 분이 되기 위해 세상 죄를 지고 가는 어린양의 길로 들어선 것입니다. 어린양은 도살장에 끌려가는 어린양입니다. 하나님이 예비하신 제단에서 번제로 바쳐지고 속죄의 피를 흘려야 하는 제물입니다.

앞서 말했듯이 성령으로 세례 받는 것은 하나님의 율법을 준수할 수 있는 능력을 받는 것을 의미합니다(비교. 눅 3:6-13; 4:16-20, 행 2장). 하나님의 언약백성으로 인을 치시는 세례, 하나님의 자녀와 소유된 백성 삼는 결박식입니다. 율법의 요구를 능히 행할 수 있게 만드는 세례입니다. 에스겔 36:25-26, 예레미야 31:31-34, 요엘 2:28-32, 이사야 32:15, 시편, 스가랴 등 많은 구절들이 성령의 보편적인 사역을 예언하고 있습니다. 물세례는 이방인 가운데서 이방인처럼 속화되고 부정케 된 하나님 자녀들의 언약 갱신의 자리이며 나사렛 예수의 성령세례를 이스라엘에 데뷔시키는 예비세례입니다.

세례 요한과 나사렛 예수(7-8절)

세례 요한의 회개 물세례운동을 더 깊이 이해하려면 세례 요한과 예수님의 관계를 좀 더 깊이 연구해 볼 필요가 있습니다. 세례 요한에게 세례를 받은 예수님의 일화는, 요아힘 예레미아스의 「신약신학」[20]을 비롯해서 불트만과 그의 제자들도 부인할 수 없었던 역사적 진정성authenticity이 있습니다. 왜입니까? 비유사성의 원칙the principle of dissimilarity 때문입니다. 세례 요한의 회개운동 메시지는 당시의 지배적인 유대교와도 다르고, 이후에 전개된 초대교회와도 달랐습니다. 어느 누가 날조할 수 없는 독특성과 우발성이 있었다는 말입니다. 세례 요한의 활동이 문서로 기록된 때는 세례 요한은 물론이고 그의 제자들도 사실상 종적을 거의 감춘 시대였습니다. 반면에 초대교회는 욱일승천하면서 큰 세력이 되었습니다. 그런 상황에서 초대교회 편에서 보면 예수님과 세례 요한의 관계, 그 원초적 전승을 기억하려는 마음보다 그것을 없애려는 마음이 훨씬 강했을 가능성이 많습니다. 그럼에도, 대략 AD 70년부터 100년 사이에 쓰였을 복음서의 모든 기록들이 세례 요한에 관한 그 원초적 기록들을 없애지 않았습니다. 그 이유는 바로 진정성이 있었기 때문입니다.

  네 복음서 모두가 세례 요한을 강렬히 기억합니다(마 3:1-12, 막 1:7-8, 눅 3:15-17, 요 1:6-8; 19-35). 세례 요한과 예수님은 언제부터 알고 지냈을까요? 요단 강 수세 장면이 최초의 대면은 아니었을 것입니다. 예수의 모친 마리아가 세례 요한의 모친 엘리사벳을 방문하는 장면을 증언하는 누가복음 1:39-45은, 이들이 어린 시절부터 알고 지냈을 가능성을 시사합니다. 친척이었기 때문입니다. 또한 둘은 회개, 하나님 나라 운동 등에서 이미 많은 것을 공유했습니다. 서로에 대한 높은 존경심을 품고 있었습니다.[21] 따라서 요단 강에서의 일과성 만남으로 엮어진 관계가 아니라, 보다 길고 지속적인 우정과 동역의 관계가 있었을 것입니다. 만일 누가복음에 있는 마리아의 엘리사벳 방문과 성수태고지 등이 친인척 관계를 결정적으로 증명하는 본문이라면, 세례 요한이 예수님보다 6개월 먼저 태어났다고 볼 수 있습니다(눅 1:39-45). 하지만 둘의 가정 배경은 판연히 달랐습니다. 세례 요한은 예루살렘 사독계열의 자손으로서 제사장 가문의 아들입니다. 반면에 예수님은 육체 노동자였던 갈릴리 나사렛 요셉의 아들입니다. 제사장 가문의 아들에게는 고급학식과 교양들을 흡수할 수 있는 태생적인 교육 특혜가 있었습니다. 그런데 예수님은 주로 갈릴리 한촌이었던 산비탈 마을 나사렛에 사시면서, 육체 노동으로 생계를 이어가는 가난한 집안에서 양육되고 자랐습니다. 그는 유명한 학자가 전혀 없었던 동네에 사시면서 하나님과 율법에 대하여 많은 질문을 갖고 있었으나 시원스러운 가르침과 대답을 듣지 못하고 사셨습니다. 좋은 교육에 대한 허기를 갖고 청소년기를 보내신 것입니다. 그래서 예수님께서 열두 살 때 처음으로 예루살렘 성전에 갔을 때, 충격을 금할 수 없었습니다. 그동안 고래의 열조들이 기렸던 유월절에 관한 성경 기록들을 암송하고 기억하던 예수님이 실제 당시의 예루살렘 성전의 유월절 축성祝聖 현장에 가서 보니, 출애굽기에 기록된 유월절 모습과 너무 다른 것을 보고 충격을 받으신 것으로 보입니다. "유월절 모양이 이것이 사실인가? 왜 이렇게 되었는가?" 안나스와 가야바 등 대제사장 가문들이 독과점으로 공급하는 제물, 그들과 결탁된 목장 주인들, 그리고 로마제국의 은화 데나리온과 동화를 성전 세겔로 바꾸며 막대한 환차이익을 남겨 먹는 환전상 등 기득권층이 예루살렘 성전을 거대한 상권으로 변질시킨 것을 보고 충격을 받으셨을 것입니다. 예수님은 유월절이 너무 왜곡돼 있는 것을 보시고 고민하기 시작하셨을 것이며 많은 질문을 제기했을 것입니다. 그러던 중, 묻는 말에 시원하게 대답해 주는 박사들을 처음으로 만나면서 그만 집에 가는 것을 잊어 버렸습니다. 예수님은 집에 돌아가지 못하시고 열두 살 나이에 그 당시로 보면 8학군에 해당될 수 있는 예루살렘 산 1번지, 학자들의 공동체로 감히 진입하십니다(눅 2:46-47). 삼 일 내내 듣기도 하시고 묻기도 하시고 대답도 하시는 일종의 고급박사과정 세미나에 들어가신 겁니다. 엄마 아빠 허락도 안 받고 기숙사비, 수업료까지 면제받고 바로 박사과정에 합격한 것입니다.[22]

삼 일 만에 부모님이 찾아와 약간의 질책을 했습니다. 마리아가 "얘야, 우리가 너를 찾기 위해서 얼마나 고생했는지 아니? 네 아버지와 내가 얼마나 근심하며 너를 찾아 헤맨 줄 알아?"라고 말했습니다. 그때 예수님께서는 약간 가시 돋친 대답을 하십니다. "내가 아버지 집에 있어야 할 줄을 알지 못했습니까?" 예수님께서 사춘기 제2반항기적인 징후를 보인 것입니다. 루소가 말하는 이른바 청년기 제2의

탄생을 하면서 지상적 부모와의 유착관계가 약해지고 천상의 아버지와의 결속감이 더 강해지는 것을 느끼기 시작한 것입니다. "아버지 집에 내가 있는데 뭐가 잘못됐습니까?" 이런 식입니다. 사람들이 이 일화를 기록한 본문을 오해할지도 모른다는 생각 때문이었는지, 누가복음 저자는 2:51에서 예수님의 약간 반항적인 태도를 완화시키는 논평을 덧붙입니다. "예수는 한가지로 내려가사 부모님께 순종하며 잘 섬겼다"는 해설을 붙인 것입니다. 다시 말하면, 한때 예수님은 8학군으로 진입해서 정말 랍비의 길로 갈 수 있는 기회를 맞이했습니다만 그런 길이 막혔던 것입니다. 신동이 나타났다며 흥분하여 천재 소년 예수 앞에서 묻기도 하고 대답도 하면서 놀라는 랍비들의 모습이 눈에 선합니다. 소년 예수님은 열기 어린 배움의 기쁨을 빼앗기고 고향으로 낙향하셔서 다시 아버지의 업을 이어 요셉의 아들이라고 불리게 되었습니다. 요셉의 아들이라는 말에는 요셉의 업을 계승하는, 목수 요셉의 도제가 되어서 목수 일을 하게 되었다는 의미가 담겨 있습니다. 목수의 아들이라는 말은 그의 호적관계를 간단하게 진술한 말이 아니라, 직업적인 친연親緣 관계, 즉 직업적인 도제와 장인의 계승 관계를 말하는 것입니다. "그는 목수의 아들"이라고 하면, 그것은 "그가 목수"라는 뜻입니다. 예수님은 목수의 아들이었습니다. 확실히 마가복음 6:3은 예수님이 목수였음을 분명히 말합니다.

  그런 목수의 아들에 비해서 세례 요한은 뼈대 있는 집안 자손으로 태어나서 일종의 나실인 훈련(민 6:1-12)을 받았습니다. 누가복음 1:80은 세례 요한이 이스라엘에 나타날 때까지 빈 들에 있었다고 말합니다. "아이가 자라며 심령이 강하여지며 이스라엘에 나타나는 날까지 빈 들에 있으니라." 세례 요한을 좀 더 입체적으로 이해하기 위해서는 이 "빈 들에 있었다"는 표현의 의미를 천착해 볼 필요가 있습니다.

누가복음 3:1-2에는, 세례 요한이 이스라엘 공식 무대에 데뷔하기 전에 어떤 정치적, 영적 지형도가 펼쳐져 있었는지가 잘 나타나 있습니다. 거기에 보면, "디베료 황제가 통치한 지 열다섯 해 곧 본디오 빌라도가 유대의 총독으로, 헤롯이 갈릴리의 분봉왕으로, 그 동생 빌립이 이두래와 드라고닛 지방의 분봉왕으로, 루사니아가 아빌레네의 분봉왕으로, 안나스와 가야바가 대제사장으로 있을 때에!"라는 말이 있습니다. "누가 무엇 무엇일 때, 무엇 무엇을 할 때" 즉 부대상황적인 절이 한참 이어진 후에 마지막으로 정동사가 나옵니다. "하나님의 말씀이 빈 들에서 사가랴의 아들 요한에게 임한지라." 에게네토 레마 데우 에피 요안넨 톤 자카리우 휘온 엔 테 에레모.

먼저 세계를 지배하던 신생 로마제국의 통치자를 보십시오. 제2대 로마황제 디베료입니다. 제1대 황제 옥티비아누스의 양자로서 제2 황제가 된 디베료는 55세라는 늦은 나이에 황제가 되었지만 로마제국의 영토적, 정치적 안정성을 크게 신장시킨 황제였습니다.[23] 비록 2세기 로마제국의 역사가 타키투스나 요세푸스 등은 디베료 황제가 매우 악한 황제였다고 말하지만, 그는 그저 냉정한 로마제국의 황제로서, 유대를 시리아 황제속주의 특별관할구역으로 통치하던 지배자였을 것입니다. 유대인 편에서 보면 불량스러운 황제였기에 요한의 입장에서도 디베료가 세계의 패권자가 되어 있는 어처구니없는 부조리한 상황에 자신이 디밀어진 것을 알았습니다. 로마황제의 직할통치를 받는 유대지역은 로마제국 속주 총독보다 한 급 아래인 황제대리인 유대 장관 빌라도의 지배를 받았습니다. 총독 빌라도는 잔인, 강경, 무골형 총독이었습니다. 요세푸스에 의하면 66년에 유대전쟁이 일어나기까지 로마제국에 의해 파견된 총독은 모두 14명이었는데, 모두 악질적이었다고 증언합니다. 즉 유대 장관직에는 대부분 좀 잔인하고 약간 야박스러운 사람이 항상 배치됐습니다. 유대 장관직에 배치받은 빌라도는 요세푸스에게 좋은 평가를 받지 못합니다.[24] 그래서 요세푸스는 AD 66-70년 사이 유대에 전쟁이 일어나는 큰 원인 중 하나가 갈릴리 농민들에 대한, 로마 총독과 관리들과 지방 공무원들의 부패와 학정이라고 딱 못 박아 말합니다. 다시 말하면, '총독'이라는 말을 듣는 순간 우리 독자들은 당시 유대인들의 질식할 듯한 고통을 생각해야 합니다. 왜입니까? 로마 총독은 유대인들에게 잔악한 압제자였기 때문이었습니다. 그들은 독수리 문양의 깃발을 세우고(참조. 마 24:28)[25] 가이사랴에 큰 군대를 주둔시킨 채 데가볼리, 벧산, 세포리스, 가이사랴와 같이 친 로마세력이 많은 곳에 로마 히포드롬이라는 마차 경기장을 짓고는 로마적 삶의 양식을 사모하는 친 로마 세력들과 짬짜미해 가면서 팔레스타인 농민들을 착취했습니다.

    총독 다음으로 소개되는 인물들이 헤롯 왕가의 분봉왕들입니다. 제2차 삼두정치에 참여했던 자로서 동방원정(파르티아 원정) 총사령관이며 이집트 프톨레미 왕조의 사실상 마지막 왕이었던 안토니오—클레오파트라의 연인이자 옥타비아누스에게 악티움 해전에

1강_너희는 주의 길을 준비하라

서 패배한 인물—에게, 막대한 정치자금을 바쳐가면서 팔레스타인 전역에 대한 통치 용역권을 따냈던 사람이 바로 마태복음 3장에 나오는 그 헤롯 대왕의 아버지 안티파테르였습니다. 안티파테르는 BC 164년부터 약 백 년간 팔레스틴 일대에 존속했던 하스모니안 왕조 마지막 시기의 권신이었습니다. 하스모니안 왕조는 누가 세웠습니까? 다소 복잡해집니다. BC 168년부터 164년 사이에 시리아 셀류키드 왕조로부터 이스라엘을 독립시키기 위하여 무장항쟁을 일으켜 성공한 사람들이 세운 왕조입니다. 이 무력항쟁의 사실상의 촉발자는 제사장 맛다디아스였고, 그를 뒤이어 항쟁을 이끈 인물이 넷째 아들 유다 마카베오였습니다. 항쟁 중 죽은 유다 마카베오 가문의 맏형이 시몬입니다. 시몬은 대제사장 겸 항쟁군 총사령관으로서 메시아가 등장할 때까지 이스라엘의 잠정적 통치자로 인정받았습니다(마카베오 상하). 그가 세운 왕조가 하스모니아 왕조입니다. 히브리어 정관사 '하'에다 '슈모님'을 더하여 '하 슈모님'이 되었고 이것을 영어로 하면 하스모나이트Hashmonite가 됩니다. 하스모니안 왕조가 된 서지요. 즉 시몬주의자들이지요. 유다 마카베오의 맏형이자 마카베오 항쟁을 통해 토착왕조를 세웠던 3대 사령관 시몬의 이름을 딴 하스모니안 왕조가 이렇게 해서 시작되었습니다. 그 하스모니안 왕조가 BC 164년부터 권력을 잡아 BC 64년경 망할 때까지 약 백 년간 존속했는데, 이 하스모니안 왕조의 마지막 왕의 총리대신, 즉 수도경비 사령관 겸 서울시장과 같은 역할을 겸했던 사람이 안티파테르였습니다. 나중에 헤롯 대왕으로 불리는 인물의 아버지입니다. 그 헤롯 대왕의 아버지인 안티파테르가 로마제국 동방군 총사령관이자 삼두정치의 일원이었던 안토니오에게 엄청난 정치자금을 갖다 주고 팔레스타인 전역을 통치할 수 있는 정치 용역업권을 따냈습니다. 다시 말해서 그는 이스라엘 백성으로부터 뽑힌 왕도 아니고 다윗의 혈통으로부터 나온 왕도 아니었습니다. 그런데 로마제국으로부터 유대지역 통치 용역을 따내어 이스라엘을 지배했습니다. 헤롯 가문이 그 지역을 네 군데로 나누어 통치했기 때문에 우리는 그를 4분의 1지역을 다스리는 부분 통치자, 분봉왕이라고 부릅니다. '테트라아르크', 즉 4분의 1지역 왕입니다. 그렇게 4분의 1지역으로 나누었을 때, 예수님이 살던 동네 나사렛은 헤롯 안티파스라는 사람이 다스렸던 곳이었습니다. 헤롯 안티파스의 궁전과 예수님의 집 나사렛은 6킬로미터 밖에 떨어져 있지 않았습니다. 그런데 그 헤롯 안티파스가 요새를 여섯 군데 정도 갖고 있었는데, 그 요새 중 하나가 마케루스 궁전이었습니다. 요세푸스의 증언에 따르면 세례 요한이 세례를 주었던 곳은 사해 쿰란에서 약 8킬로미터 내지 20킬로미터 정도 떨어진 애논 강가였는데, 그 애논 강에서 제일 가까운 요새가 마케루스 궁전이었습니다. 지금은 요르단에 있죠. 그 마케루스 궁전에서 세례 요한이 목 잘려 죽습니다. 마케루스 궁전도 헤롯 안티파스의 땅이었고 예수님이 살던 그 갈릴리의 곡창지대도 헤롯 안티파스의 땅이었지요. 우리 예수님께서는 헤롯 안티파스라는, 매우 불량스럽고 패역적인 분봉왕의 영토에서 어린 시절을 사셨습니다(막 6:14-29). 예수님께서 너무 기분이 안 좋으셨겠죠? 그렇게 안 좋은 사람과 동시대에 살았습니다. 헤롯 안티파스 같은 사람과 대부분의 청춘을 다 보내신 우리 예수님, 정말로 너무 민망하고 안타깝습니다. 헤롯 안티파스의 별명이 여우였습니다. 여우! 그리고 헤롯 안티파스가 만든 도시 이름이 세포리스입니다. 세포리스는 새라는 뜻입니다. 세포리스, '새'는 '치포르'라는 히브리어 동사에서 나왔는데, 치포르가 그리스 발음으로 세포리스가 되었습니다.[26] 예수님이 누가복음 13:32에서는 헤롯 안티파스를 아예 "여우"라고 부르며 9:58에서는 이런 "여우(헤롯)도 굴이 있고, 새(세포리스)도 둥지가 있지만, 인자는 머리 둘 곳이 없다"라고 말씀하십니다. "헤롯 같은 그 어처구니없는 불량 군주도 집이 있는데, 인자는 안정된 거처 하나 없다"는 정도의 의미입니다. "헤롯이 갈릴리의 분봉왕이었을 때"의 그 헤롯이 헤롯 안티파스입니다. 헤롯 가문 중에 최악의 분봉왕이었지요. 그리고 그 동생 헤롯 빌립이 이두매와 드라고닛 지방의 분봉왕으로 있었는데, 예수님께서 헤롯 안티파스의 관할 지역에서 강력한 복음 운동을 일으켜 위험에 처하면, 즉 예수님을 추종하는 군중의 열기가 너무나 뜨거워서 예수님을 정치적 요주의 인물로 만들 때쯤 되면, 예수님은 헤롯 빌립의 영토에 가서서 그곳에 계시다 오시곤 했습니다. 그다음에 루사니아가 아빌레네의 분봉왕으로 통치했습니다. 고통을 가중시키는 분봉왕들의 행렬, 생각만 해도 벌써 숨 막힙니다. 여러분이 요세푸스의 「유대전쟁사」를 보면 이런 사람들의 이름을 언급하는 것 자체가 얼마나 질식할 듯한 고난을 의미하는지 금세 감지할 수 있습니다. 무지한 자만 이런 의미 깊은 성경구절을 읽고도 아무 반응이 없는 겁니다. 역사를 모를 때만 멍한 정신으로 성경구절과 대면합니다. 그러나 성경 시대의 역사를 아는 사람들은 영혼에 파문이 일어나고, 떨림이 오고 가슴이 막 조여 오면서 "오! 정말로 답답하다!" 이런 반응을 보입니다. 그런데 분봉왕들에 대해 질식감을 느끼는 순간도 잠시, 드디어 그들보다 더 참혹한 지배자들이 등장합니다. 타락한 대제사장들인 가야바와 안나스가 나타납니다. 이 사람들은 사위와 장인 관계인데, 정통성이 전혀 없는 자들이었으나 돈을 주고 제사장직을 산 자들이었습니다. 한마디로 정치적, 강압적 모리배라고 할 수 있습니다. 이들은 옷만 제사장 옷을 입었지, 제사장직을 감당할 만한 어떤 계보적, 영적 정통성도 없던 사람들이었습니다. 하나님과는 전혀 어떤 영적 소통도 안 된 자들이었습니다. 우리 예수님이 이 두 사람 집에 가서 재판을 받았지 않습니까? 인간적으로 예수님께서 너무 안 되셨습니다. 이들이 "대제사장으로 있을 때……." 그러면 왜 대제사장이 둘이서 있었습니까? 윤번제로 돌아가면서 했기 때문에 대제사장들이라는 복수를 썼을 수도 있고, 증경대제사장은 명예상 퇴직 후에도 대제사장이라고 불렸을 가능성도 있습니다. 아니면 반년씩 직무를 나눠 맡아 이들이 동시에 대제사장으로 불릴 수도 있었을 것입니다.

이처럼 하나님의 마음과 전혀 소통되지 못하고 공감되지 않는 최악의 인물들이 정치권력과 종교권력을 쥐고 있을 때, 청정지역인 빈 들에서 놀라운 역사가 일어나고 있었습니다. 이런 악한 정치와 종교의 영향권 내에서의 피해를 최소화하면서 자신을 자발적으로 광야 유배를 보냈던 세례 요한에게, 하나님 말씀이 임했던 것입니다. 그 말씀이 이사야 40:3, 에스겔 36:25-26이었을 것이며 어쩌면 말라기 3:1과 4:5이었을 것입니다. 세례 요한이 어디서 말씀을 받았습니까? 빈 들입니다. 이 "빈 들"은 무엇입니까? 나쁜 정치와 종교지도자와 정치세력들의 부조리한 통치를 직접적으로 대면하지 않고, 스스로 거룩하고 명예로운 유배를 자처한 자들이 하나님의 말씀을 경청하기 위해 영적 정진을 하는 곳입니다. 세례 요한은 스스로를 고립시켰습니다. 여러분, 나쁜 목회자 밑에 오래 있는 것은, 심령을 파괴하는 행위입니다. 나쁜 정치지도자 밑에 오래 사는 것, 이것도 마음을 멍들게 하는 일입니다. 요한이 이스라엘에 나타날 때까지 광야의 정결 식단인 메뚜기와 석청을 먹으면서 하나님 말씀 묵상에만 정진하고 하나님의 말씀 격동을 기대하는 것이 빈 들에 있는 행위입니다. 세례 요한에게는, 열왕기하 1:8에 있는 것처럼 약대 털옷을 입고 엘리야의 심령을 가진 인물이 되어 가는 곳, 그곳이 빈 들이었습니다. 그런 엘리야적 사명을 자임한 세례 요한에게는 말라기 4:5-6이 벅찬 영감의 원천이었을 것입니다. "아비의 마음을 자녀에게로, 자녀의 마음을 아비에게로 이끄는" 대 회개사역을, 주의 크고 두려운 날이 임하기 전, 즉 메시아가 오기 전에 펼치는 것이 자신의 사명이라고 믿을 수 있을 만큼 말씀의 격동을 경험했을 것입니다. 말라기 4장 본문과 말라기 3:1, 이사야 40:3, 에스겔 36:25-26 등의 몇 구절에서 필생의 사명을 발견했던 곳이 요한의 빈 들이었습니다. 그렇게 빈 들에 있을 때 "하나님 말씀이 임했습니다!" 임했다는 말은, 전파하지 않으면 안 되는 그런 불가항력적인 "말씀 쇄도하심, 말씀 들려오심"을 가리킵니다. 하나님 말씀이 임했다는 말은 정확하게, 예언자들에게 하나님 말씀이 임하는 양식입니다. 구약 예언자들에게는 '드바르 아도나이 하야 엘 이사야 벤 아모츠' 등으로 표현되는 경험이었습니다(비교. 사 1:1, 2:1). 아모스의 아들 이사야에게 "하나님 말씀이 임한" 경험은 곧 받은 바 그 말씀을 증거하지 않으면 안 될 신적 압박에 사로잡히는 경험이었습니다. 세례 요한이 광야에서, 빈 들에서 이렇게 단련되고 있는 그때에, 예수님이 서서히 세례 요한의 강력한 영적 자기장권 내로 들어옵니다. 예수님은 예루살렘에서 멀리 떨어지지 않은 요단 강 하류에서, 세례 요한이 벌이던 세례운동의 파급력을 나사렛에서부터 벌써 아시고, 이제 친히 세례를 받으러 오신 것입니다. 우리의 본문 마가복음 1:1-8에는 예수님이 수세 현장에 오시는 상황이 누락되어 있으나 마태복음과 누가복음에는 기록되어 있습니다(마 3:13-17, 눅 3:21-22).

그런데 세례 받으러 오시는 그 장면 직전에, 세례 요한이 이사야 40:3과 말라기 4:5 등을 근거로 주의 길을 예비하는 사역에 한창 몰입하는 장면이 배치되어 있습니다. 이사야 40:3과 말라기 4장은 엘리야의 심령과 엘리야의 열정으로 메시아 앞에서 이스라엘 백성을 회개의 길로 인도할 한 종이 올 것을 예언하고 있습니다. 그런데 요한은 바로 그 자리에 자기가 속했다고 생각하는 것입니다.

세례 요한은 예언자의 예언을 응하게 하려고 의도적으로 그 예언의 각본대로 실천하고 실연한 것입니다. 이것이 성경 말씀을 읽는 방법입니다. 여러분, 성경 말씀을 객관적으로 어떤 사태를 진술하는 문장으로만 읽는 것이 아니라, 각자 자신의 소명과 자신이 걸어갈 사명의 발자국을 계시하는 살아 있는 말씀으로 읽는 습관을 길러야 합니다. 우리 생애의 발자국을, 생애의 나머지 모든 시간을 지배하는 바로 그 한 말씀과 내가 조우하고 경청하고 만나는 경험이 필요합니다. 그런데 그것은 "빈 들"에서 가능합니다. 이 말은 영적으로 고도로 집중할 때 하나님 말씀이 임한다는 의미이기도 합니다. 자발적으로 자기를 유배시키고 은닉시켜서 '엔 테 에레모' 광야로 자기를 끌고 갔을 때, 그때 하나님께서 말씀의 불꽃을 작렬시켜 우리 심령을 결박하십니다.

누가복음 3장의 도움으로 우리는 세례 요한이 어떤 상태에서 이런 빈 들에 나갔는지를 알 수 있습니다. 다시 말하면, 세례 요한은 디베료 가이사가 로마황제로 있으면서 세계를 지배하는 그때에, 유대 총독의 잔악한 통치가 갈릴리 농민들을 계속 학정으로 밀어 붙이고 있는 그때, 안나스와 가야바, 헤롯 분봉왕 일가들이 이스라엘 민중들을 피눈물로 아우성치게 만드는 그 절박하고 안타까운 순간에, 빈 들에 나가서 하나님이 이 시대를 향해 무슨 말씀을 하실 지를 앙망하다가 이사야 40:3을 만났다고 볼 수 있다는 것입니다.

우리가 하나님의 구원 역사, 즉 "하나님이 이 시대에 무슨 말씀을 하실까?"를 간절하고도 열망 가득 차게 기대하고 있을 때, 하나님의 말씀이 임하는 것입니다. 도서관에서 책을 읽는 신학 수업만으로는 이런 경험이 오지 않습니다. 깊은 기도로 들어가야 하고, '엔 테 에레모' 광야로, 빈 들로 깊이 들어가야 합니다. 하나님의 진동이 올 때까지, 하나님 말씀이 여러분을 세차게 흔들어서 "말씀이 임했다!"고 느끼는 그 불가항력적인 소명에 사로잡힐 때까지 기도에 몰입해야 합니다. 말씀을 상고해야 하고, 세계를 지배하는 것처럼 보이는 정사와 권세들(막 10:42)[27]의 시대를 훤히 꿰뚫어 관찰해야 합니다. 하나님의 심장과 소통할 수 있을 만큼 우리를 비워야 합니다. 그것이 세례 요한의 자리입니다. 그것이 바로 엘리야의 자리이며,

엘리야의 심성과 엘리야의 영력으로 주의 길을 예비하는 예언자의 길입니다.

물세례와 성령세례의 관계(8절)

엘리야의 재림이라고 불리는 요한은 죄 사함을 얻게 하는 예비세례를 베풀고 마침내 성령세례를 주실 예수님을 소개하는 데 성공했습니다.

물세례와 성령세례의 관계만 제대로 알아도 신구약 성경의 중심을 거의 다 이해한 셈이 될 것입니다. 위대한 세례 요한이 자기를 소개하는 그 궁극적 목적은 무엇입니까? 성령세례를 주실 분을 이스라엘 앞에 공적으로 데뷔시키기 위함이었습니다. 요아힘 예레미아스의 「신약신학」 앞부분 135페이지까지 읽어 보십시오. 세례 요한과 예수님의 관계가 너무나 잘 설명되어 있어 많은 도움이 됩니다. 에스겔 36:25-29에 보면, "맑은 물로 너희를 씻겨서, 더러운 데서 쭉 씻어서, 새 영을 너희에게 주니 돌 같은 마음을 제하고 부드러운 마음을 줄 것이며, 언약을 행하며 율례를 행하게 하려하여 성령을 주겠다"는 말씀이 나옵니다. 에스겔 36:25은 물세례, 26-28은 성령세례를 예언합니다. 맑은 물로 씻을 뿐 아니라 영으로 세례를 주어, 그 마음에 여호와의 율례를 새겨주고 여호와의 율례를 행할 수 있는 능력을 주는 것이 성령세례입니다. 그것이 바로 로마서 8:4에서 실현되었습니다. 하나님께서 믿는 자에게 성령을 주신 까닭은 율법의 요구를 행하게 하려 함이라는 것입니다. 이것이 바로 무엇입니까? 하나님의 통치가 임한 것이지요. 성령세례는 무엇입니까? 율법의 요구를 행할 수 있는 능력을 줌으로 죄의 속박으로부터 완전히 해방되는 힘을 주는 세례입니다. 물세례가 이 성령세례의 준비로써, 선구자적 세례가 되는 것입니다. 그래서 물세례를 받은 사람은 성령세례를 받을 것을 기대하셔야 합니다. 여러분, 성령세례는 우리가 신봉하는 개혁신학으로 보면 예수 믿을 때 다 받았습니다. 성결교, 오순절파, 그리고 감리교로 보면 성령세례는 한 번 더 옵니다. 어떤 것을 믿든지 괜찮습니다. 한 번 더 와도 나쁘지 않습니다. 성령세례를 통해 우리는 죄의 근원적인 속박으로부터 영 단번에 일회적으로 해방됩니다. 저는 이것을 믿습니다. 우리가 예수 믿을 때 영 단번에 한 번 죄의 속박으로부터 해방됩니다. 다만 속박으로부터 풀려났지만 이 지상에서 아직 몸이 속량되지 못했고 이 세상 자체가 속량되지 못했기 때문에(롬 8:23), 몸의 속량을 받을 때까지는 발을 반복해서 씻어야 합니다. 우리가 말씀으로 영 단번에 깨끗케 되었지만, 일상생활을 한다는 그 이유로 오염되기 때문에 발을 반복적으로 씻어야 합니다. 발은 우리의 자아를 가리킵니다. 다시 말하면, 영 단번에 한 번 오는 성령세례도 중요하지만 우리가 일상생활을 하면서 누적된 불순종, 냉담함 등을 씻는 성령 충만이 반복적으로 필요하다는 겁니다. 그래서 성령세례는 유일회적으로 영 단번에 한 번, 성령 충만은 반복적으로 받아야 합니다.

　　세례 요한의 회개 세례운동의 최고 성취는 이스라엘 앞에 하나님의 아들 예수님을 데뷔시킨 일이었습니다. 예수님을 누구로 공포했습니까? 성령세례를 주실 분이라고 선포했습니다. 이스라엘 앞에서의 공적 선언입니다. 예수님께서 성전의 타락상을 척결하시고 소제하셨을 때, 당국자들이 "당신은 무슨 권리로 이렇게 하는가?"라고 물었을 때 예수님이 대답했습니다(막 11:27). "내가 무슨 권리로 이렇게 하냐고? 나는 거꾸로 당신들에게 묻는다. 세례 요한의 세례가 하늘로부터 온 세례냐, 인간 자체로부터 온 세례냐?" 그들이 대답하지 못하자, "나도 대답하지 않겠다"고 응수하십니다. 예수님에게 요한의 세례는, 자기가 하나님의 아들임을, 성령으로 세례를 줄 분임을 결정적으로, 다시 돌이킬 수 없을 정도로 확실히 이스라엘에게 공적으로 확인시켜 준 사건입니다. 그래서 세례 요한의 세례가 예수님에게는 일종의 다메섹 사건과 같은 것으로서 이스라엘 사람들에게 공적으로 호소할 만한 객관적인 권위의 출처로 작용한 것입니다. 이렇게 예수님이 성령으로 세례 주실 분으로 이스라엘에게 소개되었는데, 그 성령으로 세례를 베푸실 그분이 먼저 세례 요한에 의해 세례를 받으며 스스로를 준비하십니다. 그 사이에 세례 요한은 스스로를 축소시키고 은닉시키기 시작합니다. 세례 요한의 강력한 세례운동을 목격한 무리들이 세례 요한을 보고 "저분이 그리스도인가?" 하면서 열광하기 시작했을 때(요 1:19-23) "나는 아닙니다, 나는 아닙니다, 나는 결코 아닙니다!"라고 대답합니다. 동시에 그는 "내 뒤에 오시는 그분, 나보다 강력하신 그분, 그분을 소개하는 것이 내 목적입니다"라고 말합니다. "내 일생의 사명은 바로 그분의 길을 앞서서 예비하는 것입니다"라고 한 것입니다.

우리가 어떤 면에서는 세례 요한과 같습니다. 우리는 주님께서 사람들의 심령에 성령을 주셔서 언약의 백성으로 재결속시키는 이런 인류구원의 사역의 길을 예비합니다. 백성들에게 죄 씻음 받고 싶은 영적 감수성을 회복시키는 이런 사역에 우리가 쓰임 받았으면 좋겠습니다. 여러분, 이렇게 세례 요한처럼, 나를 좋아하고 나에게 우호적인 교인 말고 이스라엘 백성들의 공중 다수를 향하여, 더 나아가 시대를 어둡게 만드는 죄인들의 무리를 찾아가서 마광磨光한 살처럼 단련된 말씀으로, 회개의 세례, 죄 사함의 세례를 전파하고 외치는 것, 이것이 공적 설교자의 선교와 봉사입니다. 우리에게 혹은 담임목사님에게 찾아오는 사람, 우리의 문패를 보고 우리 교회에 찾아오는 사람들, 이미 나를 좋아하면서 나에게 여러 가지 문제로 애착을 느끼는 사람에게 회개의 세례를 전파하기는 힘듭니다. 오히려 찾아가서 회개의 세례를 전파해야 공공성을 가집니다.

기독교 신앙의 공공성은 무엇입니까? 한 시대의 중심 죄악을 회개하도록 돕는 것입니다. 우리 시대의 중심 죄악이 무엇입니까? 탐욕과 배제입니다. 누가복음 3:7-14에 있는, "옷 두 벌 있는 자는 옷 없는 자에게 한 벌 주라!" 이것은 탐욕과 배제의 논리를 회개하고 나눔과 돌봄의 삶의 방식으로 전향하라는 것입니다. 이것을 가르칠 때 기독교는 공공성을 회복합니다. 기독교는 사사로운 종교적 취미와 기호 활동을 하는 인간들의 모임이 아닙니다. "기독교 예배당에서 선포되는 메시지는 공공성이 있다!"고 인정받아야 합니다. 교회만 한 번 갔다 오면 옷 두 벌 있는 자가 옷 없는 자에게 옷을 나눠 줍니다. 아파트 두 채 있는 자가 아파트 없는 자에게 한 채 주는 것입니다. 애인이 여러 명 있는 사람이 애인 없는 사람에게 나눠 줍니다. 애인 독점주의, 개인 탐욕주의, 아파트 탐욕주의, 옷 탐욕주의 이런 모든 것들을, 나눔과 인애로운 돌봄으로 치환하고 전환하는 것이 바로 죄 사함을 얻게 하는 회개인데, 이것이 바로 주의 길을 예비하는 사역자들의 일입니다. 이것을 해야만 교회는 천국 가고 싶은 부르주아 소시민들의 종교적 이기심의 집합체가 아닐 수 있습니다. 이런 회개의 메시지를 공공성 있게 예루살렘 광장과 거리와 요단 강과 충무로와 테헤란로과 을지로에서 전해야만이 기독교회는 공공성을 회복할 수 있고 한국을 위한 기관이 될 수 있으며 세계 만민을 위한 하나님의 선교와 봉사 기관으로 거듭납니다. 이 일에 여러분의 신학적 소명과 목회사역이 집중되기를 바랍니다.

결론: 모든 목회자의 멘토이자 전범典範으로서의 세례 요한

세례 요한의 자태와 메시지는 자신이 메시아에 앞서 보냄을 받은 엘리야인 것(말4:5)을 보여줍니다. 예수께서도 마태복음 11장과 17장에서 "이 세례 요한이 너희가 즐겨 받을진대, 엘리야다"라고 단언하기까지 하셨습니다. 당시의 대중들은 물론 심지어 예수님도 그를 엘리야라고 생각했습니다(마16:14). 이것은 무엇을 의미할까요? 예수님과 세례 요한 둘 다 물에 뛰어들어서 죄를 씻고 싶은 욕구를 불러일으키는 메시지를 선포했다는 뜻입니다. 여러분도 그런 거룩한 인상을 주면 참 좋겠습니다. 장로님과 권사님과 심지어 담임목사님마저도, "저 정결한 낙타털 옷을 입은 전도사님을 보니까, 내가 한강에 뛰어들고 싶다, 혹은 중랑천에라도 뛰어들고 싶다"라고 말할 정도로 정결하고 거룩한 영적 수도자로 정진하길 바랍니다. 청빈하고 검소

하면서도 재림 엘리야라는 사명감으로 올곧고 지향성이 뚜렷하고 진정성이 넘치는 사역을 전개했던 세례 요한을 사모하라는 말입니다. 여기서 중요한 것은, 그의 메시지는 그의 삶과 인격의 연장선상에 있었다는 것입니다. 거룩한 삶과 인격에서 분출된 메시지가 청중들에게 영적 소통을 일으켜 죄를 씻고 싶은 욕구를 창조하지, 엘리야 패션을 입고 엘리야 식단을 먹는다고 엘리야의 성정과 능력이 나타나는 것이 아닙니다. 자기 자신이 매우 더럽고 지저분한 사람이라면 아무리 이 엘리야 본문을 인용한다 해도 아무런 감흥이 없겠지요? 낙타털 옷과 허리 가죽 띠와 메뚜기, 석청은 성직자가 사람들의 영혼에 죄 사함 받고 싶다는 욕구를 불러일으키는 사역을 펼칠 때 요청되는 최소한의 필요조건입니다. 물론 낙타털 옷을 입는다고 다 되는 것은 아닙니다. 필요조건이지 절대로 충분조건이 아닙니다. 오늘부터 갑자기 메뚜기와 석청을 먹으면서 빈 들이나 삼각산 같은 기도원에서 쉰 목소리로 중얼거린다고 영적 감응력이 생기는 것은 아닙니다. 빈 들에 오랫동안 있어야 되고 심령이 강해져야 되고, 하나님의 말씀을 하도 많이 읽고 감화를 받아 "마광한 살"(빛이 나도록 갈고 닦은 화살, 사 49:2)처럼 달구어져야 합니다. 하나님의 영에 먼저 사로잡힌 후에 메뚜기, 석청 다이어트로 가야 되고, 낙타털 옷 패션으로 가야 됩니다. "이번 수양회 때 김회권 목사가 그러는데 낙타털 옷을 입으면 영력이 좋아진다"라고 말하면서 다니면 안 됩니다. 갑자기 요르단 성지순례 갔다가 낙타털 옷 사오지 마십시오. 그런 사람 있더라고요. 요르단에 가서 낙타털 옷을 사서 걸치는 사람 있어요. 이건 참 귀엽긴 합니다만 미신적입니다. 요르단에 가서 낙타털 옷 사서 그것을 걸친다고 되진 않습니다. 요르단 강물을 퍼 와서 세례를 주는 사람도 마찬가지입니다. 요르단 강물이 문제가 아니라 세례를 베푸는 교역자의 영적 품격이 문제입니다.

빈 들에서 심령이 강하여지며, 빈 들에서 하나님의 말씀이 임할 때까지 앙망하며 열망을 고조시키며 이스라엘의 회복을 위해 기도했던 재림 엘리야, 요한의 간구는 참으로 진정성이 넘쳤을 것입니다. "하나님, 저 디베료와 빌라도와 헤롯의 아들들과 안나스와 가야바가 권력을 틀어 쥔 저 세상에서, 죄짓고 살 수밖에 없는 저 농투성이들, 무지렁이들을 어떻게 하시겠습니까? 저 갈릴리의 농민들을 어떻게 하면 됩니까? 하나님! 죄를 씻고, 저들이 거룩한 언약백성으로 회복되어, 하나님의 은총으로 치유되고 회복되는 공동체가 되기를 원합니다." 세례 요한은 이런 엘리야의 마음을 가진 겁니다. 그러니 그 진정성이 소통된 거죠. 그 정도 되어야 세리와 군병들마저 녹일 수 있습니다. 구조적으로 보면, 이들은 악의 철옹성에 갇힌 자들입니다. 악의 위계질서 밑에서 악하게 살 수밖에 없다고 생각하여 세차고 냉철한 현실주의자가 되기로 결단한 자들입니다. 회개 불가능자, 구원의 25시에 넘겨진 자들입니다. 심령이 악하고 약한 죄인들이지요. 세례 요한은 바로 그들을 회개시킨 것입니다. 세리와 죄인들은 관료적 위계질서 속에서 충분히 강하지 못하여 악의 위협과 시험에 져버린 자들입니다. 그러니까 본성적인 악이 아닙니다. 이 사람들은 본성적으로 악한 게 아니라, 일 자체가 악하여 성격도 악해진 자들입니다. 우리가 성질이 사나워서 악을 행하는 것보다, 악한 일을 맡아서 하다 보니 악을 행하는 경우가 더 많지요? 한나 아렌트라는 사람이 「예루살렘의 아이히만」이라는 책을 썼습니다.[28] 폴란드 아우슈비츠 가스 집단학살실을 총감독한 사람이 나치 육군 중령 아돌프 아이히만입니다. 「예루살렘의 아이히만」은 관료적 위계질서에 속하여 위에서 내리는 명령이면 그것의 도덕성 저촉 여부, 인류의 양심 저촉 여부를 묻지 않고 실행하는 아주 약하고 악한 인간의 전형입니다. 사유의 능력이 없고 타자의 아픔과 고통에 공감할 능력이 전혀 없는, 그러나 조직과 체제 안에서는 성실한 사람이 바로 아이히만입니다. 이런 사람을 알고 있는 것, 매우 중요합니다. 그런데 "처음 듣는데, 누구지? 아돌프 히틀러까지는 알겠지만, 아이히만은 모르겠다" 그러면 안 됩니다. 독서가 매우 빈곤했다는 뜻입니다. 지적 화전민으로 줄달음치는 겁니다. 우리 교역자, 전도사님들이 정말로 지적으로 아둔하고, 도무지 연구하는 자세도 없고, 책을 통해서 배우려는 자세도 없는 완악 그 자체라면, 그것이 바로 헤롯 대왕이 되고, 빌라도 총독이 되는 길이고, 담임목사가 되었을 때 디베료 가이사가 될 수밖에 없는 거예요.

요한은 심령이 가난해지고 하나님 우주의 보좌에서 들려오는 말씀을 듣기 위해서 귀를 쫑긋 세우면서 경건한 마음으로 자기를 비웠습니다. "하나님! 말씀을 들려주십시오. 이 육층(디베료부터 분봉왕들까지)으로 겹겹이 쌓인 어둠의 질서를 극복할 수 있도록, 제가 짓눌려 붕괴되지 않도록. 주님! 제게 말씀을 주십시오! 저런 체제하에 살아서 양심이 쉽게 오염되거나, 숱한 죄인과 세리들과 돼지목장 납품업자들이 나오는 이런 때에, 그들이 이 세상을 두려워하지 않고 하나님 주권 앞에, 하나님의 왕권 앞에 당당히 전향할 수 있도록 도와

주십시오!" 그런 마음으로 메시지를 준비한 것이고, 그러니 많은 세리와 죄인들이 찾아온 것입니다.

여러분께서도 교인들 앞에서 설교하실 때가 있지요. 전도사님들이 좋은 담임목사 밑에서는 자주 설교를 하지만, 네로 황제 같은 담임목사 밑에서는 설교할 기회가 거의 없을 겁니다. 그러나 삼 년에 한 번씩은 설교하지요? 삼 년에 한 번 설교할 때라도 강력한 말씀으로 소통하시기 바랍니다. 지금 바로 신대원에 재학 중인 전도사님들은 신명기가 그토록 염려해 마지않는 레위인입니다. 신명기는 객과 고아와 레위인들을 잘 먹여 살려야 한다고 3천 년째 외치고 있으나 한국교회는 순종할 생각이 별로 없는 듯합니다. 급여나 복지혜택이 너무 박하여 전도사들 중에는 학원강사나 과외하는 사람들이 한두 명이 아닙니다. 대다수의 중대형 도시교회의 부목사들이 받는다는 급료 180만원에 소득세를 매기면 약 5,150원이 나옵니다. 자, 그 부교역자들이 납세운동을 벌여서 온 국민들에게 동정심이라도 샀으면 하는 생각이 들 때가 있을 정도입니다. 대부분이 면세대상 이하이기 때문에, 오히려 교회 다니지 않는 사람들이 이웃돕기 헌금을 해줄지도 모를 일입니다. 신학대학원생이 되기 위해 흘린 땀과 눈물을 생각하면서 전국에 있는 뜻있는 애국시민들이 보낸 헌금이 마구 답지遝至할 수도 있습니다. 객과 고아와 과부와 같은 레위인은 누구입니까? "자기가 자기 있을 곳을 정하지 못한다." "항상 한 사람 집의 제사장이 되기보다는 대우가 더 좋은 한 지파 전체의 제사장이 되고 싶은 유혹에 시달린다"(참조. 삿 18:19). "성도들이 헌금을 내지 않으면 쫄쫄 굶는다." 이들이 바로 레위인입니다. 하지만 이 레위인 시절은 빈 들에서 자발적 유배와 은닉을 통해서 말씀을 많이 암송하고, 빈 들에서 하나님 말씀과 소통하는 훈련을 많이 받는 시기이기도 합니다. 애논 강가와 요단 강가에서 유다와 예루살렘의 모든 사람을 감화시키는 교역자로 성장하고 성숙해 가기를 간절히 바랍니다. 심지어 세리와 군병 같이 영적 감수성이 완전히 파괴되어서 복구가 안 될 것 같은 사람마저도 회복시키는 회개 침례운동을 주도할 수 있는 영적 감수성의 소유자가 되기를 바랍니다.

2강

때가 찼고 하나님의 나라가 가까이 왔으니 회개하고 복음을 믿으라

마가복음 1:9-15

설교 2 (3월 23일 수요일 저녁예배)

그 때에 예수께서 갈릴리 나사렛으로부터 와서 요단 강에서 요한에게 세례를 받으시고 곧 물에서 올라오실새 하늘이 갈라짐과 성령이 비둘기 같이 자기에게 내려오심을 보시더니 하늘로부터 소리가 나기를 너는 내 사랑하는 아들이라 내가 너를 기뻐하노라 하시니라. 성령이 곧 예수를 광야로 몰아내신지라. 광야에서 사십 일을 계시면서 사탄에게 시험을 받으시며 들짐승과 함께 계시니 천사들이 수종들더라. 요한이 잡힌 후 예수께서 갈릴리에 오셔서 하나님의 복음을 전파하여 이르시되 때가 찼고 하나님의 나라가 가까이 왔으니 회개하고 복음을 믿으라 하시더라.

오전 강의에서 말씀드린 것처럼 세례 요한과 예수님의 관계와 만남은 초대교회가 지울 수 없는 진정성 있는 역사적 사건이었습니다. 예수님이 만왕의 왕 만주의 주로 고백되던 시점에, 복음서 기자들이 예수님이 예언자의 소개를 받고 이스라엘에 데뷔했다는 사실을 기록한 것은, 경우에 따라서는 기독교에 부담이 될 수도 있었습니다. 그런데 복음서는 한결같이 세례 요한의 세례운동과 예수님의 하나님 나라 운동의 시발점을 연동시키면서, 예수님이 세례 요한에게 세례를 받았을 뿐만 아니라 심지어 초기 사역 때는 세례 요한의 메시지를 거의 그대로 모방했다고 기록하고 있습니다. 왜 복음서 기자들이 그 사실을 거리낌 없이 쓰고 있을까요? 그 이유를 알아야 "때가 찼다"는 말을 이해할 수 있습니다.

우선 생각해 볼 수 있는 이유로는 기독교 태동 시점의 특수한 상황입니다. 지금은 유대교가 기독교에 비해 소수파지만, 기독교가 처음 등장할 그때는 유대교가 다수파였고 기독교는 유대교 안의 작은 분파에 불과했습니다.[29] 따라서 구약 모든 예언자들의 종결자이면서 이스라엘 민중과 지도자가 모두 다 공인하는 그 지도자(세례 요한)가 예수 그리스도의 복음을 공증해 주지 않는다면, 유아기의 교회가 주도하는 하나님 나라 운동은 인정받기 어려운 상황이었을 가능성이 큽니다. 지금 우리가 생각하는 것보다 훨씬 더 어려웠을 것입니다.[30] 그래서 예수님과 세례 요한의 이 친연관계를 부정하지 못하고 네 복음서가 예수님의 선구자 세례 요한의 세례에 엄청난 의미를 부여하게 되었습니다.

하지만 더 중요한 이유는 초대교회 사도들의 구속사적 역사인 식이었습니다. 예수 그리스도는 그저 스스로 일어난 풍운아적 예언자가 아니라 구약의 예언자들이 약속한 하나님의 구원의 총화적인 완성자요 구현자라는 역사인식이 세례 요한과 예수의 관계를 예언과 성취의 관계로 보게 만들었습니다. 예수는 구약 예언자들이 가리키고 제시한 종말에 오실 하나님의 아들, 다윗의 후손일 뿐만 아니라 예언자 시대의 종결자인 세례 요한의 예언을 성취시키러 온 메시아라는 것을 강조하기 위함이었습니다. 예수님과 세례 요한과의 관계는 한 번 세례를 주고받은 일과성 만남으로 맺어진 관계가 아니라 아주 지속적이고 깊은 선후배 관계 혹은 동학 관계였을 가능성이 큽니다.[31] 세례 요한의 회개세례가 벌어지던 요단 강으로 찾아온 예수님의 행동이 구약 예언의 완성을 위한 것이었다고 보아야 한다는 것입니다. 공생애 기간 동안에 자신의 권위 출처가 문제되었을 때마다 예수님은 세례 요한이 베푼 세례의 신적 권위에 호소함으로써 위기를 돌파했습니다. 세례 요한의 회개 침례운동의 절정은 나사렛 예수의 침례일 것입니다.

헬라어 본문 낭독과 사역

9 Καὶ ἐγένετο ἐν ἐκείναις ταῖς ἡμέραις ἦλθεν Ἰησοῦς ἀπὸ Ναζαρὲτ τῆς Γαλιλαίας καὶ ἐβαπτίσθη εἰς τὸν Ἰορδάνην ὑπὸ Ἰωάννου
카이 에게네토 엔 에케이나이스 타이스 헤메라이스 엘덴 예수스 아포 나자렛 테스 갈리라이아스 카이 에밥티스데 에이스 톤 요르다넨 휘포 요안누.

그리고 그 날들 동안에 갈릴리 나사렛으로부터 예수가 왔다. 그리고 요한에 의해 **요단에서** 침례되었다.

10 καὶ εὐθὺς ἀναβαίνων ἐκ τοῦ ὕδατος εἶδεν σχιζομένους τοὺς οὐρανοὺς καὶ τὸ πνεῦμα ὡς περιστερὰν καταβαῖνον εἰς αὐτόν
카이 유쒸스 아나바이논 엘 투 휘다토스 에이덴 스키조메누스 투스 우라누스 카이 토 프뉴마 호스 페리스테란 카타바이논 에이스 아우톤.

그리고 곧 물에서 올라올 때 그는 하늘들이 갈라지는 것과 그 영이 비둘기처럼 자기 위에 내려오는 것을 보았다.

11 καὶ φωνὴ ἐγένετο ἐκ τῶν οὐρανῶν· σὺ εἶ ὁ υἱός μου ὁ ἀγαπητός, ἐν σοὶ εὐδόκησα
카이 포네 에게네토 엘 톤 우라논 쒸 에이 호 휘오스 무 호 아가페토스 엔 쏘이 유도케사.

그리고 하늘에서 들려온 한 소리. "너 자신이야말로 내 사랑하는 아들이다. 너를 나는 기뻐했다."

12 Καὶ εὐθὺς τὸ πνεῦμα αὐτὸν ἐκβάλλει εἰς τὴν ἔρημον
카이 유쒸스 토 프뉴마 아우톤 에크발레이 에이스 텐 에레몬.

그리고 곧 그 영이 그를 광야로 **내모신다**.

13 καὶ ἦν ἐν τῇ ἐρήμῳ τεσσεράκοντα ἡμέρας πειραζόμενος ὑπὸ τοῦ σατανᾶ, καὶ ἦν μετὰ τῶν θηρίων, καὶ οἱ ἄγγελοι διηκόνουν αὐτῷ
카이 엔 테 에레모 테세라콘타 헤메라스 페이라조메누스 휘포 투 사타나 카이 엔 메타 톤 데리온 카이 호이 앙겔로이 디에코눈 아우토.

그리고 그는 40일 동안 광야에 계셨다. 사탄에게 유혹을 받으면서. 그리고 그는 들짐승들과 함께 있었고 천사들이 그를 섬겼다(사탄은 유혹하고 천사들은 그를 섬겼다).

14 Μετὰ δὲ τὸ παραδοθῆναι τὸν Ἰωάννην ἦλθεν ὁ Ἰησοῦς
εἰς τὴν Γαλιλαίαν κηρύσσων τὸ εὐαγγέλιον τοῦ θεοῦ
메타 데 토 파라도데나이 톤 요안네스 엘덴 호 예수쓰
에이스 텐 갈릴라이안 케뤼손 토 유앙겔리온 투 데우.

요한이 넘겨진 바 된 후에 그 예수가 갈릴리로 갔다. 하나님의 복음을 선포하면서.

15 καὶ λέγων ὅτι πεπλήρωται ὁ καιρὸς καὶ ἤγγικεν ἡ βασιλεία
τοῦ θεοῦ· μετανοεῖτε καὶ πιστεύετε ἐν τῷ εὐαγγελίῳ
카이 레곤 호티 페플레로타이 호 카이로스 카이 엥기켄 헤 바실레이아
투 데우 메타노이에테 카이 피스튜에테 엔 토 유앙겔리오.

그리고 "때가 찼고 하나님 나라가 가까이 왔다. 회개하고 복음을 믿으라"고 외치면서.

예수님이 요단 강에서 세례 받으심(9-11절)

본문은 세 단락, 즉 예수님의 요단 강 수세(9-11절), 40일 광야 시험(12-13절), 요한의 체포 후 시작되는 예수님의 공생애 사역(14-15절)으로 구성되어 있습니다. 9절은 갈릴리 나사렛으로부터 예수가 요단 강으로 왔다는 점을 부각시킴으로써 요한의 요단 세례운동 현장에 예수가 온 것은 의도적인 연출이었음을 암시합니다. 여러 무리들과 함께 예수는 요한에 의해 세례를 받았습니다(9절). 마가복음은 간단하게 처리했으나 마태복음에서는 이 과정을 복잡하게 설명합니다. 세례 요한은 처음에는 예수의 침례 요청을 거절합니다(마 3:14). 자신이 오히려 예수님에게 세례를 받아야 한다고 주장하며 세례 주기

를 거절한 것입니다. 이것은 무엇을 의미할까요? 요한이 예수를 이미 잘 알고 있다는 것을 암시합니다. 이 거절에 대해 예수는 자신이 요한에게 세례를 받는 것이 "하나님의 의"(사 46:12-13, 롬 3:24-26; 4:25)를 이루는 일임을 강조하며 결국 요한에 의해 세례를 받습니다. 세례 요한에 대해 예수가 품은 높은 존경심(여자가 낳은 자 중 가장 큰 자, 하나님이 보내신 예언자, 구약 예언자의 종결자[마 11:11; 17:10-13])에 비추어 볼 때, 예수는 구약의 예언 종결자인 요한에게 세례를 받고 이스라엘에 데뷔하는 것이 하나님의 의를 이루는 데 최적이라고 생각했습니다. 여기서 한 가지 질문이 생깁니다. 무리들이 모든 죄를 자복하는 침례 현장에서 예수님은 도대체 무슨 죄를 자복했을까요? 죄를 자복하는 사람들이 침례를 받았다는 점을 고려해 볼 때 예수님도 어떤 모양으로든지 자신의 죄를 자복했을 것입니다. 예수님의 자복 현장에서 세례 요한은 적이 당황했을 수 있습니다. 아니 엄청난 충격을 받았을 것입니다. 요한은 예수님이 죄를 자복하는 상황을 주시하고 관찰했을 것입니다. 그 결과 그는 예수님을 세상 죄를 지고 가는 어린양이라고 믿게 되었습니다(요 1:29, 23-35). 그의 죄 자복은 죄를 뒤집어쓰는 무한 책임적 죄 고백이었던 것입니다. 또한 요한은 예수님을 침례시킬 때, 예수님을 향한 하나님의 공적 인정을 들었습니다. 지금 자신에게 세례를 받는 그분이 장차 성령으로 세례를 주실 분임을 깨달았을 것입니다. 이렇게 보면 요한복음의 수세 장면이 이해가 됩니다. 예수 자신도 적대자들에게 자신의 권위 출처를 추궁당했을 때마다 세례 요한의 세례 사건 때 받았던 하나님의 아들로서의 정체성에 호소했다는 사실은(막 11장의 성전 청소), 그 자신도 이 요단 강에서의 수세 사건에 엄청난 의미부여를 하고 있었음을 보여줍니다. 적어도 마가복음에서 요단 세례 사건은 나사렛 예수에게 하나님의 아들이라는 정체성 의식을 결정적으로 고취시킨 사건이었습니다.[32] 아니나 다를까 예수님은 요단 강물에서 올라 올 때 즉시 성령이 비둘기같이 자기 위에 임하는 것을 보았습니다 and immediately coming up out of the water, he saw (10절). 그리고 하늘로부터 들려오는 소리를 들었습니다.

"너는 내 사랑하는(ἀγαπητός) 아들이라. 내가 너를 기뻐하노라 my beloved Son, or my Son, the beloved(one)". 이것은 이사야 42:1이자 시편 2:7의 합성구문입니다(또는 사 41:8, 창 22:12, 16의 합성구문). 왕적 정체성과 종의 정체성 둘 다를 공증하는 선언입니다. 이것은 사실 선언을 초월하는 부르심의 사건이었습니다. 그러면서도 이 부르심은 세례 요한과 예수님에게만 일어난 사적인 경험이었습니다(참조. 요 1:32-33). 11절의 헬라어 본문을 한번 읽어 봅시다. "카이 포네 에게네토 엘 톤 우라논 쉬 에이 호 휘오스 무." 여기서 '쉬'라는 2인칭 대명사가 쓰였는데, 이것은 대명사의 강조용법입니다. "you, yourself are the son of mine, my son." "너는, 너 자신이야말로 내 사랑하는 아들이다"라는 뜻입니다.

여기서 우리가 한 가지 깨닫는 것은 우리 하나님의 성경 인용, 인증입니다. 즉 우리 하나님은 성경 텍스트에 의존해서 text-dependent 예수님의 소명 사건을 일으키십니다. 우리 하나님은 텍스트에 근거해서 사람을 부르십니다. 이사야 42장과 시편 2편에 의거해서 예수님을 부르십니다. 이사야 42장과 시편 2:7을 알아야만 본문 11절에 있는 하나님의 선언의 말귀를 알아듣게 됩니다. "너는 내 사랑하는 아들이다." 이처럼 하나님은 텍스트 의존적인 하나님입니다. 다른 말로 하면, 구원사 의존적인 하나님이란 뜻입니다. 즉 이전에 일어 났던 구원사를 바탕으로 하여 다음 단계에 일어날 구원사에 쓰임 받을 인물을 부르신다는 말입니다. 우리 하나님께서는 이전 구원사를 숙지하면서 장차 하나님의 구원사가 어떤 단계로 진전되어야 하는가를 고민하는 그 사람에게 그다음 단계의 구원사에 동참할 수 있는 자격을 주신다는 의미입니다. 이 원리는 출애굽기 3:6에 나옵니다. 출애굽기 3:6에 하나님께서 모세를 처음 만나자마자 자신을 이렇게 소개합니다. "나는 아브라함의 하나님, 이삭의 하나님, 야곱의 하나님이니라." 하나님의 말씀은 계속됩니다. "내가 너를 통해 내 백성, 아브라함, 이삭, 야곱의 자손들을 그들에게 각각 기업으로 주기로 약속했던 젖과 꿀이 흐르는 땅으로 인도할 작정이다." 모세와 만나는 첫 장면에서 하나님이 "나는 아브라함의 하나님, 이삭의 하나님, 야곱의 하나님"이라는 말을 쓰시는 것은 굉장히 중요한 함의가 있습니다. 왜냐하면 모세가 아브라함과 이삭과 야곱에 대해서 미리 알고 있었어야만 이것은 의미 있는 의사소통이 되기 때문입니다. 아브라함의 하나님, 이삭의 하나님, 야곱의 하나님은 창세기의 주인공 하나님이라는 뜻입니다. 따라서 자신을 아브라함의 하나님, 이삭의 하나님, 야곱의 하나님이라고 부르는 까닭은 "나는 아브라함과 이삭과 야곱의 후손을 가나안 땅으로 반드시 인도하여 그 땅을 상속받게 해줄 약속에 묶여 있는 답답한 하나님이다"(참조. 창 15:13-16)라는 말을 하는 셈입니다. 이 하나님의 언설이 의미 있는 의사소통이라고 믿으려면 모세는 이미 아브라함, 이삭, 야곱을 알고 있을 뿐만 아니라 그들 각자와 하나님이 맺으신 언약의 실체도 알고 있어야만 했습니다. 이런 해석은 굉장한 상상력이 필요한 부분입니다. 아브라함의 하나님은 창세기 12장부터 25장까지에 나옵니다. 이삭의 하나님은 26장부터 28장까지 나오고, 야곱의 하나님은 29장부터 50장까지 나옵니다. 그러니까 아브라함과 이삭과 야곱의 하나님이라는 말은 곧 창세기의 하나님이란 뜻입니다. 창세기를 잘 알고 있는 너 모세에게 출애굽기의 주인공이 되게 해주겠다는 뜻입니다. 그러니까, 모세 앞에서 하나님이 "나는 아브라함의 하나님, 이삭의 하나님, 야곱의 하나님" 이렇게 연속으로 세 번 고유명사의 하나님으로 자기 이름을 소개할 때는, "나는 아브라함의 자손을 약속의 땅에 반드시 정착하게 해줄 사명과 약속에 묶여 있는 하나님인데, 이 사명을 성취시키고 수행해 줄 사명자를 찾고 있는 하나님이다" 이런 뜻입니다. "모세 네가 바로 그 일을 해주길 바란다" 이런 뜻입니다.

그러니 여러분, 텍스트 의존적, 텍스트 인용적, 텍스트 성취적인 하나님의 말씀이 들려올 때, 긴장해야 합니다. 하나님께서 구원사에 쓰임 받는 인물들을 부르실 때는, 대개 텍스트(성경 혹은 구두 구원사 전승)를 갖고서 찾아오셨습니다. 밀라노의 한 정원에서 아우구스티누스는 로마서 13:11-14, "밤이 깊고 낮이 가까워 왔으니 어둠의 일을 벗고 빛의 갑옷을 입자. 더러운 육신의 일을 도모하지 말고 빛의 갑옷을 입자!"는 말씀을 듣습니다. 마니교에서 9년을 보냈던 아우구스티누스, 그리고 젊은 날 사생아를 낳고 14년 동안 결혼하지 않은 채로 자신에게 아들을 낳아준 여인과 동거했던 아우구스티누스는 모든 난장판 생활을 청산하도록 추동하시는 하나님의 음성을 그 밀라노 정원에서 들었습니다. 어린 아이들이 어떤 놀이를 하는데 그들이 하는 말 중에 "톨레 레게, 톨레 레게!"('집어서 읽으라'는 뜻)라는 말이 들렸습니다. 그것은 성경본문을 의미한 것이 아니었으나, 아우구스티누스에게는 "성경을 집어 읽으라"는 말로 들렸습니다. 어린 아이들이 놀이 중에 하던 말을 듣고, 그것이 하나님 말씀을 집어 읽으라는 뜻인 줄 알고 밀라노의 정원에서 성경을 펼쳐 보니, 로마서 13:11-14이 눈에 들어왔습니다.

땅콩박사로 알려진 조지 워싱턴 카버라는 사람이 있습니다. L. 엘리엇이 쓴 그의 전기를 우리나라에 왔던 미국 선교사 클라크(곽안련)가 번역하여 우리에게도 알려진 인물입니다. 이 사람은 미국 최초의 흑인 농학박사로서 미국 앨라배마, 미시시피, 캔터키 주 등 16개 주에 땅콩 재배를 도입한 사람입니다. 그는 땅콩을 재배해서 농가 소득을 높여 미국농민을 섬기려고 했습니다. 그런데 이 땅콩 농장이 한창 활황일 때에 면화 방직업이 들어와서 땅콩 산업이 사양산업이 되었습니다. 그래서 미국 16개 주의 농민들이 찾아와서 그를 "이 검둥이, 저주받을 놈아!"라고 욕하면서 비난했습니다. 이때 조지 워싱턴 카버가 땅콩을 한 주먹 쥐고 땅콩 농장을 걸으면서 하나님께 불평하며 물었습니다. "하나님, 저 태양은 왜 지었습니까? 이 소나무 숲은 왜 지었습니까? 이 더러운 몸뚱이, 검둥이는 왜 지었습니까? 그리고 이 땅콩은 왜 만들었습니까?"라고 질문하면서 손에 쥐고 있던 땅콩을 집어 던졌습니다. 대략 다음과 같은 하나님의 답변이 들려왔습니다. "앞에 것은 대답하기 힘들지만, 마지막 것은 대답해 주

2강_ 때가 찼고 하나님의 나라가 가까이 왔으니 회개하고 복음을 믿으라
73

겠다. 창세기 1:29, "내가 푸른 풀을 너와 동물에게 식물로 주노라"는 구절을 붙들고 실험실로 들어가라." 워싱턴 카버는 이 말씀을 가지고 실험실에 들어가서 빵에 바르는 땅콩버터를 비롯하여 300여 가지의 땅콩 제품을 만들어 냅니다. 결국 땅콩 산업을 다시 회복시키고 농민들을 구원했습니다. 그래서 조지 워싱턴 카버는 땅콩박사라고 불리게 되었습니다.[33] 하나님은 성경 말씀으로 당신이 쓰실 인물들을 부르시고 사명을 자각하게 하시며 그 사명을 완수하게 하십니다.

텍스트 의존적인 하나님! 이처럼 우리 하나님은 우리를 부르실 때 구원사의 당면하고 절박한 사명 앞에 고뇌하는 젊은이를 부르십니다. 절박한 구원사의 과업을 자신도 모르게 의식하는 사람들에게 하나님의 부르심이 찾아옵니다. 오늘 강의에 앞서 간증했던 우리 박병상 형제가 바로 구원이 필요했던 사람들을 관찰하고 응시하다가 부르심을 받은 것 아닙니까?[34] 하나님의 임박한 구원을 애타게 부르짖는 사람들의 절박한 삶의 자리에 와서, 그것을 가만히 응시하면서 이들에게 어떤 다음 단계의 구원이 일어나야 할 것인지 고민하는 사람을 하나님께서 부르신다는 말입니다. 그러니까 여러분, 역사와 주변과 일상을 주도면밀하고도 의미 깊게 관찰하는 습관을 길러야 합니다. 하나님의 시선이 머물 만한 인간적 상황, 역사의 위기, 공동체의 필요를 집요하게 응시하고 그것들을 깊이 생각하고 있을 때 하나님의 음성이 들려옵니다. 여러분이 이미 알고 있는 텍스트를 가지고 여러분이 가장 잘 아는 방식으로 하나님께서 불러 주실 것입니다. 하나님께서는 구약 텍스트, 신약 텍스트, 구원사 텍스트 등을 바탕으로 당신의 종들을 부르신다는 사실을 명심하시길 바랍니다.

예수님은 그런 점에서 세례 요한과 똑같습니다. 세례 요한이 이사야 40장 말씀으로 부르심을 받았다면 우리 예수님은 이제 이사야 42장과 시편 2편 등으로 부르심을 받습니다. 여러 날 걸려서 갈릴리 나사렛에서부터 요단 강의 요한에게 오신 예수님이 요한에게 세례를 받고 요단 강에서 올라오자 하나님의 사명선언이 들려온 것입니다. 여기서 강조되어야 할 것은 예수님의 개인적인 침례사건이 아니었다는 점입니다. 요한에 "의해"라고 번역되는 전치사 '휘포'가 쓰였지만, 그것은 요한에 의해서 예수님이 일대일로 세례 받았다고 생각하기보다는 여러 명의 죄인들과 예수님이 함께 죄를 자복하며 요한의 지휘나 신호에 따라 요단 강 속으로 빠졌다는 것을 의미합니다. 요한에 의해서 요단 강 깊이 침수했습니다. 자신의 공동체를 하나님과 멀어지게 만드는 시대의 중심 죄악들을 자신의 죄책 혹은 무한 책임적 과업이라고 자임하며 요단 강에 빠진 것입니다. 그런 마음으로 요단 강 깊이 잠수하셨던 예수님께서는 물에서 올라오자 직접 보았습니다. 하늘이 갈라졌고, 성령이 비둘기처럼 자기 위에 내려오는 것을 그는 보았습니다.

하늘이 갈라지는 것과 영이 내려오는 것은 오랜 신구약 중간사를 통해 이해해야 합니다. 「열두 족장 유언」이라는 위경 pseudepigrapha이 있는데, 그 책에 레위 지파를 위한 야곱의 예언 앞에 "하늘이 갈라져서 영이 내려오는" 이 메타포 metaphor가 그대로 쓰였어요.[35] 하늘이 갈라져서 영이 내려온다는 이 말은, 구약성경에는 매우 희미하게 나타나는 표현이지만 신구약 중간기의 문헌에는 매우 명료하게 몇 군데 등장하는 말입니다. 하늘이 열리고 영이 내려온다는 이 말은, 말라기 이후에 사라졌던, 예언자를 격동시켜 예언자를 연쇄적으로 불러일으켰던 그 영이 다시 내려오는 것을 말합니다. 말라기 이후에 이스라엘 진영을 떠나 버리고 하늘 저편으로 철수했던 그 하나님의 영이, 다시 하늘이 열려서 이스라엘의 예언자적 인물들을 격동시키기 위해 내려온다는 것입니다. 이것은 이스라엘 백성들을 다시 하나님의 백성으로 대우해 주겠다는 하나의 신호signal입니다. 이게 구약 예언서에는 이사야, 에스겔 등에 일부 희미하게 나오지만 신구약 중간사 문헌들에 명료하게 나옵니다.[36] 그래서 하늘이 갈라진다는 표현과 영이 내려온다는 표현은 항상 같이 붙어 다니는 이미지로서, 학개, 스가랴, 말라기 이후에 끊어졌던 예언전통, 즉 하나님의 영적 의사소통의 통신망이 회복되었다는 것을 의미합니다. 그래서 "하늘이 갈리고, 하늘이 찢어지고, 열리고, 하나님의 영이 비둘기처럼 자기에게 내려오는 것을 보았다"는 예수님의 증언은 예수님이 이스라엘 구원사의 단절된 예언자 전통을 회복시키는 분이 되었다는 것을 의미합니다.

예수님은 영이 비둘기처럼 자기에게 내려오는 것을 보셨는데, 이것은 청각경험이 동반된 시각경험이었습니다.[37] 그렇기 때문에 이것은 시공간 안에서 일어난, 도저히 부인할 수 없는 사건이었습니다. "카이 포네 에게네토 엑 톤 우라논 쉬 에이 호 휘오스 무"(11절). 직역하면, "하늘에서 들려온 한 소리, 너 자신이야말로 내 사랑하는 아들이다. 나는 너를 기뻐했다"(참조. 사 42:1). 이 선언 다음에 성령이 하늘로부터 임한 이유는, 이사야 42:1 "내 기뻐하는" 바로 뒤에 "내 영을 준다"는 말이 나오거든요. 그런데 "내 영을 준다"는 말이 왜 이사야 42:1 뒤에 나오는가요? 이사야 42:1은 무엇이지요? 이사야 40장부터 55장 사이에는 네 편의 '종의 노래'가 나옵니다. 이사야 42장, 49장, 50장, 53장. 이 네 편의 '야웨의 종의 노래'의 첫 노래가 42장이기 때문에, 여기에 등장하는 야웨의 종은 이사야 53장에서는 '고난 받는 종'으로 발전되어 갑니다. 고난을 통해 하나님의 구원 역사를 성취할 야웨의 종에게 하나님께서 '당신의 영을 준다'는 것은, 이사야 42장, 49장, 50장, 53장에서 소개되는 그 야웨의 종의 사역 방향을 결정짓는 경험입니다. 이 야웨의 종의 사역이 마지막에 어디서 끝납니까? 자기 목숨을 대속물로 줌으로써 많은 사람을 의롭게 만들고 하나님을 아는 지식으로 많은 사람을 옳은 데로 이끌어 가는 이사야 53장의 종의 경험으로 끝납니다. 이사야 42장에서 여호와의 영을 받는 사건은 곧 고난 받는 종의 운명의 궤적이 내장되어 있는 소명이라는 말입니다.

　　예수님 당시의 랍비들은 한 부분만을 언급함으로 전체를 인용할 의향을 피력했습니다. 부분을 인용하지만 사실상 그 부분 구절이 속한 보다 더 넓은 맥락의 본문 사상이나 주제를 끌어다 쓸 의향이 있었다는 것입니다.[38] 이렇게 전체를 인용하고자 할 때도 앞부분만 언급하는 것이 당시의 성경 인용 방법 중 하나였습니다. 그래서 텍스트 의존적인 하나님께서 이사야 42:1을 가지고 "나는 너를 기뻐한다"고 간결하게 자신을 드러냈지만, 사실 이것이 텍스트에 대한 선이해가 있는 사람에게 준 계시라고 볼 때, 이사야 53장까지 이어지는 4부작 '종의 노래' 마지막 노래까지 쭉 연결되는 맥락 안에서 다

채롭게 그려지는 종의 사명이 부여된 것이라고 해석할 수 있다는 것입니다. 그래서 예수님이 이 말을 듣는 순간, 예수님은 이사야 42장만 기억한 것이 아니라 이사야 53장까지 내리 기억했을 가능성이 많습니다. 빌헬름 브레데나 불트만 등은 이것을 인정하지 않지만, 아돌프 슐라터나 예레미아스 같은 학자들은 예수의 확신 속에 이미 자기 생명의 영역을 죄인 때문에 소진해간다는 희생의 개념이 충분히 들어있다는 것을 논증했습니다. 그래서 "너 자신이야말로 내 사랑하는 아들이다" 이것은 시편 2:7, 왕의 대관식 장면에 대한 인용입니다.[39] 앞에서 간략하게 말씀드렸듯이 시편 2:7과 이사야 42:1의 합성인용문으로 예수님을 부르셨다는 것은 예수님의 이중적 정체성을 계시하기 위함이었습니다. 즉 너는 다윗계열의 왕, 이상왕임과 동시에 "너는 고난 받는 종으로서, 너는 종의 도를 실천함으로 왕의 도를 펼치라"는 메시지가 담겨 있습니다. "너는 섬김으로써, 너 자신의 목숨을 많은 사람의 목숨을 위하여 대속물로 줌으로써 사람들의 마음을 지배하고 다스리는 왕이 될지어다." 그래서 예수님은 스스로 왕적 면모를 억제하고 억제하지만 또한 어쩔 수 없이 많이 드러내십니다. 예수님의 왕적 면모가 잘 드러나는 부분은 마가복음 6:34입니다. "목자 없는 양으로 인하여 민망히 여겼다." 이건 예수님도 도저히 숨길 수 없는 왕적 면모입니다. 또한 마가복음 8:3, 굶주린 그 무리를 보고 그들이 행로에 기진할까 봐 걱정하셔서 7병 2어의 기적을 베풀어 굶주린 그들을 먹이시는 장면, 이것은 영락없이 왕의 진면목입니다. 하지만 사실 예수님이 자꾸 이렇게 하시면 안 됩니다. 왜냐하면 예수님이 이렇게 자꾸 먹이시니까 무리들이 그를 억지로 임금

삼으려고 했기 때문입니다(요 6:15). 이렇게 예수님을 강제로 왕으로 추대하니, 예수님은 "홀로 산으로 올라" 가신 것입니다. 예수님이 한편으로는 선재적인 왕적 위엄과 동정심과 자비심으로 가득 찼음을 과시하시고, 또 한편으로는 그들이 왕으로 삼으려 할 때는 숨으시고 회피하시니 당시의 유대인들도 상당히 혼란스러웠을 것입니다. 그래서 "네가 왕이냐?"는 빌라도의 질문도, 예수님이 왕적 면모를 억제했으면서도 어쩔 수 없이 많은 가르침과 치유, 축사, 복지사역을 통해 왕적 면모를 드러냈기 때문에 나왔던 질문이었을 것입니다(요 18:33). 우리는 예수님의 왕적 면모와 그 왕적인 무한 책임감이 "너는 내 아들이라"는 말에 이미 배태되어 있다고 볼 수 있습니다. 예수님은 또한 자신을 "나는 선한 목자라"고 하셨습니다(요 10:11, 14). 여기서 말하는 "선한 목자"는 에스겔 34장에 나오는 거짓 목자, 삯꾼 목자와 대비되는 그 종말론적인 다윗계열의 이상왕을 지칭하는 말입니다. 에스겔 34장에는 삯꾼 목자라는 말 그리고 짐승, 이리라는 말이 그대로 나오고 선한 목자가 두 번 나오는데, 그 선한 목자는 "내 종 다윗"을 가리킵니다. 당시의 삯꾼 목자들이나 이리 떼들에게 이 말은 굉장히 위험한 말로 들렸습니다. 그래서 예수님이 그 표현을 쓰는 순간 그 말은 삯꾼 목자들의 분노를 일으킵니다. 예수님께서 "나는 I am 선한 목자다" 하면, "그러면 선한 목자 아닌 사람은 누구냐?" 하면서 주변을 돌아볼 것 아닙니까? 그러니까 예수님이 자기를 선한 목자라고 내세울수록 왕적 면모를 드러내는 것이기 때문에 예수님은 이 왕적 무한 책임감의 구사와 실현 과정에서 죽음을 맞이하게 되는 것입니다. 왜요? 예수님은 왕적 책임감을 가지고 이스라엘 백성들, 이스라엘의 잃어버린 양떼들을 모으려고 했기 때문에 시기와 질투를 받게 된 겁니다. 예수님의 꿈이 매우 소박하셔서 "나는 갈릴리 나사렛에서 조그만 회당 하나 지으려고 한다" 그런 정도라면, 그리고 예수님께서 매우 소박한 서정시인처럼 "공중에 나는 새를 보라, 들의 백합화를 보라" 이 정도만 하셨다면, 예수님이 골고다까지는 안 오르셨을 겁니다. 그런데 예수님은 너무나 진지하셔서, 심지어 성전의 그 엄청난 기득권의 철옹성 안에 갈릴리 제자 몇 명 데리고 들어가셔서 하나님만 믿고 성전체제를 뒤엎으려고 하지 않았습니까? 이것은 정말 예수님이 인간적인 자기 정신으로는 절대 감당 못하는 일입니다. 성령을 받아야만 할 수 있는 일입니다. 헤롯이 46년 동안 지은 그 성전은 가로세로 삼사백 미터 장방형의 건물로서, 로마제국의 어떤 영역에도 그처럼 큰 성전이 없을 정도로 당시 세계에 존재하는 가장 큰 성전이었습니다. 따라서 성령의 격동이 없다면 감히 그 으리으리한 성전에 들어가 허리끈을 풀어서 가축들을 때리고 환전상의 탁자를 뒤엎을 수가 없습니다. "주의 전을 향한 열심이 나를 삼켰다." 사도들은 그 장면을 보고 주의 전을 향한 열심이 예수님을 삼켰다고 시편 69편을 절묘하게 생각해 냅니다.

40일 광야 시험 (12-13절)

이처럼 왕적 정체성과 하나님이 기뻐하시는 고난 받는 종의 정체성은 나사렛 예수 안에서 서로 경합하지 않고 제휴하고 연대했습니다. 예수님의 왕적 정체성은 12절에서 분명하게 드러납니다. 예수님은 이스라엘의 실패한 구원사를 만회하기 위하여 광야로 들어가십니다. 12절의 헬라어 구문이 중요합니다. "카이 유쒸스 토 프뉴마 아우톤 에크발레이 에이스 텐 에레몬." "그리고 그 영이 그를 광야로 내모신다." 여기서 성령이 예수를 광야로 내모신다 했을 때, "내모신다"는 뜻의 '에크발레이'는 현재직설법입니다. 예수가 성령에 이끌려 광야로 가는 장면을 매우 생생한 시적 생동감으로 표현하고 있는 것입니다. 그런데 왜 성령이, 요단 강에서 세례를 받고 하나님의 아들로 선포된 예수를 광야로 내몰죠? 이것이 예수 세례 직후 일어난 사건임을 기억할 필요가 있습니다. 그럼 세례 받은 사건은 무엇입니까? 이스라엘 백성이 요단 강과 홍해를 건너는 바로 그 장면, 홍해를 건너 언약백성으로 창조되는 그 장이 바로 세례입니다! 그런데 이스라엘 백성이 그 세례를 받은 직후 광야로 들어가 40년을 지냈죠? 예수님은 이스라엘 백성의 구원사의 궤적을 그대로 따라가며 추적하는 경험 re-tracking을 하기 위해 광야로 들어간 것입니다. 즉 40일 동안 40년의 압축 경험을 하고 있는 겁니다. 우리 하나님의 아들 예수님은 이제 세례를 받고, 시편 95:10에 "40년 동안 나를 근심케 하고 내 도를 알지 못하였다"고 하신 것처럼 40년 동안 광야에서 시험에 넘어졌던 이스라엘 백성의 실패를 만회하기 위해서 광야로 들어가셔야 했던 것입니다. 한편으로는 먹는 문제로 넘어지고 하나님이 함께 하심의 표적을 과도하게 구하다가 쓰러지고 사탄에게 이리저리 깨어지고 만신창이가 된 그 이스라엘의 실패를 만회하기 위하여, 또 한편으로는 태초에 아담 안에 있었던 그 실패까지도 만회하려는 그런 기세로 광야에 들어가신 것입니다. 그래서 광야 40일의 이 시험은 곧 시험에 넘어진 이스라엘 민족의 실패를 추체험하면서 이스라엘 민족의 죄를 대속할 만한 시험의 승리를 확보하기 위한 것이고, 또한 창세기 2:16과 3:1에서처럼 들짐승 중에 가장 간교한 뱀과 함께 있다가 실패했던 그 아담의 원죄를 만회하고 둘째 아담으로 자기 정체성을 확정하기 위한 경험이었던 것입니다. 그런데 어떻게 됐습니까? 이스라엘 백성들은 이렇게 예수님과 같이 굶주리지 않고도 먹는 문제로 쓰러지고 넘어졌는데, 예수님은 40일 동안 굶주리면서(마가복음에는 누락되었으나 다른 공관복음서에 언급), 40일 동안 사탄에게 유혹받으면서도 시험에 승리하신 것입니다. 이 부분을 직역하면 이렇습니다. "그는 광야에서 40일 동안 계셨다. 사탄에게 유혹받으면서. 그는 그리고 들짐승과 함께 있었고 천사들이 그를 섬겼다." 이때 들짐승들과 함께 있었다는 표현은 인격적 친밀감을 상징하는 '에이나이 메타'로 쓰여 있습니다. '에이나이 메타'는 "누구누구와 밀접하게 함께 있다in close union with", 이런 뜻입니다. 예수님은 짐승들에게 격동당하지 않고 짐승들의 시험을 이겨서 짐승들, 즉 뱀과 전갈들에게 전혀 공격받지 않고 신적인 권위로 그것들을 억제하면서 있었단 말이에요. 그랬더니 천사가 식탁 수종을 들었습니다. 이것 때문에 40일 금식 때 몰래몰래 천사가 준 넥타를 마셨다고 빈정거리는 사람들의 말이 나옵니다. 그러나 예수님이 40일 금식 후에 천사의 수종을 받았다는 것은 탈무드(산헤드린)에 나오는 이야기를 통해 그 의미를 알 수 있습니다. 탈무드에 보면 아담이 나그네였을 때 천사가 식탁 수종을 들었다는 말이 나옵니다. 그러니까 예수님께서 천사의 식탁 수종을 받았다는 말은, 들짐승과 함께 있으면서도 들짐승의 격동과 꼬드김에 넘어가지 않고 마침내 옛사람 아담의 죄를 완전히 극복하고 천사의 식탁 수종을 받을 만큼 시험의 승리자가 되었다는 뜻입니다. 이런 것도 철두철미하게 창세기 의존적이고 구원사 의존적이기 때문에 구원사와 창세기 전반에 대한 텍스트를 인증하거나 인용하는 그런 방식을 모르면 이 함축된 의미를 잘 모르고 그냥 지나가게 됩니다. 그래서 이런 주석적인 연상을 잘하기 위해 우리는 말씀을 많이 읽고 많이 암송해야 합니다.

이렇게 예수님은 사탄의 유혹과 들짐승의 어떤 도발도 이겨 가면서 마침내 이스라엘 민족의 실패를 극복했습니다. 드디어 시험에서 승리했습니다. 천사의 식탁 수종은 승리한 왕이 누리는 특권이었습니다. 여기서 우리는 하나님과의 온전한 교제가 회복된 사람에게는 천사의 식탁 교제가 있음을 또다시 확인합니다. 엘리야가 로뎀나무 아래에서 천사의 식탁 수종을 받았죠? 그리고 다니엘이 엎어져서 얼굴이 창백해졌을 때 천사의 지탱사역을 받았습니다. 천사는 엘리야와 다니엘처럼 우리 인간이 도저히 손 쓸 수 없을 만큼 처량하게 소진되었을 때 식탁 수종을 들기 위해 찾아오는 존재입니다. 우리 예수님도 바로 천사의 식탁 수종을 받았습니다.

요한의 체포 후 시작되는 예수님의 공생애 사역(14-15절)

시험에 이기신 후, 아담의 원죄를 극복하고 이스라엘의 죄도 상쇄하실 시험의 승리를 거둔 후 예수님은 그다음 어떤 행동을 취했습니까? 14절에서 예수님은 드디어 공적 활동에 들어갑니다. 예수님의 본격적인 하나님 나라 운동은 40일 광야시험이 끝나고 돌아오자, 요한이 체포되어 하나님 나라 운동이 소강상태에 빠져 있었던 상황에서 시작되었습니다. 요세푸스의 증언에 따르면, 요한은 유대광야, 자신이 침례운동을 벌이던 곳에서 가까운 마케루스 요새에 갇혔습니다. 예수는 유대지방을 떠나 갈릴리로 철수합니다(14절). 그는 세례 요한의 하나님 나라 운동 거점인 유대지방을 떠나서 갈릴리로 철수하신 후 "하나님의 복음"을 전파하기 시작한 것입니다. 세례 요한이 체포된('파라도데나이') 이후에 예수께서 유대가 아니라 갈릴리에서 하나님의 복음을[40] 외치기 시작한 것은 바로 이런 연유 때문이었습니다. 이때 세례 요한이 하던 말과 똑같은 말을 하면서도 예수님은 독창적인 말을 추가합니다. 이 "복음"은 요한의 케뤼그마에 예수님 자신이 추가한 케뤼그마였습니다. "때가 찼고, 하나님 나라가 가까이 왔다. 회개하고, 복음을 믿으라." 자, 여기서 "때가 찼다"는 말을 이해하기 위해서 여러분, 누가복음 10:23-24을 기억해 보십시오. 구약의 모든 예언자들은 이스라엘이 하나님께 순종 상태로 돌아올 것을 권면합니다. 그런데 구약의 모든 하나님의 권면이 언제 결실하느냐 하면 순종의 완성자가 나타날 때입니다. 하나님의 아들이자 종인 나사렛 예수의 시험 승리는 구약의 모든 예언자들이 예고한 하나님의 구원과 회복이 시작되는 기점을 의미했습니다. 그 숱한 구약성경 명령, 권면, 경고의 말씀들은 예수 앞에서 멈춥니다. 바로 하나님이 원하는 이상적인 인물이 등장했기 때문입니다. 그러므로 때가 찼다는 말은, 하나님께서 원하던 이상적인 이스라엘이 나타났다, 그렇기 때문에 더 이상 하나님은 구원사를 진취시킬 필요가 없다는 말입니다. 누가복음 24:44에 보면 "모세의 글로부터 시편과 예언서, 모든 것이 나를 가리켜서 말하였다"고 했는데, 사실 예수님을 가리켰다고 간주될 말씀이 많이 없지 않습니까? 미가 5:2과 이사야 9:6 등 몇 구절 빼고 나면, "예수 그리스도"라는 말도 안 나오잖아요. 그렇다면 누가복음 24:44에서 예수님이 "시편부터 모세의 글 모두가 다 나를 가리켜 말했다"고 할 때, 그 "나"는 무엇이냐면, "완전한 순종의 화신 상태"를 말합니다. 구약의 모든 성경구절과 구약의 모든 예언은 한 완전한 순종자가 나타날 때까지 집요하게, 집요하게 분출됩니다! 완전한 순종자가 출현하여 하나님 아들들의 자유에 이를 때까지 계속 예언자를 통해 지시와 지시의 이어달리기를 했단 말이지요. 그런데 그 모든 구약의 예언과 지시들이 예수님에게 와서 멈췄습니다. 예언과 율법의 완성이 일어나게 되었어요. 구약의 모든 하나님의 권면과 예언자의 말씀이 완전히 성취되었을 때 나타나는 인간이 예수였기 때문에, 예수님의 도래는 "때가 찼다"는 사실을 의미한 것입니다. 구약의 모든 예언의 종합적 성취란 말입니다. 다른 말로 하자면, 구약에 나오는 모든 예언자의 순종을 적분해서 아브라함의 순종, 이삭의 순종, 야곱의 순종, 다윗, 사무엘 등 모든 순종을 합하면 무엇이 되지요? 예수의 순종이 되는 겁니다. 예수는 구약에 나타났던 모든 순종의 적분자입니다. 다시 말하면, 예수는 구약에서 말했던 모든 하나님의 예언이 완전히 성취되었을 때 나타나는 인간형입니다. 때가 찼다는 말은 무엇이냐면, 그 새로운 인간형이 나타났기 때문에 더 이상 예언이 필요 없다는 말입니다. 그래서 누가복음 10:23-24은 말씀합니다. "제자들을 돌아보시며 조용히 이르시되 너희가 보는 것을 보는 눈은 복이 있도다. 내가 너희에게 말하노니 많은 선지자와 임금이 너희가 보는 바를 보고자 하였으되 보지 못하였으며 너희가 듣는 바를 듣고자 하였으되 듣지 못하였다." 또한 요한복음 8:56, 58입니다. "아브라함이 나의 때 볼 것을 인하여 즐거워하였다.…… 나는 아브라함 전에 있었다." 이런 말씀들은, 아브라함도 예수 그리스도 같은 완전한 순종의 화신이 나타날 때를 구원사의 성취 순간으로 보고 즐거워하였다는 것입니다. 그러므로 때가 찼다는 말은 첫째, 예수님이 구약성경의 모든 예언의 성취로, "예수님 자신이 걸어 다니는 하나님 나라가 되었다. 예수님 자신이, 하나님의 통치에 순종하는 걸어 다니는 현장이 되었다. 예수님 자신이, 하나님께서 예언한 모든 예언의 총결적 구현자가 되었다"는 말입니다. 예수님은 하나님의 통치를 온몸으로 받아들이고 완전히 심사숙고한 끝에 하나님께 순복을 바쳤던 아들이었으므로, 그는 하나님의 생명력을 거리낌 없이 소통하고 매개시키는 자가 되었습니다. 오리겐 같은 교부는 이것을 "아우토 바실레이아, 몸소 하나님 나라"라고 했습니다. "아우토 바실레이아!" 아우토는 'himself', 재귀대명사 3인칭 남성 단수, 바실레이아는 '나라'입니다. 즉 이 말은 "그 자신이 걸어 다니는 하나님 나라"가 되었다는 뜻입니다. 따라서 때가 찼고 하나님 나라가 가까이 왔다는 말은, 그 자신이 하나님 통치의 완전한 구현자가 되고 하나님께 순복하는 순복의 화신이 되었으므로, 이제 우주적, 전 피조물적, 이방 사회까지 확장된 하나님 나라가 완전히 눈앞에 가시적으로 시작되었다는 것이고, 교회사가 시작되었다는 것입니다. 교회사의 시작! 그래서 인간의 도덕적 너저분함과 교황이라는 악한 지도자의 등장 같은 많은 파란과 곡절에도 불구하고 교회사는 하나님 나라의 확장사가 되는 것입니다. 아무리 지역교회나 특정한 성직자들이 일탈해도 하나님의 교회는 멸망할 수 없고 파괴될 수 없으며 절대로 근절될 수 없습니다. 개교회는 심판받아서 불에 탈 수 있지만, 하나님 나라 보좌에 앉은 왕이신 예수님이 그 머리가 되시는 '우주적인 보편교회'는 예수님 때문에 하나님 나라의 전위부대로서 계속 성숙하고 확장될 수밖에 없습니다. 여러분은 그런 교회의 영적 지도자로 부르심을 받은 것입니다. 여러분, 하나님의 아들 예수님이 우주의 보좌에서 이 세계의 주권자, 만왕의 왕, 만유의 주가 되시는 그 일을 포기하지 않는 한, 예수 이름으로 왕적 사역을 전개하는 여러분의 목회사역은 절대로 실패할 수 없고, 절대로 후퇴할 수 없다는 사실, 그것을 믿으시기 바랍니다.

마무리하겠습니다. "때가 찼고, 하나님 나라가 가까이 왔으니!" 하나님 나라가 가까이 왔다는 것은 세례 요한에게는 심판의 양상으로 나타났지만 예수님에게는 그렇지 않습니다. 예수님께 하나님 나라는 무엇입니까? 거대한 봇물이 터지듯 주체할 수 없는 구원 잔치입니다. 그래서 예수님이 잔치에 오라고 초청할 때, 논 사고 밭 사고 시집가고 장가가는 그 일 대신에 잔치에 오라고 초청하는 것이 세례 요한과 너무나 다릅니다. 세례 요한은 "도끼가 나무뿌리에 놓였으니 심판받지 않으려거든 회개하라"고 촉구했습니다. 비상 경보음과 같은 통보요 선포였습니다. 그러나 예수님에게는 하나님 나라가 구원 잔치였습니다. 그의 언어는 초청이었고, 하나님의 무한한 사랑과 긍휼이었습니다. 봇물 같은 사죄의 은총이자 주체할 수 없는 치료의 은총이었습니다. 하나님 나라가 시작되었으니 전향하여 이 구원 잔치에 참석하기만 하면 됩니다. 예수 자신을 통해 총체적으로 구현되고 과시되는 하나님의 통치현장을 보고 하나님의 통치가 시작되었음을 믿으라는 것이었습니다. 예수님이 과시하는 이 엄청난 생명 잔치에, 이 놀라운 치유 잔치에 참여하기만 하면 된다는 것입니다. 얼마나 쉽고 얼마나 좋습니까! 그러나 그 잔치에 모든 사람이 열광적인 반응을 보인 것은 아니었습니다. "천국은 침노하는 자의 것이라"(참조. 마 11:12)는 말씀에 따라 세리와 군병과 죄인들이 예수님의 무차별적인 은총의 잔치에 먼저 왔던 겁니다. 아주 거칠고 떼거지 같은 난폭자들이 천국을 다 차지하니까 예수님이 그것을 약간 익살스럽게, "세례 요한의 때부터 지금까지 천국은 침노를 당하노니 거친 자가 천국을 차지한다"라고 표현했습니다. 예수님이 마련한 구원의 잔치요, 죄 사함의 은총이요, 빚을 탕감하는 채무 탕감실인 하나님 나라를 점령한 사람들은 유대교-헤롯-로마 체제 아래서 신음하며 살던 사람들이었습니다. 그들은 난폭할 정도로 예수님을 향해 쇄도했습니다. 예수님은 그들에게 회개를 촉구했습니다. 일만 달란드 빚, 그 채무증서를 찢어버리신 예수님은 그들도 그들에게 몸이 저당 잡힌 종들을 해방시키고 하나님 나라에 참여하라고 초청한 것입니다. 옷 두 벌 있는 자는 옷 없는 이웃에게 옷 한 벌 주고 하나님 나라에 참여하라고 초청한 것입니다. 어떤 도덕적 억제와 물리적 강압을 전혀 구사하지 않았습니다. 예수님의 구원 잔치에 와서 일단 먹고 마시다 보면 옷은 반드시 나누어 주게 될 것이라는 "선행적 은혜 베풂, 후발적 윤리실천"을 기대하신 것입니다. 그래서 예수님이 부자이자 세리장인 악명 높은 삭개오의 집에 가서 먼저 삭개오를 끌어 안으셔서 삭개오를 폭풍처럼 완전히 감동시켰을 때, 삭개오는 "토색한 것을 토해 내겠습니다"라고 선포했습니다(눅 19:8). 예수님은 불의한 재물을 모아 놓기는 했지만 인생의 위기를 느끼고 있는 부자를 그렇게 다루십니다. 이렇게 예수님은 "하나님 나라, 즉 엄청난 구원의 잔치, 봇물 터지듯 넘치는 치료의 능력, 주체할 수 없는 빚의 탕감 등이 왔으니, 전향하여 예수님의 구원 잔치에 마음을 열고 들어오라"고 초청하십니다. 하나님의 복음이 제대로 선포되는 곳에 이웃사랑과 화해의 역량이 증대됩니다. 하나님 나라의 복음 선포, 즉 선교는 이웃사랑의 봉사 에너지를 창출하는 원천입니다.[41]

결론

여러분이 소명의 현장에서 사역하다 보면, "내가 과연 하나님의 종인가" 하는 극한 의심에 시달릴 수 있습니다. 많은 사람이 벌떼처럼 여러분의 설교와 여러분의 사역에 대해서, 심지어 인격과 습관과 몸, 이 모든 것에 대해서 흠 잡으면서 "당신은 목사가 되어서는 안 될 사람이다"라고 도발해 올 때, 우리가 돌아가서 호소할 만한 그 D-day, H-hour, 결정적인 소명 사건이 있어야 우울증을 이길 수 있고 영적 침체를 극복할 수 있습니다. 그래서 거기가 어떤 산이든지 기도굴이든지 상관없습니다. 아차산 토굴이라도 괜찮고, 주기철 기념비라도 괜찮습니다. 여러분들이 호소할 만한 신적 원천이, 신적인 소명감이 확정된 그 자리가 있어야 될 것 아닙니까!

우리의 목회 소명, 혹은 예언자적 소명이 독한 회의와 대적자들의 공격에 직면할 때, 우리가 호소할 소명의 자리, 요단 강의 침례 자리가 있어야 합니다. 사도 바울이 다메섹 도상의 빛과의 조우와 충돌 사건에 결정적인 순간마다 의지하듯이, 여러분 또한 목회자로 부르셨던 그 원초적 소명의 자리를 늘 기억해야 합니다. 소명감의 확증과 재확증만이 어둡고 고통스러운 목회적 위기 앞에서도 우리가 신적인 명랑함을 유지할 수 있는 비방秘方입니다. 오늘 이 본문은 옛날에 예수님께 일어났던 일을 단지 서술하는 데 그치지 않고, 오늘 여기 모여 있는 천여 명의 선지 생도들에게 질문을 제기하고 있습니다. 그것은 그저 사실 진술이나 역사 회고가 아니라 "지금 여러분에게 이런 요단 강 침례 사건에 버금가는 소명 사건이 있습니까?"라고 묻습니다.

이 원천적인 소명 사건을 가지고 우리가 신학에, 목회에, 선교현장에, 봉사활동에 몰두해야 합니다. 왜냐하면 선교와 봉사라는 것은 하나님께 강권적으로 부르심 받은 사람들에게만 위탁된 과업이기 때문입니다. 피조물은 노동을 하면 비인간화 되어서 지치고 망가집니다. 아무리 착한 일이나 아무리 거룩한 일도 그 자체는 노동이기 때문에 비인간화를 초래합니다. 그러므로 거룩한 일, 교회 일도 너무 하면 인간성이 점점 메말라집니다. 아무리 좋은 상담을 해도 인간성이 메말라지고, 심지어 계속해서 찬양만 해도 메말라집니다. 일 자체, 노동 자체는 비인간화를 초래합니다. 그래서 궁극적으로 선교와 봉사는, 달려가도 피곤치 않으시고 졸지도 아니하시고 지치지도 아니하시는 우리 하나님만이 하실 수 있는 일입니다. 왜냐하면 홀로 자존하시고 거룩하시고 스스로 자기를 늘 새롭게 하시는 전능하신 하나님만이 혹독한 노동에도 지치지 않고 피폐화되지 않기 때문입니다.

우리 하나님은 이 세상을 창조하시고 창세기 1:26-28, 즉 문화명령cultural mandate을 남기신 후에 피조물의 능동성 배후에 은닉하셨습니다. 지상의 모든 일을 아담에게 맡기신 후 하나님은 지상 역사에서 종적을 감춘 듯 은닉하셨습니다. 땅을 정복하고 관리하고 동산을 지키면서 동식물을 다스리는 모든 일을 인간에게 위임하셨습니다. 왜입니까? 하나님의 세계 통치에, 하나님 나라의 완성에 인간의 동참을 유도하기 위함이었습니다. 즉 인간의 우주적 위상을 높여주기 위해서입니다! 하나님 나라의 미래가 마치 인간에게 달려 있는 것처럼, 자기를 겸허하게 비우시고 인간의 순종여부에 동산의 미래가 달려 있는 것처럼 계약을 맺으시고 하나님은 인간의 자유와 책임이라는 장막 뒤로 철수하신 겁니다. 창조주 하나님의 은닉, 이 여백에 인간의 자유와 주체성, 책임과 실패 가능성이 작동합니다! "구원자 이스라엘의 하나님이여, 진실로 주는 스스로 숨어 계시는 하나님이시니이다"(사 45:15). 하나님은 스스로 숨어 계시는 하나님이십니다. 왜 숨으십니까? 인간의 자유와 책임을 최고조로 고양시키기 위해서였습니다. 하나님이 천지를 창조하신 후 자기 권능을 억제하고 제한하시는 방법이, 숨으시는 것입니다.

하나님이 늘 불꽃같은 보좌 위에, 남보석 위에서, 메르카바 같은 이동식 전차를 타면서 역사와 세계를 휘젓고 다니면, 피조물이 하나님의 인격에 설복되기보다는 하나님의 권위에 눌려 있게 될 것입니다. 하나님의 사랑에 감복되기보다는 하나님의 권능에 기가 눌려 압도될 것입니다. 그러면 인간에게 하나님과의 사랑의 교제가 불가능할 것입니다. 다행히도 우리 하나님은 그렇게 하지 않고 인간과의 인격적인 교제를 위하여 자신을 은닉하시고 감추심으로써 인간의 믿음과 자발적 순종을 기대하십니다. 심사숙고 끝에 하나님의 사랑을 믿고 신뢰하고 따르는 그런 사람과 더불어 이 세상을 다스리시고자 하신 겁니다. 인간의 역할을 극대화시켜 주기 위해서 이런 노선을 선택하신 것입니다. 우리 인간을 하나님 나라의 공동 창조자로, 공동 통치자co-regent로, 대리 통치자로 세우시기 위하여, 하나님은 자기를 극소로 축소시키시고 비우고 은닉시키셔서, 이 세계를 마치 인간의 독무대인 것처럼 만들어 주셨습니다. 창조의 첫 순간부터 이미 하나님의 십자가상 자기 은닉이 나타납니다. 창조질서 안에 이미 하나님의 겸손이 나타나고 인간에 대한 하나님의 극진한 피조물 배려가 나타납니다. "아우슈비츠의 대학살에 왜 하나님은 개입하지 않았습니까?"라고 묻는다면, 창세기 1:26-28 때문이라고 하나님은 대답하십니다. 인간 역사는 인간의 능동적 행위와 책임감수 아래 운영되도록 섭리하셨기 때문이라는 뜻이지요.

그래서 우리가 기도할 때 창세기 1:26-28을 염두에 두고 기도할 필요가 있습니다. 하나님이 이 세상을 다스리고 통치하고 이 동산을 관리하고 지키는 일들을 우리에게 맡기셨지만, "하나님, 제가 받은 이 창조질서를 운영하는 대권을, 이 위임을 인정하지만 또한 양도합니다. 창조질서를 관리하고 다스리고 정복하는 일에 하나님 당신의 도움과 현존이 필요하오니 저의 이 간구를 들으시고 개입해 주십시오"라고 기도합니다. 하나님이 창조세계 속으로 오시는 정당한

문을 열어 두시는 것이 바로 기도입니다. 하나님은 우리의 기도를 통하여 일하기를 기뻐하십니다. 왜입니까? 우리의 기도와 간구와 결단이 하나님의 동반자라는 그런 숭고한 지위를 누리는 과정임을 우리로 하여금 깨닫게 하기 위해서입니다. 그래서 우리 하나님은 기도를 통하여 일하시기를 기뻐하십니다. 하나님은 전능하신 하나님이신데, 전능하지 못한 하나님인 것처럼 행동하기를 결단하신 것입니다. 바로 사람 때문에!

하나님은 무신론을 조장할 만큼 자기 현존을 은닉하시는 분입니다. 이것이 유명한 카발라 신학입니다. 14세기 스페인에서 일어났던 유대교 신비주의 신학인 카발라 신학, 몰트만이 이 카발라 신학을 가지고 성부수난적인, "십자가에 달리신 하나님"을 말한 거예요. 유대교 토라 신학, 창조 신학입니다. 우리 하나님께서는 하나님 나라가 이 땅에 오기를 열망하시지만, 그 하나님 나라를 세우는 방식이 너무 독특하여 하나님 나라의 건설공사가 중단된 것처럼 보인다는 것, 이것이 우리에게 무신론을 조장하고 종말론에 대한 회의를 조장합니다. 다시 말하면, 우리 하나님은 나폴레옹이나 히틀러나 모택동처럼 나라를 세우지 않습니다. 이들은 정복하고 깃발 꽂고 나라를 세웠다고 주장하지만, 우리 하나님은 인간의 모든 인격적 자유의지의 숭고함을 다 인정하시고 정말로 영접할 것인지를 물으시고 심사숙고 끝에 전인적 결단으로 문을 여는 사람에게만 하나님 나라 영토의 도장을 찍어 주십니다. 그 영토를 그렇게 해서 점조직적으로 살살 붙여 가시기 때문에, 하나님 나라 건설은 너무나 오래도록 지연되고 있는 것처럼 보입니다. 태초부터 시작되었는데 아직도 끝나지 않은 겁니다.

하지만 여기서 우리가 실족하면 안 됩니다. 우리 하나님 나라의 건설은 여전히 공사중입니다! 오직 성령 충만한 사람만이 하나님 나라 창조의 동선이 눈에 보입니다. 성령 충만하지 않으면 우리는 무신론자로 전락합니다. 그래서 골로새서 3:1은 의미 있는 권고입니다. "위의 것을 보아라! 거기는, 그리스도께서 너희를 살려서 우리를 그리스도와 함께 다스리는 공동 통치자로 삼아주시는 곳이다"(저자 사역). 여러분, 우리가 "위의 것"을 보아야 합니다. "위의 것"을 본다는 것은 무엇입니까? 그리스도가 지금 이 세상을 통치하는 왕이심을 인정하는 그런 주권사상을 갖는 것입니다. 성령 충만한 사람만이 예수 그리스도가 이 땅의 왕이심과 교회의 주되심을 믿어 의심치 않게 됩니다. 실제 이 땅에는 좋지 않은 교회가 분명히 있지 않습니까? 디베료 황제를 닮은 성직자들, 빌라도 총독을 닮거나 안나스와 가야바 계열의 담임목사나 신부도 많이 있습니다. 그럴 때일수록 간절하게, 그런 사람들이 활개치는 교회에서 신앙을 잃지 않도록 기도해야 합니다. 그런데 놀라운 것은, 엘리 담임목사 밑에서도 사무엘이 태어나 자랐다는 사실입니다. 꼭 좋은 담임목사 밑에서만 좋은 전도사나 교인이 나오는 게 아닙니다. 하나님의 진노를 사기에 충분한, 매우 아둔한 '엘리'라는 성직자 밑에서도 어린 사무엘이 자라서 위대한 예언자로 부화하지 않았던가요? 그러니까 이 시대의 어둠의 세력들이나 악한 시대정신 탓하지 말고, 담임목사님이나 바로 위의 직속 부목사도 탓하지 말며, 또 나를 가르치는 과목 교수 탓하지 말고, 영적인 인큐베이터에서 예언자로 잘 부화하시길 바랍니다.

3강

제자들을 부르신 예수님

마가복음 1:16-28

설교 3 (3월 24일 목요일 새벽예배)

갈릴리 해변으로 지나가시다가 시몬과 그 형제 안드레가 바다에 그물 던지는 것을 보시니 그들은 어부라. 예수께서 이르시되 나를 따라오라 내가 너희로 사람을 낚는 어부가 되게 하리라 하시니 곧 그물을 버려 두고 따르니라. 조금 더 가시다가 세베대의 아들 야고보와 그 형제 요한을 보시니 그들도 배에 있어 그물을 깁는데 곧 부르시니 그 아버지 세베대를 품꾼들과 함께 배에 버려 두고 예수를 따라가니라. 그들이 가버나움에 들어가니라 예수께서 곧 안식일에 회당에 들어가 가르치시매 뭇 사람이 그의 교훈에 놀라니 이는 그가 가르치시는 것이 권위 있는 자와 같고 서기관들과 같지 아니함일러라. 마침 그들의 회당에 더러운 귀신 들린 사람이 있어 소리 질러 이르되 나사렛 예수여 우리가 당신과 무슨 상관이 있나이까 우리를 멸하러 왔나이까 나는 당신이 누구인 줄 아노니 하나님의 거룩한 자니이다. 예수께서 꾸짖어 이르시되 잠잠하고 그 사람에게서 나오라 하시니 더러운 귀신이 그 사람에게 경련을 일으키고 큰소리를 지르며 나오는지라. 다 놀라 서로 물어 이르되 이는 어쩜이냐 권위 있는 새 교훈이로다 더러운 귀신들에게 명한즉 순종하는도다 하더라. 예수의 소문이 곧 온 갈릴리 사방에 퍼지더라.

잘 주무셨습니까? 잠자리는 어떻습니까? 한 학우가 숙소가 군대 내무반 같아서 물을 뿌려 청소하고 싶다고 그러던데, 아무튼 불편해도 잘 참고 지내다 가시기 바랍니다. 이 시간 우리는 제자들을 부르신 예수님과, 권세 있는 새 교훈으로 불린 예수님의 하나님 나라 복음 선포 실황을 묵상하고자 합니다. 아울러 왜 제자들에게는 당신의 말씀을 위탁하시면서 귀신이나 귀신 들린 자가 예수님을 널리 알리는 일은 금지하셨는지에 대해서도 생각해 보고자 합니다. 귀신의 특징은, 예수님의 정체를 알기는 하지만 그분께 순복할 의향이나 능력이 전혀 없다는 것입니다. 이런 점에서 신학자, 목회자인 우리도 얼마든지 귀신과 비슷해질 가능성이 있습니다. 우리가 만일 하나님에 대해서 알지만 순종할 능력이 박탈되면, '아카싸르토 프뉴마티' 즉 더러운 영에 속한 사람이 될 수 있습니다. 귀신들도 하나님이 한 분이신 줄 알고 떠들지만(약 2:19) 하나님의 통치 아래 들어오지 않듯이, 예수님의 정체도 알고 삼위일체의 신비도 아는 목회자나 신학자도 귀신 수준의 불결한 영과 삶에 속박되어 살 수 있다는 것입니다. 참 무서운 일입니다. 오늘 우리가 묵상할 마가복음 본문을 제가 사역한 본문으로 읽어 드리겠습니다.

헬라어 본문 낭독과 사역

16 Καὶ παράγων παρὰ τὴν θάλασσαν τῆς Γαλιλαίας εἶδεν
Σίμωνα καὶ Ἀνδρέαν τὸν ἀδελφὸν Σίμωνος ἀμφιβάλλοντας
ἐν τῇ θαλάσσῃ· ἦσαν γὰρ ἁλιεῖς.
카이 파라곤 파라 텐 쌀라싼 테스 갈릴라이아스 에이덴
시몬아 카이 안드레안 톤 아델폰 시모노스 암피발론타스
엔 테 쌀라쎄 에산 가르 할리에이스.

그리고 갈릴리 바다를 지나가면서 그는 시몬과 시몬의 형제 안드레아가 바다에 던지는 것을 보았다(왜냐하면 그들은 어부였기 때문이다).

17 καὶ εἶπεν αὐτοῖς ὁ Ἰησοῦς· δεῦτε ὀπίσω μου, καὶ ποιήσω
ὑμᾶς γενέσθαι ἁλιεῖς ἀνθρώπων
카이 에이펜 아우토이스 호 예수쓰 듀테 오피소 무 카이 포이에쏘
휘마스 게네스다이 할리에이스 안드로폰.

그리고 그 예수가 그들에게 말했다. "나를 따라 여기로 오라. 너희들을 사람들의 어부들로 만들어 주리라."

18 καὶ εὐθὺς ἀφέντες τὰ δίκτυα ἠκολούθησαν αὐτῷ
카이 유쒸스 아펜테스 타 딕튀아 에콜뤼데산 아우토.

그리고 곧 그물들을 버려 두고 그들은 그를 따랐다.

19 Καὶ προβὰς ὀλίγον εἶδεν Ἰάκωβον τὸν τοῦ Ζεβεδαίου
καὶ Ἰωάννην τὸν ελφὸν αὐτοῦ καὶ αὐτοὺς ἐν τῷ πλοίῳ
καταρτίζοντας τὰ δίκτυα
카이 프로바스 올리곤 에이덴 야코본 톤 투 제베다이우
카이 요안넨 톤 아델폰 아우투 카이 아우투스 엔 토 플로이오
카타르티존타스 타 딕튀아.

그리고 좀 더 나아가더니 그는 세베대의 야고보와 그의 형제 요한을

보았다. 배에서 그물들을 수선하고 있는 그들을.

20 καὶ εὐθὺς ἐκάλεσεν αὐτούς. καὶ ἀφέντες τὸν πατέρα αὐτῶν Ζεβεδαῖον ἐν τῷ πλοίῳ μετὰ τῶν μισθωτῶν ἀπῆλθον ὀπίσω αὐτοῦ
카이 유쒸스 에칼레센 아우투스 카이 아펜테스 톤 파테라 아우톤 제베다이온 엔 토 플로이오 메타 톤 미스쏘톤 아펠돈 오피소 아우투.

곧 그가 그들을 불렀다. 배에 있는 아버지와 그의 고용된 일꾼들을 버려 두고 그들은 그를 따라갔다.

21 Καὶ εἰσπορεύονται εἰς Καφαρναούμ· καὶ εὐθὺς τοῖς σάββασιν εἰσελθὼν εἰς τὴν συναγωγὴν ἐδίδασκεν
카이 에이스포류온타이 에이스 카파르나움 카이 유쒸스 토이스 쌉바씬[42] 에이셀돈 에이스 텐 쉬나고겐 에디다스켄.

그리고 그들이 가버나움으로 들어간다. 그리고 곧 안식일들에 그 회당에 들어가실 때마다 그는 가르치셨다.

22 καὶ ἐξεπλήσσοντο ἐπὶ τῇ διδαχῇ αὐτοῦ· ἦν γὰρ διδάσκων αὐτοὺς ὡς ἐξουσίαν ἔχων καὶ οὐχ ὡς οἱ γραμματεῖς
카이[43] 엑세플레쏜토 에피 테 디다케 아우투 엔 가르 디다스콘 아우투스 호스 엑수시안 에콘 카이 우크 호스 호이 그람마테이스.

그리고 그들은 그의 가르침에 놀랐다. 그가 서기관들과는 달리 권위를 갖고 그들을 가르치고 있었기 때문이다.

23 Καὶ εὐθὺς ἦν ἐν τῇ συναγωγῇ αὐτῶν ἄνθρωπος ἐν πνεύματι ἀκαθάρτῳ καὶ ἀνέκραξεν
카이 유쒸스 엔 엔 테 쉬나고게 아우톤 안드로포스 엔 프뉴마티 아카싸르토[44] 카이 아네크락센.

그리고 곧 그들의 회당에는 더러운 영 안에 있는 한 사람이 있었다.

그리고 그가 소리쳤다.

24 λέγων· τί ἡμῖν καὶ σοί, Ἰησοῦ Ναζαρηνέ; ἦλθες ἀπολέσαι ἡμᾶς; οἶδά σε τίς εἶ, ὁ ἅγιος τοῦ θεοῦ
레곤 티 헤민 카이 쏘이, 예수쓰 나자레네 엘데스 아폴레사이 헤마스 오이다 쎄 티스 에이 호 하기오스 투 데우.

"나사렛 예수여 우리와 당신이 무슨 상관이요? 우리들을 멸망시키려고 당신이 왔습니까? 나는 당신이 누구인지 압니다. 하나님의 거룩한 자!"라고 말하면서.[45]

25 καὶ ἐπετίμησεν αὐτῷ ὁ Ἰησοῦς λέγων· φιμώθητι καὶ ἔξελθε ἐξ αὐτοῦ
카이 에페티메센 아우토 호 예쑤스 레곤 피모데티 카이 엑셀데 엑스 아우투.

그리고 그 예수가 그를 꾸짖었다. "조용히 하라. 그리고 그에게서 나오라"고 말하면서.

26 καὶ σπαράξαν αὐτὸν τὸ πνεῦμα τὸ ἀκάθαρτον καὶ φωνῆσαν φωνῇ μεγάλῃ ἐξῆλθεν ἐξ αὐτοῦ
카이 스파락산 아우톤 토 프뉴마 토 아카싸르톤 카이 포네산 포네 메갈레 엑셀덴 엑스 아우투.

그리고 그를 집어던지면서, 그 더러운 영이 큰소리를 지르고 외치면서, 그에게서 나왔다.[46]

27 καὶ ἐθαμβήθησαν ἅπαντες ὥστε συζητεῖν πρὸς ἑαυτοὺς λέγοντας· τί ἐστιν τοῦτο; διδαχὴ καινὴ κατ' ἐξουσίαν· καὶ τοῖς πνεύμασι τοῖς ἀκαθάρτοις ἐπιτάσσει, καὶ ὑπακούουσιν αὐτῷ
카이 에쌈베데산 하판테스 호스테 쒸제테인 프로스 헤아투스 레곤타스 티 에스틴 투토 디다케 카이네 카트 엑수시안 카이 토이스 프뉴마시 토이스 아카싸르토이스 에피타세이, 카이

목회자 후보생들에게

휘파쿠우신 아우토.

그리고 그들 모두가 놀라서 그들이 스스로 토론했다. "이것이 무엇이냐? 권위를 띤 새로운 가르침! 그리고 더러운 영들[47]에게 그가 명하신다. 그리고 그들은 그에게 복종한다."[48]

28 καὶ ἐξῆλθεν ἡ ἀκοὴ αὐτοῦ εὐθὺς πανταχοῦ εἰς ὅλην τὴν περίχωρον τῆς Γαλιλαίας
카이 엑셀덴 헤 아코에 아우투 유쒸스 판타쿠 에이스 홀렌 텐 페리코론 테스 갈릴라이아스.

그리고 그의 소문이 즉시 다른 곳으로 퍼졌는데 갈릴리의 모든 인근 지역까지 퍼졌다.

사람 낚는 어부들을 포획하신 예수님(16-20절)

오늘 본문은 두 단락으로 구분됩니다. 제자들을 부르시는 예수님(16-20절)과, 예수님의 가버나움 회당 가르침과 그 위력(21-28절)입니다. 가버나움 회당에서 더러운 영을 가진 사람을 고쳐 주시는 사건은 하나님 나라 복음의 최초의 위력 과시 사건이요, 예수님의 가르침 안에 있는 권능의 정체가 드러난 사건이었습니다. 예수님의 제자 모집, 갈릴리 회당강론, 그리고 귀신 들린 자를 위한 축사활동 exorcism, 이 세 가지 사건은 서로 깊이 연관되어 있습니다. 먼저, 예수님이 제자들을 부르시는 장면이 모든 공관복음서에 소개되어 있지만, 약간씩 다르게 소개됩니다. 요한복음은 공관복음서와 또 다릅니다. 공관복음서는 예수님과 제자들의 첫 조우를 갈릴리에서 일어난 사건으로 보지만, 요한복음은 세례 요한의 회개 침례운동 현장 혹은 그곳에서 멀지 않은 유대지방에서 일어난 것으로 봅니다(요 1:29-42). 예수님은 유대지방에서 초기의 제자들을 만나 먼저 안면을 튼 후에 갈릴리로 되돌아가십니다(요 1:43). 이로 미루어 보건대, 이 마가복음 본문의 상황은 예수님과 제자들이 처음 만나는 장면은 아닐 것입니다. 오히려 예수님과 제자들의 기존의 우정과 동지적 연대관계가 스승과 전임 추종 제자의 관계로 발전하는 장면일 것입니다. 이런 과정은 내일 우리가 공부하게 될 마가복음 2:13-17 이하의 레위를 부르시는 장면에도 동일하게 적용될 것입니다.

우리가 만일 본문을 예수님과 제자들과의 첫 만남에서 일어난 사건이라고 본다면 초기 제자들의 판단력에 문제가 있다고 볼 수밖에 없을 것입니다. 베드로가 예수님과의 첫 만남에서 갑자기 생업을 다 포기하고 제자로 따르겠다고 했다면 그는 문제가 많은 사람으로 취급될 수 있을 것입니다. 다행히도 요한복음 1장이 잘 보여주듯이, 예수님과 베드로-안드레, 요한-야고보는 이미 서로 알고 있던 사이였습니다. 물론 그 전까지는 그들이 예수님을 주主로 고백하지 않았지만, 그들은 연령이나 경륜, 신앙이나 인품 등 여러 가지 면에서 예수님의 랍비적 풍모를 익히 알고 있었습니다. 예수님은 공생애 이전에도 그냥 목수 일만 하신 것이 아니라 영적 영향력을 어느 정도 끼치고 있던 랍비 같은 면모를 보였을 것입니다. 그래야 세례 요한이 요단 강 수세 현장에 나타나 세례를 받겠다고 나서는 예수님을 만류하면서, "내가 당신께 세례를 받아야 합니다"라고 말하는 장면이 이해가 됩니다(마 3:13-15).

누가복음 4:16 이하에는 안식일마다 예수님이 나사렛 회당에서 가끔 성경을 읽으셨던 장면이 나옵니다. 여기서 '성경을 읽는 행위'는 본문을 읽은 후 간단하게 논평하고 해설하며 삶에 적용을 시도하는 약식 설교 행위였습니다(딤전 4:13). 성경을 읽는 행위는 성경을 읽어 주고 권면하고 그것을 좀 더 부연해서 가르치는 설교였다는 것입니다. 이것은 유대인 공동체의 회당이나 초대교회의 목회자가 행했던 설교사역이었습니다. 당시에는 아무도 성경을 개인적으로 소장하지 않았기 때문에, 성도들은 하나님 말씀을 듣기 위해서 랍비나 선생이 읽어 주는 성경본문에 의지하는 수밖에 없었습니다. 만약 예수님 당시에 개인이 돈을 지불하여 성경 39권 두루마리를 모두 샀다면, 2억 원의 돈이 들었을 것으로 추정합니다. 그런데 개인적으로 그렇게 큰 돈을 들여 성경 두루마리를 집에 소장한 사람이 거의 없었기 때문에, 결국 성경 두루마리에 적힌 말씀은 회당과 성전 등에서 듣는 수밖에 없었고, 혹은 훌륭한 선생님 밑으로 가서 동거동숙하면서 듣는 수밖에 없었던 것입니다. 따라서 세례 요한은 아버지 옆에서나 성전에 가서 성경 말씀을 많이 들었을 가능성이 있고, 예수님은 아무래도 주로 나사렛 회당에서 들었을 가능성이 많겠지요. 예수님은 안식일마다 나사렛 회당에서, 혹은 여러 가지 종교적 절기 때마다 예루살렘 성전과 원근 각처의 회당에서 성경 말씀을 듣고 익혔을 것입니다. 지방 랍비들이나 혹은 스스로 독학해서 성경을 깨우친 지역 어르신들의 회당설교를 들으면서 성경에 친숙해졌을 것입니다. 그런데 예수님이 지금 우리처럼 성경의 장절을 정확하게 구분하면서 성경을 읽었다고 생각하면 안 됩니다. 왜냐하면 고대 성경에는 장절 구분이 잘 되어 있지 않았기 때문입니다. 예수님에게 가장 익숙한 이야기들은 무엇이었을까요? 예수님은 누가복음 4:18 이하에서 사르밧 과부, 엘리야, 엘리사 이야기를 술회 하십니다. 그 이야기들은 바로 예수님 고향에서 20킬로미터도 떨어지지 않는 곳에서 일어난 일들이었기 때문입니다. 수넴 여인, 엘리사와 과부 이야기 전부 다 갈릴리(므낫세, 납달리 지파와 스불론 지파) 땅에서 일어난 일입니다(마 4:13-15). 예수님은 성경에서 들었던 혹은 고향 어르신들로부터 구전으로 들은 이야기를 장절 구분 없이 자유롭게 인용하십니다. 여러분들께서는 신학대학원 입시에 대비해 성경 장절 구분하며 많이 외웠죠? 그렇게 아는 것도 좋지만, 성경의 큰 이야기 줄거리를 먼저 파악한 후에 세부적으로 장절을 기억해 두는 것이 더 좋습니다.

그래서 우리는 예수님께서 메시아로 공생애 활동하시기 전에 이미 나사렛 회당에서 성경을 읽어 주고 가르치신 지방 랍비로 인정받고 계셨을 것이라고 추측할 수 있습니다. 예수님의 랍비적인 풍모는 요단 강 수세와 유대 광야의 시험 승리 때문에 갑자기 생긴 것이 아니라 그 이전에 이미 형성되었다는 것이지요. 제자들이 예수님을 랍비라고 부르고, 예수님이 제자들을 자주 "소자들"이라고 부르는 것은 예수님과 제자들이 당시에 있었던 랍비-제자 관계였기 때문일 것입니다. 베드로는 전임 제자로 나서기 전에 그를 '에피스타테스'라고 부릅니다. 이 단어는 '랍비'보다는 좀 덜 전문적인 '선생'을 부르는 호칭이자 일종의 사령관 같은 카리스마를 갖고 훈도하는 수준의 '선생'을 지칭합니다(눅 5:5 에피스타테스, 5:8 퀴리오스). 예수님과 제자들 사이는 랍비 혹은 에피스타테스라는 호칭이 한동안 오고 가다가 강력한 결속과 추종을 수반하는 스승-제자 관계로 발전한 셈입니다. 그래서 18절에서 베드로가 그물을 버려 두고 예수님을 따라가는 것은 관계의 비약적 진보를 의미합니다. 이 상황을 좀 더 자세히 들여다보겠습니다. 예수께서 갈릴리 바다를 지나시다가 시몬과 그의 형제 안드레가 그물을 던지는 것을 보셨습니다. 그물을 던지는 작업(암피발로[ἀμφιβάλλω])은 무거운 납덩이가 달린 둥근 그물을 바다에 던지는 일이었기에 엄청 고된 작업이었습니다. 노동 강도가 무척 셉니다(눅 5:5 '수고하다'라는 동사에 '코피아노'라는 헬라어 사용, 비교. 창 3:17). 예수님은 그들의 노동 현장에서 그들을 제자로 부르십니다. 먼저 자신을 따라오라고 명하십니다. 제자는 예수님을 따르는 자이기 때문입니다. 특정한 원리나 가르침을 믿고 따르는 게 아니라 예수의 운명에 참여하라는 것입니다. 예수의 삶 전체에 책임적으로 관여하고 추종하고 모방하라는 요구였습니다.

시몬 베드로와 안드레가 그물을 집어던질 때 예수님을 만났다면 ('안티 발론테스', 16절), 요한과 야고보는 그물을 씻고 있을 때(19절) 만났습니다. 베드로-안드레 형제는 아직도 고기를 잡으려고 노력하고 있었고, 요한-야고보 형제는 그물을 깁고 있었습니다. 누가복음은 이들이 동업자였다고 말하고 있습니다. 사실 갈릴리 바다에서 일하는 사람들은 동업자가 될 수밖에 없습니다. 갈릴리 바다는 하프 모양의 호수라서 긴네렛('하프') 호수라는 이름으로 불립니다. 우리가 예수님의 갈릴리 사역을 보다 입체적으로 이해하려면 갈릴리 바다 주변의 자연지리와 인문지리를 어느 정도 알아야 합니다. 예수님이 공생애 때 주로 어떤 동선으로 움직였는지를 파악해 두어야 합니다. 갈릴리 바다의 크기는 남북 최장 20킬로미터입니다. 동서 최장 10킬로미터 크기의 담수호입니다. 갈릴리 바다는 해수면에서 240미터 아래에 있습니다. 갈릴리 바다의 제일 북쪽, 즉 12시 방향에 가버나움이 있습니다. 가버나움에서 뒤쪽 산지의 구릉지역으로 올라가면 삼각지 꼭짓점 지역에 고라신과 벳새다가 있습니다. 여기 벳새다, 고라신, 가버나움에 부유층들이 살고 있었는데(마 11:20-24), 이곳에서 20킬로미터도 채 떨어지지 않은 서쪽에 헤롯 안티파스의 수도 세포리스가 있습니다. 나사렛에서 6킬로미터 북쪽에 있습니다. 헬레니즘 문화에 익숙한 유대인들은 그곳에 가서 야외극장에서 공연되던 그리스-로마식 연극을 보거나 로마식 공중목욕탕을 이용하는 등 로마인들의 생활양식을 즐길 수 있었습니다. 좀 작기는 하지만 전차 경주장도 있었습니다. 또한 거기서 얼마 떨어지지 않은 벧산이라는 산악 도시 안에는 상당히 큰 전차 경주장이 있었습니다. 벧산에서 전차 경기를 즐기면서, 세포리스에 가서 로마의 연극과 대중예술을 즐길 수 있을 만큼 부유한 사람들이 벳새다, 고라신, 가버나움에 살았습니다. 벧산에는 친로마 성향의 유대인들이 살았고 저 해변도시 가이사랴에 가면 가이사의 총독관저와 헤롯의 궁전이 있었습니다. 거기에는 그리스계통의 주민들과 로마인, 그리고 범그리스-로마문화 애호 유대인 부유층도 꽤 많이 살았습니다. 그래서 「유대전쟁사」를 보면 성난 갈릴리 농민들이 갈릴리에서 친 로마양식을 즐기던 헤롯 당파들, 즉 로마 제국주의의 통치 질서에 순복하던 부자들을 공격했다는 기록이 많이 있습니다. 이렇게 갈릴리 바다 12시 방향에 있었던 가버나움을 중심으로 거주하던 갈릴리의 부유층들은 로마와 자기를 동일시했습니다. 이들은 주로 지주, 군납업자, 세리, 상인, 금융업자, 공무원, 재판관 같은 직업군을 형성했을 것입니다.

갈릴리 바다의 9시 방향에는 디베랴가 있습니다. 예수님께서 가버나움에서 디베랴로 건너가셨다고 할 때의 바로 그 도시지요. 가버나움에서 디베랴로 가는 길은 바다 한가운데가 아니라 바다의 변경을 살짝 가로질러 가는 길입니다. 그런데 밤에는 헬몬산을 통해 바람이 갈릴리 바다 쪽으로 강하게 불어오기 때문에 밤에 갈릴리 바다에 배를 타고 가면 돌풍으로 인해 큰 난리가 날 때가 많습니다. 또한 대략 10시 방향에는 막달라가 있습니다. 여기에 '믹달migdal'이라는 탑이 있는데 그 당시 사람들이 그것을 막달라라고 불렀습니다. 한때 일곱 귀신 들렸다가 예수님께 고침을 받았던 친구이자 제자였던 막달라 마리아의 고향입니다. 믹달은 생선 훈제업을 하는 사람들의 공장 연기를 빼내는 큰 탑이었습니다. 믹달 사람들의 주업은, 베드로와 같은 어부들이 잡은 고기를 돈 주고 사다가 훈제를 해서 로마에 있는 부유층 유대인 교포에게 갖다 파는 무역업이었습니다. 그다음 4시 방향에, 돼지 2천 마리가 물로 뛰어들어 잠수했던 거라사라는 지역이 있습니다. 이렇게 보면 예수님이 배를 타고 다닌 곳은 결국 몇 군데 안 됩니다. 예수님은 가버나움에서 출근하셔서 왼쪽 디베랴에 갔다가 오른쪽 거라사 지방으로 왔다 갔다 하신 겁니다.

그러면 예수님은 가버나움에서 물고기를 잡고 있는 초기 제자들을 언제 어떻게 알게 되었고 그들과 친하게 되었을까요? 예수님이 메시아 사역에 전적으로 투신하기 전에 주로 갈릴리 주변 지역을 순회했던 순회 목수였다면 이들을 알았을 가능성이 있고, 또한 예수님이 메시아 사역을 시작하던 초기에 조금씩 이들의 마음을 얻어 가면서 관계성을 넓혀가는 과정에서 교제가 있었을 가능성이 있습니다. 그런 점진적인 우정과 사랑, 신뢰와 연대가 깊어져 이제 그 마지막 지점에 도달한 것입니다. 바로 그 시점에, 예수님께서 그들을 불렀습니다. "나를 따라 오너라." 이 부르심은 당시의 랍비-제자 관계의 기준으로 볼 때 굉장히 직접적이고 전폭적입니다. 교훈이나 사상을 따라오라는 것이 아니라 예수 자신을 따라오라는 것입니다. 인격과 삶을 모방하고 추종하라는 것입니다. 예수가 개척하는 구원의 길, 자기 부인의 길, 겸손과 자기 비하의 길을 따라오라는 것입니다. 골고다까지 따라오라는 것입니다. 그런데 이 따라오라는 명령에는 약속이 동반되어 있습니다. 사람 낚는 어부로 만드시겠다는 약속입니다(17절). 사람들을 낚는 어부는 사람들을 포획하는 어부를 말합니다. 이 약속은 엄청납니다. 당시로서는 쓰이지 않았던 이 희한한 표현을 통해 예수님이 제자들을 포획하신 것입니다. "할리에이스 안드로폰." 사람 낚는 어부! 물고기 잡는 데 전문가인 어부였던 베드로와 안드레, 요한과 야고보를, 직업을 완전히 전환시켜 사람을 포획하는 전문가로 만들어 주겠다는 것입니다. 마태복음 13:47-48("천국은 마치 바다에 치고 각종 물고기를 모은 그물과 같으니", 눅 5:1-11)에 비추어 볼 때 사람 낚는 어부는 천국으로 사람들을 초청하는 사도적 과업을 가리키는 말입니다. 결국 예수님의 이 약속은 지켜졌습니다! 언제 지켜졌습니까? 언제 예수님이 베드로를 사람 낚는 어부로 만들어 주셨습니까? 사도행전 2장의 오순절 설교 때, 베드로는 설교 한 번으로 3천 명을 포획하는 대역사의 주인공이 되었습니다. 베드로는 영적 최전성기에 설교로 3-5천 명의 마음을 진동시켰습니다. 상상할 수 없는 영적 감응력을 발휘한 사도로 변화되었습니다. 그는 예수님의 제자로 부름 받기 전에도 바리새인 수준의 경건을 실천한 사람이었습니다. 사도행전 10장 고넬료 개종 관련 환상에서 그는 놀라운 사실을 드러냅니다. 하늘에서부터 내려온 보자기에는 레위기 11-14장에 등록된 부정한 짐승들이 싸여 있었고, "그것들을 잡아먹으라"는 천사의 음성이 들렸습니다. 그때 베드로가 대략 이런 요지의 말을 했습니다. "어렸을 때부터 나는 정결음식법을 철저히 지켰습니다. 나는 바리새적 교양으로 단련되었습니다. 따라서 절대로 이런 짐승들을 잡아먹을 수 없습니다." 세 번이나 거절합니다. 그런데도 하나님께서는 베드로를 압박하십니다. "잡아먹으라, 잡아먹으라." 베드로가 잡아먹지 않겠다고 한 부정한 짐승들은, 「아리스테아스의 편지」라는 위경에 보면 이방인을 가리킵니다. 베드로는 이미 성경 신구약 중간시대 때 부정한 짐승이 이방인을 가리킨다는 것을 알 정도의 교양을 가지고 있던 사람입니다. 또 베드로는 시편 16편, 시편 110편, 요엘 2:28-32을 정확하게 인용하여 예수님이 돌아가신 이후 예수님과 관련된 모든 신학적 혼란을 혼자 완전히 수습합니다. 베드로가 만약 오순절 성령강림 역사를 요엘 2:28-32을 인용하여 해석해 주지 않았다면 큰일 날 뻔했습니다. 그런데 요엘서 찾기가 너무 힘든 것 아시죠? 지금 이렇게 장절 구분된 성경에서도 요엘서 찾기가 쉽지 않습니다. 어떤 사람은 "내 성경에는 없다"고 말하기도 합니다. 그런데, 이렇게 두루마리로 되어 있는 성경에서 요엘 2:28을 찾아 읽는다는 것, 이것은 베드로가 한마디로 서기관 정규학교 출신이 아닐 뿐이지 예수님과 말이 통할 정도의 성경 실력을 소유한 인물이라는 것을 말해 줍니다. 예수님과 거의 3년간 같이 다니며 하나님 나라 이야기를 숱한 밤낮에 주고받았다는 것, 그것은 결코 쉬운 일이 아닙니다. 여러분이 한번 경험해 보면 알 수 있죠. 여러분과 지적으로나 영적으로 차이가 많이 나는 사람과 지속적으로 같이 다닐 수 있겠어요? 쉽지 않겠지요? 예수님과 제자들이 3년간 같이 다녔다는 것은 예수님과 제자들이 서로 말이 통했음을 의미합니다. 그리고 무엇보다 요한복음 1:41 이하에 베드로가 예수님과 하룻밤을 자고 나서 즉시 "우리는 메시아를 만났다"라고 고백하는 것을 볼 때, 베드로의 영적 직관력과 구원사에 대한 정통한 이해, 그리고 예수님의 인품에 대한 직관적 파악능력이 굉장히 탁월하다는 것을 알 수 있습니다. 이처럼 베드로는 절대로 무식한 사람이 아닌데 흔히 그렇게 알려져 있는 것은 안타까운 일입니다. 또 베드로가 다혈질이라고 하는데, 그렇지 않고 오히려 순수하기에 축적된 열정이 많은 사람입니다. 예수님과 베드로는 나이 차가 아마 열 살 정도 나지 않았을까 싶습니다. 왜냐하면 예수님이 30세에 사역을 시작했고, 마태복음 17장(24-27절)에 보면 20세 이상된 유대인들에게 부과된 반 세겔 성전 인두세를 지불해야 하는 순간에 예수님이 자신의 세금과 베드로의 세금만 내주는 것을 볼 수 있습니다. 나머지 제자들은 나이가 어렸을 것입니다. 얼마나 어렸냐 하면, 예수님이 그들을 부를 때 사용한 용어를 보면 짐작할 수 있습니다. 예수님은 제자들을 "소자들아"라고 부릅니다. '파이디온'과 '네크론'이라는 말이 자주 사용됩니다. 즉 어린 아이들 little child, little children 이라는 뜻입니다. 이것은 예수님과 베드로를 제외한 나머지 제자들은 적어도 열 살이나 그 이상 차이가 났음을 암시합니다. 베드로를 제외하고는 성전 인두세를 내주지 않아도 될 만큼 나이가 어린 제자들이었을 것입니다. 그들이 20세 이하라는 것을 암시합니다. 이에 비해 베드로는 장모가 있는 것으로 보아 결혼한 것이 분명하죠. 그러니까 베드로는 한마디로 어부이긴 했으나 무식하고 천한 어부가 아니라 바리새인적 교양이 풍부하고 성경과 구원사에 정통한 재야의 선비 같은 인물이었습니다. 주나라 무왕을 만날 때까지 제나라의 창시자였던 강태공은, 세월을 품고 꿈을 품고 야심을 품고 물에서 낚시를 했습니다. 고기를 잡느라 세월을 보낸 것은 무위의 시간을 보낸 것이 아니라 뜻을 이룰 때까지 기다린 것을 의미합니다. 베드로가 갈릴리 바다에서 그물 던지는 어로에 종사했던 것은 일종의 강태공적인 기다림의 세월을 보냈다는 것을 의미합니다. 베드로는 하나님 나라에 대한 열망이 가득 찬 사람이었지만, 세리로 살 수도 없고 경작할 농토도 많지 않아서, 어부밖에 할 일이 없었던 겁니다. 당시 바리새인들 중 더러는 어부와 목수와 갖바치, 장막지기나 기타 수공업에 종사하기도 했습니다. 그들은 성경을 가르치고서도 돈을 받지 않았기 때문에 자신의 생계를 유지하기 위해서는 직업을 가져야만 했고 바리새적 교양에 따라 그런 직업을 선택한 겁니다. 베드로는 지방에 살았지만 하나님 나라의 도래에 대한 열망을 가슴 깊이 품은 채 갈릴리 바다에서 생업을 일구고 있었던 것입니다. 그런데 어부 역할을 했다고 베드로가 레위기 율법을 어겼을까요? 한 번도 어기지 않았습니다. 그는 어렸을 때부터 율법을 이해한 젊은이였습니다. 그리고 예수님과 하룻밤 동안에 만리장성을 쌓을 만큼 대화가 깊이 되었던 사람이고 예수님 사후에 승천하시자마자 이 모든 사태를 신학적으로 정확하게 해석해서 초대교회의 초석을 놓은 인물입니다. 예수님이 "사람 낚는 어부로!" 부르신 베드로는 그런 사람이었던 것입니다. 그러니까 오늘 이후로 우리는 베드로가 무식한 사람, 낫 놓고 기억자도 모르는 사람이라고 해서는 안 되겠습니다. 베드로가 무식했다는 말은 우리들이 자신의 무식함을 변비便秘하기 위한 하나의 구실일 뿐입니다. 베드로는 독학 성경박사였고 예수님과 말이 통하면서 3년간 비약적 진보를 이룰 정도로 잠재성을 가진 인물이었습니다. 사도행전 4:13에서도 베드로에 대한 예루살렘 당국자들의 경악에 찬 논평이 나오지 않습니까? "본래 학문이 없는 범인인 줄 알았는데 저렇게 말을 완벽하게 하는 걸 보니, 아 예수와 함께 지낸 세월이 정말 무섭구나" 정도의 논평입니다. 베드로는 목회서신 1, 2를 썼던 로마의 클레멘트 Clement of Rome를 제자로 둘 정도로 대단한 대사도로 성장하여 사람 낚는 어부가 되었습니다.

이렇게 예수님이 사람 낚는 어부가 되게 하겠다는 약속을 하면서 따라오라고 했기 때문에 베드로가 따랐습니다(마 4:19-20, 참조. 마 19:28-29). 결코 충동적으로 따랐다고 보면 안 됩니다. 베드로는 심사숙고 끝에 따랐습니다. 더 정확하게 말하자면, 베드로는 한때 예수님을 따르지 않으려고 애썼어요. 누가복음 5장에 보면 게네사렛 호숫가에 아침 일찍부터 말씀집회가 열리는 장면이 나옵니다. 그런데 베드로는 말씀집회에 참여하지 않고 밤새도록 그물을 던져서 육신이 피폐한 채 그물을 씻고 있었습니다. 아마도 예수님의 이른 아침 집회는 전날 밤부터 이어진 집회의 연장선상에서 열린 집회였을 것입니다. 갈릴리 바닷가에 열린 야간 말씀집회에 많은 사람들이 모여 있었는데도, 예수님을 잘 알고 있던 베드로는 생계에 매여 밤새도록 그물을 던지고 있었던 것이지요. 베드로가 밤새도록 수고했지만 고기를 잡지 못한 이유는 이 야간집회 군중들의 소음 때문에 원래 얕은 바다에서 잠을 자야 할 물고기들이 깊은 바다에 가 버렸기 때문이었는지도 모릅니다. 그렇다면 예수님의 바닷가 집회가 물고기 떼를 깊은 바다로 다 몰아넣어 버렸는데 그것도 모른 채 베드로는 밤새도록 그물을 던졌던 겁니다. 결국 한 마리도 잡지 못한 채 베드로는 다음 날 새벽을 맞았습니다. 물고기 잡는 일에 실패하고 실의에 빠진 그날 이른 아침에 베드로는 예수님께 부름을 받습니다. 고기 잡는 능력도 탁월하신 예수님이 깊은 데로 가서 그물을 내려 고기를 엄청나게 잡게 하시자, 베드로는 "주여, 나를 떠나소서. 나는 당신을 따를 인물이 못 됩니다"라고 고백하며 자기를 내버려 두어 달라고 간청합니다. 그때 예수님이 차원 높은 약속, 사람 낚는 어부의 비전을 제시함으로써 베드로의 마음을 얻습니다. 베드로는 비로소 예수님을 따르게 됩니다. 결국 불가항력적 부르심에 응답한 것입니다.

 베드로가 그물을 던지다가 부르심을 받던 그 시간에 요한과 야고보 형제는 그물을 수선하고 있었습니다. 이들에게는 고용된 일꾼이 있는 걸 보니 배가 좀 더 컸거나 많았던 것 같습니다(20절). 예수님은 베드로의 동업자인 요한과 야고보(눅 5:10)도 "나를 따르라"고 부르셨습니다. 그러자 그들도 아버지와 배를 버려 두고 예수님을 따룹니다. 그래서 요한과 야고보도 우리에게 감미로운 이름들이 되었습니다. 이들의 별명은 무엇이죠? 보아너게, 천둥 번개의 아들입니다. 그들은 예수님 일행의 사마리아 통과를 배척하는 사마리아 사람들에게 격렬한 적의를 드러내는 편협한 선민의식에 빠져 있던 젊은 이들이었습니다(눅 9:51-56). "주여, 우리가 하늘에서 불벼락이 떨어지도록 기도하기를 원하십니까"라고 말했던 사람이 이 요한과 야고보입니다. 요한과 야고보는 평소에는 잔잔한 명경지수 같은 마음을 품고 있다가도 한 번 폭발하면 쓰나미가 되고 해일이 되고 화산이 되는 인물들이었습니다. 이 사도 요한이 요한복음의 저자라면 하나님은 너무나 위대한 인간 재창조의 사역을 요한에게 일으키신 셈입니다. 누구보다도 사도 요한은 사마리아에 대한 호감이 가득 차서 사마리아와 예수님의 친근성을 강조하는 복음서를 썼습니다. 너무나 많이 바뀐 걸 알 수 있죠. 이 요한과 야고보를 포함하여 예수님의 핵심 네 제자가 갈릴리 호수에서 예수님께 붙들림 받습니다. 그런데 요한과 야고보는 아버지와 배를 버려 두고 갔기 때문에 예수님께 더 큰 보상을 바라고 따랐겠지요? 그래서 드디어 요한과 야고보의 어머니께서 치맛바람 인사청탁 폭풍을 일으킵니다(마 20:20-21, 막 10:35). "우리 아들 한 명은 주의 좌편에, 한 명은 주의 우편에 앉게 해주십시오. 영광이 임하는 그날에." 그 말을 듣고 열 명의 제자가 심히 분히 여겼습니다(마 20:24, 막 10:41). 그런 작은 소동을 일으킨 사람이 야고보와 요한입니다. 각 형제의 대표인 베드로와 요한은 옥신각신 서로 경쟁하고 각축하면서 3년을 보냈습니다. 베드로와 요한, 이 둘은 예수님에게 특별한 제자였습니다. 한 사람은 수제자 스타일이고 한 사람은 애제자 스타일입니다. 수제자 스타일은 누가 보더라도 객관적으로 공증 받은 지도력의 소유자를 말하고, 애제자 스타일은 남이 인정하진 않지만 자기 마음의 확신이 강하여 항상 예수님 옆에 바짝 붙어 앉는 제자를 말합니다. 이 둘은 약간의 가벼운 앙숙 관계를 형성하다가 예수님이 돌아가시자마자 주의 형제 야고보가 등장하면서 가까워지기 시작합니다. 주의 형제 야고보가 등장하면서 갑자기 갈릴리 해변 신학교 학생들이 뭉치기 시작합니다. 그래서 요한과 베드로가 오후 세 시 기도시간에 다정하게 성전에 기도하러 가는 장면이 나오고 드디어 둘이 사마리아에 가서 큰 역사를 일으키기도 하지요. 특히 성전 미문에 앉은 앉은뱅이를 치유한 사건에는 둘의 합심과 동역이 큰 역할을 했습니다. "은과 금은 내게 없거니와 내게 있는 이것을 네게 주노니 나사렛 예수 그리스도의 이름으로 일어나 걸으라"(행 3:6). 이렇게 그들은 성전 미문에 앉은 앉은뱅이를 고치는 역사의 주인공이 되면서 위대한 동역을 합니다. 물론 그 위대한 동역을 하기까지 이들은 많은 파란과 곡절을 겪었습니다만 그들은 그리스도의 장성한 분량까지 자라갔습니다.

공동체 생활에 있을 수 있는 경쟁과 각축을 넘어 성숙한 제자도에 이르는 데 유익한 훈련과 깨우침을 주는 책이 있습니다. A. B. 브루스라는 사람이 쓴 책,「열두 제자 훈련」이 그중 하나입니다. 이 책은 열두 제자가 하나님의 가내수공업적 제자양성을 거쳐서 큰 인물들이 되는 과정을 추적했습니다. 굉장히 재미있으면서도 성경에 뿌리를 둔 책입니다. 저는 이 책을 여러 번 반복해서 읽었는데, 꽤 두껍지만 전도사 시절에 교역할 때 매우 도움이 되는 좋은 책입니다. 그다음에 데이빗 왓슨의 「제자도」라는 책도 좋습니다. 예수님의 열두 제자들은 또래 집단이기 때문에 경쟁과 각축을 거쳐 험악한 인간관계까지 갔지만, 예수님에게 가내수공업적인 훈육을 받으면서 그분의 압도적인 카리스마를 직접 체험했습니다. 그들은 예수님의 손에 의하여 도제식 제자훈련을 받았기 때문에 상감청자같이 빚어져 나왔습니다. 예수님이 귀신을 쫓아내는 것을 보고 제자들도 귀신을 쫓아냈습니다(마 10:1). 예수님이 가르치시는 것을 보고 제자들도 가르쳤습니다. 그렇게 삼 년 내내 예수님을 지근거리에서 견습했기 때문에, 제자들이 원래 학문 없는 범인인 줄 알았다가 너무 설교를 잘하니까 대제사장과 종교지도자들이 놀라버립니다(행 4:13).

신학대학원이 갈릴리 해변이라면, 이 갈릴리 해변 안에서 광풍노도를 만나면서 같이 노를 저어가는 훈련을 해야 할 것입니다. 이 갈릴리 해변 신학교를 다닐 때 해외 단기선교훈련을 가거나 태백산, 장성탄광 등에 갔을 때에도 위기를 공유하고 책임감을 분담하면서 용서 못할 친구를 용서해 가는 훈련을 해야 하지 않겠습니까? 제가 신대원생 때 저희들은 장성탄광에 가서 처음으로 만난 형제자매들과 5박 6일 동안 선교실습을 했는데 거기서 많은 동역자들을 얻었습니다. 그들은 제가 그동안 학교 다니면서도 잘 몰랐던 사람들이었지만 훈련을 함께 받고 조모임을 같이 하면서 서로의 성격과 신앙의 비밀을 알고 신앙의 소명 경험도 서로 듣게 되어 많이 친해졌습니다. 지금도 아주 절친한 관계로 지내고 있습니다. 하지만 신학대학원에 와서 고시 공부하듯 신학공부를 하는 사람도 있습니다. 법대 나온 친구 중 한 명은 고시 공부하던 충격이 아직 다 가시지 않은 채 신대원에 들어왔기 때문인지 항상 신림동 고시촌 고시 준비생 표정을 짓고 다녔습니다. 그 친구는 도서관에서 항상 신문지를 전후좌우에 펼쳐 칸막이를 하고 공부했습니다. 하지만 그렇게 살면 신대원 삼 년 동안 우정과 동역의 네트워크에 전혀 참여할 기회를 갖지 못합니다. 그럼 나중에 시골에 목회하러 가거나 선교하러 외국에 가거나 어떤 어려움에 처했을 때 우정과 선한 동역의 감미로운 기억에 호소하여 편지를 돌릴 대상이 하나도 없게 됩니다. 여러분이 서로 우호적인 관찰과 친밀감을 수수하는 그런 관계를 쌓으면 그것이 곧 사랑의 네트워크에 호소할 근거를 마련하는 것입니다. 나중에 목회할 때 서로 지역이 다르고 교구가 달라도 교우들을 서로 맡길 만큼 그렇게 우정을 나누어야 되지 않겠습니까? 이렇듯 감미롭게 보내도 모자랄 판에, 고시 공부하듯이 산성을 지어 놓고 중얼중얼하면서 우울한 빛으로 혼자만의 공부에 몰두하는 것은 그리 건강하다 보기 힘들겠죠. 「열두 제자 훈련」이라는 책을 읽어 보시면, 거기에 수평적 동역자 관계가 왜 중요한지 자세히 나옵니다. 사실상 우리가 하늘 저편에서 오는 초월적 은총의 집중적인 수혜자가 되지 못할지라도 우정의 네트워크라도 잘 구축하면 인생에서 절대로 외롭지 않게 됩니다. 여러분, 신대원 350명 동기 학우들은 서로가 서로를 존귀하게 여겨야 합니다. 서로 "이분은 하나님께서 크게 쓰실 분이다"라는 믿음으로 잠재적 선투자를 하십시오. "내가 이분에게 사인이라도 받아놔야지" 하면서 서로를 잘 보시고 절대로 경멸하거나 무시하는 태도를 갖지 마세요. 베드로와 야고보와 요한이 우정의 강력한 네트워크를 형성하여서 초대교회의 강력한 산파 역할을 했듯이, 다윗과 요나단이, 바울과 실라가 그랬듯이 동기들을 사랑하고 동기들로부터 인정받는 여러분이 되기를 간절히 바랍니다. 갈릴리 해변, 우리가 이 세상에서 하나님 역사를 경험하는 삶의 자리는 이렇게 소박하고 이렇게 작습니다. 우리가 하나님 만나는 장소는 매우 소박한 삶의 일상적 자리입니다. 그곳에 하나님의 초월적인 부르심이 임하게 됩니다. 여러분 모두 하나님의 부르심에 응답하여 말씀의 그물로 사람들을 포획하는 인물들이 되시기를 간절히 바랍니다.

가버나움 회당에 울려 퍼진 권세 있는 새 교훈(21-28절)

이제 가버나움 회당강론과 축귀사역을 살펴보겠습니다. 우리 예수님이 제자들을 데리고 안식일에 회당에 가십니다. "들어가신다", 현재직설법이 사용되고 있습니다. 안식일마다 회당 가는 일의 반복적 양상을 드러내는 표현일 수 있습니다. 본문은 예수님께서 안식일마다 회당에 들어가서 가르치셨다고 증언합니다(21절). 예수님은 아마도 메시아 사역 돌입 전, 목수 시절에도 안식일에 나사렛의 회당 설교자였을 가능성이 큽니다. 그래서 "늘 하시던 대로 회당에 들어가서 성경을 읽으려고 서"서 이사야 61장을 펴셨습니다(눅 4:16-21).[49] 회당은 유대인들의 기도와 예배처소였고, 공인된 지도자(회당장)의 지도력으로 지방 도시나 촌락중심으로 운영되었습니다(눅 8:41). 확실하지는 않으나, 회당은 신구약 중간시기에 귀환포로 공동체 사이에서 생겨난 것으로 추정됩니다. 적어도 유대인이 열 명만 사는 마을(타운)에도 회당은 설립될 수 있었습니다. 신약시대의 표준적인 회당에서는 구약성경 낭독이 있은 후 그것에 대한 참석자들의 토론이 이어졌습니다(Mishnah, m. Megillah 3-4, m. Berakhot 2). 모세오경과 예언서가 순서대로 낭독되고 나면, 누군가가 그 본문들에 대해 말하도록 요청을 받았습니다. 예수님은 이런 회당의 자유로운 분위기에서 성경해설을 들으며 하나님을 아는 지식이 자랐을 것이며, 마침내 회당에서 설교할 수 있는 영적 지도력에까지 올랐을 것입니다. 유대 광야에서 돌아오신 후 나사렛 회당에서 행하신 설교는 아마도 본문에 소개되는 이 가버나움 회당강론 후에 있었던 것으로 보여집니다(눅 4:23, "우리가 들은 바 가버나움에서 행한 일을 네 고향 여기서도 행하라 하리라"). 이처럼 회당에서 성경 가르치는 일이 예수님에게는 낯선 일이 아니었습니다.

가버나움 회당에서의 연속적인 안식일 강론이 일으킨 반응은 뜨거웠습니다(22절). 한두 번의 강론이 아니라 누적적인 강론의 결과, 예수님의 가르침이 엄청난 파급력을 끼쳤다는 사실이 중요합니다. 청중은 그의 누적적인 가르침에 놀랐습니다. 그것은 복종하지 않고는 안 될 상황으로 몰아가는 설복력과 감화력이 분출된 가르침이었습니다. 흔히 회당에서 듣던 서기관들의 가르침과는 너무 달랐습니다. 당시 서기관들은 성경을 읽고 이전의 권위 있는 학자들의 의견을 팟기 없이 나열하다가 그치는 식의 설교를 했습니다. "힐렐은 이렇게 말하고 샴마이는 이렇게 말하고 누구는 이렇게 말하고……." 이처럼 서기관들은 하나님과 직접적인 교제가 약하기 때문에 전통에 기대어 계속해서 길게 나열함으로써 사람들을 지치게 만들었습니다. 그런데 예수님은 자신과 하나님의 직접적인 관계성 속에서 오는 이해와 확신을 가지고 말했기 때문에 권위가 있었습니다. 만일 서기관들처럼 가르쳤다면 마귀가 커밍아웃 하지 않았을 것입니다. 그런데 예수님은 엑수시아 *exousia*, 강력한 권위를 가지고 설복을 시키든 반발을 일으키든 양자택일의 응답을 촉발시켰습니다. 이것이 바로 말씀의 엑수시아입니다. 권위가 있는 설교의 특징은, 청중을 감복시켜서 자복하게 하든 아니면 반발을 일으키든 둘 중 하나의 반응을 유발시키는 데 있습니다. 예수님은 순복하게 만드는 힘과 반발을 일으키는 힘을 가진 확실한 설교자로서, 그동안 회당에서 설교했던 사람들과 너무나 달랐습니다. 장황하고 어지럽게 여러 학자들을 인용하는 서기관들과 달리, 예수님은 하나님에 대한 참된 앎, 직접적인 앎으로 마치 지금도 하나님을 만나고 있는 사람처럼, 하나님의 이름을 들어 사람들의 영혼을 흡입하고 사람들의 영혼에 육박하는 그런 말씀을 전했습니다. 그랬더니 "그들은 그의 가르침에 경악했습니다. 그가 서기관과는 달리 권위를 가진 자처럼 가르치고 있었기 때문이었습니다"(22절).

마가복음은 그때 예수님의 권위 있는 가르침이 어떠했는지를 예를 들어 설명합니다. 예수님은 대부분의 사람들을 설복시켜서, "아멘, 그렇게 살기를 원합니다"라는 결심을 받아냈습니다. 이것이 권위입니다. 두 번째, 더러운 영의 반발을 일으키는 것도 권위입니다. 예수님의 강론이 있던 그 가버나움 회당에는 "더러운 영 안에 있는 사람"도 와 있었습니다(23절). 문제는 그가 더러운 영에 사로잡혀 있었지만 예수님이 강론하기 전까지 사람들은 이 사람이 더러운 영에 사로잡혔는지 전혀 몰랐다는 겁니다. 이 사람은 서기관이 설교할 때도 자리에 앉아 있었겠지만 어떤 서기관도 이 사람이 더러운 영에 지배당하고 있음을 직관하지 못했습니다. 그런데 예수님이 권세 있는 설교를 하자마자 더러운 영 안에 있는 사람이 소리를 쳤던 것입니다. 더러운 영 안에 있는 사람은 거품을 내면서 예수님의 말씀에 반대하고 싶은 욕망이 들끓다가 마침내 폭발하여 소리쳤습니다. 그가 외친 소리는 "나사렛 예수여, 당신과 우리가 무슨 상관이 있소? 우리를 멸망시키러 왔소? 나는 당신이 누구인지 알고 있소"라고 소리친 것입니다(24절). 제 사역으로 다시 읽어드립니다. "나사렛 예수여, 우리와 당신이 무슨 상관이요? 우리들을 멸망시키려고 당신이 왔습니까?[50] 나는 당신이 누구인지 압니다. 하나님의 거룩한 자!"라고 말합니다. 놀라운 사실은 더러운 귀신은 나사렛 예수의 정체를 정확하게 파악하고 있지만 그의 권위 아래 순복하기를 원하지 않는다는 것입니다.

여러분도 "내가 귀신인가 아닌가?" 자가검증 테스트를 할 수 있습니다. "이 말씀이 나와 무슨 상관이 있는가?"라는 생각이 세 번 이상 연속으로 떠오르면 그는 귀신이거나 귀신 들림 상태에 있다 할 수 있습니다. 귀신은 하나님의 통치 아래 있지만 하나님의 통치 영역을 벗어나는 정사와 권세와 같은 자율왕국을 구축하려는 존재입니다. 정사와 권세와 같은 자율왕국을 구축한다는 말은 에녹서 등 위경에 나옵니다. 에녹서에는 "귀신 들린 천사 삼분의 일이 하나님 나라의 봉건체제에 반란을 일으켜 따로 왕국을 세웠다"(참조. 계 12:4 "그 꼬리가 하늘의 별 삼분의 일을 끌어다가 땅에 던지더라")는 내용이 있고 유다서 6절에도 이런 내용이 간략하게 나옵니다. 하지만 귀신들의 반란사건은 위경으로 분류되는 에녹서에 주로 나와 있고 유다서에서도 6절에 주변적으로만 언급되어 있기 때문에 귀신론에 대해 많이 아는 척하는 것은 좋지 않습니다. 성 아우구스티누스는 위경 등 여러 가지 신구약 중간기 문헌 등에 의존하여 「하나님의 도성」 9-12권에서 천사론과 마귀론에 대해 비교적 자세히 기록하였습니다.[51] 아우구스티누스에 따르면 귀신은 회개가 불가능한 영입니다. 그러니까 귀신한테는 전도가 안 됩니다. 귀신한테는 결박과 무장해제, 그리고 멸절만 있을 뿐입니다. 아우구스티누스는 그리스 철학 문서들과 에녹서를 인용하여 천국에서 있었던 한 반란사건을 추적하면서 "타락한 천사인 귀신이 왜 더러운 영이 되었는가?"에 대해 말하고 있습니다.[52] 그에 따르면 귀신은 하나님이 주셨던 천사적 본성과 천사적 능력도 있었지만 의지가 타락했기 때문에, 그 타락한 의지 때문에 귀신이 되어 버렸습니다. 그 귀신들이 마음 놓고 활개 치는 영역이 "공중"입니다(엡 6:12). 이 공중은 신들이 산다고 여겨진 에테르라는 하늘 바로 아래에 있는 영역인데, 사도 바울이 말한 "공중의 권세 잡은 자들"이 활동하는 바로 그 공간을 가리킵니다. 여기에 마귀가 삽니다. 다시 말하면, 공중의 권세를 잡았다는 말은 인간의 마음에 쉽게 영향을 끼칠 수 있는, 우세한 영역에서 권세를 행사한다는 것입니다. 그러므로 인간의 영을 마음대로 교란시킬 수 있는 전략적 위치에 서 있는 것들이 마귀, 귀신이라는 뜻입니다. 귀신들은 우리 인간의 영에 마치 아파트처럼 거주할 수 있다는 것입니다. 그래서 일곱 귀신이 소제된 집에 와서 입주신청서를 내고 전입신고를 하는 이야기가 성경에 나오지요(마 12:43-45). 인간의 영이 귀신의 거소가 될 수 있다는 것은 인간 존재의 신비이자 인간 존재의 치명적 약점입니다. 공중 권세 잡은 자가 인간의 영에 들어와서 자기 거주지로 삼을 수 있습니다. 여러분 안에 귀신이 있는지 없는지를 보려면, 하나님 말씀을 읽자마자 "이게 나한테 무슨 상관이야, 이게 무슨 상관이야" 하면서 막 소리 지를 마음이 들면, "나는 드디어 귀신 들렸다"라고 보면 됩니다. 그래서 교수님들도 자나 깨나 "혹시 귀신이 신대원 주변에 와 암약하고 있는가?" 잘 살펴보시기 바랍니다. 다시 말해서, 어떤 경제 단체가 "대한민국 재벌은 더 이상 대한민국 헌법에 영향 안 받아. 경제에는 경제의 법이 있어"라고 말하거나 대한민국 포르노 연합회에서 "포르노는 도덕과 윤리의 차원을 벗어나 있어. 그것은 인간의 원초적 생명과 자유에 속한 거야. 그 자체의 외설적 자유가 있어"라고 소리친다면 그것들은 각각 더러운 영의 지배를 받는 귀신적 자율집단이라고 보면 됩니다. 더러운 영은 하나님의 말씀이 그 마음에 뿌리 내려 열매 맺지 못하도록 말씀의 씨앗을 먹어버리는 새입니다(막 4:15). 이런 식으로 자신은 하나님의 통치 영역에서 벗어난 고유 영역, 즉 하나님 말씀도 도저히 터치할 수 없는 그런 독자적 영역에 거주한다고 소리치는 사람이나 단체가 있다면, 그것은 명백히 귀신 들린 자입니다. 귀신은 하나님의 거룩하신 자를 보고, "나와 당신이 무슨 관계가 있습니까?"라고 말하는 존재입니다. 이런 귀신을 들추어 폭로하고 그들을 제압하고 압도하는 설교가 바로 권세 있는 새 교훈입니다. 저는 여러분에게 이 "권세 있는 새 교훈"의 지경까지 가보자고 감히 말 못하겠습니다. 왜냐하면 제가 볼 때 이것은 매우 힘든 일이기 때문입니다. 그렇지만 권세 있는 새 교훈으로 귀신들을 설복시키는 예수님의 이야기가 성경에 있는 한, 우리는 이 본문을 외면할 수 없습니다. 그런데 만약 여러분과 제가 권세 있는 새 교훈을 동반하지 않고 귀신 들린 자에게 설교하면 어떻게 될까요? 사도행전 19장에 나오는 유대인 제사장 스게와의 일곱 아들처럼 될 수 있습니다. 악귀가 대답하여 가로되 "나는 예수도 알고 바울도 알지만, 너는 누구냐?"라고 조롱하며 뛰어올라 우리 옷을 벗겨, 벗은 몸으로 도망치게 만들지도 모릅니다(행 19:15-16). 그러니까 귀신한테 말 잘못 걸었다가는 큰일 납니다. 깨끗하고 거룩한 영만이 권세 있는 교훈으로 귀신을 제압할 수 있습니다. 우리의 영이 거룩하지 않으면, 우리가 거룩한 교회성을 회복하지 못하면 더러운 영들을 향해 그곳에서 나오라고 소리칠 수 없습니다. "이 더러운 영들아, 압구정동에서 나와라! 신림동에서 나와라!" 이렇게 할 수 없습니다. 더러운 영들에게 명령하려면 하나님의 거룩한 자가 되어야 하고 깨끗한 영의 소유자가 되어야 합니다. "깨끗한 영의 소유자만 더러운 영을 제압할 수 있다." 이것이 원리입니다. 거룩한 영만이 더러운 영을 제압할 수 있고 멸망시킬 수 있습니다.

이 더러운 영들은 종말에 진압됩니다. 그래서 더러운 영은 하나님의 아들에게 종말도 오지 않았는데 왜 미리 왔느냐고 항의하는 것입니다. 그의 항의를 풀어 쓰면 대략 이런 뜻입니다. "우리는 종말에 진압될 텐데…… 지금 벌써 종말이 시작되었다는 말입니까? 그래서 당신이 지금 벌써 우리를 멸망시키러 왔습니까? 우리는 압니다. 당신은 종말에 우리를 결박하여 불 못에 집어던질, 요한계시록 19장과 20장이 말하는 그 하나님의 아들인 줄 압니다. 그러나 벌써 그때가 왔단 말입니까?" 예수님께서는 대답하지 않고, 더러운 영을 향해서 명령합니다. "더러운 귀신아, 그 사람에게서 어서 나오라." 예수님은 비록 언표하지는 않았으나 자신이 오신 때가 바로 종말의 시작임을 선포하기 위해 종말진압에 착수하실 것임을 암시합니다. "지금은 널 결박하지 않지만 곧 결박할 시간이 다가온다. 나는 실로 종말에 귀신들을 다 일망타진하여 진압한다." 그렇습니다. 예수님의 귀신 조우는 마귀와 귀신에 대한 종말진압이 시작되었음을 증시證示합니다.[53] 그러나 아직은 종말진압의 완성시점이 아닙니다. 그래서 그를 꾸짖고 쫓아내기만 하지, 결박하여 불 못에 집어던지지는 않습니다. 불 못에 집어던지는 이야기는 요한계시록 19-20장에 나옵니다. 하나님께서는 칼 하임의 말처럼 마귀세력을 초동진압하지 않고 종말진압하십니다. 전능하신 하나님은 모든 쿠데타군이 국토의 전역을 다 유린하고 휘젓도록 내버려 두신 후에 그 반란의 극대값이 모든 영역에 완전히 퍼져 있을 때, 바로 종말의 때에 진압하여 마침내 모든 반란이 얼마나 쓸데없는지를 설복시켜 가면서 진압하십니다. 그래서 하나님은 지상의 군주들과 달리 종말진압자입니다. 그래서 그 더러운 영들을 멸망시키는 일은 요한계시록 19-20장까지 가야 일어납니다. 그 사이에 우리는 역사의 중간기, 종말의 중간기에 살면서 더러운 영들과 대결해야 합니다. 더러운 영들을 대결하는 방법은 거룩한 자가 되어 깨끗한 영을 소유하는 길밖에 없습니다. 예수님은 귀신 들린 자를 지배하는 그 더러운 영에게 강하게 명령합니다. 소리 지르며 저항하던 귀신을 진압하시기 위해 꾸짖습니다(25절). "잠잠하고 그 사람에게서 나오라." 이처럼 더러운 영을 꾸짖는 힘은 거룩한 영에 사로잡힌 자에게만 나올 수 있습니다. 이것이 영적 세계의 힘 작동원리입니다. 더러운 영은 거룩한 진리의 영에게 아무리 저항해도 소용없습니다. 거룩한 자가 더러운 자에게 명령할 수 있습니다. 더러운 영은 인간을 악마적 힘 아래 종속시켜 인간을 파괴하고, 인간들로 하여금 하나님을 믿고 사랑하지 못하게 합니다. 그러나 거룩한 영에 사로잡힌 하나님의 아들 예수는 그 더러운 영에게 즉시 임자몸인 그 사람을 내놓으라고 명령하십니다. 이에 그 더러운 귀신은 더 이상 저항하지 못하고 큰소리를 지르며 그 임자몸을 떠납니다(26절). 귀신 들린 사람은 경련을 일으켰으나 그 경련은 자유와 해방을 얻기 위한 경련입니다. 거룩한 하나님의 말씀이 우리 영혼에 역사하면 우리는 경련을 일으키며 쓰러질 수 있습니다. 그러나 그 경련과 쓰러짐은 자유와 해방, 구원과 하나님 나라 자녀됨을 누리기 위한 창조적 경련이요 쓰러짐입니다. 이 상황을 지켜본 사람들은 무슨 일이 일어났는지 파악하기 위해 마음속으로 심각한 의논(추론)을 하기 시작했습니다. 청중들은 경악했습니다(27절). 어안이 벙벙해졌습니다. 그들은 이구동성으로 예수님의 가르침은 권세 있는 새 교훈(디다케 카이네 카트 엑수시안)이라고 선언합니다. 그 근거는 더러운 귀신들도 복종시키는 큰 권능을 발산했기 때문입니다. 22절 "그가 서기관과는 달리 권위를 가진 자처럼 그들을 가르치고 있었기 때문이다"의 또 다른 예증입니다. 예수의 가르침은 직접적이었고 신선했습니다. 요구는 정확했고 적용은 직접적이었습니다.[54] 귀신들을 향해 "잠잠하고 당장 나오라"고 명령하실 뿐만 아니라 그 명령을 실현시켰습니다. 예수님의 비교대상이 되는 서기관들(그람마테이스 [γραμματεῖς])은 전통에 속한 율법전문가이지만 근본적으로 베끼는 데 전문가들이었습니다. 이들은 구약성경, 구전율법, 미쉬나 등을 일점일획도 오류 없이 베끼는 전문가들이었습니다. 따라서 이들에게는 창의성보다는 전통에 대한 충성이 요구되었습니다.[55] 이들은 전통을 초극하시고 거룩하시며 돌파하시는 하나님의 전통 신학 위협적인 계시에 둔감했습니다. 고래의 권위 있는 학자들의 말과 글을 장황하고 길게 인용했으나 위로부터 새롭게 내리 꽂히는 계시의 섬광을 몰랐습니다. 서기관들의 이런 객관적이고 학문적인 성서해석이 청중들을 소진시켰을 것입니다. 영적 상상력과 갈망을 고갈시킨 것입니다. 이에 비해 예수님은 하나님과의 살아 있는 교제와 하나님을 직접적으로 아는 마음으로 자신이 터득한 바를 깨달아 선포합니다. 각주 없는 논문을 써서 박사학위를 받으려고 하는 자와 거의 유사하게 보일 정도로 당돌하게 보였을 것입니다. 그는 하나님에 대한 친밀한 이해(아버지 품속에 있던 독생자), 아버지 하나님에 대해 느끼던 배타적일 정도로 독특한 친밀함, 하나님 아버지의 뜻에 순복하고자 하는 순결한 열정(요 4:34, 5:19-26, 6:42-46), 아버지 하나님의 기도 응답과 의식주 공급에 대한 무한한 신뢰 안에서 하나님의 마음을 담아 성경을 가르쳤습니다. 그는 하나님을 아는 직접적인 앎에 입각해서, 하나님 본마음 해석학(막 10장)을 창시하셔서 성경의 참 정신을 높였습니다(마 5장, 모세율법의 급진화·고결화).[56] 그런 예수의 가르침은 새로웠고 귀신들까지 순복시키는 엄청난 권능을 발휘했습니다. 가버나움의 놀람은 온 갈릴리에 퍼졌습니다. 28절은 예수님의 가버나움 축귀사역이 청중들에게 일으킨 충격과 그 파급력을 말합니다. 예수의 정체에 대한 질문, 예수의 가르침의 새로움, 그의 권세의 위대함에 대한 놀람이 날개 달린 소문이 되어 온 갈릴리 사방에 퍼졌습니다. 예수님은 갈릴리 사람들의 마음 깊숙이 상륙하신 것입니다. 갈릴리 사람들은 예수님의 말씀이 실현되는 하나님 나라의 영토로 복속되기 시작한 것입니다.

결론

마무리 짓습니다. 여러분, 여러분이 여러분의 회당 안에 앉아 있는 더러운 영 안에 있는 사람들을 감복시켜서 그 더러운 영들, 귀신들을 쫓아낼 수 있을 만큼 거룩하신 하나님의 강력하고 거룩한 말씀의 종들로 담금질되기를 간구합니다. 그러면 성도들이 놀라 소리칠 것입니다. "우리 전도사님 참 영험하다. 더러운 영들도 그가 명령하자 도망간다." 그런 수준까지 자라가려면 어떻게 해야 합니까? 귀신을 무저갱에 결박하여 무력화시킬 만큼 기도를 많이 해야 합니다(막 9:29). 마귀의 궤계를 능히 대적하고 공중의 권세 잡은 자를 무력화시키기 위해서, 하나님의 전신갑주를 입고서 상시 성령 충만 상태, 기도 충만 상태, 말씀 무장 상태를 갖추어야 합니다(엡 6:10-20). 이렇게 해야 하나님의 복음의 세계적 확장을 도모하는 선교를 통해 더러운 영들에게 시달리는 이 세상을 하나님의 영토로 회복시킬 수 있습니다. 하나님의 거룩한 영이 사람들을 억압하는 악마적 세력을 축출할 수 있습니다. 이것이 교회가 베풀 수 있는 가장 큰 봉사입니다.

여러분이 회당에 들어가서 하나님 진리의 음성을 듣는 사람들 대부분을 설복시키는 것, 더러운 영들에 점령당한 사람들을 해방시키는 그것이 곧 선교와 봉사입니다. 더러운 영들과 조우하고 대결하면서 그 더러운 영들을 제압하고 책망하여 축출할 수 있는 영적인 준위를 획득하는 것이 선교와 봉사의 기본 자격이 됩니다. 여러분이 더러운 영들을 보았을 때 그를 책망하지도, 제압하지도 못하고 더러운 영들에 시달린 사람을 해방시키지 못한다면 그것은 선교와 봉사 사명에 실패하는 셈입니다. 신대원 학우 여러분, 바쁘시죠? 공부하랴 교회에서 많은 일을 하랴 너무 바쁜 시절을 보내고 계신 줄 압니다. 지금 전도사님들은 영적 미성년자라고 볼 수 있는데 그런 여러분에게 교회에서 너무 많은 일을 시키지요. 사실 지금 전도사님들은 하루 여덟 시간씩 공부하고 세 시간씩 기도해야 하는 시기입니다. 그렇게 해야 영인이 되고 갈고 닦은 말씀의 화살들이 될 텐데, 그렇게 단련도 안 된 사람을 비돔과 라암셋의 땅 흙먼지 아래 이리저리 돌려 벽돌만 굽게 하면 어떻게 합니까? 애굽의 국고성을 짓기 위해 굽는 벽돌은 곧 헛된 영광의 피라미드를 건설하는 것 아닙니까? 그런데 여러분 가운데 앞으로 20년 후에 크고 작은 교회의 담임목사가 나올 텐데, 여러분도 똑같이 후배들을 핍박할 사람들이 될 가능성이 높으니 지금 당장 결단하시길 바랍니다. "내가 담임목사가 되면 신대원생들에게 등록금은 대주겠지만 결코 노예노동 같은 혹사로 내몰지 않으리! 나는 주일학교를, 안수 받은 전임 목사님에게 맡기리!" 그런 마음을 가지시길 간절히 바랍니다. "내가 담임목사 될 때, 권세 있는 새 교훈으로 무장된 하나님의 종들을 길러 내리라! 회당에 온 모든 사람을 다 감화시키며 더러운 영들에게 사로잡힌 사람도 설복시켜 해방시키리라!" 더러운 영들도 제압하여 인간의 정신을 신선하게 리모델링해 주는 말씀의 종들, 위대한 사역자들 되시기를 간절히 기도합니다.

하지만 우리의 신학 교육 현실은 여전히 어렵습니다. 가버나움 회당에서 울려 퍼진 그 쩌렁쩌렁한 예수님의 권세 있는 가르침이 이어지지 못합니다. 신학자나 신학대학원은 여전히 서기관 수준의 전통답습 신학작업에 머물러 만족하고 있습니다. 신학자는 하나님께 기도하여 우리 시대를 향하신 하나님의 말씀을 새롭게 경청하기보다는 먼지 낀 책들을 보고 고래의 학자들의 핏기 없는 논변에 마음을 두고 사는 때가 얼마나 많은지요? 무책임과 태만, 오만, 교만이 바로 서기관계열 신학자, 바로 저 같은 전문신학자요 목회자의 죄악일 것입니다. 칼 바르트가「복음주의 신학입문」에서 잘 지적했듯이,[57] 신학의 가장 큰 위협은 하나님으로부터 옵니다. 하나님께서는 서기관, 즉 지혜 있는 자의 지식을 어리석게 하십니다(고전 1-2장). 하나님께서는 전통에 맹목적인 충성을 보이는 예언지의 눈을 멀게 하시고 귀를 어둡게 하십니다(사 29장). 그들에게 하나님의 실존적인, 시대 향도적인 계시는 인봉된 말씀일 뿐입니다. 왜냐하면 그들은 하나님 앞에 무릎을 꿇고 하나님의 음성을 듣고 새롭게 각성하기보다는 길고 지루한 고전이나 옛 선배학자들의 고견을 나열하는 데 만족하고 있기 때문입니다. 우리 시대의 신학자도 서기관의 길과 예수님의 길 사이에서 선택해야 합니다. 예수님처럼 엎드려야 하고, 새벽마다 귀를 하나님께 열어 드려야 합니다. 하나님의 마음이 다른 사람들에게도 소통되도록 영적 소통의 중개역량이 강화되어야 합니다. 계시민감성이 벼리어져야 합니다. 이렇게 하나님의 음성을 소통시키는 중개자 된 신학자나 설교자의 강론은 순복반응(놀람과 설복)을 넘어 귀신들의 저항도 유발합니다. 하나님 말씀에 순복하지 않는다면, 불순종하여 그 말씀이 나와 무슨 상관이 있느냐고 소리치는 길밖에 없습니다. 그런 '상관없음'을 주장하는 순간 우리는 마귀적 반역세력 가담자가 됩니다. 더러운 귀신들은 하나님을 알고도, 그 권위와 위엄과 절대주권을 알고도 하나님께 순복하지 못하듯이, 우리 그리스도인들 심지어 신학도들이나 목회자들도 하나님의 아들 예수를 알고도 결정적인 순간에(경제적 이익과 정치적 이해관계가 걸리는 경우) 하나님 말씀이 나와 무슨 상관이 있느냐고 소리칩니다. 물론 종말에 가면 더러운 귀신들도 복종할 수밖에 없습니다. 예수를 주라고 시인할 수밖에 없을 것입니다(빌 2:11). 그러나 그것은 하나님의 자녀다운 감미로운 순복이 아니라, 일시적 항복에 불과한 순복입니다. 신령한 하나님의 종과 그의 메시지는 마귀를 정조준해서 마귀의 암약을 들추어 낼 수 있습니다. 교회 안에 암약하는 마귀가 나와 무슨 상관이 있느냐고 소리칠지라도 영인의 메시지는 마귀의 저항을 들추어 내야 합니다. 정치, 경제, 문화, 예술, 과학 등 모든 인간의 활동영역에는 하나님의 말씀을 적용하기 힘들다고 소리치는 자들이 있습니다. 한국의 특정 대기업이나 이들의 이익을 도모하는 동아리들은 항상, 경제는 마치 법의 지배가 터치하지 못하는 영역인 것처럼 경제자율왕국주의 이데올로기를 내세우며 법치에 저항합니다. 세계적으로 볼 때 다국적 기업들의 자율왕국주의는 중세의 저 교황들의 자율주의적 왕국만큼이나 마귀적입니다.

　마귀는 예수가 자신들을 멸망시키러 왔는가 하는 선제질문을 할 만큼 자신들의 운명이 멸망인 것을 압니다(유다서, 계 19-20장, 빌 2:11, 벧전 3:15-20). 권력과 쾌락 탐닉은 마귀적인 멸망에 직면할 수밖에 없습니다. 사랑하는 신학도 여러분, 마귀적인 자율왕국에 가담하지 말고 늘 거룩하신 하나님의 아들 예수의 말씀에 단련받고 성령에 민감하게 응답하는 사역자로 자라가길 빕니다. 하나님의 거룩한 자가 더러운 영을 다스리고 제어하는 능력을 갖는다는 사실을 유념하고, 또한 이 세상과 교회의 역사는 더러운 영과 하나님의 거룩한 자의 대결임을 기억하길 바랍니다. 우리가 살고 있는 세상은 바벨론 도성과 같습니다. 그것은 더러운 영들의 거소입니다 (계 18장). 거대한 자기 충족적 도시는 더러운 영들의 집단 군락지입니다. 그래서 도시에 있는 교회도 더러운 영들의 처소가 될 가능성이 큽니다. 기독교가 대결한 원수마귀는 더러운 영입니다. 하나님의 거룩한 자만이 더러운 영을 축출할 수 있습니다. 이것이 바로 기독교적 세상공격이자 도발입니다. 온갖 교역으로 부를 축적했으나 더러운 영들의 활무대가 되어 버린 도시를 하나님은 공격하러 오십니다. 이처럼 거룩하신 자가 더러운 영을 멸하는 원리가 하나님의 통치원리입니다.

4강

예수님의 성무일과: 새벽 미명의 비밀

마가복음 1:29-39

설교 4 (3월 24일 목요일 오전예배)

회당에서 나와 곧 야고보와 요한과 함께 시몬과 안드레의 집에 들어가시니 시몬의 장모가 열병으로 누워 있는지라. 사람들이 곧 그 여자에 대하여 예수께 여짜온대 나아가사 그 손을 잡아 일으키시니 열병이 떠나고 여자가 그들에게 수종드니라. 저물어 해 질 때에 모든 병자와 귀신 들린 자를 예수께 데려오니 온 동네가 그 문 앞에 모였더라. 예수께서 각종 병이 든 많은 사람을 고치시며 많은 귀신을 내쫓으시되 귀신이 자기를 알므로 그 말하는 것을 허락하지 아니하시니라. 새벽 아직도 밝기 전에 예수께서 일어나 나가 한적한 곳으로 가사 거기서 기도하시더니 시몬과 및 그와 함께 있는 자들이 예수의 뒤를 따라가 만나서 이르되 모든 사람이 주를 찾나이다. 이르시되 우리가 다른 가까운 마을들로 가자 거기서도 전도하리니 내가 이를 위하여 왔노라 하시고 이에 온 갈릴리에 다니시며 그들의 여러 회당에서 전도하시고 또 귀신들을 내쫓으시더라.

새벽기도 시간에 보니까 설교하기도 전에 눈을 감고 있는 분들이 계시던데, 수련회를 오면 흥분이 되기 때문에 잠이 항상 부족하다는 것을 기억하시고 시간관리를 잘 하시기 바랍니다. 새벽에 활동모드로 들어가는 데 어려움을 가진 분들일수록 일찍 잠자리에 들어 말씀에 집중할 수 있도록 합시다. 신대원 중창단 찬양 잘 들었습니다. 가슴을 뜨겁게 할 뿐만 아니라 우리의 지성이 하나님의 말씀에 예민하게 반응하도록 돕는 찬양입니다. 여러분, 하나님의 성품과 하나님의 비전 등을 찬양하는, 즉 하나님 중심 찬양을 많이 하시기 바랍니다. 요즘 복음성가나 CCM 등 상당수가 자신의 결심이나 헌신 열정을 찬미하고 있는데, 그것은 엄격한 의미에서는 찬양이 아닙니다. 찬양은 하나님께 몰입하고 하나님을 찬미하는 가운데 우리의 자아를 자복시키는 예배의 일부입니다. 자신의 결심을 찬미하는 데는 큰소리 나는 악기들이 필요할지 몰라도 하나님만을 높이고 찬미하는 데는 조용한 아카펠라도 좋습니다. 찬양할 때 노랫말을 암송해서 찬양하지 않고 노랫말을 눈으로 보면서 찬양하면 우리의 영이 분산되기 때문에 영적 몰입이 잘 안 됩니다. 가사를 완전히 외워서 부를 수 있기를 바랍니다. 하나님에 관한 몰입과 자복을 돕는 찬양! 그래서 복음성가나 CCM으로 넘어가기 전에 찬송가 600곡 가사를 기억하고 음미해 두는 게 큰 도움이 됩니다. 방금 우리가 부른 찬양 145장 "오 거룩하신 주님", 이 찬송은 '마태수난곡'에 서너 번 이상 나옵니다. 1601년에 H. L. 해슬러라는 사람이 작곡한 것을 요한 세바스찬 바흐가 1729년에 편곡을 했어요. 그 노랫말은 12세기 시토 수도회를 창설한 버나드 끌레르보(1091-1153)가 작사했는데 가사가 너무 좋습니다. 또한 151장 "만왕의 왕 내 주께서 왜 고초 당했나", 144장 "예수 나를 위하여 십자가를 질 때", 148장 "영화로운 주 예수의 십자가를 생각하면", 315장 "내 주 되신 주를 참 사랑하고" 등도 주옥같은 노랫말을 가진 찬양들입니다.

    이 외에도 아주 특별할 때 부르면 큰 은혜가 임하는 찬양이 있지요. 예를 들면 425장은 감기에 걸려 누워 있을 때 부르면 참 은혜롭습니다. "주님의 뜻을 이루소서. 병들어 몸이 피곤할 때 권능의 손을 내게 펴사 강건케 하여 주옵소서." 감기를 빨리 낫게 하는 찬양입니다. 특히 1절 하반절 노랫말 "진흙과 같은 날 빚으사 주님의 형상 만드소서"를 부를 때에는 우리 자신이 진토임을 기억하게 됩니다. 창세기 2장에서 하나님께서 진토로 인간을 빚으시는 장면이 실감됩니다. 이 찬송을 여러 번 부르면 열이 내려갑니다. 그다음에 67장 "영광의 왕께 다 경배하며" 중 4절 "질그릇같이 연약한 인생, 주 의지하여 늘 강건하리"라고 되어 있는 가사도 아플 때 은혜가 되는 노랫말입니다. 이 놀라운 치유의 약속을 믿고 찬양할 때 눈물이 나면서 치유가 발생합니다. 특히 "질그릇같이 연약한 인생, 주 의지하여 늘 강건하리. 창조주 보호자 또 우리 구주, 그 자비 영원히 변함없어라"를 반복해 부르면 자가 신유 경험도 할 수 있습니다. 마지막으로 78장 "저 높고 푸른 하늘과 수없는 빛난 별들을"도 좋습니다. 95장(나의 기쁨 나의 소망 되시며), 134장(나 어느 날 꿈 속을 헤매며), 88장(내 진정 사모하는), 89장(샤론의 꽃 예수) 전부 좋아합니다. 이 모든 찬양곡에는 "사모한다"는 말이 들어가니까요.

찬송생활의 권능

멀린 캐로더스라는 순복음 계열의 저자가 쓴 「찬송생활의 권능」이라는 책이 있습니다.[58] 제가 1980년에 읽은 책입니다. 힘 있고 은혜로운 찬양생활을 하는 데 귀중한 도움이 되었습니다. 저는 새벽에 일어나자마자 조용한 목소리로 484장을 부릅니다. "밤이나 낮이나 주님 생각, 잘 때나 깰 때 함께하소서"라고 찬양하면 눈이 떠집니다. 또한 아무리 기도해도 낫지 못할 것 같은 암환자에게는 493장을 불러 줍니다. "하늘 가는 밝은 길이." 그리고 내일 임종이 올 것 같은 분에게는 492장 "잠시 세상에 내가 살면서"라는 찬양을 불러 드립니다. 제 요지는 찬양을 통해 하나님의 사랑과 돌보심을 생생하게 경험하자는 것입니다. 이 찬양영성을 수련하기 위해서는 하나님 성품과 비전을 노래하는 찬양을 많이 하되 노랫말을 암송해서 부르는 것이 중요합니다. 눈을 감고 하나님의 영광의 성호를 찬송하며 부르자는 것입니다.

시편 103편은 찬양의 진수를 보여줍니다. 1절입니다. "내 영혼아 여호와를 송축하라. 내 속에 있는 것들아 다 그의 거룩한 이름을 송축하라." 전형적인 히브리 운문의 평행법이지요. "내 영혼"(나프시)과 "내 속에 있는 것"(코르비 케렙)은 대구를 이룹니다. 케렙은 심장입니다. "내 속에 있는 것들아 여호와의 이름을 찬양하라"는 말은 "나의 오장육부야My intestines! 여호와의 이름을 찬양하라"는 말입니다. 좀 더 확장하면, "수치심(열등감)이 깃든 나의 오장육부야! 혹은 낭패감과 불안감이 웅크리고 있는 나의 오장육부야, 여호와의 이름을 찬미하는 데 동참할지어다"라는 의미입니다. 이것이 찬미입니다. 하나님의 성호와 이름에 집중하며 하나님을 찬양하는 것입니다. 아름답고 자비로우시고 거룩하시고 권능이 많으신 하나님을 찬양할 때 우리의 자아가 하나님께 견인되어 숭고해지는 경험을 합니다.

또한 여러분, 찬양을 시끄럽게 부르지 말고 장엄하고 깊게 불러 주시기 바랍니다. 자기 결심을 찬미하는 데 치중하지 말고 하나님의 성호를 높이며 신학적으로 깊은 곳에서부터 올라오는 찬양을 하시길 바랍니다. 하이든의 '천지창조' 앞부분이 나오는 78장 "저 높고 푸른 하늘과"처럼 말입니다.

오늘 소개할 찬송은 145장 "오 거룩하신 주님 그 상하신 머리"와 315장 "내 주되신 주를 참 사랑하고"입니다. 315장은 후배 목사에게 제 장례식에서 제가 관에 들어갈 때 불러 주기를 부탁해 놓은 찬송입니다. "내 평생에 힘쓸 그 큰 의무는 주 예수의 덕을 늘 기리다가, 숨질 때에라도 내 할 말씀이 이전보다 더욱 사랑합니다." 그리고 제가 임종 직전에 부르고 싶은 찬송은 145장인데, 가족들에게 제 임종석상에서 불러 달라고 부탁한 찬양입니다. 145장은 모두 78곡으로 구성되어 있는 요한 세바스찬 바흐의 '마태수난곡'에 여러 번 나오는 찬송입니다. 아리아와 관현악 합주와 레치타티보recitativo(해설자의 낭송 노래), 그리고 합창 등으로 구성되어 있습니다. 그 노래의 기법이 모두 산문형이기 때문에 다소 지루합니다만, 세 시간 만에 78곡을 전부 들을 수 있습니다. 독일 사람들은 사순절 기간 동안 마태수난곡을 많이 듣습니다. '마태수난곡'은 마태복음 26-27장에 기록된 예수님의 수난 이야기를 주제로 한 작품으로, 피칸더라는 시인이 이 복음서 내러티브 중간에 자기 노랫말을 덧붙였습니다. 그 마지막 장면에 빌라도의 법정에 모인 군중이 예수님을 십자가에 못 박으라고 소리치는 대합창이 나옵니다. 독일어로 "랏스 임 크로이찌겐 lass ihm kreuzigen (let him be crucified)"이라는 노래를 관현악단이 연주하고 합창단이 우렁차게 부르는데, 듣고 있으면 눈물이 납니다. "그를 십자가에 못 박으라!"는 군중 합창이 끝난 후 빌라도의 독창이 구슬프고 번뇌 어린 목소리를 통해 들려집니다. "그가 도대체 무슨 일을 했다고 그대들은 십자가에 못 박기를 원하느냐?"라고 소리치며 예수 처형에 대한 책임을 회피하려는 빌라도의 갈등 장면입니다. 그리고 나서 또 갈릴리 여인들의 화답 합창이 나옵니다. "그가 무슨 일을 했냐고요? 그가 이런 일을 했답니다. 나병환자를 깨끗이 낫게 하고 귀신 들린 자를 속량하고 가난한 사람들에게 복음을 전하셨지요. 그가 한 일은 이 세상 모든 사람들에게 가장 필요한 구원의 일만 하셨답니다." 그렇게 끝납니다. 흙으로 된 모든 피조물들은 세 시간 동안 '마태수난곡' 78곡을 들으면 하나님의 구원드라마에 감읍하며 자복할 수밖에 없습니다. 사순절 기간에 꼭 들어 보세요!

    오늘 145장 한번 불러 봅시다. 눈을 감고 아들을 고난에 가득 찬 이 땅에 파송하시고 십자가의 고통으로 이끄시는 성부 하나님과, 아버지에 대한 신뢰와 사랑으로 십자가에 달리기까지 하나님께 순종하신 예수님을 생각하면서, 그 십자가에 달린 예수님을 보내 주신 하나님 아버지의 찢어지고 부서지고 상한 마음을 생각하면서 부르십시다. 이 우주적인 고통의 오케스트라에 동참하듯이 불러 봅시다.

오 거룩하신 주님 그 상하신 머리
조롱과 욕에 싸여 가시관 쓰셨네.
아침 해처럼 밝던 주님의 얼굴이
고통과 치욕으로 창백해지셨네.

주 당하신 그 고난 죄인 위함이라.
내 지은 죄로 인해 주 형벌 받았네.
내 주여 비옵나니 이 약한 죄인을
은혜와 사랑으로 늘 지켜 주소서.

나 무슨 말로 주께 다 감사드리랴.
끝없는 주의 사랑 한없이 고마와.
보잘것없는 나를 주의 것 삼으사
주님만 사랑하며 나 살게 하소서.

빌립보서 3:8에 보면 "내 주 예수 그리스도를 아는 지식이 가장 고상해서 내가 세상에서 이루었던 모든 것들을 배설물로 여겼다"(알라 메눈게 카이 헤구마이 판타 제미안 에이나이 디아 토 휘페렉손 테스 기노스 세오스 크리스투 예수 투 쿠리우 무)는 바울의 고백이 나옵니다. 여러분, 우리가 귀하다고 생각하는 모든 것들보다 예수님 아는 지식을 최고의 지식으로 여기지 않는다면 예수님을 진짜 다 안 것이 아닙니다. 예수님은 하나님 아버지의 인류구속의 지혜와 경륜의 결정체입니다(골 2:2-3). 예수님을 통한 하나님의 구원 방법은 상상할 수 없을 정도로 깊고 신비합니다. 여러분, 요한복음 3:16 하나로 구원론이 끝난 게 아닙니다. 하나님의 인류구원의 경륜은 정말 깊기 때문에 성경을 항상 펼쳐도 언제나 거기에는 신비하고 깊은 은혜의 강이 흐릅니다. 여러분, 하나님의 말씀을 더욱 사랑하셔서 깊이깊이 묵상하시기 바랍니다. 칼 바르트가 「교회교의학」 제4권에서 '화해론 Reconciliation'을 썼습니다. 이 화해론은 서구 2천 년 교회사의 화해론을 20세기 버전으로 수정한 것입니다. 칼빈의 고전적인 이중예정론을 다소 완화시켰다는 평가를 받으나 여전히 하나님의 절대주권적인 구원경륜을 예수 그리스도를 중심으로 잘 풀어헤쳤습니다. 칼 바르트의 「교회교의학」 같은 고전은 긴 시간 들여서라도 독파해야 합니다.[59] 그런 책을 읽으며 느끼는 것은, 서양신학이란 것이 정말 대단하다는 것입니다. 우리가 서양신학을 대단하게 생각하지 않으면 안 되는 이유는 그것이 2천 년 교회사와 서양 그리스도인들의 신학적 사유와 신앙실천의 집약물이기 때문입니다. 그래서 서양신학을 무시하고 배제하면서 동양신학만 하겠다는 것은 부적절한 이분법입니다. 동양과 대비되는 서양을 따로 구분할 필요가 없습니다. 우리가 서양신학이라고 부르는 것은 우리 앞서 간 교회사의 선진들이 남긴 신앙유산입니다. 서양에서 생성된 신학을 깊이 공부한 후에 동양에 접목 가능한 신학적 틀을 재구성할 수 있을 것입니다. 여러분들이 파리의 세느 강변에 우람하게 솟아오른 노트르담의 성당, 스트라스부르의 그 위대한 성당에 들어가 한번 앉아보기만 하면, 이것들을 건축한 중세인들이나 혹은 이것들을 발주하고 건축한 제왕과 군주들의 신앙심이 얼마나 대단했길래 "이렇게 아름다운 바실리카나 예배당을 지었을까?"라는 생각에 사로잡힐 것입니다. 물론 그들이 주님에 대한 사랑만으로 이런 엄청나게 크고 아름다운 바실리카를 짓지는 않았을 것입니다. 또 위대한 예배당 건축물 자체가 신앙의 정수라고 볼 수는 없습니다. 다만 그것들은 적어도 중세의 기준으로 볼 때는 엄청난 정성과 신심이 배어든 건축프로젝트였습니다.[60] 그 높은 탑과 성채의 난간에 매달려 그렇게 아름다운 조각물을 새겨 넣었을 이름 없는 건축가들을, 그리고 그들이 흘린 땀과 피를 상상만 해도 은혜가 된다는 것입니다. 20세기 최고의 영성가 중 한 사람으로 불리는 토머스 머튼은 로마에 가서 순례하다가 완전히 거듭나 버렸습니다. 토머스 머튼은 성 뻬에트로 바실리카(성 베드로 성당)와 성 바울로 바실리카, 성 요한 바실리카를 다니면서, 그리고 그 아름다운 성 시스틴 부속성당의 벽과 천장 성화들을 보면서 완전히 거듭났다고 고백합니다. 「칠층산」 제1부에서 자신의 로마 순례기를 이야기하면서 머튼은 자신이 로마의 바실리카, 조각, 성화, 그리고 숱한 기독교 신앙 유적들을 묵상하다가 거듭났다고 고백합니다. 경건주의 운동의 선구자인 진젠도르프 백작도 십자가에 달려 있는 예수님의 벗은 몸을 그린 성화를 보다가 완전히 거듭났습니다. 말하자면 서구 2천 년 교회사의 신학적, 교회사적 기념물들을 보기만 해도 영혼의 정화가 일어나고 하나님의 은혜에 대한 솟구치는 회상이 일어난다는 것입니다. 여러분께서도 신학공부를 열심히 하다가 20대 안에 노트르담에도 가 보시고 북독일의 루터 유적지에도 가 보세요. 루터가 태어난 곳인 아이스레벤과 숨을 거둔 아이스나흐. 루터가 2년여 동안 신약성경을 독일어로 번역했던 바르트부르크 성에도 가 보시기 바랍니다. 저는 50대에 갔는데 너무 늦었다는 느낌을 갖고 유럽 기독교 문명을 일 년간 주마간산으로 견학했습니다. 제가 만일 20대에 갔다면 훨씬 더 각성되고 계몽된 사람이 되었을 텐데 하는 아쉬움을 가졌습니다. 여러분, 20대 때는 밥을 굶고 한 끼를 덜 먹더라도 유럽 기독교 문명 여행을 다녀오시길 바랍니다. 450만 원 정도 모으면 한 달 동안 여행할 수 있습니다. 세 명으로 짝지어 다니는 것이 좋습니다. 그렇게 하면 몸은 앙상하게 마르지만 순례의 기쁨이 가득 찬 모습으로 다닐 수 있습니다.

이제 헬라어로 본문을 낭독해 드리겠습니다. "말하다"는 동사가 현재시제로 표현되어 있음을 주목해 보십시오.

헬라어 본문 낭독과 사역

29 Καὶ εὐθὺς ἐκ τῆς συναγωγῆς ἐξελθόντες ἦλθον εἰς τὴν οἰκίαν Σίμωνος καὶ Ἀνδρέου μετὰ Ἰακώβου καὶ Ἰωάννου
카이 유쒸스 엘 테스 쉬나고게스 엘셀돈테스 엘돈 에이스 텐 오이키안 시모노스 카이 안드레우 메타 야코부 카이 요안누.

그리고 즉시 그 회당에서 나와서 야고보와 요한과 함께 그들이 시몬과 안드레의 집으로 갔다.

30 ἡ δὲ πενθερὰ Σίμωνος κατέκειτο πυρέσσουσα, καὶ εὐθὺς λέγουσιν αὐτῷ περὶ αὐτῆς
헤 데 펜데라 시모노스 카테케이토 퓌레쑤사 카이 유쒸스 레구신 아우토 페리 아우테스.

그때 시몬의 장모가 열병에 걸려 누워 있었다. 그리고 즉시 그들이 그에게 그녀에 관해 말한다.

31 καὶ προσελθὼν ἤγειρεν αὐτὴν κρατήσας τῆς χειρός· καὶ
ἀφῆκεν αὐτὴν ὁ πυρετός, καὶ διηκόνει αὐτοῖς
카이 프로셀돈 에게이렌 아우텐 크라테사스 테스 케이로스 카이
아페켄 아우텐 호 퓌레토스 카이 디에코네이 아우토이스.

그리고 가까이 다가가서 그가 손을 잡아 일으켜 세웠다. 그러자 열이 그녀를 떠났다. 그리고 그녀가 그들을 섬겼다.

32 Ὀψίας δὲ γενομένης, ὅτε ἔδυ ὁ ἥλιος, ἔφερον πρὸς αὐτὸν πάντας τοὺς κακῶς ἔχοντας καὶ τοὺς δαιμονιζομένους
옾시아스 데 게노메네스 호테, 에뒤 호 헬리오스 에페론 프로스 아우톤
판타스 투스 카코스 에콘타스 카이 투스 다이모니조메누스.

해가 져서 저녁이 되었을 때 그들이 그에게 모든, 병들을 가진 사람들과 귀신 들린 자들을 데려왔다.

33 καὶ ἦν ὅλη ἡ πόλις ἐπισυνηγμένη πρὸς τὴν θύραν
카이 엔 홀레 헤 폴리스 에피쉬네그메네 프로스 텐 쉬란.

그리고 모든 도시 사람들이 문가에 다 모여 있었다.

34 καὶ ἐθεράπευσεν πολλοὺς κακῶς ἔχοντας ποικίλαις νόσοις καὶ δαιμόνια πολλὰ ἐξέβαλεν καὶ οὐκ ἤφιεν λαλεῖν τὰ δαιμόνια, ὅτι ᾔδεισαν αὐτόν
카이 에데라퓨센 폴루스 카코스 에콘타스 포이킬라이스 노소이스
카이 다이모니아 폴라 엑세발렌 카이 우크 에피엔 랄레인 타
다이모니아 호티 에데이산 아우톤.

그리고 그는 다양한 병들을 가진 사람들을 고쳤고 많은 귀신들을 쫓아냈다. 그리고 그들이 그 자신을 알고 있었다는 이유로 귀신들이 말하는 것을 허락하지 않았다.

35 Καὶ πρωῒ ἔννυχα λίαν ἀναστὰς ἐξῆλθεν καὶ ἀπῆλθεν εἰς ἔρημον τόπον κἀκεῖ προσηύχετο

카이 프로이 엔뉙카 리안 아나스타스 엑셀덴 카이 아펠덴 에이스
에레몬 토폰 카케이 프로세위케토.

그리고 밤 이른 시점에 일어나서 그가 나갔으며 한 광야 장소로 잠적했다. 그리고 거기서 기도했다.

36 καὶ κατεδίωξεν αὐτὸν Σίμων καὶ οἱ μετ' αὐτοῦ
카이 카테디옥센 아우톤 시몬 카이 호이 아우투.

그리고 시몬과 그와 함께 사람들이 그를 추적했다.

37 καὶ εὗρον αὐτὸν καὶ λέγουσιν αὐτῷ ὅτι πάντες ζητοῦσίν
카이 휴론 아우톤 카이 레구신 아우토 호티 판테스 제투신 쎄.

그리고 그들이 그를 발견했고 그에게 말한다. "모든 사람들이 당신을 찾고 있습니다."

38 καὶ λέγει αὐτοῖς· ἄγωμεν ἀλλαχοῦ εἰς τὰς ἐχομένας κωμοπόλεις, ἵνα καὶ ἐκεῖ κηρύξω· εἰς τοῦτο γὰρ ἐξῆλθον
카이 레게이 아우토이스 아고멘 알라쿠 에이스 타스 에코메나스 코모폴레이스 히나 카이 에케이 케뤽소 에이스 투토 가르 엑셀돈.

그리고 그가 그들에게 말씀하신다. "다른 곳, 부근 다른 마을들로 가자. 내가 거기서도 선포하도록. 이 일을 위해 내가 왔다."

39 Καὶ ἦλθεν κηρύσσων εἰς τὰς συναγωγὰς αὐτῶν εἰς ὅλην τὴν Γαλιλαίαν καὶ τὰ δαιμόνια ἐκβάλλων
카이 엘덴 케뤼쏜 에이스 타스 쉬나고가스 아우톤 에이스 홀렌 텐 갈릴라이안 카이 타 다이모니아 에크발론.

그리고 그가 갔다. 갈릴리 전 지역에 있는 그들의 회당들에서 선포하면서 그리고 귀신들을 쫓아내면서.

제가 사역한 한글본문을 다시 한번 읽어 드릴 테니 들어 보시기 바랍

니다. 29-30절입니다. "그리고 즉시 그 회당에서 나와서 야고보와 요한과 함께, 그들이 시몬과 안드레의 집으로 갔다. 그때 시몬의 장모가 열병에 걸려 누워 있었다. 그리고 즉시 그들이 그(예수)에게, 그녀에 관해 **말한다**." "말하다"는 동사가 직설법 현재로 표현되어 있지요. 31절입니다. "그리고 가까이 다가가서(분사형), 그가 손을 잡아 일으켜 세웠다. 그러자 열이 그녀를 떠났다. 그리고 그녀가 그들을 섬겼다."

32-33절입니다. "해가 져서 저녁이 되었을 때 그들이 그에게 모든, 병들을 가진 사람들과 귀신 들린 자들을 데려왔다. 그리고 모든 도시 사람들이 문가에 다 모여 있었다."

34절입니다. "그리고 그는 다양한 병들을 가진 사람들을 고쳤고 많은 귀신들을 쫓아냈다. 그리고 그들이 그 자신을 알고 있었다는 이유로 귀신들이 말하는 것을 허락하지 않았다."

35절입니다. "그리고 밤 이른 시점에 일어나서 그가 나갔으며 한 광야 장소로 잠적했다. 그리고 거기서 기도했다." "기도했다"는 말은 미완료입니다. 그러니까 기도를 한 번만 하는 게 아니라 한동안 꽤 지속적으로, 상당히 기도했다는 뜻입니다.

36-37절입니다. "그리고 시몬과 그와 함께 사람들이 그를 추적했다. 그리고 그들이 그를 발견했고 **그에게 말한다**. 모든 사람들이 당신을 찾고 있습니다."

38절입니다. "그리고 그가 그들에게 **말씀하신다**. 다른 곳, 부근 다른 마을들로 가자. 내가 거기서도 선포하도록. 이 일을 위해 내가 왔다." 38절에서 우리가 주목할 것은 도치구문과 '히나bina' 목적절입니다. "다른 곳, 다른 마을로 가자! 우리가 거기서도 선포하도록. 이 일을 위해 왔다, 내가."

39절입니다. "그리고 그가 갔다. 갈릴리 전 지역에 있는 그들의 회당들에서 선포하면서, 그리고 귀신들을 쫓아내면서." 여기서 "갔다"만 정동사이고 "선포하면서", "쫓아내면서"는 분사구문으로 되어 있습니다. 정동사를 중심으로 분사를 해석해야 합니다. 결국 39절은 예수님이 지금 선포도 하고 귀신도 쫓아내면서 다녔다는 것을 강조하는 구절입니다. 그래서 이 문장은, "그리고 그가 갈릴리 전 지역에 있는 그들의 회당에서 선포하면서, 귀신들을 쫓아내면서 이리저리 다녔다, 즉 주유周遊했다"는 말이 됩니다. 이렇게 읽으면 본문이 좀 더 분명히 드러나지요?

예수님께 쇄도하는 모든 병자와 귀신 들린 자들(29-34절)

오늘 본문의 핵심은 세 가지입니다. 예수님의 치유와 축사, 새벽기도의 비밀, 그리고 하나님 나라 도래 선포사역, 즉 전도사역의 우선성입니다. 먼저, 예수님께서 각종 병자들을 고치시는 치료의 능력과 귀신을 축출하시는 능력의 원천은 무엇인가요? 그것은 새벽 미명의 기도시간입니다. 근거구절은 마가복음 9:29입니다. 귀신을 내쫓는 이런 유類의 사역은, 즉 단위시간당 엄청난 영적 에너지가 소요되는 이 사역은 기도 외에는 감당할 수가 없습니다. 예수님에게는 새벽 미명의 기도시간이 일과의 중심에 배치되었습니다. 즉 낮 시간, 해질 녘, 새벽 미명의 기도시간, 오전 강의, 그리고 다시 낮 시간, 이런 주기로 예수님의 성무일과가 진행되고 있습니다. 마가복음의 저자가 그런 의도를 얼마나 분명히 가졌는지는 모르겠지만 일단 우리가 읽는 한글성경에서는 새벽 미명의 기도시간이 예수님의 일상사역 시간표 중심에 배치되어 있는 것처럼 보입니다. 찰스 해돈 스펄전 목사가 쓴 「목회자 후보생들에게」는 세 권으로 되어 있는데, 1권에 좋은 내용이 많습니다. 1강 '목회자의 자기 감시', 2강 '목회 소명', 3강 '목회자의 개인기도' 등이 나옵니다. 이 3강 '목회자의 개인기도' 부분이 매우 중요합니다. 저는 줄 치면서 반복해서 읽었습니다. 결국 남들이 보지 않는 기도의 사역에서 열매를 거두면 모든 사역에서 열매를 거둔다고 볼 수 있는데, 아무도 보지 않는 새벽 미명의 시간을 하나님께 번제로 드리지 못한다면, 영적 에너지가 많이 소모되는 신유와 축사 같은 일을 감당할 수가 없게 된다는 것입니다.

오늘 본문의 핵심은 새벽 미명 기도와 하나님 나라 복음 선포의 압도적 긴급성과 우선성입니다. 먼저 새벽 미명 기도와 하나님 나라 선포사역을 부각시키기 전에 저자는 예수님의 치유와 축사사역을 소개합니다. 29절은 회당에서 가버나움 집으로 움직이는 예수님 일행의 동선을 보여줍니다. 가버나움 회당에서 예수님은 이미 한 차례 강력한 영적 권능의 시위를 하셨습니다. 귀신들도 항복시킬 정도의 권능이 예수님의 말씀 속에서 발산되었습니다. 그런 영적 권능 발산모드로 가버나움 집에 돌아오신 것입니다. 이 가버나움의 집은 베드로의 집이었을 것입니다(1:31). 예수님께서는 베드로의 집을 당신의 선교기지로 삼았다고 추론할 수 있습니다. 마태복음 19:27-28에 따르면 베드로는 전 재산을 예수님 재단에 모두 공탁해 버렸습니다. 모든 재산을 다 바친 베드로의 본을 따라, 초대교회 주교들은 전 재산을 하나님께 바친 후에 성직으로 나아갔습니다. 적어도 590년 그레고리 1세가 교황으로 등장하는 그 시기까지는 거의 모든 주교들이 재산을 모두 교회에 바쳤습니다. 모든 추기경이 진홍색 붉은 모자를 쓰고 있는 것은, 순교자가 되겠다, 즉 순교자 대기명단에 올랐다는 뜻입니다. 재산을 다 바치고 목숨을 바치기 위해서 붉은 모자를 쓴 것입니다. 전 재산과 생명을 바치고 예수님을 추종하겠다는 다짐인 셈입니다. 그래서 마가복음 8:27-34에는 십자가의 죽음으로 자신의 사역을 마무리하시겠다는 결연한 예수님에게 베드로가 저항하는 장면이 나옵니다. 베드로가 예수님께 절대로 그렇게 죽어 버리시면 안 된다고 타이르며 반발하는 장면입니다. 베드로의 항의에는 '절대로 죽으시면 안 됩니다. 우리 투자금도 돌려주지 않고 죽으시면 어떻게 합니까?'라는 식의 셈법이 작용하고 있습니다. 예수님이 하나님 나라 운동을 펼칠 때에는 제자들에게 뭔가 손에 잡히는 약속도 하셨을 것이 분명합니다. "사람 낚는 어부가 되게 해주겠다", "이스라엘 열두 지파를 다스리는 열두 보좌에 앉게 해주겠다"(참조. 마 19:28-29)는 식의 약속 말입니다. 예수님은 일종의 사모私募 펀드를 모아 큰 사업을 시작하려는 듯이 하나님 나라의 약속을 내걸고 제자들을 불러 모았을 것입니다. "내가 달나라에 집을 짓는데 투자금을 모으겠다. 달나라에 가고 싶은 사람들은 나를 따르라"는 식의 제안처럼 들릴 정도로 예수님의 하나님 나라 약속은 장엄하고도 강렬했을 것입니다. 이런 제안에 가장 능동적으로 나선 제1투자자가 베드로였을 것입니다. 그런데 예수님께서 3년 정도 지난 후 이렇게 말씀하시는 것입니다. "달나라에 집을 지으려고 했는데 중력문제가 해결이 안 돼서 못하겠다." 아마도 베드로의 낭패감은 이런 상황에서 발생했을 것입니다. 베드로는 일단 중력문제를 해결한 후 어찌하든지 달에 집을 지어야 한다고 설득하는 셈이었습니다. 고난과 죽음을 거친 후에 하나님 나라를 건설하시려는 하나님 아버지와 예수님의 뜻을 이해할 수 없었던 것입니다. 예수님께서 베드로에게 하나님 나라의 비전을 강력하게 심으시고 많은 재산을 공탁 받으셨는데, 갑자기 십자가 죽음의 처절한 패배를 받아들이겠다고 하시니 베드로가 이해를 못한 것입니다. 베드로가 예수님의 십자가 고난 담화를 듣자마자 강력하게 반발한 이유는 자기 전 재산을 바쳤기 때문이었을 것입니다. 전 재산을 바치지 않은 사람들은 예수님이 어떻게 되든 별 상관이 없을지 몰라도, 인생 전체를 걸어 버린 사람들은 예수님의 동선과 행로가 너무 중요해지기 시작합니다. 제가 볼 때 오늘날 우리가 복음서를 이해하기 힘든 이유는 우리가 예수님의 제자들이 걸었던 그런 전폭적 추종 제자도와는 너무 멀리 떨어져 있기 때문입니다. 다시 말하면, 복음서 본문의 단어 뜻을 이해 못하는 것이 아니라 단어의 심장과 영의 숨결에 공감하지 못하고 이해하지 못하는 겁니다. 본문의 문자적 의미와 사전적 의미를 모르는 것이 아니라 이 분위기를 도무지 이해 못하는 것이지요. 이 분위기에 공감이 안 되니까 우리의 설교도 감동적이지 않은 겁니다. 이 영적 무감동과 공감결여는 우리 시대가 걸려 있는 총체적인 질병입니다. 우리 자신도 이 시대의 영향을 받아 성경 말씀을 이해할 수 없는 '해석학적 완악함'에 처하게 되었습니다.

회당이 공적 사역의 현장이라면 집은 안식과 사적 이완이 이뤄지는 곳입니다. 그런데 가버나움 그 집은 또 하나의 사역 현장이 되어 버렸습니다. 베드로 장모가 열병에 걸려서 누워 있었기 때문입니다. 베드로 장모의 열병에 관한 그들의 담화는 사실, 보도가 아니라 요청입니다. 예수님의 또 다른 치유이적의 발생 계기를 말합니다. 30절에는 사람들이 예수님께 그녀에 관하여 말한다고 되어 있습니다. 개역개정에는 "여짜온대"라고 되어 있습니다. 여기서 말하는(레구신) 행위는 베드로 장모의 열병을 고쳐 달라는 요청을 담은 보고라고 보는 것이 적절합니다. 병행본문인 마태복음 8:14-17에 한 가지 보완적인 묘사가 나옵니다. 마태복음 8:14에는 예수께서 베드로의 장모가 열병으로 앓아누운 것을 "보시고"라고 되어 있습니다. 이것이 중요합니다. 예수님이 한 번 보시면 후속적인 구원 행동이 따라옵니다. 예수님은 한 번 보시고 나면 반드시 그다음에 무언가를 하십니다. 마가복음 2:14에 모든 사람이 바닷가로 나가서 말씀을 들었을 때, 세리 레위가 홀로 세관 부스에 앉아 있는 것을 "보시고", "나를 따라 오너라"고 명령하셨습니다. 요한복음 5:6에서도 예수님께서 솔로몬 행각에 38년 된 병자가 누워 있는 것을 "보시고", 병이 오랜 줄 "아시고" 접근하셔서 물으십니다. "네가 낫고자 하느냐?"(6절). 이렇게 "보시고 아시는" 일련의 지각동사는 예수님의 후속적인 행동에 대한 기대감을 점층적으로 고조시키는 구문입니다. 사도행전 3장에서도 베드로와 요한이 성전 미문에 있는 앉은뱅이를 어떻게 했습니까? 돈도 없는 제자들이 그 사람이 불쌍해서 쳐다봤단 말이에요. 그러니까 성전 미문에 있는 앉은뱅이도 "무엇을 주려고 나를 쳐다보는 걸까?"라고 생각하면서 두 사도를 되쳐다본 겁니다. 서로 쳐다보는 그 눈빛의 강도가 심해서 지금 뭔가 일어나야 할 것 같은 바로 그 시점에 베드로가 "은과 금은 내게 없거니와 내게 있는 이것을 네게 주노니 나사렛 예수 그리스도의 이름으로 일어나 걸으라"고 말합니다(행 3:6). 순식간에 즉흥적이지만 창조적인 설복력을 가진 말이 터져 나온 것은 성령의 역사입니다. 베드로와 요한이 그런 멋진 말을 할 수 있었던 것은 그 성전 앉은뱅이가 비참한 상태에서 구걸하는 것을 오래 관찰하면서 동정심이 누적되었기 때문이었습니다. 보는 눈이 쌓여야만, 즉 동정심을 유발하는 관점이 몸에 쌓여야만 그다음 구조행동이 취해지는 것입니다. 31절은 베드로의 장모가 누워 있는 것을 보시고 예수님께서 "가까이 갔다"(프로셀돈)고 말합니다. 31절은 행동을 강조하고 마태복음 8:14은 보는 행위를 강조합니다. 그런데 이 두 가지 행위는 조화됩니다. 예수님께서는 먼저 우호적이고 동정심 가득한 관찰을 합니다. "아, 안됐다" 하고 계시니 갑자기 사람들이 몰려와서 베드로 장모가 아프다는 사실 보고와 함께 치유 요청을 한 것입니다.

이처럼 베드로 장모가 아프다는 이야기를 예수님 앞에 한다는 말은 단순한 사실 보고를 넘어 치유 간청입니다. 요한복음 2장에서 예수님의 어머니 마리아가 "저희에게 마실 포도주가 없다"고 말한 것도 단순한 사실 보고입니까, 아니면 문제 해결을 위한 어떤 행동을 유발시키는 요청입니까? 요청이죠! 여러분, 눈이 마구 내리는데 어떤 여자가 애인한테 "오빠, 눈이 온다"라는 문자를 보냈습니다. 이것은 단순한 사실 보고입니까, 모종의 제의입니까? "오빠, 눈이 온다"는 말이나 "오빠, 춥다"는 말은 날씨나 자기 체온에 관한 사실을 말하는 것이 아니라, 만나자는 뜻 아니겠습니까? 그러니까 직설법 indicative 안에는 사실 전달의 기능 외에 요청도 있고 명령도 있을 수 있습니다. 그러니까 "그들이" 예수님께 베드로 장모에 대해 "말했던" 상황은, 고쳐 달라는 요청의 완곡어법인 셈입니다. 그래서 예수님께서도 그녀가 누워 있는 모습을 보시고 동정심이 일어나 접근하는데, 그 접근하는 도중에 하나님 아버지께서 고쳐 주실 것이라는 확신을 주신 것 같습니다. 그 확신이 손을 잡는 행동으로 나타났습니다. 마가복음에서는 "손을 잡아 일으키는 동작"을 강조하는 반면 마태복음은 손을 만졌다고만 말합니다. 확실히 마가복음은 좀 더 세밀한 행동묘사에 치중하고 있습니다. 예수님께서 베드로의 장모 손을 잡아 일으켰더니, 일으키자마자 열병이 떠나갔습니다.

그런데 열병이 어디로 떠나갔을까요? 열은 에너지이기도 하고 질량이기도 한데 어디로 갑니까? 이 우주 안에서 에너지와 질량은 동일하게 보존됩니다. 그냥 없어지지는 않습니다. 이것은 어딘가로 떠나갔다는 말이 맞습니다. 따라서 "열병이 우주 저 너머로 나가 소멸되었더라"가 아닙니다. 열병은 어딘가로 떠나갔지만 우주 바깥으로 간 게 아닙니다. 여기에 마태복음의 놀라운 신학이 있습니다. 마가복음 저자는 차마 이 생각을 못했습니다만 마태는 이사야 53:4을 생각하면서 "우리의 연약함을 지시는 메시아"라는 절묘한 해설을 붙입니다(마 8:17). 마태는 열병이 에너지이기 때문에 짐이라는 점을 주목한 것입니다. 즉 짐이 없어졌다는 말은 누군가가 그것을 짊어지고 떠났다는 말입니다. 예수님이 접촉을 하면서 열병이라는 짐을 당신 자신에게 전가시켰다는 암시입니다. 이게 바로 무엇입니까? 날마다 우리 짐을 지시는 하나님의 모습입니다(시 68:19). 우리의 죄 짐을 지시는 하나님의 어린양의 모습입니다. 제가 첫날 요한복음 1:29, 35, 36에 등장하는 "세상 죄를 지고 가는 하나님의 어린양"이 죄 짐을 짊어지고 가는 방식에 대해서 말씀드렸죠? 어떻게 짊어지십니까? 하나님의 어린양은 말과 행동으로 죄인들의 죄 짐을 당신 자신에게 전가시킵니다. 그래서 예수님의 말과 예수님의 손 접촉은 죄 짐을 짊어지는 행위이며 병자의 고통을 빨아들이는 행위입니다. 예수님의 손은 베드로 장모의 열병을 자신에게 옮기는 신비한 관이면서 동시에 예수님 자신의 생명력을 소진시키고 배수시키는 통로입니다. 손이 너무 중요합니다. 여러분의 손도 어떤 순간에 하나님께서 치료의 손으로 쓰실 수 있습니다. 우리가 정신적으로 악수하는 것이 좋습니까, 육체적으로 악수하는 것이 좋습니까? 어떤 악수가 궁극적인 악수입니까? 정신적 악수와, 피부의 살갗이 닿고 체온이 느껴지는 악수 중 어느 것이 더 궁극적인 악수입니까? 정신적 악수보다 더 궁극적인 악수는 육체적 악수입니다. 그래서 육체를 절대로 멸시하거나 모욕하면 안 됩니다. 육체를 멸시하거나 모욕하는 것은 범아리안 계통 문명에서 나온 사상이며 초창기 기독교를 크게 교란시킨 영지주의자들의 사상입니다. 육체는 절대로 인간 피조물에게 장애물도 아니고 극복할 한계도 아닙니다. 육체는 영적 진실을 가장 섬세하게 표현하는 통로이자, 어떻게 보면 영보다 더 궁극적인 실재입니다. 그래서 말씀이 육신이 된 것입니다. 우리가 정신적인 빵을 먹어야 배가 불러집니까, 아니면 진짜 빵을 먹어야 합니까? 정신적인 포도주가 우리를 기쁘게 합니까, 아니면 진짜 포도주가 육체를 기쁘게 합니까? 육체성, 이 물질성은 영보다 더 궁극적인 차원이라는 것, 이것이 히브리 사상의 놀라운 기여입니다. 육체성과 물질성, 곧 이 형이하학적 차원을 신성의 빛으로 밝혀준 것이 성경 히브리 사상입니다. 그래서 "말과 혀로만 사랑하지 말고, 행함과 진실함으로 사랑하라"는 요한일서 3:18 말씀이 중요합니다. "몸을 덥게 하십시오. 배부르게 하십시오"라는 권면(약 2:16)은 일용할 양식을 실제로 나누어 주면서 해야 합니다.

실제로 어떤 점에서 육체 접촉으로 치료가 일어나는지에 대해 우리가 숙고할 것이 많습니다. 오늘날도 파푸아뉴기니 등 해외 선교지에서는 신유의 은사가 많이 일어납니다. 그 이유는 그 상황의 절박함 때문입니다. 선교사들의 개인기나 경건의 능력 때문으로만 일어나는 것이 아닙니다. 너무나 큰 절박함이 기적을 일으키는 것입니다. 베드로 장모님의 열병은 의료보험으로도 안 되고 고칠 병원도 없었기 때문에, 즉 예수님이 손을 잡아 일으켜주는 것 외에는 다른 방법이 없었기 때문에 치유가 일어난 것입니다. 예수님의 메시아적 동정심이 그녀의 절박함에 역사하여 기적적인 치유가 일어난 것입니다. 예수님이 한 번 그렇게 잡을 때마다 예수님 자신의 생명에는 감가상각작용이 일어납니다. 그 열병을 자기의 몸에다 전이시키는 순간 그만큼 당신 자신의 생명은 소진되는 것입니다. 한 번 잡을 때마다 예수님의 생명력이 소진되어 결국 예수님의 육체에는 아무것도 남아 있지 않고 고통, 죄, 저주만 남게 됩니다. "하나님이 죄를 알지도 못하신 이를 우리를 대신하여 죄로 삼으신 것은 우리로 하여금 그

안에서 하나님의 의가 되게" 하신 것입니다(고후 5:21). "율법이 육신으로 말미암아 연약하여 할 수 없는" 율법 성취의 과업을 하나님께서 친히 수행하셨습니다. 곧 "죄로 말미암아 자기 아들을 죄 있는 육신의 모양으로 보내어 육신에 죄를 정하"심으로(롬 8:3) 율법파기의 모든 죄책을 지신 하나님의 아들 예수를 통해 죄 사함의 징표가 나타나게 하신 것입니다. 골고다에 달리시기 전에 이미 예수님은 베드로 장모의 열병을 떠맡아 짊어지시는 순간, 십자가의 저주를 친히 감당해 주셨던 것입니다. 십자가에 못 박히기 전에 너무나 많은 생명력을 소진했기 때문에 예수님 자신은 이제 저주받은 자처럼 되어 버렸다는 것입니다. 그만큼 많은 생명력의 피폐화와 소진을 경험했다는 것이지요.

앞으로 사역자가 될 우리는 예수님의 베드로 장모 치유사역을 단지 기적으로만 치부하지 말고 좀 더 세밀하게 그 치유과정들을 분석해 볼 필요가 있습니다. 우리 또한 베드로 장모와 같은 교우들을 심방해 손을 잡아 일으켜야 할 상황에 직면하게 될 것이기 때문입니다. 첫째, 우호적 동정심이 넘치는 관철을 한 후에, 고통을 당하는 사람에게 접근합니다. 둘째, 치료에 대한 희망을 불러일으키는 사랑의 시선을 발한 후 치료를 발생시키는 말과 행동을 시작합니다. 셋째, 환우의 믿음과 사역자 자신의 믿음을 합해 하나님의 선물인 치료를 발생시키는 것입니다. 여러분도 이렇게 하셔서 메시아적 신유 사역에 동참하는 감격을 누리실 수 있기를 바랍니다.

예수님의 손이 죽음의 열병을 빨아들이는 기구요 동시에 당신의 생명력을 배출시키는 희생의 배출기관이었듯이 여러분의 손과 발, 몸 전체가 메시아적 동정심의 배출관이 될 수 있습니다. 예수님은 마태복음 8:17이 말하듯이 베드로 장모의 연약함을 대신 짐 지기 위해서 손을 잡았습니다. 건강한 사람이 연약한 사람의 손을 잡아 일으키는 곳에 하나님 나라가 임합니다. 다시 말해서, 잘 사는 형님이 가난하여 신용불량자가 되어 버린 동생 손을 잡아 재활복구시켜주는 곳에 치유가 일어나는 것입니다. 형이 자신의 재산으로 신용불량자인 동생의 바닥난 재정을 보충하면 치유가 발생합니다. 여기서 손 잡는 행위는 무엇인가요? 연대와 제휴입니다! 우리가 가난한 사람에게 손을 내뻗어야 하는 이유는 무엇입니까? 연대와 제휴를 위해서입니다. 그것이 예수님이 이 땅에서 행하시는 하나님 나라 복음 전파의 핵심사역이기 때문입니다. 삶이 거덜 나고 삶의 토대가 붕괴된 사람에게 손을 뻗어서 치료를 일으키려는 것입니다. 이 일을 행할 때 교회가 그리스도의 몸이라는 주장은 진실이 됩니다. 교회는 그리스도의 손입니다. 교회는 인간 이하의 대우를 받아 가며 살아가는 사람들, 인권의 사각지대에 내몰린 사람들에게 손을 뻗어서 그들의 식어버린 몸을 만지고 그들의 열병의 짐을 대신 져주는 메시아의 등이요 손입니다. 메시아가 대신 져주시는 인생들의 죄 짐은 질병이나 고난에 처한 그 사람의 고의적 불순종으로 인할 것일 수도 있으나, 오히려 아담의 원죄와 불순종의 결과 파생된 모든 악과 고난을 말하는 것일 때가 더 많습니다. 예수님께서 병을 고쳐 주실 때 "죄 사함 받으라"고 말하는 것은 반드시 그 질병과 고통이 그 당사자의 죄악 때문에 일어난 것임을 말하는 것이 아닙니다. 어떤 중풍병자가 중풍을 앓는 것이, 그 사람이 지은 죄 때문에 벌을 받고 있다는 사실을 말하는 게 아니라는 것입니다. "네가 지금 겪고 있는 이 중풍병은 아담의 원죄 때문에 창조주 안에 일어나는 하나의 심판의 일부"라는 뜻이 더 강합니다. 죄에는 원죄와 파생적 죄악이 있는데 우리는 파생적인 죄인입니다. 우리는 아담의 원죄 때문에 죄인이 되어서 죄를 짓는 죄인입니다. 다시 말하면, 우리는 죄를 지어서 죄인이 되는 것이 아니라 죄인이기 때문에 죄를 짓습니다. 범죄한 아담 때문에 땅이 저주를 받고 가시와 엉겅퀴를 내듯이(창 3:17-18) 아담의 저주 아래서 인간들은 온갖 질병과 죽음의 권세 아래 시달리는 존재가 된 것입니다. 교부들 이래 성서주석가들은, 가시와 엉겅퀴는 인간의 몸을 불모의 땅으로 만드는 질병과 고통을 상징한다고 보았습니다. 저주의 결과 병이 생겼다는 것입니다. 따라서 병을 치유하는 행위는 보다 포괄적인 사죄사역의 일부인 것입니다. 그래서 죄 짐을 진다는 말은, 그리스도의 몸인 교회가 그리스도의 손이 되어서 아담이 초래한 저주를 대신 져준다는 말입니다. 가난과 질병, 인권박탈과 유린의 고통을 교회가 연대하여 감당해 준다는 말입니다. 베드로 장모 같이 식물인간처럼 누워 자립하지 못하는 사람을 은혜의 직립인간으로 일으켜 세우는 사역을 하는 것을 말합니다. 이것이 바로 선교와 봉사입니다. 선교와 봉사는, 삶의 총체적 선물을 누리지 못하고 죽음을 생각하면서 점점 더 죽음 쪽으로 몸이 기울어져 가는 식물인간 같은 영혼을 끌어올려 은혜의 직립인간으로 똑바로 걸어가게 만들어 주는 것입니다. 레위기 26:13이 약속한 은혜의 직립보행을 가능케 해주는 사역입니다. "내가 너희를 애굽의 종 되었던 집에서 끌어내어 너희의 쇠빗장을 깨뜨려준 까닭은 너희가 주 안에 똑바로 서서 걷게 하려

함이라"(저자 사역). 주 안에서 똑바로 걷는 것, 은혜의 직립보행, 이것이 하나님께서 우리에게 주신 구원입니다. 구원은 하나님의 율법의 행로를 따라 똑바로 서서 걷는 삶입니다. 에녹처럼, 아브라함처럼 하나님과 함께 걷는 삶입니다(창 5:22; 17:1).[61]

이제 예수님께서 베드로 장모를 고쳐 주시자 그녀는 은혜의 직립인간이 되어 즉시 예수님 일행을 섬기고 그 제자단에 합류했습니다. 치유받은 그날부터 베드로의 장모가 예수님과 제자들을 섬기기 시작했다고 말합니다(31절). 베드로의 장모가 "그들을 섬겼다"라는 소절에서 베드로 장모가 섬긴 대상이 복수형으로 되어 있는 것을 보니, 베드로의 장모가 예수님과 제자들을 섬기기 시작한 것임을 알 수 있지요? 또한 "섬겼다"는 정동사는 미완료시제로 표현되어 있습니다. 그러니까 이때부터 계속 섬기기를 시작했다는 의미입니다. 결국 베드로의 장모가 언제 예수님과 함께하기 위해 합류하였습니까? "열병에서 나은 후부터!"라는 대답이 가능한 것입니다. 베드로 장모의 예수님 일행 섬김은 일과성 섬김을 말한다기보다는 오랫동안 지속된 섬김의 시작을 말하고 있다는 것입니다. 이 단락은 베드로 장모가 어떻게 제자단에 합류했는지를 설명하는 원인설화인 셈입니다. 초대교회의 유명한 여성 제자단의 일원이 된 베드로 장모의 개종설화입니다. 베드로 장모의 구원과 회심 이야기가 공관복음서에 모두 나온 것은 그녀가 매우 중요한 제자였음을 암시합니다.[62]

베드로 장모의 치유 소문이 가버나움 일대에 퍼지자 엄청난 인파가 가버나움 집으로 쇄도했습니다. 일상의 노동으로 지쳐 있는 저물어 해질 때에, 가버나움 집으로 엄청난 인파가 몰려옵니다. 즉 도시 전체(홀레 헤 폴리스)가 몰려왔습니다. 이렇게 해서 예수님의 치유 사역은 저물어 해질 때에, 개인적으로 아주 피곤할 때 집중적으로 이뤄졌습니다. 사람들이 모든 병자와 귀신 들린 자를 그 집으로 데려와(32절), 온 동네가 문 앞에 장사진을 친 상황이 발생했습니다(33절). 예수님의 메시아적 동정심이 격동되었습니다. 죽음을 극복하고 사람답게 살고 싶은 사람들의 열망이 폭발시킨, 메시아적 동정심이었습니다. 그런데 이 많은 귀신 들린 자들과 병든 자들은 평소에 어디에 있었을까요? 예수님이 등장하기 전, 갈릴리 가버나움 거리에 서기관들만 왔다 갔다 할 때 이들은 집에 갇혀 있었겠죠. 그런데 예수님, 생명의 왕이 가버나움 거리를 활보하시니 그들이 쇄도하기 시작한 것입니다. 영인, 즉 영적인 리더십을 가지고 신령한 동정심의 원천을 내장한 영적인 지도자가 나타나자 인간 이하의 삶을 살던 많은 사람들이 나타난 것입니다. 예수님은 귀신 들린 자와 병자를 일일이 고쳐 주십니다. 특히 귀신을 내쫓으시는 사역을 많이 하셨습니다. 하지만 귀신들이 자신의 정체를 알므로 떠들고 다니는 것을 엄히 경계하시기까지 했습니다(34절). 귀신의 전도활동을 금지하신 것입니다. 귀신은 예수님에 대해 많이 알아도 전도할 수 없습니다! 예수님을 알아도 신뢰하고 순종하고 모방하지 않기 때문입니다. 귀신적 현존으로 전도를 하게 되면 역전도가 일어납니다. 만일 우리가 지하철 차량 여기저기를 무례하게 쏘다니면서 정신 나간 사람의 행세를 하며 "예수 믿으시오"라고 외치면 예수님에 대한 오해와 두려움을 심어 줍니다. 그래서 귀신은 예수님으로부터 예수님의 정체를 말하고 다니는 것을 금지당했습니다.

예수님의 축사활동은 서구 신학자들이 도무지 이해하려 하지 않았고, 한신대의 안병무 박사도 받아들이려 하지 않았던 현상이었습니다. 그들은 귀신의 존재를 믿지 않거나, 귀신은 구조악을 가리키는 고대인들의 신화적 표현이라고 주장했습니다. 그러나 이것은 동굴의 우상입니다. 자신들의 체험반경 밖에서 일어나는 일들을 믿지 않으려는 정신적인 폐쇄성을 드러낸 것일 뿐입니다. 귀신 들린 사람은 파주 오산리 기도원에 가면 바로 볼 수 있습니다. 처녀 한 명이 남자 네 명을 거꾸러뜨리는 현장을 직접 볼 수 있습니다. 제가 프린스턴에서 공부할 때 베벌리 가번타라는 엄한 고모님 같은 신약 교수님이 계셨는데, 이분은 불트만 신학을 따르는 분으로서 "전깃불과 수돗물을 쓰는 시대에 귀신은 무슨 귀신이냐?"는 불트만의 말을 인용하면서 귀신의 존재를 인정하지 않았습니다. 불트만의 영향을 많이 받은 안병무 박사도 귀신은 구조악에 대한 고대세계관적 이름에 불과하며 귀신이라는 영적 실체는 없다고 주장했습니다. 이것이 민중신학의 약점입니다. 구조악도 악이겠지만 귀신은 영으로서 짐승 소리를 내면서 눈동자를 풀어지게 만들고 인격의 주권을 박탈하는 파괴적인 영입니다. 분명히 있습니다! 그런데 제가 가번타 교수가 가르치는 신약신학 박사과정 세미나 시간에 불트만의 비신화론에 관해, 특히 귀신의 존재를 부정하는 불트만의 무리한 비신화화 방법론에 관해 비판적 논문 발표를 했더니 그녀는 "회권, 너는 귀신을 그렇게 진지하게 믿니? 나는 정말 귀신의 존재를 믿는 네 입장을 도저히 받아들이기가 힘들다"라고 말했습니다. 그래서 저는 "나는 귀신이 많이 활동하는 오산리 기도원이 있는 한국 출신이다. 귀신이 존재함을 믿는다. 한국에는 귀신 많다"고 대답했습니다. 그녀는 "프린스턴에는 귀신을 경험한 사람이 아무도 없다"며 반박했습니다. 그래서 저는, "그 이유는 모르겠다. 한때 프린스턴에도 귀신이 많이 살았을 텐데 지금은 어디 갔는지 모르겠다"라는 대답을 했습니다. 귀신이 있다고 믿는 제 주장에 대한 교수의 반박이 이뤄지고 있을 때, 예일대학교 학부출신 신약학 박사과정 여학생인 세인트 레이켈이라는 아프리카계 미국인이 등장해 저를 옹호해 주었습니다. "귀신이 왜 없다는 말이냐? 뉴헤이븐에도 있고 아프리카에도 많다"고 말하며 저를 지지하자 갑자기 백인과 아시아인과 흑인 사이에 귀신 논쟁이 벌어졌습니다. 제가 볼 때 귀신의 존재를 임상적으로 경험해 보지 못한 사람들은 귀신을 쉽게 부인하지만, 사회의 구조악과 관계없이 실제 인간의 영혼을 침탈하고 주권을 박탈해 인간을 산산조각 내는 악한 영이 존재하며 활동하고 있습니다. 이 더럽고 악한 영은 기도로 단련된, 가장 거룩한 영의 소유자만이 다룰 수 있습니다. 그렇기 때문에 교회가 거룩하여야 귀신들을 인간 몸과 정신의 영토에서 추방할 수 있습니다. 교회는 돈을 많이 가지면 안 되고 거룩한 영적 파워를 많이 가져야 합니다. 13세기의 교부였던 토마스 아퀴나스(1224-1274)와 교황이 황금빛이 번쩍번쩍 나는 성 베드로 바실리카를 걷다가 이런 말을 주고받았다고 합니다. 교황이 "이제 우리는 '은과 금은 없거니와' 그 말은 못하겠네"라고 말하자 아퀴나스는 "예, 못합니다. 그런데 은과 금이 없다고도 말 못하지만 예수 이름이 있다고도 말할 수 없지요"라고 대답합니다.

한국교회에는 은과 금이 많습니다. 하지만 예수 이름의 권세는 사라져 가고 있습니다. 그 말은 거룩한 인격자가, 거룩함을 구현시킨 영적 지도자가, 더러운 귀신들을 인간 문명 바깥으로 추방시킬 권능을 가진 지도자가 없다는 말입니다. 한국교회가 한때는 거룩했을지 모르지만, 지금은 충분히 거룩하지 않아 빈축을 사는 사람들이 교회의 조직과 권위를 대표할 때가 많습니다. 큰 모순입니다. 성공하지 못해 상대적으로 순수하고 거룩한 사람들은 상가 개척교회 수준을 벗어나지 못하고 있고, 상가 개척교회를 오래전에 탈출하여 솔로몬의 관료적 왕국 같은 대교회를 건설한 사람들은 너무 타락해서 애굽 공주의 품에서 놀아나고 있습니다. 엘리야 같은 정통 야웨 예언자들은 바알신앙이 지배하는 왕국의 수도에서 추방당하여 그릿 시냇가에서 은신한 채 하루 종일 굶고 있습니다. 이는 힘과 진리의 완전한 분리입니다. 진리에는 힘이 없고 힘은 진리를 떠나 있습니다. 참으로 곤란한 이분법이 존재하고 있습니다. 여러분이 담임목사가 될지라도 예수 이름의 권세를 훼손하지 않는 절대적 겸허와 자기 부인이 있어야 합니다. 지금 여러분은 이 말에 "아멘" 하지만 담임목사가 되면 여러분들은 거의 솔로몬왕적인 관료적 리더십의 정점에 서서 예언자들을 괴롭게 하면서 많은 레위인들을 굶기는 사람이 될 가능성이 많습니다. 여러분 가운데서는 그런 사람이 나오지 않기를 바랍니다. 그래서 여러분, 어제 서로 손잡고 기도하라고 했지요? 동기가 그렇게 타락하지 않도록 중보기도해 달라고 요청한 것입니다. 동기가 파라오의 독재 권력으로 교우들을 노예처럼 부리며 거대한 피라미드를 건설하는 그런 목회 하지 않도록 신령한 복을 빌어주시기 바랍니다. 동료가 엘리야처럼 의를 증거하고 외치다가 산 자의 땅에서 끊어질 때 그를 돌봐주는 인자한 목회자가 되시기를 바랍니다. 의로운 동료 목회자가 목회하다가 엘리야처럼 예언자가 되어서 사르밧 과부의 집까지 추방당하는 고난에 처할 때 그를 먹여 살릴 수 있는 하나님의 동역자가 되기를 간절히 바랍니다.

새벽 미명에 한적한 곳으로 가사 기도하신 예수님(35-39절)

교회가 보유해야 할 최고의 능력은 기도로 축적되는 거룩의 능력입니다. 그리고 더러운 귀신들을 내쫓고 인간의 연약함을 고칠 수 있는 결정적인 능력은 말씀의 능력이고 하나님의 능력을 소통시키며 매개하는 중보자의 능력인데, 한국교회가 중산층의 능력을 사모하고 있기 때문에 여기에 큰 문제가 있는 것입니다. 한국교회가 중보자 지향적인 교회가 되어야 하는데 중산층 지향적 교회가 되었기 때문에 영의 신비에 도달하지 못한 채 무능력하거나 아니면 세속적 권력기관으로 변질되어 버렸습니다. 맛 잃은 소금이 되어 밖에 버려져 밟히는 수준이 되었습니다. 여러분은 좋은 신학대학원에 다니고 있기 때문에 정말 깊이 생각하셔야 합니다. 예수 이름으로 응축되고 누적된 영적 능력을 구비해 각색 병자들을 돈 받지 않고 고쳐 주는 신령한 목회자로 자라 가길 빕니다. 이런 신령하고 정결한 목회자들이 되어야 아픈 사람들을, 즐비하게 널브러져 누워 있는 사람들을 고칠 수 있지 않겠습니까? 교회가 보유할 최고의 가치는 무엇입니까? 중보자의 소통능력이요 매개능력입니다. 하나님의 능력을 받아 지상에 매개할 수 있는 겸허의 능력입니다. 예수 이름의 권세에만 목숨을 거는 절대겸손, 거룩, 청결함입니다. 이 가치가 교회의 최고 가치인데 이것 대신에, 십자가의 진리를 터득하지도 못한 채 돈을 가진 사람들이 교회에서 떵떵거리고 있습니다. 하지만 이제 낙심만 하지는 않습니다. 지금은 돈으로 행세하겠다고 설치는 사람들도 점점 신령해지도록 기도할 수 있기 때문입니다. 현재 모습을 기준으로 어떤 사람을 최종적으로 판단하지 않으려고 합니다. 돈과 세상지위를 믿고 떵떵거리는 그 사람들도 어떻게 성장하고 변화될지 모르기 때문입니다. 다만, "저분이 돈 많아서 한 번 정도 저렇게 유세하면서 폼 잡는 때가 그의 인생에 꼭 거쳐야 할 성장 통과의례라면, 그래서 하나님의 절대주권적 섭리 때문에 저분이 그렇게 유치하게 행동한다면, 우리가 참아야 하지 않을까?" 이런 생각을 합니다. 그런데 교회의 순수를 추구하고 늘 교회갱신을 외치지만, 실상 거룩의 능력이 없는 사람이 많다는 게 큰 문제입니다. 저같이 신학자인 사람은 상대적으로 교권남용과 비리 등에서 멀리 떨어져 있어, 목회현장에 깊이 발을 들여놓지 않은 사람의 관념적 순수주의를 내세우기 쉽습니다. 일선목회자들이 "당신이 신학만 공부하고 교회를 안 해보니까 순수를 외치지, 진짜 목회 해보면 그런 말 다시는 못 할 거다"라고 반론을 펼지도 모릅니다. 그들 중 더러는 "목회는 목회의 원칙이 있고 신학은 신학의 원칙이 있다"고 주장하기 때문에 여기에 신학 수업의 난점이 있습니다. 신학의 원칙이 목회의 원칙이 되어야 하고 목회의 원칙이 신학적 사유와 탐색의 대상이 되어야 하는데 그렇게 될 수 없는 현실이 문제입니다. 구약 석의방법론, 신약 석의방법론 실컷 배워 놓고도 말씀 중심의 설교를 하지 않고 자기 마음의 소원이나 열망을 중심으로 임기응변적 설교를 할 때가 얼마나 많습니까? 또한 회중의 영적 필요를 돕지 못하는 신학대학원의 고답적인 신학 교육도 일선 목회자들에게 얼마나 답답하게 보일지요? 예수님은 참목회자이자 참된 의미의 신학자입니다. 토마스 아퀴나스가 정의했듯이[63] 신학은 하나님께 가르침을 받고, 하나님을 가르치고, 하나님께 인도하는 학문입니다. 예수님은 이런 의미의 신학을 연마하고 체득하신 신학자입니다.

    35절은 예수님의 시간대별 하루 일과표를 보여줍니다. 실제로 다양한 병자들을 고치시고 귀신들을 쫓아내신 우리 예수님께서 이 모든 영적 소모를 어떻게 보상하셨을까요? 35절은 독자들의 이런 질문을 의식하는 답변처럼 들립니다. "아하! 새벽 미명에 일어나 광야에 가서 긴 시간 동안 기도로 잠적하셨구나." 본문은 이 새벽 미명의 습관적 기도생활이 바로 그 엄청난 해질녘 치유사역의 비밀이었음을 암시하는 방식으로 배치되어 있습니다. 여러분도 그렇게 읽히십니까? 저는 개인적으로 그렇게 읽습니다. 저는 34절을 읽으면서 "와, 어떻게 이렇게 많은 병자들을 고쳤을까? 너무 힘드셨겠구나"라고 생각하는 순간에 35절을 만났습니다. "기도했다"는 동사는 미완료시제로 표현되어 있습니다. 지속적으로, 습관적으로 기도했다는 말입니다. 예수님은 영육간의 에너지 소모가 많은 날일수록 더욱 간절히 기도했습니다. 특히 여기서 주목하여야 할 사실은 예수님이 시공간적으로 고요함 속에 기도에 몰입하셨다는 사실입니다. 새벽에 광야로 잠적하신 후 기도했습니다. 자신을 찾는 대중들의 열기가 엄청날 때에도 그는 하나님 아버지를 향하여, 하나님 아버지 품속으로

(요 1:18) 잠적했습니다. 대중들로부터 자신을 감추신 것입니다. 하나님 아버지께서는 기도하시는 당신의 아들에게 한량없이 성령을 부어주셨습니다. 능력과 지혜를 부어주셨습니다. 새벽 미명의 한적한 광야기도, 이것은 아무리 강조해도 지나침이 없습니다. 하나님 아버지의 품속에서 기도에 잠길 때 우리의 오장육부 속에 감춰진 모든 부정적인 생각들, 염려, 낭패감, 무능력, 미움과 열등감 등이 녹아내립니다. 동정심이 샘솟습니다. 자기 부인의 용기가 샘솟습니다. 신대원 시절에 힘쓸 두 가지는 기도와 공부입니다. 즉 사도들이 말한 바 말씀과 기도입니다(행 6:4).

여기서 저는 에드워드 멕켄지 바운즈(1835-1913) 목사의 「기도의 능력」을 반복적으로 읽기를 권고하는 바입니다. 바운즈의 「기도의 능력」은 너무 얇아서 다 암송할 수 있고, 실제 다 암송하시길 바랍니다. 저는 그 책만큼 우리 교역자들에게 필요한 책이 없다고 봅니다. 선교단체 간사 시절에 제 위에 계신 선배 목자였던 김만성 목자님이 그 책을 소개해 주었는데, 그분은 다른 선배로부터 그 책을 선물로 받았었습니다. 제가 그 책을 두 번째로 받았을 때에는 이미 너무 많이 읽혀서 너덜너덜해진 상태였습니다. 저도 그 얇은 책을 읽으면서 줄을 치지 않은 곳이 없을 만큼 읽고 또 읽었습니다. 아주 압축적으로 말하자면 이 책은 정확하게 마가복음 1:35에 대한 해설입니다. 9장 첫 단락, '이른 아침에 무릎을 꿇으라 Begin the Day with Prayer'입니다.[64]

이 세상에서 하나님을 위해 가장 큰 일을 행한 사람은 아침 일찍 무릎을 꿇고 기도한 사람입니다. 새로운 날의 가장 좋은 기회임에도 쓸데없는 일에 이른 아침을 허비하는 사람은, 그날의 나머지 시간에 하나님을 찾는 일에서도 별 진전이 없습니다. 이른 아침, 우리의 생각과 활동에서 하나님이 맨 앞자리를 차지하지 못한다면, 그날의 나머지 시간 동안 그분은 가장 뒷자리로 밀려나시게 될 것입니다. 이른 아침에 가장 먼저 기도한다는 것은 우리가 하나님을 얼마나 간절히 찾고 있는지를 보여주는 증거입니다. 아침에 기도하는 것이 내키지 않는다면 주님이 우리 마음에 없다는 말과 같습니다. 아침에 우리의 마음이 하나님을 찾는 일에 게으르다면 하나님을 향한 관심이 없다는 뜻입니다. 다윗의 마음은 하나님을 찾고자 하는 뜨거움으로 가득했습니다. 그는 하나님을 찾는 일에 굶주리고 목말라 했습니다. 해가 뜨기 전 이른 아침부터 그는 하나님을 향해 나갔습니다. 안락한 침대와 달콤한 수면은 하나님을 향한 그의 열심을 잠재우지 못했습니다. 예수님 또한 하나님과의 깊은 교제를 갈망했습니다. 그래서 날이 새려면 아직 먼 새벽 미명에 기도하러 산에 올라가시곤 했습니다.…… 하나님을 향해 위대한 일을 행한 사람들을 보면 그들 모두가 아침 일찍 하나님을 찾았던 사람들이었음을 알 수 있습니다.…… 하루를 시작하면서 하나님을 향한 우리의 갈망이 마귀와 세상이 품은 악한 욕망보다 미약하다면 어떤 식으로든 그들을 당해 낼 수가 없습니다.

찰스 해돈 스펄전(1834-1892) 목사님도 「목회자 후보생들에게」 1권에서 바운즈의 「기도의 능력」을 방불케 하는 많은 기도금언들을 쏟아내고 있습니다. "개인기도가 목회에 가져오는 밝은 축복 가운데 하나는 말로 표현하거나 비할 데 없는 어떤 것으로…… 이 축복은 주님에게서 오는 이슬이다. 다시 말해 '거룩하신 자에게서 오는 기름'이라고 말하면 여러분이 즉시 알아들을 신령한 임재이다."65 이 책의 '목회자의 개인기도'라는 장에서 스펄전은 기도의 용사들을 죽 나열하면서 데이비드 브레이너드의 기도 열정을 몇 차례 언급하기도 합니다. 이 책에서 제가 줄쳐 둔 곳 두 군데를 읽어 드리겠습니다.

브레이너드의 성공을 이상히 여기는 사람은 다음과 같은 그의 일기를 읽어 보라. 오늘은 주일 4월 25일. 오늘 아침에도 거룩한 기도의 임무에 두 시간을 바쳤다. 보통 때보다 더 열심히, 죽지 않고 영원히 살아남을 뭇 영혼을 위해서 고민할 수 있었다. 아직 이른 아침 햇살도 비치기 전이지만 내 몸은 땀으로 흠뻑 젖었다.66

데이비드 브레이너드에 대한 조나단 에드워즈의 묘사를 읽고서도 얼굴을 붉히지 않을 사람이 어디 있겠는가? 그의 삶은 목회성공의 정도를 보여주고 있다. 그는 포위공격이나 야전에서 승리를 노리는 단호한 군인 또는 큰 상을 바라고 달리는 주자처럼 분투했다. 그리스도와 뭇 영혼에 대한 사랑에 사로잡힌 나머지, 공적으로나 사적으로 말과 교리에서뿐 아니라 밤낮의 기도에서도 그가 얼마나 열렬히 힘썼던지! 얼마나 자기 목회에 축복이 내리기를 갈급해 하면서 책임져야 할 사람처럼 뭇 영혼을 보살폈던지! 이러한 오랫동안의 기다림, 캄캄하고 낙심이 되던 수많은 밤이 지난 다음에 마침내 그에게 찾아온 열매는 얼마만큼 즐거운 것이었겠는가? 야곱의 참된 자손으로서, 그는 동이 틀 때까지 밤새도록 씨름하였다.[67]

데이비드 브레이너드 아시죠? 인디언 선교사입니다. 펜실베니아, 뉴욕, 뉴저지 크랜베리 등에서 인디언 언어로 전도하고 목회를 했던 사람입니다. 29세에 돌아가신 분, 조나단 에드워즈의 사위가 될 뻔했던 분, 기도 가장 많이 했던 분, 데이비드 브레이너드입니다.[68] 이 분은 18세기 사람이고(1718-1747) 바운즈는 20세기 초까지 살았던 미국 감리교 목사입니다. 기도의 용사이자 대설교가였던 찰스 스펄전이 남긴 위대한 신학적 자산은, 브레이너드나 에드워즈, 바운즈 등이 목회와 선교사역의 근간으로 삼았던 대속적 십자가 구원론을 옹호하려고 한 것입니다. 그 정신을 계승하여 책을 쓴 사람이 존 스토트입니다. 그는 자신의 책 「그리스도의 십자가」에서 바울-아우구스티누스-안셀름-종교개혁자들의 대속적 십자가 구원론을 잇고 있습니다.[69] 또한 스펄전은 같은 책에서 루터의 기도생활에 대한 동시대인의 증언을 기록하고 있습니다. 데오도로스라는 사람은 루터의 기도를 엿듣고 이런 글을 적었습니다. "그의 기도를 엿들은 적이 있다. 맙소사! 목숨과 혼을 다 바쳐 기도하는 그의 열정이여! 하나님을 상대하듯 정중한가 하면 친구와 대화하듯 자신만만하게 기도하는 것이다."[70]

제가 신대원 1학년 때 은성수도원의 엄두섭 목사님께서 천마산 동도기도원에 오셔서 가을사경회를 인도했습니다. 그때 저는 영적 수련생활의 중요성을 강조하시며 오늘날의 한국개신교가 얼마나 부패하고 타락했는지를 무섭게 질책하시는 사자후 같은 설교에 너무 큰 충격을 받아 크고 작은 결심을 하게 되었습니다. 그 후 그분이 제 목회와 신학에 큰 줄기를 형성했는데, 그 사경회 이후 저는 그분이 쓴 십여 권의 책을 다 읽었습니다. 그리고 포천 이동면 운악산 자락 아래 있는 은성수도원에 한 달에 한 번씩 갔습니다. 그때는 은성수도원 시설이 노후해 방에 연탄가스가 약간씩 스며들던 시절이었습니다. 특별히 신정과 구정 때에는 각각 3박 4일간 은성수도원에서 금식기도를 하곤 했습니다. 제 아내도 둘째 아이를 임신했을 때 함께 갔습니다. 그분이 쓰신 책 중 「수도생활의 향기」라는 두꺼운 책을 읽고 큰 깨달음을 얻어 친구들이나 후배들에게 선물로 사주기도 했습니다. 이분은 그 외에도 한국 토착 개신교 수도원격인 동광원의 역사를 소개하고 한국의 토착 기도영성가들의 계보를 자주 언급하시곤 했습니다. 동광원은 여수, 순천에 있는 토착 수도원입니다. 그분의 글에는 동광원의 이현필과 이세종의 기도정진 일화들이 소개되어 있을 뿐 아니라 1930년대의 대표적인 감리교 부흥목사였던 이용도의 기도영성도 소개되어 있습니다. 여러분, 엄두섭 목사님이 지금도 살아 계시다고 합니다. 한번 직접 뵙고 가르침을 받아볼 수 있기를 바랍니다. 그분은 1988년 가을에 우리의 영혼을 울린 목사님입니다. 극단적일 정도로 거룩한 영성을 추구하시다가 오해받고 따돌림을 당한 목사님이십니다. 그분이 쓰신 「수도생활의 향기」를 보면 우리 한국의 전통 기도파들의 기도가 소개되어 있는데, 특히 이현필의 기도분투가 인상적입니다. 하루는 그가 지리산 산자락 어딘가에서

기도를 하는데 까마귀가 와서 등에 내린 서리를 쪼아 먹어도 모를 정도로, 그만큼 기도에 몰두했다고 합니다. 엄목사님이 소개해 주신 기도정진의 용사들의 기도 또한 우리가 모방해야 할 유산입니다. 특히 이용도 목사와 길선주 목사의 기도정진과 열정을 우리가 배워야 합니다. 우리는 기도 많이 하는 사람 옆에 가서 일단 식사라도 해야 됩니다. 기도 많이 하는 사람의 버스 옆자리에라도 가서 앉아야 하고 뭔가를 배울 수 있어야 합니다. 이렇게 기도 많이 한 사람들의 영적 영향력을 받도록 사모해야 합니다. 그래야 기도가 잘 됩니다. 이번 사경회 마치면 여러분들이 「수도생활의 향기」부터 먼저 읽어 보기를 권합니다. 두껍지만 너무 좋은 책입니다. 그런 책을 읽으면 하루에 세 시간 기도하는 것이 어렵지 않게 느껴질 것입니다. 하루에 세 시간 기도가 눈 감고 세 시간 동안 계속 기도만 했다는 말이 아니라, 성경 읽으면서 찬송하면서 세 시간 동안 기도했다는 말입니다. 세 시간 기도하는 것을 두려워하지 않기를 바랍니다. 성경을 읽고 찬송하면서 기도하고 중보하면, 세 시간 기도, 그것은 결코 어렵지 않습니다. 제가 목회를 하다가 목회를 그만둔 가장 큰 이유는 교우들을 위해 기도할 시간을 낼 수 없다는 것이었습니다. 제가 숭실대 교수로 임용될 때 총장께서 언제까지 목회할 것이냐고 물은 적이 있습니다. 그때 저는 숭실대 교수직을 더 이상 수행할 수 없을 만큼 교인들이 많아지면 목회를 그만하겠다고 약속했습니다. 문제는, 17명으로 시작된 목회가 4년 만에 성인 교우 350여 명 정도로 늘어났습니다. 저는 100명 이하의 교우들이라면 몇 년 더 하려고 했는데, 역설적인 것은 기도를 하면 할수록 사람들이 몰려왔다는 것입니다. 그런데 제가 오전 내내 교우들의 이름을 불러 가면서 기도해도 260명의 교우를 위한 중보기도밖에 못했습니다. 260명 이름을 부르며 그들의 기도제목을 들고 기도하다 보면 입안이 다 타버립니다. 그러면 오후에 강의를 못합니다. 그때, "내가 이래서는 안 된다"고 생각하며 목회를 그만두었습니다. 이른 아침부터 오전 내내 중보기도하면 원수도 친구가 됩니다. 그 전날 회의 때 항의하고 이견으로 논쟁한 교우가 설령 있다고 하더라도 그 사람을 위해 한 시간만 기도하게 되면 마음이 살처럼 부드러워집니다. 목사에게 거칠게 항의하고 덤벼든 교우의 문제가 보이지 않고 오히려 교우들을 거칠게 항의하도록 만든 목회자 자신의 문제가 크게 보입니다. 면책을 해서라도 목사를 고쳐 주려던 교우가 오히려 사랑스러워집니다. 다음 주일 만날 때 피하기보다는 자연스럽게 악수를 할 수 있게 되고 목회자 자신은 더욱 겸손해집니다. 중보의 능력이 나타납니다. 새벽에 기도하는 것, 어렵지 않습니다. 여러분들을 하나님의 종으로 성숙시키는 결정적 도구가 새벽기도인 줄 믿으시기 바랍니다. 아무튼 새벽기도에 관한 책들이나 기도로 한 세기를 열어젖힌 새벽기도 용사들의 간증은 많이 읽을수록 좋습니다. 제가 기도에 관한 책 두 권에 해설을 썼습니다. P. T. 포사이스가 쓴 「영혼의 기도」라는 책 앞부분에 해설을 썼습니다. 그리고 「데이비드 브레이너드 생애와 일기」라는 책에는 책의 해제와 함께 그의 기도가 갖는 영성적 의미에 대한 해설이 책 마지막 부분에 첨부되어 있습니다.

    저는 새벽에 일어나면 바로 말씀을 봅니다. 그리고 새벽에 일어나기 힘들 때는 헨델의 '메시아'나 신령한 음악을 틀어 놓고 하나님께 소생시켜 달라고 간청합니다. 헨델의 '메시아'나 '오 거룩한 밤Oh Holy Night'을 몇 번 듣고 나면 영적인 몰입상태가 시작되고 기도에 착수할 수 있습니다. 몰입된 기도 속에서, 제 안과 밖에서 암약하는 원수마귀를 다 물리칠 수 있는 영안이 열릴 때가 많습니다. 여러분도 새벽에 한적한 곳으로 잠적해서 기도할 수 있기를 바랍니다. 아차산에 가시면 기도할 데가 매우 많습니다. 아차산은 모든 곳이 일종의 영적 아차산성입니다. 아차산을 넘어 저 면목동까지 쭉 걸어가면 기도할 데가 너무 많고 나무 밑 바위에 찰싹 달라붙어 기도하면 한 시간이 금방 지나갑니다. 장신대의 가장 큰 장점은 아차산을 자신들의 공원으로 쓸 수 있다는 겁니다. 영적인 용도 중심으로 생각하면 아차산은 장신대 땅입니다. 저는 고구려 온달 장군을 생각하면서 아차산을 자주 소요했습니다. 아차산이 얼마나 아름다워요. 기도할 데가 많습니다. 친구들과 밥 먹고 공강 시간에 40분 걸어가서 20분 기도하고, 얼마나 좋은지요. 숭실대 부근에는 서달산이라는 국립묘지 공원부지 산이 있는데 아주 좋습니다. 새벽 미명에 기도하기 좋은 곳입니다. 한적한 곳에서 드리는 규칙적인 기도는 하나님의 신실성을 경험하는 좋은 통로입니다. 규칙적 기도이면서도 고도로 집중된 기도가 예수님의 새벽 미명 기도의 특징이었습니다. 예수님은 하나님 나라의 확장을 위해 포괄적으로 기도했습니다. 하나님 아버지의 이름을 거룩하게 받드는 공동체의 탄생을 위해 기도했고 아버지 하나님의 뜻을 이 땅에서 이룰 순종 공동체가 형성되기를 위해, 그리고 일용할 양식을 위해 기도했습니다. 그런데 일용할 양식을 달라는 기도는 때때로 응답받지 못했던 것 같습니다. 누가복음 6:1에는 굶은

지 삼 일 된 사람이나 할 수 있는 안식일 밀밭서리 사건이 기록되어 있습니다. 당시의 유대인들은 아주 긴급한 경우에는 가난한 자들의 생존권을 사유재산권보다 위에 두었습니다. 보통 안식일 날에는 어떤 노동도 하면 안 되지만 굶은 지 사나흘 된 사람의 경우에는 안식일에도 다른 사람의 밀밭에 들어가 서리를 해도 됩니다.[71] 예수님께서도 기부금이 많이 들어와서 기분 좋으실 때는 "공중에 나는 새를 보라. 다 먹이신다"고 말씀하셨지만, 일용할 양식을 청하는 기도가 며칠씩 응답이 안 될 때는 "지금은 밀밭으로 뛰어들 때"라고 판단하시며 밀밭으로 뛰어들었습니다(막 2:23). 여기서 우리는 예수님의 기도에도 때때로 신비한 거절이 있었음을 알 수 있습니다. 새벽 미명 기도가 만사를 형통케 하는 기도가 아닐 수도 있다는 암시를 받습니다. 우리의 기도가 하나님의 뜻 안에서 유보되어 안식일에 밀밭서리를 해야 할 정도로 궁핍한 처지에 놓일 수도 있다는 것입니다. 누가복음 8:1-3을 보면 예수님은 공생애 기간 내내 기부금에 의존해 사셨음을 알 수 있습니다. 예수님은 현대적 의미의 연금도 없이 그때그때 들어오는 기부금만으로 사셨는데 기부금이 떨어지는 순간도 있었던 것입니다. 기본적인 의식주 필요도 충족되지 않던 때가 있었습니다. 잠잘 데가 없어서 약간 우울한 기분을 느끼셨을 가능성을 보여주는 장면도 복음서에는 나옵니다. 누가복음 9:57 이하입니다. "여우 헤롯도 굴이 있다. 새도 둥지가 있듯이 그 자는 '새'라는 뜻을 가진 세포리스(히브리어 '치포르'의 헬라어 발음)라는 이름의 왕궁 성읍을 갖고 있건만, 인자에게는 머리 둘 곳이 없다."[72] 이런 표현을 보면 예수님께도 기분이 안 좋으실 때가 있었음을 알 수 있습니다. 또 마가복음 8:1-3에는 굶주린 무리를 먹이시는 상황이 기술되어 있습니다. "나와 함께 있는 무리가 굶은 지 삼 일 째 되었는데 그들이 행로에 곤하여 기진할까하니 너희가 먹을 것을 주어라"고 말씀하시면서 7병 2어의 기적을 일으키십니다. 예수님은 40일 금식기도 때 이미 치명적일 정도로 위험한 기아 경험을 해보셨기 때문에 굶은 사람의 영혼이 어떻게 붕괴되는지를 아십니다. 그래서 제자들이 굶는 문제를 걱정하지 않도록 주기도문에 넣어서 가르쳤는데 아버지 하나님께서 기도 응답을 안 해주신 겁니다. 그래서 안식일에 밀밭에 들어가 서리를 하신 것입니다. 이런 장면을 보면 가슴이 아프면서도 예수님이 친근하게 다가옵니다. "예수님이 정말 팔레스틴적 토양에서 사신 분이다. 정말 가난이 일상적 경험이 되었던 곳에서 사셨던, 참으로 인간이었다"라는 생각이 들면서 이런 가난을 아시는 예수님을 주로 모시고 사는 행복이 밀려옵니다. 그래서 314장 찬송이 좋습니다. "다만 내 비는 말 내 구주 예수를 더욱 사랑 더욱 사랑." 예수님의 인격과 성품이 우리를 매혹하는 힘을 발산합니다. 이런 예수님이 사랑스럽지 않습니까? 82장 "나의 사모하는 선한 목자는 어느 꽃다운 동산에 양의 무리와 늘 함께 가셔서 기쁨을 함께하실까"라는 찬송도 예수님의 아름다운 목자의 마음을 잘 표현하고 있습니다. 이런 예수님이 우리가 사랑하는 예수, 우리가 주라고 고백하는 예수입니다. 따라서 반드시 해피엔딩으로 끝나는 기도가 아니라 응답되지 않는 기도까지도 포함하여, 새벽 미명에 규칙적으로 드려지는 기도가 예수님의 표준적인 기도라는 것입니다. 예수님 자신도 때때로 응답되지 못한 기도제목을 안고 스스로 기도하시면서 제자들에게 친히 기도를 가르쳤다는 것을 기억하시기 바랍니다. 기도 응답이 지연되어도 예수님은 단기적 기도 미응답을 뛰어넘어 하나님에 대한 굳건한 신뢰로 이런 우울한 시간을 돌파해 내셨습니다! 새벽 미명에 드려진 기도는 아버지 하나님의 품속에서 드려진 기도였음을 기억하고 우리 또한 새벽 미명 기도를 사모할 수 있기를 바랍니다.

이렇게 잠적해 새벽 미명 기도에 몰입하고 있을 때 드디어 시몬 베드로와 그의 일행이 예수님의 뒤를 밟아 한적한 기도처에 들이닥칩니다(36절). 시몬의 이름이 돌출되어서 따로 언급되는 것을 볼 때 이미 시몬이 제자단의 대표로 활동하기 시작한 듯합니다. "그리고 시몬과 그와 함께하는 사람들이 그를 추적했다"는 표현에서 "추적했다"는 단어의 헬라어는 '디옥센'입니다. 사냥꾼이 사냥감을 추적한다고 할 때 사용하는 단어입니다. 이는 "매우 샅샅이 찾았다"는 뜻에 가깝습니다. 예수님이 기도장소를 옮겼거나 기도하는 장소를 은닉된 곳에 두었기 때문에 간신히 찾았다는 말도 됩니다. 그들이 한적한 곳에서 새벽 미명 기도에 몰두하고 계신 예수님을 간신히 찾은 후 말합니다. "모든 사람들이 당신을 찾고 있습니다"(37절). 여기가 중요합니다. 모든 사람들이 찾고 있는 그분이 잠적했던 것입니다. 여러분과 저는 아직 '모든 사람이 찾는 상황'의 열기에 친숙하지 않습니다. 그래서 대중적 추적 열기가 고조될 때 자신을 감춰야 할 필요를 모를 것입니다. 특히 전도사들인 여러분들은 찾는 사람이 거의 없고 여러분의 배우자나 주일학교 학생 몇 명만이 찾을 겁니다. 그래서 실감 나지 않을지 모르지만, 여러분이 언젠가는 많은 사람이 찾아 헤매는 큰 사람이 될 줄 믿고 계속 강의합니다. 자신을 향한 추종

열기가 이렇게 고조됐을 때도 자신을 은닉함으로써 하나님 아버지 품 안으로 자신을 철수시킨 예수님의 겸손과 자기 절제를 깊이 묵상하고 배울 필요가 있습니다. 저는 이런 예수님이 너무 거룩하게 느껴져서 이해가 잘 안 됩니다. "당신은 누구시길래 이렇게 극한의 겸비로 자신을 관리하셨나요?"라는 생각이 듭니다. 이렇게 단련된 예수님이기에 자신을 왕으로 삼으려는 무리가 쇄도해도 "홀로 산으로" 가십니다(요 6:15). 여기서 홀로 산으로 "가시다"가 현재형이라는 사실이 중요합니다. "가셨다"는 단회적 과거형이 아니라 항상 그렇게 행동하셨기 때문에 현재형으로 기록되었습니다. "병을 고쳐 달라" 혹은 "떡을 만들어 달라"는 대중의 당면한 필요에 자신의 몸을 내맡기기 쉽지만, 예수님은 하나님 나라 복음 전파라는 우선적 선교 사명이 훼손되고 흐려지는 것에 대한 우려 때문에 잠적하신 것입니다. 일단의 사람들은 고쳐 주고 또 다른 사람들은 고쳐 주지 않기 위한 선택 때문에 잠적한 것이 아닙니다. 예수님은 기존 체제와 거룩한 긴장을 유발시키며 회개를 촉구하는 하나님 나라 복음의 선포자로서 자신이 대중들에게 알려지기를 원하셨습니다. 그래서 대중들이 예수님을 기적 수행자, 신적 치유자로만 알게 될 상황을 방지하고자 하신 것입니다. 예수님은, 대중들이 하나님 나라라는 큰 전망 대신에 "기적의 치료사 갈릴리 나사렛 예수"라고 적힌 전단지를 보고 쇄도하는 상황을 원치 않았습니다. 만일 그렇게 각인되면 예수님이 십자가에 못 박힐 수 있었겠습니까? 누군가가 예수님의 결사 보호자로 나서겠지요? 예수님께 치료를 받은 사람들이 가만히 있었겠습니까? 예수님께 치료받은 모든 사람들이 예수님이 십자가에서 죽는 것을 허용하지 않고 결사적 인간방패를 구성해서 성전 경비대와 싸웠겠지요. 그럼 성경에 뭐라 적히게 되겠습니까? 마태복음 26장 결론부 어딘가에 "갈릴리에서 따라온 예수치료협회 회원 모두가 나와서 예수를 결사 보호해야겠다고 머리띠를 띠고 큰 몽둥이를 들고 성전 경비대와 맞서는 사이에 예수는 갈릴리로 유유히 돌아갔다"라는 구절이 기록되었겠지요. 예수님은 치유와 축사, 기적 이야기가 대중들의 진심이 아닌 표면의 마음을 진동시켜서 그들이 예수님의 사역을, 십자가의 비극적이고 역설적인 고난을 막는 방해 세력이 되지 않도록 은닉하셨다고 봐야 합니다. 여러분, 이것이 이해가 됩니까?

이런 점에서 볼 때 방송에 자기를 많이 소개하거나 방송의 힘을 빌려서 신유집회를 광고하는 것은 예수님의 정신과 완전히 다른 것입니다. 신유집회를 한다고 포스터를 붙이고 얼굴을 광고하는 것 자체가 예수님의 은닉과 완전히 다르기 때문입니다. 병을 고치는 것은 개인기가 아닙니다. 의사 같은 면허증이 아닙니다. 신유은사를 받았다고 항상 병을 치유할 수 있는 게 아닙니다. 어떤 사람의 긴급하고 간절한 상황에서 하나님의 은총이 작동할 때 신유가 일어납니다. 신유권능이나 축사능력은 언제든지 쓸 수 있는 신용카드가 아니라는 것입니다. 정통 신유은사자는 오늘은 안수해서 나을 수도 있지만 내일은 안 나을 수도 있기 때문에 항상 두렵고 떨리는 마음으로 신유기도에 임하는 법입니다.

하나님 앞에서 자신을 감추신 예수님은 쇄도하는 대중들을 피하여 다른 마을로 가시기로 결단하십니다(38절). 자신을 찾는 사람들을 피하여 예수님께서 그들에게 말씀하셨습니다. "다른 곳, 부근 다른 마을로 가자. 내가 거기서도 선포하도록. 이 일을 위해 왔다, 내가." 도치구문이지요. 이렇게 말씀하심으로써 예수님은 케뤼세인, 전도 즉 하나님 나라가 왔다는 사실의 선포와 회개촉구에 더 큰 목적이 있음을 밝히셨습니다. 이런 우선순위의 선포는 이 절의 도치구문을 좀 더 자세히 주목해 보면 분명히 알 수 있습니다. 이 도치구문은 예수님의 우선적 사역이 치유사역이 아니라 하나님 나라가 왔으니 회개하라고 외치는 전도사역임을 분명히 드러냅니다. "이 일을 위해 내가 왔다"는 것은, "내가 병 고침 때문에 나를 열광적으로 찾는 마을로 되돌아가지 않고 다른 마을로 가야 하는 까닭은, 내가 병 고치는 전능한 치유사역자로 온 것이 아니라, 나는 하나님 나라를 전파하고 전도하러 왔기 때문"이라는 점을 강조하는 말입니다. 이 목적, 즉 하나님 나라의 도래 선포사역을 위해서 예수님 자신이 왔다는 것입니다. 이 도치구문이 헬라어로 읽으면 눈에 확 들어오는데 개역개정으로 읽으면 잘 안 들어옵니다. 그래서 원어성경을 애독하는 일이 중요합니다. "아, 예수님은 병을 고치는 기적의 신비 치료사로 알려지기보다는 하나님 나라의 도래를 알리는 선포사역을 핵심적인 과업으로 삼았구나!" 이 문장에 있는 접속사 '가르'는 약한 이유 접속사입니다. "다른 곳, 부근 다른 마을로 가자. 우리가 거기서도 선포하러. '왜냐하면' 이 일 때문에 왔기 때문이다, 내가."

다시 말해서, "하나님 나라가 왔다"는 선언은 청중의 회개를 유발시키는 사역이므로, 하나님의 아들 예수님은 병 고쳐 주는 일에 매몰되기보다는 사람들을 회개시켜서 이스라엘 언약 공동체를 재구성하는 데 더 큰 관심이 있었다고 볼 수 있는 것입니다. 잃어버린 아브라함의 후손들을 찾아서 아브라함의 언약 공동체를 회복시키는 것, 이것이 예수님께 더 우선적인 관심사였습니다. 그래서 "전도하러 가자. 병을 고치는 것은 하나님 나라 운동의 한 부분에 불과하다. 내가 보는 더 큰 전망, 나의 더 큰 우선순위는 하나님 나라의 도래와 회개를 유발시키는 전도사역이다." 이렇게 말씀하시는 것입니다.

이 전도사역은 공적 사역입니다. 전도는 사람들의 현장에 가서 하나님 나라의 도래를 선포하는 행위입니다. 국회, 광화문, 회사, 청와대, 그리고 예배당에 가서 "하나님 나라가 가까이 왔으니 회개하고 복음을 믿으라"고 선포하는 사역입니다. 따라서 교회에 오는 사람에게만 전도하는 게 아닙니다. 전도는 서울역과 광화문과 을지로에 가서 복음이 왔다고 전하는 공적 사역이지, 교회에 나오는 사람에게 친절하게 말하면서 교회나 기독교 신앙에 적응하도록 돕는 종교적 사역이 아닙니다. 전도는 하나님 나라가 객관적으로 왔다는 선포로서 믿는 사람과 믿지 않는 사람이 다 함께 들어야 하는 공적 선포입니다. 이건 설교와도 달라요. 전도는 하나님 나라라는 객관적 실체가 이 땅에 오고 있다고, 그렇게 동터 오는 여명을 전하여 사람들을 전향시키고 회개시켜서 하나님 나라에 들어가고 싶다는 기대심을 갖게 하는 것입니다. 그런 선포를 통해 사람을 갱생시키고 회복시켜서 재창조하려는 운동이 예수님의 본원적 사명이었다는 말입니다. 이것이 신유와 치유와 축사보다 더 우선시되었기 때문에 "이것을 위하여 내가 왔지, 기적의 치유 심령술사가 되기 위해 온 것이 아니다"라고 예수님께서 말씀하신 거예요.

39절은 예수님의 하나님 나라 도래 복음과 회개촉구로 이뤄진

전도사역이 온 갈릴리 일대에 걸쳐서 펼쳐졌음을 말합니다. "그리고 그들이 갔다. 갈릴리 회당에서 하나님 나라가 왔다고 선포하면서, 회개하라고 촉구하면서, 그리고 귀신들을 쫓아내면서." 여기서 인상적인 사실은 전도사역과 축사사역이 병행되었다는 점입니다. 전도사역, 즉 하나님 나라의 도래를 가장 확실하게 보여주는 증거가 사람들의 영혼과 육체를 지배하던 더러운 귀신들을 인간 존재의 영토에서 추방하는 축사사역이었습니다. 하나님의 거룩한 영의 공세적 육박 앞에 더러운 영이 더 이상 견디지를 못하고 도망치는 것입니다. 강력한 공격군에 밀려 요새를 포기하고 달아나듯이 귀신들이 인간이라는 요새를 포기하고 도망칩니다. 인간은 악령이 깃들고 터 잡은 요새입니다. 예수님은 귀신들에게 점령당한 인간 영혼이라는 요새를 탈환하십니다(막 3:27).

귀신은 하나님에 비하면 아주 더러운 영입니다. 진리에 대해 알고 있지만 회개 불가능한 영입니다. 억제되고 소멸될 수 있을지언정 회개케 되어 갱생될 수는 없는 존재입니다. 예수님이 귀신들에게 당신에 관한 이야기를 하지 못하도록 금하신 이유(34절)는 더러운 영에 의하여 거룩하신 하나님의 아들 예수님이 알려지는 것은 하나님 아들에 대한 능멸이요 모욕이기 때문입니다. 더러운 귀신들이 예수님을 증거하는 것은 논리학에서 말하는 옥시모론oxymoron입니다. 이것은 교만한 사람이 겸손에 대해서 강의를 개설하는 것과 같습니다. 즉 공존 불가능한 가치가 거짓으로 공존하는 것이 옥시모론입니다. 귀신은 하나님에 대한 영구적 불순종의 화신입니다. 예수님은 하나님의 순종의 화신입니다. 독생 성자의 모든 영광을 버려 두고 죄인의 누추한 곳까지 내려오셔서 자기를 비운 분입니다. 그런데 귀신들이 아무리 삼위일체론과 유일신 신앙에 대해서 성도들보다 더 잘 알며 하나님에 대한 객관적 앎이 더 많다 하더라도, 그들은 불순종의 화신이기에 하나님에 대한 앎을 전달할 수가 없습니다. 그들이 예수님에 대해 말하면 할수록 예수님이 왜곡된 채 전달되기 때문에 예수님은 절대로 귀신의 입을 통해서 당신이 알려지기를 원치 않으신 것입니다. 여러분, 이것이 중요합니다. 예수님을 모욕하는 효과적인 방법은 예수님의 가치와 정반대의 삶을 사는 사람이 예수님을 많이 선전하는 것입니다. 그러면 예수님은 완벽하게 모욕당합니다. 빌리 그래함의 자서전 「내 모습 이대로」라는 책 서론에 보면 빌리 그래함을 모욕하는 한 일등석 비행기 승객의 추행이 나옵니다. 빌리 그래함이 전도 집회에 가려고 비행기 비즈니스 클래스를 타고 가고 있는데, 그 바로 앞자리에 앉은 어떤 술 취한 한 사람이 여승무원에게 치근덕거리고 있었습니다. 그런데 그 술 취한 사람 옆에 있던 그의 친구가 성희롱에 가까운 만행을 행하는 자기 친구에게 "야, 이 사람아! 뒤에 빌리 그래함 목사님이 계셔"라고 알려 주었습니다. 그랬더니 술에 취해 엉망진창이던 그 사람이 혀가 꼬부라진 목소리로 "빌리 그래함 목사님이신가요? 아! 목사님 감사합니다. 제가 목사님 설교 때문에 사는 데 얼마나 큰 도움을 받았는지 모릅니다. 감사합니다"라고 말하면서 요란하게 절하는 겁니다. 그 추행을 일삼던 사나이가! 이때 빌리 그래함 목사의 얼굴이 빨개졌습니다. 완벽하게 굴욕을 당한 겁니다. 귀신이 예수님을 전하면 그런 민망한 상황이 연출됩니다. 그러면 귀신에 준하는 사람은 누구인가요? 예수님의 통치

4강_ 예수님의 성무일과: 새벽 미명의 비밀

원리에 따라 목회하지 않고 예수님의 모든 가치들을 내팽개치는 목회자요 성직자입니다(마 7:21-23). 예수님의 통치원리에 따르지 않고 교회 헌금을 가지고 사업체를 시작해 아들에게 물려주는 사람들, 교회 헌금을 가지고 남용해 단기 고수익펀드에 집어넣어서 헌금을 반토막내는 사람들, 제7계명(간음하지 말라)을 어기고도 당회장권을 지키기 위해 비열한 정치수작을 벌이는 목회자들, 그리고 모든 재정적, 윤리적 비리를 일삼으면서도 끝까지 예수님과 자신이 한편이라고 주장하는 사람들, 그들은 절대로 예수님을 공개적으로 언급하면 안 되는 사람들입니다. 귀신이 예수님의 이름을 언급하는 것 자체가 예수님께 누가 됩니다. 요즘 우리나라에는 예수님과 기독교를 과잉 대표하려는 고위공직자들의 어설픈 전도열정이 문제가 되고 있습니다. 어떤 고위공직자가 5억의 뇌물을 받고 감옥에 가면서도 하는 말이 "예수님은 내 진실을 아십니다"라고 말하는 것, 참 민망한 일입니다. 그러면 당장은 자기 면피가 가능할지 모릅니다. "혹시 저 사람에게 예수님만 아는 진실이 있는가?"라는 느낌이 들 수 있습니다. 그러나 예수님도, 모든 파렴치범들이 마지막에 당신의 이름으로 은신하는 상황에 당황하시며 민망해 하실 것입니다. 이렇게 우리가 예수님의 거룩한 이름을 모욕하고 부정하면서 예수님을 선전한다면 귀신이 전도하는 것과 똑같은 효과가 납니다. 그래서 바울이 전도를 하는데 귀신 들린 사람이 여러 날 동안 거품을 물면서 "예수는 그리스도다"라고 바울보다 먼저 외치자 바울이 심히 괴로워하며 마침내 그 더러운 귀신을 쫓아낸 일이 있습니다. "예수 그리스도의 이름으로 내가 네게 명하노니 그에게서 나오라 하니 귀신이 즉시 나오니라"

(행 16:18). 전철 차량이나 역 광장 등에서 무례하게 몸을 부딪치면서 약간 정신 나간 표정으로 팻말을 들고 다니는 것, 이것이 전도담력을 키우는 데 도움이 될지 모르나 성경의 표준적인 전도사역은 아니라는 사실을 알아야 합니다. 교회가 장려할 일이 아닙니다. 저는 인격적인 노방전도를 지지합니다. 그러나 노방전도도 품위가 있어야 하고 예수님 인격의 향기를 드러내는 양방 의사소통을 갖추어 전도해야 합니다. 예수님은 누구에게 당신의 이름을 맡겼습니까? 예수님은 누구의 입을 통하여 당신이 알려지기를 원했습니까? 예수님은 바로 사도들을 통하여 알려지기를 원했습니다. 그래서 예수님은 당신의 십자가의 길을 따랐던 베드로, 바울, 요한, 그리고 이 사도들의 제자들이 성경 대부분을 쓰게 만드셨고 사도가 전한 예수가 역사적 예수의 전부가 되게 만드셨습니다.

최근에 스캇 맥나이트라는 사람이 쓴 '예수의 심장은 복원될 수 없다'라는 주제의 글이 「크리스채너티 투데이」 한국판에 실렸습니다.[73] 그 글을 읽어 보세요. 그 글 마지막에 '역사적 예수 연구의 종언과 어리석음'에 대해 나옵니다. 미국 학자들이 주도하는 역사적 예수 복원을 위한 '예수 세미나'에 참석하는 사람들은 복음서에 나오는 예수님의 입에 담겨진 구절들의 역사적 진정성을 결정하기 위해 마지막에 투표를 합니다. "이 말은 역사적 예수의 말인가, 아닌가?" 그러나 우리는 이 사실을 알아야 합니다. 예수님은 사도들에 의해서 당신 자신이 알려지도록 섭리하셨습니다. 역사적 예수는 사도들에 의해 신약성경에 묘사된 그 성경적 예수입니다. 사도들에 의해서 신약성경에 밝혀진 그 모습 그대로가 역사적 예수에 가장 근접한 예수입니다. 도올 김용옥이 이집트에서 발견된 나그함마디 56개 문서와 도마복음서, 빌립복음서, 그리고 빌립행전 등을 가지고 역사적 예수 연구가 다르게 진행될 수 있는 것처럼 말하지만,[74] 예수님은 사도들의 증언을 통하여 당신이 알려지기를 원했기 때문에 당신의 이름으로 오는 성령을 사도들에게 부어주시고 당신의 증언자가 되어 달라고 부탁했습니다. "오직 성령이 너희에게 임하시면 너희가 권능을 받고 예루살렘과 유대와 사마리아와 땅 끝까지 내 증인이 되리라"고 위탁하셨습니다. 예수님은 성령 충만하여 땅 끝까지 달려가는 자기 비움적 인생, 자기 희생적, 사도적 인생을 산 사람들이 당신을 증거하도록 위탁했기 때문에 사도들이 증언한 예수가 역사적 예수가 되는 것입니다. 즉 베드로가 전한 예수가 역사적 예수요 요한과 바울이 전한 예수가 역사적 예수입니다. 그래서 역사적 예수 논쟁에서 항상 무슨 편을 들어야 합니까? 사도가 전한 예수가 역사적 예수이고 우리가 복원할 예수라는 것을 우리는 힘 있게 말해야 합니다. 루크 티모시 존슨이라는 에모리 대학의 수도사 교수가 계신데 이분이 「현존하시는 예수」[75]라는 책을 썼습니다. 이 책은 엠마오로 돌아가는 두 제자에게 나타나셔서 동행하셨던 그 예수가 역사적 예수라고 주장합니다. 부활하셔서 사도적 발자취를 따르는 사람들을 격려하시고 용기를 주시고 미전도 종족을 향해 땅 끝까지 파송하시는 사도행전 1:8의 그 예수님이 "현존하시는 예수"이며, "참 역사적 예수"임을 주장합니다. 우리는 마귀에게 위탁된 예수가 아니라 사도들에게 위탁된 예수, 사도의 증언을 통해서 기록된 예수를 전파해야 합니다. 우리가 그런 전파를 하려면 어떻게 되어야 합니까? 그런 사람, 사도와 같은 사람이 되어야 합니다. 우리가 성령을 받으면 사도적 증인이 됩니다. 온 유대와 사마리아와 땅 끝까지 이르러 예수님의 마르튀르, 순교자적 증인이 됩니다. 성령을 받으면 지역감정을 초월하고 문화적 장벽을 뛰어넘으면서 다른 사람의 필요를 위해서 자신을 무화無化시키고 부인할 수 있는 능력이 나옵니다. 이것이 성령의 능력입니다. 그러나 거룩하지 않은 능력은 자신의 종교권력을 비대하게 만들고 자신의 왕국을 확장하게 되는데 그것은 성령의 능력이 아닙니다. 아무리 겉으로는 예수의 이름을 많이 거론한다 해도 그것은 인간 목사의 왕국이고 교황의 왕국이고 주교의 왕국입니다. 예수의 왕국은 범위가 커질수록 그 예수의 얼과 현존이 확산되고 심화되어서 모든 사람, 심지어 교회 안 나오는 사람들도 예수의 은총에 참여할 수밖에 없게 됩니다. 이것이 바로 전도와 봉사이지요. 로마서 12:1입니다. "너희 몸을 하나님이 기뻐하시는 거룩한 산 제물로 드리라. 이는 너희가 드릴 영적 예배니라." 여기서 "영적 예배"로 번역된 헬라어 '로기코스 라테레이'에서 로기코스는 '합당한', '논리적인'을 의미하고 라테레이는 예배, 봉사service를 의미합니다. 즉 예배가 섬김이기에 몸으로 섬기는 사회봉사가 곧 예배가 됨을 알 수 있습니다. 이것은 몸으로 드리는 예배를 말합니다. 약자와 가난한 사람들의 발을 씻어주고 그들의 죽어가는 몸을 만져주고 살 소망이 끊어진 사람들을 신적 자비로 돌보는 것 자체가 몸으로 드리는 영적인 예배입니다. 몸으로 드리는 예배, 몸을 움직여서 하나님께 바치는 것이 바로 영적인 예배입니다. 그래서 몸적인 것이 영적인 것입니다. 가장 영적인 것이 가장 몸적인 것입니다. 그래서 몸이 깨어 있어야 하고 몸이 눈떠야 합니다. 이렇게 몸을 산 제사로 드리는 것이 무엇이라고요? 로기코스 라테레이, 영적인 예배입니다. 이것이 히브리 정신의 정수입니다. 몸적인 예배가 영적인 예배라는 것, 이것이 참으로 대단한 것입니다. 여러분이 플라톤의 대화록「파이돈」이나「소크라테스의 변론」,「향연」등을 읽어 보면 그리스 사상과 철학이 얼마나 심각하게 육체에 대한 경멸로 가득 차 있는지를 발견하게 될 것입니다. 그런데 그런 사상에 비해서 육체가 신성한 하나님 사랑의 표현 도구라고 보는 성경사상은 얼마나 놀라운 계시인지요! 이것은 인류 모두가 성경과 기독교 신앙에 감사해야 하는 일인 것입니다. 기독교 신앙은 너무 대단한 것입니다. 기독교 복음은 온 세상이 알아야 하는 복음입니다. 그래서 온 세상, 즉 예수님이 말씀하신 다른 마을에도 전해져야 합니다. 우리가 답파하고 들어가야 할 "다른 마을"은 아직도 많이 남아 있습니다.

그래서 우리에겐 예수님이 말씀하신 "다른 마을"이 어딘지 볼 수 있는 눈이 필요합니다. WCC 세계선교보고서에서, 전도가 가장 안되는 7대 미전도 종족 중에 4위는 중국 공산당, 5위는 이슬람, 6위는 십대teenagers입니다. 놀랍게도 7위가 교회에 와 있는 안 믿는 사람들입니다. 여러분, 우리가 찾아가야할 우리 시대의 다른 마을 중 간과되고 있는 중요한 곳이 바로 십대들이고, 또한 교회 와서 하나님을 믿으려고 하지만 교회 때문에 실족하고 신앙을 갖기가 어려워진 사람들입니다. 이처럼 세계의 미전도 종족은 아직도 많습니다. 그런데 아직 복음의 메시지를 듣지 못한 다른 마을로 향하는 신적 동정심이 그에 걸맞게 많아야 되는데 그렇지 못한 실정이 안타깝습니다. 스불론과 납달리 지파의 땅에, 죽음의 음침한 그늘에 눌러 앉아 있는 사람들에게 달려가고 싶은 열망이 어디로부터 오나요? 성령으로부터 옵니다. 하나님의 마음에서만 옵니다. 하나님의 마음을 우리에게 이식시키는 매개자가 성령입니다. 성령을 받으면 일단 종말이 왔다는 지극히 주관적인 확신이 듭니다. 진짜 물리시간적 의미의 종말이 온 것도 아닌데 갑자기 재산을 팔고 싶어집니다. 따라서 성령을 받으면 사유재산권은 보장 못합니다. 바로 하나님께 신탁해 버리고 거룩한 열정이 차오르게 됩니다. 따라서 신성불가침의 사유재산을 지키려는 사람은 심사숙고 끝에 성령 받지 않기를 간구하여야 합니다. 왜냐하면 성령이 임하자마자 우리 안에 있는 자산과 시간, 재능과 미래가 하나님의 손에 넘어가기 때문입니다. 이 말은 성령이 임하자마자 죽음의 경계를 넘고 지중해의 물살을 넘어서 1만 6천 킬로미터를 주유했던 바울처럼, 땅 끝을 향해 달려가는 영적인 엔진이 된다는 것을 의미합니다. 이것이 바로 우리 하나님이 우리를 부르신 목적이고 성령을 주시는 목적입니다. 여러분, 신학대학원생은 이 세상에서 증권을 다루고 주식을 다루는 전문가보다, 어떤 직업영역의 전문가보다 하나님의 마음을 읽고 해석하는 데 월등하게 전문가다워야 합니다. 월등하게 전문가다워야만 결국 인정받습니다. 즉 거룩하고 깨끗한 영으로 악령 들린 사람들을 제압하고 영을 소제할 수 있는 영권을 가져야 합니다. 아직도 복음을 듣지 못한 다른 마을로 내달릴 수 있는 열정으로 가득 차야 합니다. 이 세상에 있는 이름 없는, 나와 인연도 없었던 많은 사람들을 향해 눈물을 뿌릴 수 있는 강력한 신적 동정심의 소유자가 되어야 합니다. 그다음은 내 몸을 치고 복종시켜서 몸으로 하나님께 봉사할 만큼 내 몸 관리를 잘하여 내 육체로 이웃사랑을 표현할 수 있어야 합니다. 이런 것들은 선교와 봉사의 임지로 나가는 신대원생들 모두에게 필요한 하나님의 전신갑주가 됩니다. 여러분, 분발하여서 선교와 봉사의 직분으로 구성된 이 목회가 얼마나 보람 있고 고귀하며 얼마나 사모할 만한 직분인가를 깨닫는 깨달음이 날이 갈수록 심화되시길 바랍니다.

결론

본문에서 예수님의 동선을 움직이는 중심축은 예수님의 피파송의식입니다. 하나님에 의해 파송되었다는 의식이 곳곳에서 분명하게 드러나며 결론적으로 38절에서 더욱 분명하게 드러납니다. "이 일을 위해서 내가 왔다." 이 피파송의식은 요한복음에 유난히 자주 나타납니다. "예수께서 이르시되 나의 양식은 나를 보내신 이의 뜻을 행하며 그의 일을 온전히 이루는 이것이니라"(요 4:34). "내가 하늘에서 내려온 것은 내 뜻을 행하려 함이 아니요 나를 보내신 이의 뜻을 행하려 함이니라"(요 6:38). 이 피파송의식이 예수님을 당시의 랍비나 서기관과 결정적으로 구별 짓는 요소입니다. 예수님 당시 유사한 목적으로 다른 사람들을 가르친 서기관들이나 쿰란공동체의 지도자였던 '의의 교사teacher of righteousness'와도 다릅니다. 의의 교사는 종말의 날에 있을 싸움에 관하여 예언하고 빛의 아들들을 잠정적으로 맡아 훈육한다는 의식은 있었지만 하나님께 직접 위탁을 받고 파송받았다는 아들의식은 전혀 없었습니다. 예수님의 피파송의식이 당시의 기준으로 볼 때도 얼마나 유별나고 특별했는지 알려면 당시의 예수님과 가장 유사한 쿰란공동체의 지도자, 즉 의의 교사와 예수님을 비교해 보면 됩니다. 1947년부터 십여 년에 걸쳐 이스라엘 사해 근처 쿰란지역의 13개 이상 동굴에서 이뤄진 발굴 결과, 엄청난 고고학 유물들이 발견되었습니다. 그중에서도 많은 성경사본, 쿰란공동체의 주석인 페셰르 해석('이 예언은 바로 이때를 말하고 있다'는 식의 적용주의적 종말론 해석, 하박국 페셰르가 대표적인 주석), 기타 외경 사본들, 그리고 도자기류 등이 많이 발견되었습니다. 그중에서 이사야 전질 사본도 발견되었습니다. 이 쿰란공동체의 지도자는 여러 곳에서 '의의 스승'이라고 불리는데 그가 자신을 어떻게 이해했는지가 여기저기서 드러납니다. 그 쿰란공동체의 지도자였던 의의 스승도 사람을 따로 불러내어 거룩하게 성별된 무리를 만들어 하나님 나라를 대망하게 할 정도로 강한 확신의 소유자였습니다. 그런데 그에게는 하나님께서 자기를 파송했다는, 인격적인 피파송의식이 없습니다. 이런 피파송의식은 서기관, 바리새인 등 당시의 종교지도자들 누구에게도 나타나지 않습니다. 오로지 유일하게 예수님에게만 나타납니다. 예수님은 하나님 아버지께로부터 인격적으로 파송되었다는 확신이 너무 강했습니다. 그래서 요한복음 1:18에는 예수님이 원래 어디 계셨다고 말하고 있지요? 말씀이 육신이 되어 우리 가운데 거하시기 전에 원래 예수님의 호적, 원적지는 어디였다고 말합니까? 육신을 입고 오신 독생 성자가 원래 "아버지 품속"에 있었다고 하지 않습니까! 아버지 품속에 있던 그분께서 파송을 받은 것입니다. 이러한 피파송의식이 강렬할수록 하나님에 대한 순종의 순도가 높아집니다. 목회자의 소명의식의 절대 기준은 바로 이 지점입니다. 아버지 하나님께로부터 파송되었다는 의식, 혹은 이에 준하는 의식이 목회자에게 나타나야 합니다.

여러분은 신대원에 들어올 때 모종의 소명감을 경험했을 것입니다. 도중에 방황할 수는 있어도 입학시험을 칠 때까지는 상대적으로 강한 소명감을 가졌겠지요? 혹시 그런 통과의례 없이 엉겁결에 신대원에 들어온 분도 있을지 모릅니다. 그러나 한 가지는 분명히 해 두어야 합니다. 신대원 수업을 받거나 교회사역을 감당하면서 늘 자신에게 물어야 합니다. 전도사 일을 스스로 직업으로 선택했는지, 아니면 피파송의식으로 일하는지를 자문해야 합니다. 여러분은 자기 가문의 직업을 계승하기 위해서 왔습니까, 아니면 하나님께서 인격적으로 여러분을 신학교에 파송해서 왔습니까? 가끔 목사님 자녀 중에는 아주 희귀하게, 착한 얼굴을 하고 있지만 소명감이 없는 경우가 있어요. 성품은 요셉 같이 성별됐는데, 소명감이 없는 거예요. 이런 목사님 자녀들은 늦게 발동이 걸리는 경우가 많습니다. 일단 목사님 자녀가 신학교에 들어오면 결국 다 잘 되긴 하는데, 신대원 1, 2학년 때는 많이 방황하면서 수련회도 오지 않으려 하는 경향이 있더군요. 옛날 우리가 신대원 사경회 할 때는 천마산 기도원 경내의 나무 밑에서 배회하면서 계속 피하곤 했습니다. 아마도 교회나 신학 등 모든 일이 너무 비근하게 느껴져서 그랬을 것입니다. 반면에 가끔은 저 민중의 아들, 농부의 아들들이 데라의 만류를 무릅쓰고 하란 땅에서 가나안으로 온 아브라함처럼 나타나 열심을 내기도 합니다. 아버지가 가라고 하지도 않았는데 아버지의 뜻을 거스르며 유프라테스 강 이

편에 있는 신대원으로 오기도 합니다. 원래 주님의 성전과 회당의 뜰 안에서 어릴 때부터 놀던 사람들은 "뭐, 다 아는데!" 하면서 필기도 안하고 자꾸 의도적으로 졸려고 하지만, 세속 지파의 자식들은 강력한 헝그리 정신으로 말씀을 마구 받아들입니다. 소명감이 강해 보일 때가 있습니다. 그러나 신령한 가문에서 태어난 사람들도 거의 이변 없이 각자 소명의 길에 안착하는 것은 분명합니다. 강렬하지 않을지 몰라도 신실하고 은근한 소명감이 그들의 마음속에 내장된 자동항법장치같이 작동합니다. 그러나 이런 사람들은 자신의 소명감을 새롭게 질문할 필요가 있습니다. 어떤 경우건 피파송의식, 즉 소명감이 신대원시절의 생기인 것은 사실입니다. 그것은 하나님 아버지에 대해 느끼는 거의 무한 책임의식 혹은 맏아들의식입니다.

이 피파송의식이 강력한 곳에 기도가 힘을 발휘합니다. 예수님의 독특한 능력과 기도는 피파송의식과 밀접하게 관련되어 있음을 알아야 합니다. 예수님 사역의 모든 총체적인 특징은 유를 달리하는 이 독특한 피파송의식이라는 것입니다. 우리가 모든 숭고한 일에 투신이 가능한 것은 파송받았다는 의식 때문입니다. 「전능자의 그늘」이라는 책을 아시나요? 20대의 나이로 순교한 선교사 짐 엘리엇의 아내였던 엘리자베스 엘리엇이 쓴 책인데, 미국 일리노이 주의 휘튼 칼리지 출신 20대 선교사 다섯 명이 1952년에 안데스 산맥에 사는 아우카 인디언족 마을에 선교하러 갔다가 그들의 손에 죽임당하는 이야기입니다. 그들은 인디언들에게 복음을 전해도 되겠느냐고 허락을 받기 위해 살인부족 오지 촌락에 들어갔다가 변을 당한 것입니다. 이 책에서 강조되는 것은 짐 엘리엇 일행의 선교사적 피파송의

4강_예수님의 성무일과: 새벽 미명의 비밀

식이 십대 후반부터 나타났다는 사실입니다. 그들에게는 "하나님이 나를 이 세상에서 가장 고난이 많은 곳으로 보내신다"는 의식이 있었습니다. 그 피파송의식이 컸기 때문에 결국 순결했던 다섯 명의 청년들이 안데스 산맥 오지에서 목숨을 잃었습니다. 그들은 총을 가지고 있었음에도 불구하고, 인디언들이 창으로 찌를 때 총을 쏘지 않고 자신의 몸을 내주었습니다. 한참 후에 선교비행기를 탄 선교본부 행정요원들이 그곳으로 가 보았더니 그들의 몸이 처참히 죽임당한 채 강물에 떠 있었습니다. 「전능자의 그늘」은 순결한 백합화 같은 20대 선교사들의 순교 이야기로 끝납니다. 하지만 이야기는 거기서 그치지 않습니다. 이 젊은 선교사들의 충격적인 죽음 이후에 그들의 부인들이 모두 살인부족 마을로 집단 이주를 해서 토착화 선교를 시작하고, 결국 그들은 아우카 인디언족을 복음화하는 데 성공합니다. 「전능자의 그늘」 후속편인 「영광의 문」을 보면 그 인디언 부족 출신 중에서 목회자가 네 명이나 나온 것을 알 수 있습니다.

그렇다면 이렇게 선명한 피파송의식이 있는 사람이 신학대학원에 들어와야 하는데, 피파송의식 없이 들어온 사람들은 어떻게 하면 좋을까요? 일단 휴학을 하고 소명감의 재점화 혹은 재발견이 이뤄진 후 복학하는 게 낫겠지요. 철저한 생계노동을 하다가 생의 한복판에서 부르심을 받는 게 낫습니다. 왜냐하면 소명감 없이 신학교를 다니면 일단 성적이 나빠지고, 또 열심히 기도하는 소명의 사람들에 대하여 소외감도 느끼게 됩니다. 소명감이 없기 때문에 교수님도 싫어지고 도서관도 싫어지고 아예 이런 사경회도 낯설게 느껴지지요. 인생이 모두 힘들게 느껴집니다. 그러나 그것은 인생의 한 전환점에 있을 수 있는 위기이기 때문에 절망할 필요는 없습니다. 하나님이 다른 때에, 때가 되면 부르시기 때문이지요. 지금 소명감을 강하게 느끼지 못하는 사람에게도 하나님의 부르심은 하나님의 때에 하나님의 방법으로 얼마든지 임할 수 있습니다.

5강
———
원하시면 저를 깨끗하게 하실 수 있나이다

마가복음 1:40-45

———
설교 5 (3월 24일 목요일 저녁예배)

한 나병환자가 예수께 와서 꿇어 엎드려 간구하여 이르되 원하시면 저를 깨끗하게 하실 수 있나이다. 예수께서 불쌍히 여기사 손을 내밀어 그에게 대시며 이르시되 내가 원하노니 깨끗함을 받으라 하시니 곧 나병이 그 사람에게서 떠나가고 깨끗하여진지라. 곧 보내시며 엄히 경고하사 이르시되 삼가 아무에게 아무 말도 하지 말고 가서 네 몸을 제사장에게 보이고 네가 깨끗하게 되었으니 모세가 명한 것을 드려 그들에게 입증하라 하셨더라. 그러나 그 사람이 나가서 이 일을 많이 전파하여 널리 퍼지게 하니 그러므로 예수께서 다시는 드러나게 동네에 들어가지 못하시고 오직 바깥 한적한 곳에 계셨으나 사방에서 사람들이 그에게로 나아오더라.

보통 청년들은 눈감고 2분 기도하면 할 말이 없는데 여러분들은 많은 물소리처럼 계속해서 기도할 수 있으니 얼마나 감사한지요? 또한 천 명 이상의 예언자 생도들이 이렇게 간절하고 우렁차게 하나님을 찬양하니 마음이 뜨거워짐을 느낍니다. 신대원생들의 기도와 찬양에 형언할 수 없는 감동의 물결이 일어납니다. 기독교 신앙과 복음의 미래가 만져지는 것 같은 느낌이 듭니다. 그런 느낌으로 강당에 들어오면서 깜짝 놀랐습니다. 이렇게 우렁차고 장엄한 찬송을 내가 오랫동안 들어보지 못했다는 생각이 들었습니다. 한국교회를 방문한 독일 신학자들과 목회자들이 남성의 묵직한 찬양소리가 더 이상 들려오지 않는 독일교회의 현실을 슬퍼하며 한국교회의 우렁찬 남성 찬양소리를 부러워한다는 말을 들었습니다. 남성과 여성의 찬양을 구별하려고 이런 말을 했다기보다는 젊은 세대의 교회 찬양을 부러워하는 맥락에서 한 말이라고 봅니다. 제가 섬기는 대학교 학생들은 약 만 육천여 명이고 한 주에 약 만 명의 학생들이 12회에 걸쳐서 채플에 참여합니다. 70퍼센트 이상이 믿지 않는 학생들이라서 설교 시간에 많이 잡니다. 인질로 잡혀 온 사람들에게 설교하는 느낌입니다. 기독교대학의 교목실장 목회는 어떤 점에서 인질목회입니다. 인질로 잡혀 온 사람들의 마음을 비집고 들어가서 복음의 내용을 알려주기란 쉽지 않습니다. 그 인질들 중에서도 하나님의 구원사역이 일어나긴 합니다만, 눈을 뜨고 간절한 열망을 발산하는 회중 앞에서 설교하는 일에 비하면 굉장히 어렵고 고된 사역임은 틀림없습니다. 그런데 여러분들은 인질이 아니라 하나님의 자녀로서 확신과 감사 안에서 우렁차게 찬양하기 때문에 그것을 듣는 것만으로도 은혜가 가득합니다. 이런 천여 명의 신대원생들의 찬양을 늘 듣고 다니면 죄를 지을 수도 없을 것이며, 늘 은혜의 중력을 느끼며 살 수 있을 것 같습니다. 얼마나 영적으로 고양되며 큰 에너지를 내뿜을 수 있을지 생각만 해도 즐겁습니다. 하지만 그것은 우리가 기대할 수 없는 꿈입니다. 다만, 천여 명의 신대원생들의 찬양이 주는 것과 같은 신적 격려와 감동을 주는 또 다른 길이 있다는 데에 위로를 받습니다. 하나님 말씀과 찬양의 가사를 음송吟誦하고 다니는 것입니다. 특히 하나님의 말씀을 암송함으로 영적 감수성을 유지할 수 있습니다.

헬라어 본문 낭독과 사역

40 Καὶ ἔρχεται πρὸς αὐτὸν λεπρὸς παρακαλῶν αὐτὸν [καὶ γονυπετῶν] καὶ λέγων αὐτῷ ὅτι ἐὰν θέλῃς δύνασαί με καθαρίσαι.
카이 에르케타이 프로스 아우톤 레프로스 파라칼론 아우톤 (카이 고뉘페톤) 키이 레곤 아우토 호티 에안 델레스 뒤나사이 메 카싸리사이.

그리고 한 나병환자가 그 앞으로 다가온다. (무릎을 꿇고) 간청하면서 그리고 그에게 "당신이 원하시면 나를 깨끗케 하실 수 있습니다" 라고 말하면서.

41 καὶ σπλαγχνισθεὶς ἐκτείνας τὴν χεῖρα αὐτοῦ ἥψατο καὶ λέγει αὐτῷ· θέλω, καθαρίσθητι
카이 스플랑크니스데이스 엑테이나스 텐 케이라 아우투 헵사토 카이 레게이 아우토 델로 카싸리스데티.

그리고 동정심에 가득 차서, 자신의 손을 뻗으면서 그가 그를 만졌다.
그리고 그에게 말씀하신다. "내가 원한다. 깨끗해질 지어다."

42 καὶ εὐθὺς ἀπῆλθεν ἀπ' αὐτοῦ ἡ λέπρα, καὶ ἐκαθαρίσθη.
카이 유쒸스 아펠덴 앞 아우투 헤 레프라 카이 에카싸리스데.

그리고 즉시 나병이 그로부터 떠나갔고 그리고 그는 깨끗케 되었다.

43 καὶ ἐμβριμησάμενος αὐτῷ εὐθὺς ἐξέβαλεν αὐτόν
카이 엠브리메사메노스 아우토 유쒸스 엑세발렌 아우톤.

그리고 그를 단단히 경계하면서 그를 즉시 쫓아 보냈다.

44 καὶ λέγει αὐτῷ· ὅρα μηδενὶ μηδὲν εἴπῃς, ἀλλὰ ὕπαγε σεαυτὸν
   δεῖξον τῷ ἱερεῖ καὶ προσένεγκε περὶ τοῦ καθαρισμοῦ σου ἃ
   προσέταξεν Μωϋσῆς, εἰς μαρτύριον αὐτοῖς
카이 레게이 아우토 호라 메데니 메덴 에페이테스 알라 휘파게 세아우톤
데익손 토 히에레이 카이 프로세넹케 페리 투 카싸리스무 쑤 하
프로탁센 모세스 에이스 마르튀리온 아우토이스.

그리고 그가 그에게 말씀하신다. "보라 아무것도 누구에게 말하지 말라. 네 자신이 가서 제사장에게 보여주어라. 그리고 모세가 명한 것들의 정결케 된 것과 관련된 예물을—그들에게 한 증거가 되게—드려라."

45 ὁ δὲ ἐξελθὼν ἤρξατο κηρύσσειν πολλὰ καὶ διαφημίζειν
   τὸν λόγον, ὥστε μηκέτι αὐτὸν δύνασθαι φανερῶς εἰς πόλιν
   εἰσελθεῖν, ἀλλ' ἔξω ἐπ' ἐρήμοις τόποις ἦν καὶ ἤρχοντο
   πρὸς αὐτὸν πάντοθεν
호 데 엑셀쏜 에르크사토 케뤼세인 폴라 카이 디아페미제인
톤 로곤 호스테 메케티 아우톤 뒤나쓰싸이 파네로스 에이스 폴린
에이셀데인 알라 엑소 프로스 에레모이스 토포이스 엔 카이 에르콘토
프로스 아우톤 판토덴.

그러나 밖으로 나간 그 사람이 많은 것들을 선포하기 시작했고 그 사건을 퍼뜨리기 시작했다. 그래서 그가 더 이상 드러내 놓고 도시로 들어갈 수 없을 지경이 되었다. 대신 그는 (도시) 바깥 광야 장소들에 머물러 있었다. 그리고 그들이 모든 지역으로부터 그에게 몰려왔다.

먼저 헬라어 본문을 읽고 간단히 해설해 드리겠습니다.

40 카이 에르케타이 프로스 아우톤 레프로스 파라칼론 아우톤 카이 레곤 아우토 호티 에안 델레스 뒤나사이 메 카싸리사이. '호티······ 뒤나사이'는 "만약 당신이 하실 수 있다면 if you are able to do"입니다. 그리고 '레프로스'는 영어로 레프로시 leprosy, '나병환자'입니다. "한 나병환자가 '에르케타이(3인칭 단수 직설법 현재) 프로스 아우톤' 그 앞에 나타난다." 무엇을 하면서? "무릎 꿇고 간청하면서." 40절에는 분사가 들어있어서 직역하면 다음과 같습니다. "그리고 한 나병환자가 그 앞으로 다가온다, 무릎 꿇고 간청하면서. 그리고 그에게 '당신이 원하시면 나를 깨끗케 하실 수 있습니다'라고 말하면서." 다소 돌출적인 순간에 일어난 일이기 때문에 예수님 자신이 멈칫 한 발짝 뒤로 물러났을 가능성이 많습니다. 레위기의 유출병 환자 관련 율법에 따르면 나병환자는 이렇게 하면 안 됩니다. 나병환자는 정상적인 사람을 길거리에서 마주치면 윗입술을 가리며 "나는 부정하다! 부정하다!"라고 외치면서 비껴가야 됩니다(레 13:45-46). 이것이 나병환자의 사는 법입니다. 나병은 법정 전염병이기 때문에 나병환자는 사람들로부터 격리되었고 정상적인 사회생활에서 배제된 채 살아야 했습니다. 그래서 나병환자는 회당에 못 갑니다. 유출병 환자도 회당에 못 가요. 마가복음 5:25-34에 나오는 그 12년 동안 혈루병 앓았

던 여자도 회당에 갈 수 없는 여자였습니다. 나병에 관한 이 정결규정과 속됨과 거룩함의 경계를 지키려는 유출병 관련 레위기 율법은 접촉신학 또는 전염신학이라고 불릴 수 있을 만큼 이 양자(거룩한 자와 속된 자)의 접촉 금지를 강력하게 명령합니다. 부정한 것과의 접촉이 부정과 속함을 가져온다고 보는 독특한 물질 매개적 신학입니다. 물질을 통하여 정결과 부정이 매개된다고 보는 이런 신학은 독특한 히브리 종교사회의 특징을 나타냅니다(참조. 막7:1-5, 18-23).

41 카이 스플랑크니스데이스 엑테이나스 텐 케이라 아우투 헵사토 카이 레게이 아우토 텔로 카싸리스데티. '텔로'는 "내가 원한다"는 말이죠. '카이 스플랑크니스데이스'는 "동정심에 가득차서"라는 분사형 어구입니다. 이 구절을 설교할 때 대부분의 목사님들이 스플랑크논(심장), 스플랑크니조마이(불쌍히 여기다)라는 단어를 거론합니다. 이 동사의 원래 뜻은 "창자가 끊어지듯이 아픔을 공감하다"입니다. "동정심에 가득 차서, 애끓는, 애간장이 녹을 정도로 동정심에 북받쳐서" 등의 뜻입니다. 우리 예수님은 동정심에 북받쳐서 "자신의 손을 뻗으면서" 만지셨습니다. "뻗으면서"는 분사, "만졌다"는 정동사 단순과거aorist시제입니다. 그러니까 한번 뻗으면서 만지신 겁니다. 예수님이 절대로 해서는 안 되는 일을 하셨던 것입니다. 이 나병 남자도 해서는 안 되는 일을 한 것이고, 예수님도 해서는 안 되는 일을 하셨습니다. 이것도 바리새인의 몰래카메라 같은 감시망에 찍혀서 기록되었습니다. "그리고 그에게 말씀하신다." 마가복음에서 "말씀하다"(레구씬, 레게이)라는 단어는 거의 항상 직설법 현재로 표현되어 있습니다. 왜요? 예수님은 그때만 말씀하신 것이 아니라 이 본문 사

건을 가지고 지금도 여전히 말씀하고 계시기 때문입니다. 모든 옛날에 일어났던 사건도 오늘 설교하는 현장에서는 지금 나와 함께하시는 예수님의 말씀이기 때문에 현재형으로 표현하는 게 맞습니다! 예수님은 지금 말씀하십니다. 나병환자에게 말씀하시는 이 사건은 지금 우리의 사건이 될 수 있고, 지금 사경회에 참여한 목회자 후보생 여러분들의 실존적 정황이 될 수도 있는 것입니다. 전체를 직역하면 이렇게 됩니다. "말씀하신다. 동정심에 북받쳐서 자신의 손을 뻗치면서 그를 만지셨다. 그리고 그에게 말씀하신다. '내가 원한다. 깨끗해질 지어다!'"

42 카이 유쒸스 아펠덴 앞 아우투 헤 레프라 카이 에카싸리스데. "그리고 즉시 나병이 그로부터 떠나갔고 그는 깨끗케 되었다." 나병이 어디로 떠나갔지요? 나병은 저주와 죄의 상징입니다. 저주와 죄, 이것들이 어디로 갔습니까? 고린도후서 5:21, "죄를 알지도 못하신 이를 우리를 대신하여 죄로 삼으"셨다는 말씀에 비추어 보면 그 죄와 저주가 예수님께로 갔음을 알 수 있습니다. 이 나병은 예수님께로 떠나갔습니다. 나병의 최종 귀착지는 바로 예수님의 몸입니다. 예수님은 언제 나병을 앓았습니까? 십자가에서 영 단번에 죽으신 그 처절한 죽음이 모든 몸서리치는 고통을 집약적으로 경험하는 것입니다. 모든 저주를 온몸에 졌기 때문에 너무나 아프셨던 것입니다. 찬송가 138장, "십자가 십자가 내가 처음 볼 때에 나의 맘에 큰 고통 사라져" 가사가 말하듯이, 죄와 저주가 우리 몸에서 예수의 몸으로 옮겨간 것입니다. 병행본문인 마태복음 8:17은 아예 이사야 53:7을 인증해서 예수님이 그 나병환자의 죄 짐을 짊어지고 가셨다

고 말합니다. "이는 선지자 이사야를 통하여 하신 말씀에 우리의 연약한 것을 친히 담당하시고 병을 짊어지셨도다 함을 이루려 하심이더라."

43 카이 엠브리메사메노스 아우토 유쒸스 엑세발렌 아우톤. "그리고 그는(예수님은) 그를 단단히 경계하면서 그를 즉시 쫓아 보냈다." 나병환자가 예수님 앞에서 나병이 나았다고 춤추며 대중들을 모으면 예수님은 그 모든 병자를 다 고치셨을 것이고 그러면 영적 소진이 극에 달해 쓰러지실 수도 있었을 것입니다. 예수님은 그렇게 하지 않으시고 나병환자를 단단히 경계하여 제사장에게로 달려가 정상적인 사회복귀 절차를 거치라고 말씀하셨습니다.

44 카이 레게이 아우토 호라 메데니 메덴 에페이테스 알라 휘파게 세아우톤 데익손 토 히에레이 카이 프로세넹케 페리 투 카싸리스무 쑤 하 프로탁센 모세스 에이스 마르튀리온 아우토이스. "그리고 그가 그에게 말씀하신다(현재직설법). 보라, 아무것도 누구에게 말하지 말라. 네 자신이 가서 제사장에게 보여주어라. 그리고 모세가 명한 것들의 정결케 된 것과 관련된 예물을 그들에게 증거가 되게 보여주어라." 제사장은 공중보건의였습니다. 나병환자의 정상적인 사회생활 여부를 판단하는 의사였던 것입니다.

45 호 데 엑셀쏜 에르크사토 케뤼세인 폴라 카이 디아페미제인 톤 로곤 호스테 메케티 아우톤 뒤나스싸이 파네로스 에이스 폴린 에이셀데인 알라 엑소 프로스 에레모이스 토포이스 엔 카이 에르콘토 프로스 아우톤 판토덴. "그러나 밖으로 나간 그 사람이 많은 것들을 선포하기 시작했고 그 사건을 퍼뜨리기 시작했다(미완료). 그래서 그가 더 이상 드러내 놓

고 도시로 들어갈 수 없을 지경이 되었다. 대신 그는 바깥 광야 장소들에(장소를 옮겨 다니면서) 있었다. 그리고 그들이 모든 지역으로부터 그에게 쇄도해 왔다."

예수의 접촉신학(40-45절)

마가복음은 한 사람의 치유사건이 몰고 오는 엄청난 파장을 반복적으로 소개합니다. 베드로 장모의 치유사건은 온 동네가 가버나움 베드로의 집 문 앞에 장사진을 치게 만들 만큼 엄청난 군중들을 몰아왔습니다. 지금은 나병환자 한 사람의 치유사건이 엄청난 군중을 예수님이 사시는 가버나움으로 몰려들게 만들었습니다. 예수님은 아예 그 마을로 들어가지 못한 채 광야에 피신해 있어야 할 정도였습니다. 초대교회 교인들은 예수님의 치유사건을 과거에 일어난 사건을 회고하듯이 말하지 않았고 자신들의 현재 삶 속에 계속되는 사건으로 경험하고 있었습니다. 마가복음의 저자 또한 한 나병환자의 치유사건을 독자나 청중의 현새적 삶의 맥락에 배치하고 있습니다. 예수님은 현재직설법으로 말씀하십니다. "내가 원하노니 깨끗케 될지어다." 유대교가 그토록 집착했던 깨끗함은 복잡한 정결예법과 율법준수를 통해서가 아니라 예수님의 동정심과 그 동정심 가득 찬 접촉을 통해서 일어납니다. 마가복음의 저자는 모든 독자를 나병의 자리로 불러서 정결케 되고 싶은 열망을 고조시킨 후 정결케 하시는 예수님의 능력을 선보이고 있습니다. 마가복음에서 주님이 말씀하시는 것이 현재형인 것은, 오늘도 이것이 우리에게 일어날 가능성이 있으며 우리에게 일어나야만 하는 사건이라는 뜻입니다. 그것은 우리가 주님이 베푸시는 은혜의 접촉을 통해서 정결케 되지 않으면 결코 주님의 사역자가 될 수 없기 때문입니다. 오전 강의에서 말씀드렸듯이 거룩한 자만이, 하나님의 영으로 거룩하게 되고 깨끗하게 된 자만이 귀신을 쫓아낼 수 있고 병자를 고칠 수 있습니다. 교회의 가장 큰 영적 자산은 무엇입니까? 거룩의 능력, 귀신을 쫓아낼 수 있는 영적 권능, 병자들을 한없이 고쳐도 다함없는 무궁무진한 동정심, 죄로 인해 망가지고 파괴된 사람들을, 식물인간처럼 전락한 사람들의 손을 일으켜 세울 수 있는 끊임없는 영적 강인함, 그리고 세상 사람들이 포기한 더럽고 추악한 것들을 향해 손을 내뻗는 용기 등이 아닙니까? 교회는 이 세상 어떤 기관이나 개인도 할 수 없는 사랑의 모험을 하는 그리스도의 몸입니다. 불결한 것과의 접촉을 통해서 자신의 거룩과 정결의 능력을 드러내야 할 곳은 교회와 그리스도인들뿐입니다. 선교와 봉사는 어떤 점에서는 불결한 것과의 접촉입니다. 선교와 봉사는 나병환자 같이 버려진 사람들과 지역을 찾아 재활복구시키는 작업입니다. 이 세상이 버려둔 것들, 이 세상이 포기해 버린 것들, 이 세상이 인간성 이하의 바닥에 내팽개친 것들을 붙드는 것이 교회가 할 일이고 그리스도의 몸된 교회의 손이 할 일이라는 겁니다. 그러면 우리가 이런 복음적, 선교적 손 내뻗음을 감행할 곳이 어디인가요? 썩어 문드러진 나병의 실존 같이 뭉개지고 부서지고 망가진 곳들, 청소년들의 정서장애, 그리고 파괴되고 어그러진 모든 영혼입니다. 이것이 바로 우리가 손을 내뻗어야 할 나병환자의 처절한 실존이고 아우성입니다. 그런데 교회가 아무런 거룩과 정결, 동정심으로 가득 차 있지도 않고, 더러운 곳으로 들어가 사랑의 손길을 펼칠 모험심도 없다면 부서지고 파괴된 영혼이 지상으로 커밍아웃하지도 않을 것입니다. 그들은 평소에는 이미 죽은 자처럼, 없는 자처럼 격리되어 있고 배제되어 있는 자들입니다. 그런데 예수님 같은 분만 나타나면 온 세상에 숨어 있던 격리된 나병환자가 인산인해를 이루면서 밖으로 나오게 됩니다. 예수님이라는 동정심 넘치는 치유자가 치료의 강물로 메마른 땅을 적실 때에야, 은닉되어 있고 숨어 있고 격리되어 있던 많은 나병환자들이 커밍아웃을 하는 거예요. 그러므로 우리가 나병환자를 보지 못하는 이유는 무엇입니까? 불결한 사람들이 왜 우리에게 와서 접촉을 시도하려고 하지 않습니까? 우리가 그런 기대를 충족시키기에는 너무나 영적으로 무능하고 부족하기 때문이겠지요. 거룩과 동정심의 아름다운 조합이 없기 때문일 것입니다.

장로회신학대학원은 규모도 크고 영적으로 민감한 예언자 생도들의 동아리입니다. 이것은 총장님께서도 항상 감격해 마지않는 사실입니다. 목회자가 되려고 하는 사람들이 볼 때 장신대는 시내산 정상은 아니지만 쉽게 범접할 수 없는 시내산 중턱 기슭 정도는 됩니다. 영광과 성스러움의 구름이 약간 드리운 곳입니다. 70장로를 방불케 하는 교수님들과 십부장, 오십부장, 백부장, 천부장 등 영적 장교들이 모여서 시내산에서 3년 동안 계속 영적 등고선을 높여가면서 영직 등반을 하고 있는 곳입니다. 영광의 구름 앞에, 청옥을 편 듯한 맑은 하늘 밑에서 성만찬 같은 식사를 해가면서 토라를 공부하고 있잖아요. 여러분을 보면 하나님께서 이스라엘의 거룩한 자, 청년세대를 손대지 않고 살려주시면서 언약 갱신의 동반자로 삼으시는 장면이 떠오릅니다(출 24:9-11). 시내산 언약 갱신 의례에 참여한 신명기 세대처럼 여러분은 신령한 영감의 구름이 드리운 신대원에 들어와 자신을 정결케 하고 있습니다. 예수 그리스도의 사랑의 접촉을 통해 거룩해지고 있습니다. 여러분들 중에서는 눈동자가 풀려 있는 사람이 없습니다. 여러분을 보면 뚜렷한 목적의식과 이글거리는 지향志向이 있고 갈증이 있어요. 그 눈빛과 열망 속에서만이 영적 등반이 있고, 정결케 되는 성화가 있습니다. 거룩하신 하나님을 아는 사람들만이 불결한 자와의 접촉을 감행할 수 있습니다. 이런 영적 등반과 정결케 되는 성화를 통해 여러분은 그리스도의 몸된 교회의 지체로서 이 세상이 버려서 주목하지 않는, 무인지대와 같은 사각지대에 놓여 있는 그런 사람들에게 길게 손을 뻗을 수 있는 선교동력을 발동할 수 있을 것입니다. 이것은 불결한 것과의 접촉을 피할 수 없는 사명이라고 믿어야만 가능한 일이며, 그럴 때 오늘 이 본문이 우리의 본문이 되고 우리의 이야기가 되는 것입니다. 불결한 것을 피하면 치료의 능력이 나오지 않습니다. 불결한 것을 정면으로 응시하면서 불결한 것과 접촉하여 불결해질 수 있다는 두려운 상상력, 그 긴장감을 가지고 전진하는 것입니다. 나병환자의 접근을 받아들일 뿐만 아니라 그의 병든 몸에 손을 뻗을 때마다 "하나님!"을 부르며 전진해야 하겠지요.

목회를 하면 아무리 작은 목회라도 고통의 전이가 일어납니다. 괴롭고 답답한 사연을 가진 사람과 두 시간만 같이 앉아 있으면 반쯤은 우리 몸이 아파지고 마음은 돌덩이처럼 무거워집니다. 고통의 전이가 일어나는 것이지요. 중보자들은 대개 이런 일을 겪습니다. 그래서 우리가 괴롭고 답답한 사람과 전화를 하거나 혹은 그분이 내 앞으로 뚜벅뚜벅 걸어오면 우리 마음이 갑자기 어떻게 됩니까? 납 성분이 들어온 것처럼 굳어집니다. 크롬과 비소를 먹은 것처럼 내 몸이 굳어지면서 "오늘 제발 저 사람 안 만났으면 좋겠다"는 생각이 듭니다. 목회를 해보면 목회자에게 한 잔의 비산을 마시게 만드는 사람이 있어요. 자신의 괴로운 사정을 다발로 풀어놓을 때, 이것을 듣고 흡수하자니 고통이 임계점에 도달하고, 이걸 내뱉자니 내가 너무 경박한 목회자가 되는 것 같은 진퇴양난에 빠질 때가 많다는 말입니다. 우리 몸과 마음이 나병환자처럼 오그라들고 마비되고 더 이상 고통을 느끼지 못하는 상태까지 갈 때도 있다는 말입니다. 더러워진 사람들의 사연을 듣기만 해도 더러워지는 목회자의 몸과 영혼은, 예수님과의 살가운 접촉으로 재생되어야 합니다. 그래서 여러분, 우리가 오늘 예수님 앞에서, 나병환자의 자리에 서서 이 본문을 읽어 내야 하는 것입니다. 오늘 이 본문이 여러분의 삶의 자리에서 여러분을 위한 본문이 되길 바라고, 선교와 봉사의 기치 아래 모인 장신대 선지자 생도 여러분들에게 강력한 영감의 말씀이 되기를 바랍니다.

레위기 신학은 접촉신학입니다. 접촉을 통해 부정한 자가 정한 자를 부정케 한다는 점에서 이 전염과 접촉은 비대칭적입니다. 깨끗한 사람이 더러운 사람을 만지면 깨끗해지지 않지만, 부정한 사람이 정결한 사람을 만지면 금방 부정해지는 것이 레위기 신학의 비대칭성입니다. 그러니까 정결한 사람인 내가 어떤 부정한 사람을 만지면 삼투압현상이 일어나 정결이 부정한 사람을 깨끗케 해야 될 텐데, 오히려 반대로 부정한 사람의 부정이 나의 정결함의 일정 부분을 훼손시켜 버린다는 것입니다. 정한 자가 부정한 자에 의해 부정하게 되어 버리는 거예요. 이런 맥락에서 정결예법은 예수님 당시의 사람들에게 지키기가 여간 까다로운 법이 아니었습니다. 예를 들면, 예수님 당시에 랍비들 사이에 있었던 논쟁 중 도둑이 만진 그릇의 오염 범위에 관한 논쟁이 있습니다. 어떤 부정한 사람이 도둑으로 들어와서 어느 집 장독을 네 개 만졌다. 그럼 어디까지 부정해졌는가? 모든 장독이 다 부정해졌다고 주장하면 엄격학파이고 그 장독에서 사방 2미터 안에 있는 장독만 부정해졌다고 하면 온건학파입니다. 이런 학파들이 계속 논쟁을 벌일 정도로 중요시했던 법이기 때문에, 예수님 당시에 손을 씻지 않고 식사를 하거나 의례적으로 도저히 정결케 될 수 없는 직업을 가진 사람들은 하마르톨로이, 즉 죄인으로 분류됐습니다. 그러니까 백정, 돼지목장 주인, 로마황제 초상화를 가지고 장사를 하는 상인들 등은 도저히 깨끗해질 수 없는 거예요. 왜입니까? 접촉신학, 레위기 신학 때문입니다.

이 레위기의 접촉신학이 지금도 코셔르법, 즉 정결음식법이라는 유대인의 관습으로 남아 있습니다. 일례로, 지난 1월에 청주의 한 교회 권사님들이 성지순례를 가서 동예루살렘에 있는 한 호텔에 투숙했다가 코셔르 법을 어겼습니다. 이 청주의 권사님들이 한국의 김과 고추장을 꺼내 호텔 음식과 섞어 먹었는데, 그 호텔의 코셔르 음식 담당 랍비에게 발각당했습니다. 그때 랍비가 와서 "부정하다!"고 선언했습니다. 그러자 그 권사님들이 앉아 있던 식탁 근처의 대부분의 집기와 그릇, 음식들이 다 불태워졌습니다. 그 순간에 13년차 된 선교사님이 가서 "미안합니다. 잘못했습니다. 가이드 교육을 잘못 시켰습니다. 변상하겠습니다"라고 말해 간신히 수습했습니다. 원래는 한국의 고추장과 접촉한 모든 지역, 즉 그 근방에 있는 테이블과 그릇을 모두 다 버려야 되는데 다행히 그 랍비가 온건학파 소속이라서 "변상할 필요 없습니다" 하고 음식만 불태우고 간신히 넘어갔습니다. 이처럼 정결예법은 지금도 유대인들의 법으로 남아 있습니다. 이것이 레위기 신학의 핵심인데, 즉 정함과 부정함의 비대칭적 호환관계가 아직도 살아 있습니다. 정한 사람이 부정한 사람을 만져도 정해지지 않지만 부정한 사람이 정한 사람을 만지면 쉽게 부정해집니다. 이것은 우리가 전도를 해보면 알죠. 죄악되고 음란한 습관을 가진 사람이 순한 사람을 오염시키는 정도가 빠릅니까, 거룩한 사람이 야동과 포르노 중독에 빠진 사람을 구해 내는 속도가 빠릅니까? 거룩하고 순한 사람, 정결한 사람이 야동에 빠진 사람을 끌어서 정상적인 사람 만드려면 순교적 피가 필요합니다. 그런데 순전하고 거룩한 사람을 야동에 빠진 포르노 도착자들이 "헤이! 볼래? 볼래?" 하면서 보여주면 어떤 일이 일어나지요? 한동안 그 화면이 기억나고 기도할 때 계속 떠오르면서 더 이상 기도하지 못하게 되는 겁니다. 한번 보기 시작하면 끝을 내지 못해요. 제가 미국에 있을 때 제 기숙사 아래층 아파트에 살던 프린스턴 신학대학원 2학년 미국 학생이 저에게 상담하려고 온 적이 있습니다. 그는 포르노 중독자였습니다. 그런데 그 사람이 차마 같은 미국 사람에게는 상담하기 어려웠지만 영어를 잘 못하는 외국인인 저에게는 모든 것을 털어놓을 용기가 났습니다. 그런데 그냥 듣기만 해도 제가 오염되는 느낌을 받을 정도였습니다. 기혼인 그 학생은 12년째 포르노를 봐왔는데 문제는 한 번 보고 나면 아내와 잠자리가 도저히 안 된다는 것이었습니다. 그걸 보고 나면, 포르노 수준의 성적인 환상을 경험하지 못하면, 정상적인 부부관계를 유지할 수 없게 되는 겁니다. 아내의 손을 잡아도 전혀 느낌이 안 온다는 거예요. 야동 중독자들에 관한 논문이나 글들은 야동 같은 영상물을 보고 나면 실제 어떤 심리적인 손상이 이뤄진다고 주장합니다. 점점 강도가 센 영상을 찾게 된다는 것이지요. 아주 순결하고 거룩한 영상이 흉악한 죄인을 감화시키고 정화시키는 속도보다 야동이 순결한 사람을 오염시키는 정도가 훨씬 빠른 것이 비대칭적이긴 하지만 현실적인 현상임에 틀림없습니다. 이건 마치 중력의 법칙과 같이 창조 질서 안에 내재된 왜곡된 법칙 같아요. 그래서 악을 전도하러 갈 때는 선교사가 필요 없습니다. 예수님이 십자가에 못 박혀 돌아가셨다가 부활했다는 이 진리는 목숨을 건 선교사가 전파해야만 간신히 믿는데, 예수님의 시체가 도난당했다는 거짓말은 선교사 없이도 천리만리 날아갑니다. 거짓의 전파에는 선교사가 필요 없지만 진리의 전파에는 목숨을 건 선교사가 필요한 것이 죄악된 인간성이 작동하는 비참한 세상살이 현장입니다. 우리가 모두 왜곡되어서 정상적으로는 진리를 전달받지 못하기 때문에 목숨을 걸고 피를 보여주는 증언 앞에서만 정신을 차리고 귀를 기울인다는 것입니다. 이것이 정결과 부정함의 비대칭적 호환관계라 볼 수 있습니다.

그런데 왜, 그리고 어떻게 나병환자가 예수님께 용감하게 접근할 수 있었을까요? 예수님에 관한 좋은 소문이 퍼졌기 때문일 것입니다. 예수님의 자비와 능력, 비참한 영혼들에 대한 특별한 동정심, 그리고 치유기적 등이 바닥 사람들에게 널리 퍼졌을 것입니다. 특히 나병환자들을 고쳤다는 이야기는 폭발적인 반응을 일으키며 퍼졌을 것입니다. 누가복음 17:11 이하에 보면, 예수님께 치유받은 나병환자의 응답이 소개되어 있습니다. 예수님께서 고쳐 준 열 나병환자 중 사마리아 나병환자가 와서, "아, 감사합니다!"라고 말하는 장면이지요. 나병환자들에 대한 예수님의 태도가 매우 우호적이었음을 알 수 있습니다. "사마리아 사람"이라는 말 자체가 귀신 들린 자와 거의 동의어로 사용될 만큼 유대인들 사이에서는 모욕적인 칭호였는데 예수님은 한 걸음 더 나아가 "사마리아 사람 중에서도 가장 비참한 나병환자"를 고쳐 주셨던 것입니다. 예수님의 민중친화적 면모는 아마도 바닥 사람들에게는 굉장한 흥분을 일으켰을 것입니다.

어떻게 예수님은 나병환자에 대해서 그렇게 심리적으로 친화적인 태도를 보이시며 또 호감을 느끼셨을까요? 아마도 나병환자가 당하는 멸시천대의 경험이 예수님에게도 있었기 때문일 것입니다. 예수님 자신이 예루살렘 권력자들에게 소외당하고 비난받고, 심지어 사마리아 사람, 더 나아가 귀신 들린 자라는 비난을 받기까지 배척당합니다. 사마리아 사람이라는 욕을 얻어먹고 귀신 들린 사람이라는 욕을 얻어먹으면서 예수님은 멸시받고 천대받고 배제되고 악담에 시달리는 사람들의 마음을 이해하게 되신 거예요(요 8:48). 예수님은 악평, 악성 댓글에 시달리는 사람들의 마음을 이해하신 겁니다. 그래서 예수님께서는 나병환자를 고치시는데, 그것도 한두 명이 아니라 많이 고치셨습니다. 그것을 어떻게 알 수 있지요? 세례 요한이 옥에 갇혀 있을 때 제자들을 통해 예수님께 메시지를 보냅니다. 에르코메노스 쑤, 즉 "당신이 오실 그이입니까?"(마 11:2-3)라고 물었을 때 예수님께서는 마태복음 11:5-6과 누가복음 7:22 이하에서 이런 말을 합니다. "가서 이렇게 전해라. 소경이 보며 앉은뱅이가 걸으며 나병환자가 깨끗함을 받으며, 귀머거리가 들으며, 죽은 자가 살아나며 가난한 자들에게 복음이 전파된다." 예수님은 자기가 한 사역을 정리할 때 나병환자를 깨끗케 한 사건을 세 번째로 언급합니다. 그러니까 나병환자가 예수님에게 매우 많이 알려졌고 예수님은 나병환자들을 많이 고쳤음을 알 수 있는 것이지요. 이 나병환자는 나병환자에 대한 예수님의 앞선 사역에 대해 소문을 들었거나, 혹은 예수님께서 나병환자 같이 버림받고 사회로부터 축출된 사람들을 친근하게 대한다는 소문을 들었을 것입니다. 교회가 이런 나병환자들에게 동정심, 사랑, 자비, 긍휼이 넘치는 그리스도의 몸이 되어야 하는데, 지금은 유력자들의 활무대가 되어 버렸습니다.

아무튼 이 나병환자는 레위기의 정결예법을 어기면서 예수님께 나아옵니다(40절). 즉 윗입술을 가리면서 "나는 부정합니다, 나는 부정합니다!"라고 소리치지도 않고 바로 예수님께 돌진해 온 것을 볼 때, 이 사람의 믿음이 크다고 볼 수 있습니다. 다시 말하면, 나병으로 격리되어 죽음 같은 인생을 살다가 죽음의 땅에서 서서히 죽어 가느니, 제사장에게 끌려가 돌에 맞아 죽는 한이 있다 할지라도 정상적인 삶을 향해 돌진해 온 것입니다. 제의적인 정결을 유지하기 위해서 병든 사람을 저 한곳에 격리시킨 법을 뛰어넘어 자신을 죽음 저편으로 내몰아 버렸던 그 산 자의 땅으로 돌진한 겁니다. 그래서 예수님께 다가와 다급하게 무릎을 꿇고 "당신이 원하시면 나를 깨끗하게 하실 수 있습니다"라고 간청한 것이지요. 이 모습은 예수님의 동정심을 복받치게 만들어버렸습니다. 예수께서 저를 불쌍히 여기사[76] 손을 내밀어 버렸습니다(41절). 여기서 드러난 예수님이 참으로 교회와 그리스도인이 믿는 예수님입니다. 여러분, 우리는 '스플랑크니스데이스' 즉 동정심에 북받치는 이 마음 상태를 "상한 목자의 심정"이라고 말합니다. 이게 바로 부서진 자, 죽어가는 자들에 대한 무한 책임적인 사랑입니다. 이것이 목회자의 마음이요 선지자 생도의 마음이 되어야 합니다.

여러분에게 돈을 벌 수 있는 재테크의 민감성은 없어지더라도, 부서지고 망가진 인생에 대한 한없는 동정심은 지극히 발달해야 됩니다. 빅토르 위고가 1861년에 쓴 「레미제라블」이라는 책을 읽어 보세요. 원래 열 권짜리, 총 2천5백 페이지 정도 되는 긴 장편소설입니다. 여러분이 아마 어렸을 때 읽었을 법한 「장발장」이라는 책은 그 원래 소설의 십분의 일 축약판이었을 것입니다. 또한 1881년에 나온 러시아 소설, 도스토예프스키의 「까라마조프가의 형제들」도 읽어 보십시오. 이 두 소설을 읽어 보면 동정심이 어떻게 작동하는지를 자세히 알 수 있습니다. 「레미제라블」을 펼쳐 보면 첫 장에 동정심의 화신인 '미리엘 신부'가 나옵니다. 그 미리엘 신부가 얼마나 동정심이 가득 찼는지를 묘사하는 장면이 나와요. 그런데 이 두 소설에는 하나님이라는 말이 자주 나옵니다. 실제로 동정심에 가득 찬 시선을 우리 가슴에 아로새기는 문학적, 신학적 상상력은 이런 소설을 통해서 많이 키워집니다. 레미제라블 Les Miserables은 '비참한 사람들'이라는 뜻입니다. 그 책을 읽고도 마음에 동정심이 불꽃처럼 점화되지 않고 소설을 읽기 전과 똑같이 강퍅해져 있거나 냉담해져 있다면 그 사람의 내면에 무언가가 손상을 입은 것입니다. 어딘가에서 방사능 피폭 같은 손상을 입었다고 봐야 돼요. 그렇게 불쌍한 사람을 보고도 왈칵 눈물이 나지 않고 도와주고 싶은 마음이 들지 않으면 감정기제에 치명상을 입었다고 볼 수 있다는 말입니다. 여러분이 토머스 하디의 「테스」를 읽으면서 그 소설 속으로 뛰어들어 알렉 더어빌의 폭력과 학대로부터 불쌍하고 순전한 테스를 구출하고 싶은 마음이 안 일어나면 인간이 아닙니다. 슬픈 동정심을 자아내는 책 아닙니까. 발자크의 「으제니 그랑데」를 읽으면서도 간교한 사촌 오빠를 기다리며 청춘을 허송해 버리는 순진하고 착한 으제니 그랑데를 도와주고 싶은 마음이 안 일어나면 참 안타까운 일입니다. 「레미제라블」을 읽는 순간 보통 사람들은 소설 속으로 들어가서 코제트를 도와주고 마리우스를 도와주고 장발장을 도와주고 싶은 마음이 크게 일어나는 거예요. 불쌍한 사람들은 대개 정상적이고 건강한 사람들의 동정심을 자극합니다. 제가 볼 때, 성경, 조직신학 등 신대원 교과목 주요 6개 과목 외에 시간 날 때마다 동정심과 고상한 신학적 상상력을 자극하는 이런 고전들을 한 달에 한 권 정도 읽으면, 목회자 후보생들이 상한 목자의 감수성을 기르는 데 굉장히 도움이 되지 않을까 생각됩니다. 이렇게 동정심이 많이 분출되어 있는 명작들을 읽어 가노라면 일단 눈물이 계속 납니다. 제가 한 십 년 전에 읽은 책 중에 예일대학교의 니콜라스 월터스토프라는 사람이 쓴 「나는 사랑하는 사람을 잃었습니다」라는 책이 있습니다. 스물다섯 살의 자기 아들이 오스트리아 알프스 산을 등반하다가 죽었습니다. 그 죽은 아들을 회상하며 아들의 방에 들어가는 순간 아들이 남긴 물건들을 보면서 회상에 잠기는 장면부터 그 짧은 책이 얼마나 많은 눈물을 불러일으키는지 모릅니다. 이 슬픔의 공감에서 위대한 기독교 신학이 나오고 영성이 나오며 사역이 나오는 것입니다.

만나교회의 김병삼 목사 설교 중에서 들은 이야기입니다. 호주에 유명한 자동차광이 한 명 살았어요. 최고급명차 람보르기니를 미치도록 사랑한 젊은이였습니다. 람보르기니에 미쳐버린 이 사나이는 람보르기니를 사놓고 그걸 너무나 숭배해서 "람보르기니시여, 람보르기니시여" 하며 살았습니다. 그런데 어느 날 초등학교도 들어가지 않은 아들이 람보르기니 앞에서 그것이 재산인지 신인지 분간도 못하고 못을 가지고 그 차에다 글을 썼습니다. 그런데 람보르기니에 글을 쓰는 아들을 보는 순간, 그 아버지는 망치를 가지고 아이의 손을 막 내리쳤습니다. 얼마나 찍었는지, 이 아이의 손이 완전히 망가질 때까지 어린 아들의 손을 쉼 없이 내리쳤습니다. 정신 차리고 눈을 떠보니 아이의 손이 온통 피범벅이 되어 있었습니다. 병원 응급실에 데려가니 아들의 손은 절단해야 할 만큼 엄청난 상처를 입은 겁니다. 병원에서 이 아이가 아버지 앞에서 잘못했다고 빕니다. 그 후 아버지가 집에 돌아가 람보르기니에 아들이 쓰다만 문장, "I love D"를 보았습니다. 이 아버지는 양심의 가책을 이기지 못하고 결국 권총으로 자살했어요. 너무 슬프지 않습니까! 이걸 어떻게 해야 하나요? 그런데 하나님이 우리 죄를 용서한다는 말은 그런 일이 일어나지 않은 지점으로 다시 되돌려 준다는 말입니다. 마치 그 사건이 일어나지 않은 것처럼, 불가역적인 시간을 다시 한번 그 사고가 일어나기 전의 시점으로 되돌릴 수 있는 분이 전능하신 아버지 하나님이십니다. 기독교가 말하는 죄 사함은 이처럼 처참한 슬픔에 빠진 사람들을 하나님의 사랑으로 재활복구시키는 것입니다. 폭력적인 아버지를 죄 사함의 은혜로 재활복구시켜 일생 동안 가정폭력을 막고 그것의 위험성을 깨우치는 계몽운동가로 살도록 개과천선하게 돕는 것이 기독교 신앙의 위력입니다.

여러분, 이처럼 비참에 처한 사람들의 사연을 읽고 동정심이 복받치는 사람이 교역자입니다. 여러분에게 돈 버는 능력은 이미 퇴화되었습니다. 그렇죠? 지금 여러분에게 남아 있는 능력은 시험 칠 때 족보를 베끼는 능력과 리포트를 짜깁기하는 능력 정도인데, 그것도 점점 쇠퇴하게 됩니다. 하지만 여러분에게 끝까지 남아 있어야 하는 능력은 비참하게 부서진 자에 대한 눈물입니다. 그것이 목회자 후보생들의 희망입니다. 목회자 후보생들의 희망은, 자신을 향해 돌진하여 간청하는 나병환자 같은 불결한 사람이, 보통 사람들이 포기해 버린 버림받은 인간이, 즉 레미제라블이 도와달라고 소리칠 때 자신도 모르게 손을 내뻗어 그들의 운명과 연대하며 그들의 간절한 희망과 슬픔까지 접수하는 동정심입니다. 그들의 운명에 대해서 거의 무한 책임적인 손 내뻗음을 실행할 수밖에 없는, 이런 훈련받은 동정심, 그것이야말로 세상의 희망이요 여러분 같은 영적 지도자 후보생들이 바라야 할 것입니다. 그런 동정심의 세계에서 여러분 모두가 숙달되고 훈련된 달인이 되기를 바랍니다.

그런데 놀라운 사실은 예수님 같이 지극히 정결하고 동정심 많은 분이 나타나면 이런 나병환자 같은 레미제라블이 세상 밖으로 뛰쳐나온다는 것입니다. 여러분이 아무리 허름한 상가에서 교회개척을 시작해도 여러분이 목회에서 성공하겠다는 야심보다는 동정심으로 죽어가는 자들에 대해 눈물을 쏟는다면 레미제라블은 쇄도할 것입니다. 이 세상 거의 대부분의 사람들은, 크고 작은 상처와 충족되지 않은 염원과 탄식으로 가득 찬 사람들입니다. 그들은 동정심과 상한 목자의 심정으로 가득 찬 사람의 동선 포착에 민감합니다. 동정심과 상한 목자의 심정은 녹슨 쇠붙이 같은 버려진 인생들을 흡인하는 강한 지남철 같은 힘입니다. 그런데 이제까지 여러분의 인생에 누군가가 한 번도 도와달라는 사람이 안 나타났다면 문제가 있습니다. 스크루지 같은 수전노일 가능성이 있거나 아니면 돌처럼 냉담한 관료적 인물로 보였을 가능성이 있는 거예요. 내가 교역자인데 한 명도 나에게 기도해 달라고 문자도 안 오고 이메일도 안 오고 아무런 부탁도 없었다면 문제가 있는 것 아닙니까? 내가 청소년부 전도사인데 중고등학생이 자살 직전까지 가는 궁지에 몰려 아파트 7층에 가서 멍하게 하늘을 쳐다보는 그런 절망까지 갔으면서도 나에게 돌진해 오지 않으면, 문제가 있는 것입니다. 여러분이 죽어가는 청소년들의 심장 속에서 울려 나오는 피맺힌 절규를 들을 귀만 있다면 분명히 성장하지만, 그것을 들을 귀가 없고 볼 눈이 없다면 장차 우리가 무엇이 되겠습니까? 우리의 감수성을 흔들어 놓을 아우성치는 간청자가 없기 때문에 우리에게 상한 목자의 심정이 안 일어나는 것인가요? 아니면 우리에게 상한 목자의 심정이 없기에 그런 간청자가 나타나지 않는 것인가요? 여러분, 눈물샘이 마르지 않는 신령한 종으로 성장해 가기를 바랍니다. 무릎 꿇고 간청하는 상한 심령 앞에서 부단히 성숙해 가기를 빕니다. "목사님, 손만 대어주십시오. 한 번만 기도해 주십시오. 목사님, 한 번만 저를 살려주십시오." 이렇게 간청 당하는 사람이 되기를 간절히 바랍니다. 우리는 주님 앞에 가서 간청하는 자가 될 뿐만 아니라 또한 간청 받는 자도 되어야 합니다. 그래서 저는 309장 찬송을 참 좋아합니다. "목마른 내 영혼 주가 이미 허락한 그 귀한 영생수 주여 갈망합니다." 저는 이런 갈망의 영성을 매우 소중하게 생각합니다. 우리 1절만 한번 불러 볼까요? 제가 부를 때 여러분 잘 생각해 보시고 이 마음이 우리가 주님을 향한 마음이 되고 또한 양떼를 바라보는 마음이 되어야 함을 기억하시기 바랍니다.

목마른 내 영혼 주가 이미 허락한 그 귀한 영생수 주여 갈망합니다.
그 약속 따라서 힘써 간구하오니 오 주여 내 기도 어서 들어주소서.
예수의 사랑 예수의 사랑 바다 물결 같이 내게 임하니
영광의 물결에 온전히 싸여서 내 영혼의 기쁨 한량없도다.

저는 이 찬송을 한번 부르기 시작하면 여러 번 부릅니다. 이 찬송을 부르면 마음이 간절해집니다. 우리가 하나님 앞에 간절한 마음으로 "주님! 저는 전도사입니다. 저는 중랑천과 도림천과 정릉천에서 쏟아지는 모든 쓰레기를 안고 임진강으로 흘러가는 한강 하류처럼 매우 더러워졌습니다. 아버지! 이 탁한 영성을 가진 저를 깨끗케 하여 주옵소서. 제가 일주일 전에 본 야동의 환상이 사라지게 하시고 모든 부정적 쓰레기 경험들이 사라지게 하시고 정결함에 대한 사모함이 극에 달하게 하시고 신령한 영적 감수성이 증가되게 해주십시오"라고 계속 기도하는 겁니다. "주님! 불결한 저에게 손을 대어주십시오. 손을 뻗어주십시오." 이렇게 간구하고 309장, 348장(마귀들과 싸울지라), 280장(천부여 의지 없어서)을 부르세요. "천부여 의지 없어서"로도 마음이 동정심과 간절함으로 단련되지 않으면 "인애하신 구세주여"라는 찬송을 부릅니다. 그래도 아직 성령으로 마음이 다스려지지 않으면 272장 "고통의 멍에 벗으려고"를 부릅니다. 이런 찬양들을 부르는 동안에 모든 약하고 상한 영혼에 대한 목자의 심정이 일어납니다. 그중에서도 309장이 하나님의 은혜와 자비를 향한 갈망을 언제나 불러일으키는 은혜로운 찬송입니다. 목회하는 순간마다 불현듯 우리가 너무 더러워져 있다고 느낄 수가 있습니다. 우리는 가장 고결한 생각을 하고 가장 고상한 사람들을 만나는데도 여전히 오염되어 있는 마음 한두 갈래가 남아 요동칠 수 있습니다. 마음의 동선을 제어하기 힘들 때가 있습니다. 불결한 것들과의 일상적 접촉이 우리를 더럽게 합니다.

그래서 나병과 같은 더러움이 누적될 수가 있습니다. 예수님이 그러셨지요. "너희가 말씀으로 깨끗케 되었으나 발은 깨끗케 되지 않았다"(참조. 요 13:10, 15:3). 예수님이 우리 발을 왜 씻어주십니까? 발은 세상에 드러나는 우리의 자아를 대표합니다. 구원받지 못한 이 세상의 시스템 안에서 구원받지 못한 사람들과 같이 살면서 불결해지는 우리의 자아를 말합니다. 우리의 자아가 나병 걸린 피부처럼 불결해졌고 역겨워져서 다른 사람이 나에게 접근하지 못하게 만드는 냄새를 풍깁니다. 이 불결한 자아, 누구도 씻어주지 않으려고 하는 이 불결한 발과 같은 나의 옛 자아를 들고 맞은편에 앉아 있는 이웃의 식탁 밑으로 발을 뻗을 수밖에 없기 때문에 우리는 본질적으로 공동체를 이루는 데 많은 장애를 갖고 있는 셈입니다. 내가 남에게 냄새나는 존재, 즉 피하고 싶은 거슬리는 존재가 되는 것이지요. 그래서 우리는, 이웃의 불쾌감과 역겨움을 자아낼 수 있는 불결함으로 가득 찬 나의 자아, 나의 발을 주님의 손길에 맡겨야 합니다. "아버지 하나님! 저를 정결케 해주십시오. 제가 정결케 되기를 원합니다!"라고 간청해야 합니다. 그럴 때 우리 하나님께서는 통회하는 심령으로 접근하는 당신의 아들 딸들에게 "내가 깨끗하게 해주겠다"고 약속하시며 정결케 하십니다. 오늘도 그 약속은 유효한 약속입니다. 우리에게 본문의 나병환자처럼 간절하게 원하는 마음이 있기만 하면 됩니다.

예수님은 복받치는 동정심으로 깨끗하게 해주시기 위해서 당신의 정한 손을 부정한 나병에 내뻗습니다. 불결한 것과의 접촉입니다. 나병환자의 부정함은 예수님의 영과 육으로 침투하고 예수님의 정결한 생명력이 그 사람에게 주유됩니다. 예수님이 그를 만지시며 말씀하십니다. "내가 원한다. 깨끗케 될지어다." 손을 내뻗으시는 것은 고통을 짊어지시겠다는 말입니다. 불결함과 정함의 등가교환을 하겠다는 말입니다. 예수님의 말은 진실 그 자체였습니다. 예수님이 원하면, 진짜 원하는 것입니다. 예수님의 소원은 현실을 변화시키는 소원입니다. 예수님은 진실을 담은 말씀을 하시면서 손을 내뻗어 불결한 것을 흡수해 버렸습니다. 예수님의 손은 죽은 것들을 소생시키는 손이요 불결한 것을 정결케 만드는 손이기 때문입니다.

그리스도의 몸된 교회는 그 예수님의 말씀을 대언하고 그의 손이 되어 나병환자의 몸과 접촉하여 치료의 능력을 발하도록 부름 받았습니다. 황순원의 「인간접목」이라는 소설을 보면 불량기 가득한 고아들을 갱생시키는 과정이 나옵니다. 사랑과 자애가 탈선하고 방황하는 청소년들을 정상적인 사랑과 진실의 공동체로 접목시키는 힘이라는 것을 알려줍니다. 불결한 것들과 접촉하면서 불결한 것들을 거룩하게 만들어가는 선교적 손 내뻗음, 이것이 교회가 항구적으로 해야 할 일입니다. 불결한 것들과 생의 한복판에서 만나야만 신학이 발전하고 목회가 성장하고 열매를 맺을 수 있습니다. 반면에 우리가 깨끗하고 호화롭고 사치스런 종교 귀족계급이 되어 왕후장상들과 칵테일 바를 어슬렁거리느라 불결한 것과 접촉을 전혀 못하고 산다면 신앙의 본질에는 아예 접근도 못하겠지요. 대신에 우리가 지금 죽음의 벼랑 끝에 내몰려 서 있는 불결한 것과 접촉하기 위해서 손을 내뻗는다면, 비록 내 생명의 감가상각은 일어나겠지만 그 사람도 살고 나도 영적 소생을 맛볼 수 있게 됩니다. 아골 골짝 빈 들에서 큰 인물이 나올 가능성이 많이 있습니다. 아골 골짝 빈 들에서 예수님 같은 영적 지도자가 나오는데도 목이 좋고 물이 좋은 교회를 찾아다니는 사람들이 많습니다. "어디든지 가오리다"가 아니라 편하고 유력한 자들이 많은 교회를 선호한다면 그런 교역자의 장래가 어떻게 될까요? 우리가 해외선교할 때 찬송가 507장 "저 북방 얼음산과 또 남방 산호섬"을 참 많이 부르지요? 곡도 좋지만 가사가 얼마나 좋습니까? 저 북방 얼음산, 얼마나 무시무시합니까? 몽골과 중앙아시아와 전 세계에 흩어져 있는 미전도 족속들은 우리 한국 사람들이 볼 때는 열등해 보일지 몰라도 하나님의 아들 예수 그리스도를 향해 돌진하는 간절함으로 가득 찬 족속들입니다. 해외선교는, 편리하고 안락한 선진국 문턱에 살면서 중산층 의식으로 가득 찬 우리가 볼 때 불결한 것과의 접촉이고 인간존엄을 누리지 못하고 살아가는 사람들과의 접촉입니다. 하지만 하나님의 눈에는 그들이야말로 생명을 갈구하는 당신의 존귀한 자녀들입니다. 하나님 아버지의 사랑이 쏠리고 집중되는 자녀들입니다. 선교는 휴머니즘의 산물이 아닙니다. 아버지 하나님의 우주적인 동정심에 동참하는 일입니다. 예수님은 아버지 하나님의 우주적 동정심과 상한 목자의 심정이 약동하는 분입니다. 이런 예수님의 마음으로 미전도 족속들과 생명력 넘치는 접촉을 일삼을 때 신학대학원이 살고 교회가 소생할 것입니다. 한국교회가 사는 길은 무엇입니까? 죽어가는 것들을 사랑하는 것입니다. 세상이 버렸던 불결한 것들과의 접촉! 여기서 치료의 광선이 발하게 됩니다. 그래서 파푸아뉴기니나 제3세계 선교지에서 신유가 그렇게 많이 일어나는 겁니다. 그 신유는 선교사님들 개인기가 아닙니다. 하나님의 기적적인 치료가 아니면 그런 문명 밖의 격오지에서 병든 원주민들이 도저히 낫지 못하기 때문에 하나님께서 손을 내뻗어서 낫게 해주시는 거예요. 그래서 이스라엘에 있는 제 후배 선교사가 해준 간증이 생각납니다. 그는 한국에서는 신유의 은사를 발휘하지 못했지만, 이스라엘의 오지에서 만난 사람들, 즉 아랍 태생 이스라엘 사람들이나 보드카 마시는 러시아계 이스라엘 사람들, 그리고 생의 수레바퀴가 빠져버린 절박한 사람들을 상대하다보니, 동정심이 내면화되어 자신도 모르게 신유의 은사가 나타났다고 증언했습니다. 우리가 도시에서, 나른한 중산층 교회에서, 이미 사는 것이 해결되어 간절한 기도를 잃어버리고 목젖 깊이 들어가는 기도의 음성도 사라져 버린 사람들과 만나면, 우리 자신도 감동 없고 교우들도 감동 없는 말만 주고받으며 교회생활을 하기가 쉽습니다. 그러나 아우성치는 죽음의 현장에 파송되어 불결한 것을 향해 손을 뻗는다면, 그것은 그와 내가 살고 죽는 경각에 달린 문제이기 때문에 정신이 번쩍 깨어나게 되고 영인으로 다시 살아나게 됩니다(롬 8:1-16). 여러분, 그래도 그 길은 우리가 가기 싫어하는 길입니다. 그렇죠? 오히려 을지로와 테헤란로 같은 대도시의 대로 한복판에 있으면 더 좋겠다고 생각할지도 모릅니다. 그러나 문제는, 을지로와 테헤란로에는 일단 이런 나병환자가 없습니다. 그들은 바다 끝 심연 어딘가에 가 있습니다. 대부분의 격리된 환자들은 가족도 포기하고 모두가 포기해 버린 불행의 심연에 있는 것입니다.

예수님의 손 접촉을 통해 나병환자의 병이 그를 떠났습니다. 그는 깨끗케 되었습니다(42절). 그 병은 베드로의 장모의 열병처럼 예수님의 몸과 영혼을 목적지로 삼아 떠났습니다. 나병이 예수님께 전이된 것입니다. 우리 주님은 하나님 나라의 복음 전파를 최우선시하기 위하여 이 치유사역을 은닉하면서 제발 소문이 나지 않도록 신신당부했습니다(43절). 아울러 예수님은 나병환자에게 아주 구체적으로 재활복구 절차를 밟을 것을 명령했습니다(44절). 아무에게도 아무 말도 하지 말고 곧장 그 깨끗케 된 몸을 제사장에게 보여주라고 명령했습니다. 모세가 명한 예물을 드림으로써 완전히 치료되었음을 입증하라고 하신 것입니다(레 14:2-3). 예수님은 율법을 초월하시는 하나님의 아들이지만 그 나병환자는 율법 아래 있는 평범한 이스라엘 사람이었으므로 그가 거쳐야 할 복구절차를 제시하신 것입니다. 레위기 14:1-20은 나병환자의 재활복구 절차가 얼마나 엄격하고 복잡한지를 잘 보여줍니다. 제사장의 진찰 결과 나았다고 판정을 받으면 병자는 제물(살아 있는 새 두 마리, 백향목, 홍색실, 청색실 등)을 가져가야 하고 제사장은 제물의 피를 정결함 받은 자에게 일곱 번 뿌려 정함을 선언해야 했습니다. 모두 8일이 걸리는 복잡한 복구 절차였습니다. 여덟 째 날에는 비싼 속죄제물을 바쳐야 했습니다. 속죄제물의 피를 오른쪽 귓불과 오른쪽 엄지손가락과 오른쪽 엄지발가락에 발라야 했습니다. 이런 복잡한 절차를 거친 후 나병환자는 "정결하다"는 선언을 받습니다. 예수님은 이 나병환자가 이런 공개적인 재활복구 절차를 거쳐 정상인의 사회로 복귀하기를 원하셨습니다. 모든 인류가 하나님 앞에서는 나병환자입니다. 거룩한 하나님의 존전에서 추방되고 격리되고 소외된 병자입니다. 하나님께서는 어린양 예수의 피를 일곱 번 뿌려 정결케 해주심으로 우리를 하나님 나라의 권속으로 입양해 주신 것입니다. 교회는 더럽고 추악한 죄로 아름다운 하나님의 형상을 망가뜨리고 사는 죄인들을 정결케 해줌으로써 하나님 나라의 생명 공동체로 복구시켜 주는 영적 보건소와 같습니다. 우리는 우리에게 일곱 번 뿌려진 어린양의 피로(히 8-9장, 10:19-22) 정결한 하나님의 자녀로 거듭 태어났습니다. 그 감격으로 하나님을 예배하고 이웃을 사랑할 수 있습니다. 가버나움의 그 나병환자에게도 주체할 수 없는 감사와 감격이 용솟음쳤습니다. 그는 주체할 수 없는 감동을 도저히 어찌할 수 없어서 퍼뜨리기 시작했고 그 결과 너무 많은 사람들이 예수님을 찾아오게 되었습니다(45절). 이제 예수님은 드러내 놓고 다니지 못할 정도로 추적당하는 신세가 되었습니다. 또다시 한적한 곳을 찾아 여러 날 체류할 수밖에 없었습니다. 병행본문인 누가복음 5:16은 "광야 장소들에서 무엇을 하셨을까?"라는 질문을 예상한 듯이 "기도하셨다"라는 논평을 추가했습니다. 무리들과의 접촉, 특히 병자들과의 치유 접촉으로 완전히 탈진되었기 때문에 예수님은 하나님께 기도할 수밖에 없었습니다. 만일 교회가 예수님 같은 치유의 능력을 발휘한다면 사방에서 몰려드는 사람들 때문에 광야로 잠시 잠적하여야 할지도 모르겠습니다. 영적인 카리스마로 사람들을 감화 감동시키는 설교자나 신유의 은사가 있는 목회자는 사방에서 쇄도하는 사람들에게 열광적으로 추적당하기 쉽습니다. 그럴수록 그런 사람은 광야로 잠적해야 합니다. 하나님께 능력과 자비를 재공급받아야 합니다. 상한 목자의 심정을 갱신해야 합니다. 하나님만이 다함없는 자비와 능력을 공급하십니다. 예수님의 능력의 가장 중심에는 자비심, 동정심, 그리고 상한 목자의 심정이 있습니다. 불행한 이웃을 불쌍히 여기는 마음이 바로 능력입니다.

결론

1980년대에 출간된 복음주의 해외선교 소식지 「인터치」에는 쿠바의 공산당 지도자 카스트로가 가톨릭 신앙과 교회에 대해 피력한 소감이 실려 있습니다. 쿠바의 카스트로가 리비아의 카다피와 달랐던 점은, 카스트로가 가톨릭 수녀들의 헌신을 보고 가톨릭교회와 신앙에 대하여 아주 큰 호감을 느끼고 찬양했다는 점입니다. 쿠바 공산당 전당대회, 일종의 공산당 사경회에서 카스트로가 칭찬했던 사람들은 쿠바의 가톨릭교회 수녀들이었습니다. "수녀들을 보라! 공산당이 해야 할 인민들에 대한 봉사를 그녀들이 다 감당하고 있다. 도움이 필요한 인민들을 섬기고 돌보는 일을 수녀들이 다하고 있다." 가톨릭에 대한 카스트로의 예찬이 얼마 후 교황의 쿠바 방문을 가능케 했습니다. 오늘날 한국 가톨릭교회가 약진하는 이유는 수녀들이 펼치는 무한 책임적인 저인망 선교 때문이라는 분석이 있습니다. 무한 책임적 봉사의 화신인 수녀라는 존재가 가톨릭을 대신합니다. 불결한 것, 버려진 것, 인간 부스러기 같은 존재들을 끌어안는 사람은 지금 수녀밖에 없습니다. 수녀는 아예 처음부터 아무런 칭찬을 바라지 않고 성직자 의식도 없이 그 일을 합니다. 그런데 우리는 이미 교역자이기 때문에, 일류 신학대학원 출신 엘리트 성직자요 예루살렘 사독계열의 제사장 가문 출신이기 때문에, 대우를 받아야 한다는 생각을 은연중에 품고 있는 게 사실입니다. 내가 달동네나 빈민촌에 들어가 빛이 난다면 빛이 나는 한에서는 불결한 것과 접촉을 하겠지만 수녀처럼 은닉되고 꺼져가는 반딧불이 되고 싶지는 않다는 마음이 있는 것입니다. 그래서 결국 개신교회에서는 그저 그렇고 교양 있는 목사들은 많지만 이태석 신부 같은 인물이 잘 안 나오는 거예요. 이것이 지금 우리의 문제입니다. 도시에 있는 한국교회의 말짱말짱한 정신의 소유자들의 한계가 무엇입니까? 그것은 바로 우리가 불결한 것과 죽어가는 것과 인간존엄성의 바닥으로 쳐진 사람들과의 접촉을 잃어버렸다는 데 있습니다. 고린도교회에는 "없는 자들"(호스 메 온타)이 많다고 했습니다(고전 1:28). 고린도교회는 존재감 없는 자들이 교회를 가득 채웠지만, 우리에게는 '호스 온타', 즉 내로라하는 자들이 많습니다. 그 결과 존재하지 않는 자들은 교회 안에 있어도 없는 존재나 마찬가지 대우를 받습니다. 이런 환경 때문에 장애인이 별로 환영받지 못하는 상황이 발생하는 것입니다. 오히려 문제가 되는 장애 교회는 어디입니까? 장애인이 아무도 없는 교회입니다. 장애인을 환영하지 않고 장애인 시설도 없는 교회가 장애 교회인 것입니다. 그런데 장애인들, 병자들, 아픈 사람들, 집에 틀어박혀 있는 사람들, 이들을 교회가 다 감당하려면 막대한 인적·물적 자원이 소요될 뿐 교회재정 면으로는 아무런 수입을 창출하지 못한다고 생각합니다. 일부 교회들은 하나님의 자녀들이 바친 헌금으로 고위험 고수익 단기펀드에 투자할지언정 가난하고 병든 사람들을 환영하고 돌보는 데 사용하는 것을 꺼립니다. 끊임없이 붓고 주기만 해야 되는 부서지고 병든 영혼들을 돌보는 사역에는 관심을 안 가집니다. 죽어가는 자와의 접촉과 제휴를 꿈꾸지 못합니다. 제가 볼 때 이것이 개신교회 전반의 한계입니다.

1959년에 알바니아의 한 수녀가 캘커타의 빈민가에 들어가 시작한 일이 무엇입니까? 산 자를 위한 일이 아닙니다. 마지막 순간에 숨넘어가는 사람들의 시신을 염하고 매장하여 장례식을 존엄하게 치러주는 일이었습니다. 마더 테레사는 죽어간 자의 시체를 씻어주고 닦는 일을 평생 하다가 노벨상을 받고 유명해져서 힌두교도들의 존경까지 받게 되었습니다. 죽어가는 것과의 접촉, 불결한 것과의 접촉이었습니다. 그것이 그녀의 필생사역이었습니다. 또한 이보다 앞선 가톨릭교회 성자 중 성 다미안이라는 신부님이 계십니다. 태평양 한가운데 있는 몰로카이 섬에 나병환자가 많이 산다는 걸 알고 나병환자의 전도자가 되기 위해서 오랫동안 기도하다가, 형과 아버지의 반대를 무릅쓰고 마침내 나병환자의 섬 몰로카이로 갑니다. 그런데 몰로카이 섬에서 아무리 전도를 하고 나병환자와 접촉해도 나병에 걸리지 않는 겁니다. 그래서 그는 나병을 달라고 기도했습니다. "주님! 정녕 저는 나병환자가 될 자격이 없나요?" 그렇게 기도를 하고 어느 정도 시간이 지나자, 어느 날 샤워를 하는데 제일 왼쪽 발가락이 서서히 마비되는 것을 느끼기 시작하면서 나병에 걸립니다. 하나님의 은혜로 나병에 걸렸어요. 이런 극한의 선교적 지향이 오늘날의 인상적인 가톨릭 부흥의 원천입니다. 가톨릭은 우리보다 신학이 훨씬 단순해요. 오히려 성경적 근거는 개신교 신학이 훨씬 낫습니다. 그런데 실천은 우리보다 훨씬 낫습니다. 그래서 가톨릭에 들어가면 거대한 항공모함을 타고 천국에 간다는 느낌이 듭니다. 그런데 개신교에 들어오면 그리스도의 몸된 교회에 붙어 있다는 연접의식, 접목의식이 약하기 때문에 혼자 망망대해에서 구명보트를 저으며 천국 항구로 항해하고 있다는 느낌이 듭니다. 그러면서 방향의 확실성에 대해서도 때때로 확신을 가지기 못하기 때문에 계속 이단적인 구원파가 나오는 거예요. 그러나 가톨릭 신자들은 그리스도의 몸된 교회의 영성체를 받으면서 돈 보스코, 빈센치노, 살레시오 운동 등에도 참여하고 꽃동네도 가면서 그저 한 식구가 됨으로 말미암아 그리스도의 몸된 교회에 접목된다는 것이 무엇인지를 비교적 쉽게 느낍니다. 그들에게는 항공모함급 크루즈를 타고 천국에 들어간다는 확신이 있습니다. 그래서 그런지 개신교 국가들에서는 자살률이 높지만 가톨릭 국가들에서는 자살률이 낮습니다.

    사랑하는 형제자매 여러분! 오늘 우리가 죽어가는 것, 불결한 것과의 접촉을 마다해서는 안 되겠습니다. 저는 이것을 당위로 말하는 게 아니라 우리 하나님의 무한한 자비에 호소하여 말합니다. 여러분과 제가 하나님의 은혜로, 이 세상에서 죽어가는 것들, 불결케 되어서 사회적 접촉을 상실한 것들, 인간이 마땅히 누려야 할 존엄성을 누리지 못하는 비천한 사람들, 그런 존재도 없는 존재들과의 접촉을 유지하지 않으면 교회의 미래가 없고 선교의 미래가 없고 복음의 미래도 없다는 것을 말씀드리는 것입니다. 교인수 감소를 걱정할 것이 아니라 우리에게 상한 목자의 심정이 고갈된 상황을 걱정해야 한다는 말입니다. 어려운 시험을 쳐서 들어왔기 때문에 여러분 마음 속에는 어느 정도 엘리트 의식이 있을지도 모르며 따라서 마땅히 당회장 목사로서의 멋진 미래 청사진이 그려져 있을지도 모르겠습니다. 그래서 나병환자들의 마을 같은 버려진 교구는 아예 마음속에서 배제된 땅 끝 선교지일 수도 있을 것입니다. 아마도 여러분 중 많은 사람은 대부분 도시목회에 참여하게 되고 극소수의 사람만이 격오지隔奧地나 해외 선교지로 가게 될 것입니다. 어떤 사람들은 기관목회자가 됩니다. 그래서 여러분께서 나병환자들이 사는 마을을 교구로 삼으라는 권면을 "이런 모든 것들은 그냥 해보는 이야기겠지. 그냥 사경회니까 말하는 거겠지"라고 생각하며 흘려들을 수도 있을 것입니다. 하지만 여러분이 목회를 하면서 이런 죽어가는 자들과의 생명적 연대를 잃어버리는 순간, 더 이상 영인靈人모드로 살지 못하고 육인모드로 살 수밖에 없다는 것은 엄연한 진실입니다. 육인으로 살아갈 목사들을 구원해 줄 사람은 사실 나병환자급 교우들입니다. 나병환자처럼 산 자의 땅에서 추방당한 가난한 자의 아우성치는 간청이 목사들의 영적 감수성을 회복시키고 영인으로 되살려냅니다. 이것이 바로 톨스토이의 신학입니다. 그가 대표했던 러시아 정교회의 영성신학에 따르면 나병환자, 가난뱅이, 바보천치, 노숙자는 곧 변장한 천사로서 구원받은 사람을 데려가기 위해서 거리에 파송된 자들입니다. 그들이 노숙자, 나병환자, 행려병자의 이름으로 전 세계에 파송되었다는 것입니다. 따라서 거리에 버려진 그 사람들의 손을 잡는 순간 천국에 갑니다. 우리가 죽어가는 것과 불결한 것, 하나님의 원시적인 자비가 필요한 사람과 접촉을 유지하고 연대할 때에야 비로소 교회가 살고 하나님의 치료의 능력이 발출될 것입니다. 마치 창에 찔린 예수님의 옆구리에서 쏟아지는 피와 물처럼 치료의 능력이 그리스도의 몸된 교회로부터 계속 쏟아져 나올 줄 믿습니다. 교회가 해야 할 일은 무엇입니까? 나병환자급 교우들을 재활복구시켜 그들을 정상인의 사회로 복귀시키는 것입니다. 이것이 곧 선교이며 교회의 사역입니다.

　사랑하는 형제자매 여러분, 마지막 밤입니다. 우리 세 가지 기도제목을 가지고 기도하기를 원합니다. 첫째, 우리 스스로 깨끗케 되기를 열망하는 기도를 먼저 드립시다. 우리 중에 나병환자의 자리에 서서 간청하지 않아도 될 만큼 깨끗한 사람은 아무도 없습니다. 우리 모두는 나병환자보다 더 절박하게, "주님, 원하시면 저를 깨끗케 하실 수 있습니다"라고 외쳐야 합니다. 우리가 나병환자의 자리에 서야 합니다. 두 번째로, 깨끗케 된 그리스도의 몸된 교회의 지체들이 불결한 것, 죽어가는 것과 접촉하고 연대하는 선교적 현장투입을 위해 기도합시다. 장로회신학대학원과 한국교회가 단순히 교양 있고 점잖은 고만고만한 그리스도인을 배출하는 데 만족하지 말고, 나병의 고통이 넘치고 죽음이 역사하는 땅까지 손을 내뻗는 선교사를 파송할 수 있도록 기도합시다. 인적 그리고 재정적 희생을 무릅쓰며 영력을 소진시켜 가는 선교적 아웃리치를 하기 바랍니다. 세 번째로 여러분께서 스스로 결단하시길 바랍니다. "하나님, 제가 3학년 2학기가 되기 전까지 선교지를 허락해 주시고 제가 접촉해야 될 간청자를 만나게 해주시고 제 인생의 도상에서 나에게 소리치며 달려오는 양떼를 만나게 해주십시오." 다 함께 기도합시다.

6강

일어나 네 상을 가지고 집으로 가라

마가복음 2:1-12

―

설교 6(3월 25일 금요일 새벽예배)

수 일 후에 예수께서 다시 가버나움에 들어가시니 집에 계시다는 소문이 들린지라. 많은 사람이 모여서 문 앞까지도 들어설 자리가 없게 되었는데 예수께서 그들에게 도를 말씀하시더니 사람들이 한 중풍병자를 네 사람에게 메워 가지고 예수께로 올새 무리들 때문에 예수께 데려갈 수 없으므로 그 계신 곳의 지붕을 뜯어 구멍을 내고 중풍병자가 누운 상을 달아 내리니 예수께서 그들의 믿음을 보시고 중풍병자에게 이르시되 작은 자야 네 죄 사함을 받았느니라 하시니 어떤 서기관들이 거기 앉아서 마음에 생각하기를 이 사람이 어찌 이렇게 말하는가 신성모독이로다 오직 하나님 한 분 외에는 누가 능히 죄를 사하겠느냐. 그들이 속으로 이렇게 생각하는 줄을 예수께서 곧 중심에 아시고 이르시되 어찌하여 이것을 마음에 생각하느냐. 중풍병자에게 네 죄 사함을 받았느니라 하는 말과 일어나 네 상을 가지고 걸어가라 하는 말 중에서 어느 것이 쉽겠느냐. 그러나 인자가 땅에서 죄를 사하는 권세가 있는 줄을 너희로 알게 하려 하노라 하시고 중풍병자에게 말씀하시되 내가 네게 이르노니 일어나 네 상을 가지고 집으로 가라 하시니 그가 일어나 곧 상을 가지고 모든 사람 앞에서 나가거늘 그들이 다 놀라 하나님께 영광을 돌리며 이르되 우리가 이런 일을 도무지 보지 못하였다 하더라.

본문은 예수님의 사죄권세 논쟁을 다룹니다. 예수님의 사죄권세는 인류종교사에서나 유대교 역사에서나 공히 신기원을 여는 논쟁입니다. 어떻게 인간이 인간의 죄를 사하는가? 나사렛 예수는 어떤 호기豪氣로 하나님의 신적 대권인 사죄권세를 자신이 가졌다고 주장하는가?(참조. 요 5:24-27) 나사렛 예수의 그 당당한 사죄권세 확신은 어디서 왔는가? 이것은 모든 기독교 신학자들이 씨름하는 논제입니다. 당시의 사죄선언은 대제사장의 고유권한이었으나 그것은 어디까지나 의례적인 절차의 일부였지 성전 제사 맥락과 분리된 상황에서 특정 개인을 향해 사용할 수 있는 권한이 아니었습니다. 당시의 유대교 신학에 따르면 사죄권세는 하나님께 속한 대권이었으며 예루살렘의 제사장들에게 제한적으로 매개되거나 위임된 권세였습니다. 그러나 예수님은 예루살렘 성전의 종교권력을 비웃기라도 하듯이 기탄없이 사죄권세를 구사했습니다. 아버지 하나님의 이름으로 죄를 사하는 선언을 할 뿐만 아니라 그 죄 사함의 효력을 입증하는 이적을 행하시기도 했습니다. 만일 병이 죄의 결과라면 병의 치유는 죄 용서를 의미했습니다. 예수님은 대부분의 질병을 죄의 결과라고 보았습니다. 모든 질병이 아담의 원죄로 인해 생긴 후발적인 심판, 죽음의 징후요 현현이라고 본 창세기 말씀(3:15-20)을 믿으신 것입니다. 중풍병은 그 병에 걸린 사람의 구체적인 죄 때문은 아닐지라도 아담의 원죄로 촉발된 하나님의 죽음 선고의 결과였습니다. 바로 이런 이유로 예수님은 죄 사함의 문제와 중풍병 치유를 연동시켰던 것입니다. 구약 종교 및 유대교 종교 역사상 예수 그리스도만큼 사죄권세를 이렇게 직접적으로 구사한 예가 없었습니다. 더 넓게는 세계의 종교역사상 예수님만큼 대담하게 사죄권세를 말한 분이 없습니다. 죄 용서 권세는 피해자가 갖는 권리입니다. 여기서 우리는, 예수님은 인간의 모든 죄 때문에 궁극적으로 피해를 입는 하나님의 아들이심을 상기하게 됩니다. 인간의 모든 범죄는 하나님의 거룩한 인격과 영광을 파괴하는 죄악입니다. 따라서 모든 인간 죄악의 궁극적인 피해자는 창조주 하나님이십니다. 하나님 당신의 형상대로 창조된 인간의 죄악은 곧 하나님을 향한 죄악인 것입니다. 예수 그리스도는 인간의 죄를 이 땅에서부터 용서하는 신적 대권을 가졌다고 주장했습니다. 이 신적 대권 주장이 공생애 내내 나사렛 예수를 위태롭게 했습니다. 그러나 그것은 진실이었습니다.

오늘 이 새벽에 중풍병자에게 임한 사죄의 은총이 모든 형제자매들에게도 임하길 소원합니다. 먼저 헬라어 본문을 낭독하고 제 사역을 읽어 드리겠습니다.

헬라어 본문 낭독과 사역

1 Καὶ εἰσελθὼν πάλιν εἰς Καφαρναοὺμ δι' ἡμερῶν ἠκούσθη ὅτι ἐν οἴκῳ ἐστίν
카이 에이셀돈 팔린 에이스 카파르나움 디 헤메론 에쿠스데 호티 엔 오이코 에스틴.

그리고 몇 일 지난 후 다시 가버나움으로 들어가자 그가 집에 있다는 말이 들렸다.

2 καὶ συνήχθησαν πολλοὶ ὥστε μηκέτι χωρεῖν μηδὲ τὰ πρὸς
τὴν θύραν, καὶ ἐλάλει αὐτοῖς τὸν λόγον
카이 쉬네 크데산 폴로이 호스테 메케티 코레인 메데 타 프로스
텐 뒤란 카이 엘랄레이 아우토이스 톤 로곤.

그리고 문가에도 어떤 틈도 없을 정도로 많은 사람들이 모였다. 그리고 그는 그들에게 말씀을 말씀하셨다.

3 καὶ ἔρχονται φέροντες πρὸς αὐτὸν παραλυτικὸν αἰρόμενον
ὑπὸ τεσσάρων
카이 에르콘타이 페론테스 프로스 아우톤 파라뤼티콘 아이로메논
휘포 테사론.

그리고 그들이 네 사람에 의해 들려진 한 중풍병자를 그에게 데리고 온다.

4 καὶ μὴ δυνάμενοι προσενέγκαι αὐτῷ διὰ τὸν ὄχλον
ἀπεστέγασαν τὴν στέγην ὅπου ἦν, καὶ ἐξορύξαντες χαλῶσι
τὸν κράβαττον ὅπου ὁ παραλυτικὸς κατέκειτο
카이 메 뒤나메노이 프로세넹카이 아우토 디아 톤 오클론
아페스테가산 텐 스테겐 호푸 엔 카이 엑소뤽산테스 칼로시
톤 크라바톤 호푸 호 파라뤼티코스 카테케이토.

그리고 무리들 때문에 그에게 데려갈 수 없어서 그들은 그가 있는 곳 위 지붕을 뜯었다. 그리고 열어 그들은 그 중풍병자가 누워 있던 침상을 아래로 내려보낸다.

5 καὶ ἰδὼν ὁ Ἰησοῦς τὴν πίστιν αὐτῶν λέγει τῷ παραλυτικῷ·
τέκνον, ἀφίενταί σου αἱ ἁμαρτίαι
카이 이돈 호 예쑤스 텐 피스틴 아우톤 레게이 토 파라뤼티코,
테크논 아피엔타이 쑤 하이 하마르티아이.

그리고 그들의 믿음을 본 예수께서 그 중풍병자에게 말씀하신다. "아가야, 네 죄들이 사함 받았다."

6강_ 일어나 네 상을 가지고 집으로 가라

6 ἦσαν δέ τινες τῶν γραμματέων ἐκεῖ καθήμενοι καὶ
διαλογιζόμενοι ἐν ταῖς καρδίαις αὐτῶν
에산 데 티네스 톤 그람마테온 에케이 카데메노이 카이
디아로기조메노이 엔 타이스 카르디아이스 아우톤.

그런데 거기에는 몇 사람들의 서기관들이 앉아 있었으며 그들의 마음속으로 토론하고 있었다.

7 τί οὗτος οὕτως λαλεῖ; βλασφημεῖ· τίς δύναται ἀφιέναι
ἁμαρτίας εἰ μὴ εἷς ὁ θεός;
티 후토스 후토스 랄레이 블라스페메이 티스 뒤나타이 아피에나이
하마르티아스 에이 메 에이스 호 데오스.

"왜 이 자가 이렇게 말하는가? 그가 하나님이름을 모독하고 있다. 한분 하나님 외에 누가 감히 죄를 용서할 수 있단 말인가?"

8 καὶ εὐθὺς ἐπιγνοὺς ὁ Ἰησοῦς τῷ πνεύματι αὐτοῦ ὅτι
οὕτως διαλογίζονται ἐν ἑαυτοῖς λέγει αὐτοῖς· τί ταῦτα
διαλογίζεσθε ἐν ταῖς καρδίαις ὑμῶν;
카이 유쒸스 에피그누스 호 예수스 토 프뉴마티 아우투 호티
후토스 디아로기존타이 엔 헤아우토이스 레게이 아우토이스 티 타우타
디아로기제스데 엔 타이스 카르디아이스 휘몬.

그리고 즉시 예수께서 그의 영으로 그들이 그들 속으로 이렇게 추론하는 것을 감지하시고 그들에게 말씀하신다. "왜 그대들은 그대들의 마음속으로 이런 것들을 따지고 있습니까?"

9 τί ἐστιν εὐκοπώτερον, εἰπεῖν τῷ παραλυτικῷ· ἀφίενταί σου
αἱ ἁμαρτίαι, ἢ εἰπεῖν· ἔγειρε καὶ ἆρον τὸν κράβαττόν σου
καὶ περιπάτει;
티 에스틴 유코포테론 에이펜 토 파라뤼티코 아피엔타이 쑤
하이 하마르티아이 에 에이펜 에게이레 카이 아론 톤 크라바톤 쑤
카이 페리파테이.

"중풍병자에게 '네 죄들이 용서받았다'라고 말하는 것과 '일어나 네

침상을 취하여 그리고 걸어가 보라'라고 말하는 것 중 어느 것이 더 쉽습니까?"

10 ἵνα δὲ εἰδῆτε ὅτι ἐξουσίαν ἔχει ὁ υἱὸς τοῦ ἀνθρώπου ἀφιέναι ἁμαρτίας ἐπὶ τῆς γῆς – λέγει τῷ παραλυτικῷ
히나 데 에이데테 호티 엑수시안 에케이 호 휘오스 투 안드로푸 아피에나이 하마르티아스 에피 테스 게스-레게이 토 파라뤼티코.

하지만 그대들이 인자가 땅 위에서 죄들을 용서할 권세를 소유하고 있다는 것을 깨닫도록 하기 위하여, 그가 중풍병자에게 말씀하신다.

11 σοὶ λέγω, ἔχειρε ἆρον τὸν κράβαττόν σου καὶ ὕπαγε εἰς τὸν οἶκόν σου
쏘이 레고 에게이레 아론 톤 크라바톤 쑤 카이 휘파게 에이스 톤 오이콘 쑤.

"네게 말한다. 일어나라. 네 침상을 취하라. 그리고 네 집으로 돌아가라."

12 καὶ ἠγέρθη καὶ εὐθὺς ἄρας τὸν κράβαττον ἐξῆλθεν ἔμπροσθεν πάντων, ὥστε ἐξίστασθαι πάντας καὶ δοξάζειν τὸν θεὸν λέγοντας ὅτι οὕτως οὐδέποτε εἴδομεν
카이 에게르데 카이 유쒸스 아라스 톤 크라바톤 엑셀덴 엠프로스덴 판톤 호스테 엑시스타스싸이 판타스 카이 독사제인 톤 데온 레곤타스 호티 후토스 우데포테 에이도멘.

그리고 그가 일어났다. 그리고 즉시 그 침상을 취하여 모든 사람들 앞에서 밖으로 나갔다. (결과적으로) 모든 사람들이 놀랐고 "우리가 이런 일은 결코 본 적이 없다"라고 말하면서 하나님께 영광을 돌렸다.

지금은 새벽예배 시간이고 본문이 다소 길어 중요한 부분만 직역하며 읽겠습니다. 7절부터입니다. 티 후토스 후토스 랄레이 블라스페메이

티스 뒤나타이 아피에나이 하마르티아스 에이 메 에이스 호 데오스. "왜 이 자가 이렇게 말하는가? 그가 하나님 이름을 모독하고 있다. 한분 하나님 외에 누가 감히 죄를 용서할 수 있단 말인가?" 어느 정도 알아차렸겠지만 왕래발착동사(오다, 가다 등)와 발화동사(말하다 등)는 마가복음 헬라어 원어성경에서[77] 대부분 현재시제로 되어 있습니다. 3절에 왕래발착동사가 나옵니다. "그들이 네 사람에 의해서 들려진 한 중풍병자를 그에게 **데리고 온다**." 현재직설법입니다. 4절에서도 마찬가지입니다. "그들은 그 중풍병자가 누워 있던 침상을 아래로 **내려보낸다**." 최초의 엘리베이터 가동입니다. 물리적으로 도르래를 만들어서 지붕을 뚫고 밑으로 내리는 것, 굉장한 기술이죠. 5절입니다. "그리고 보아라. 그들의 믿음을 보신 예수님께서 중풍병자에게 **말씀하신다**. 아가야,[78] 네 죄들이 사함을 받았다."

8절 하반절입니다. 아우투 호티 후토스 디아로기존타이 엔 헤아우토이스. "너희들은 왜 그런 말을 하느냐" 하면서 예수님께서 그들이 마음속으로 생각한 것까지도 알아차리고 선제공격을 하시니, 서기관들도 곤경에 처했을 것입니다. "아이고, 옆에 앉아 있기만 해도 독심술을 당하는구나." 예수께서 즉시 그의 영으로 그들이 그들 마음속으로 이렇게 추론하는 것을 감지하신 후에 그들에게 말씀하십니다. 직설법 현재형으로 말씀하십니다. 9절입니다. "왜 그대들은 그대들의 마음속으로 이런 것들을 따지고 있습니까? 중풍병자에게 '네 죄들이 용서받았다'라고 말하는 것과 '일어나 네 침상을 취하여, 그리고 걸어가 보라'고 말하는 것 중에 어느 것이 더 쉽겠습니까?" 예수님은 "네 죄가 사함 받았는데, 네 죄가 사함 받았다는 그 선언을 입중하기 위하여 내가 한 번 더 추가적인 명령을 내린다. 네 침상을 들고 일어나 걸어가라. 이것은 매우 힘든 것인데, 내가 이 어려운 일에 도전한다"라고 말씀하시는 것입니다. 그렇게 하는 이유는 무엇인가요? 10절의 '히나*hina*' 목적절에 나타나 있습니다. "인자가 죄 사하는 권세가 있음을 알게 하기 위하여 나는 말한다. 네 침상을 들고 일어나 걸어라."

10절입니다. 히나 데 에이데테 호티 엑수시안 에케이 호 휘오스 투 안드로푸 아피에나이 하마르티아스 에피 테스 게스-레게이 토 파라뤼티코. 하지만 그대들이 인자가 땅 위에서 죄들을 용서할 권세를 소유하고 있다는 것을 깨닫도록 하기 위하여, 말한다, 그가 중풍병자에게 말씀하신다.

11절, 쏘이 레고 에게이레 아론 톤 크라바톤 쑤 카이 휘파게 에이스 톤 오이콘 쑤. "네게 말한다. 일어나라. 네 침상을 취하라. 그리고 네 집으로 돌아가라."

12절, 카이 에게르데 카이 유쒸스 아라스 톤 크라바톤 엑셀덴 엠프로스덴 판톤 호스테 엑시스타스싸이 판타스 카이 독사제인 톤 데온 레곤타스 호티 후토스 우데포테 에이도멘. 그리고 그가 일어났다. 그리고 즉시 그 침상을 취하여 모든 사람들 앞에서 밖으로 나갔다. 모든 사람들이 놀랐고 "우리가 이런 일은 결코 본 적이 없다"라고 말하면서 하나님께 영광을 돌렸다. "말하면서"는 분사구문입니다. "영광을 돌렸다" 이것이 정동사입니다.

중풍병자를 고치신 예수(1-6절)

오늘 아침에는 한 가지만 말씀드리겠습니다. 인자의 사죄권세입니다. 본문은 예수님의 치유사역이 불러일으킨 열기(1-2절), 중풍병자 사죄와 치유(3-6절), 인자의 사죄대권 논쟁(7-9절), 그리고 인자의 사죄선언과 그것을 입증하는 치유(10-12절)로 구성되어 있습니다. 1:45에서 보았듯이 나병환자의 치유사건이 초래한 파장은 엄청났습니다. 예수님은 가버나움 집에 들어갈 수가 없었습니다. 광야에서 여러 날 동안 지내지 않으면 안 되었습니다. 오랜 시간이 지난 후 예수님은 가버나움으로 돌아왔습니다. 그런데 예수님이 가버나움 집에 돌아왔다는 말이 들리자마자(1절), 또다시 문 앞에는 입추의 여지없이 엄청난 무리들이 몰려들었습니다. 예수께서는 그들에게 로고스, 도道를 말씀하셨습니다(2절). 하나님 나라의 말씀을 들려주신 것입니다. 예수님에게 하나님 나라의 도래는 죄 사함을 통해 이뤄졌습니다. 예수님께서 갈급한 군중들에게 로고스를 말씀하시는 동안에 불특정 사람들(그들)이 네 사람에 의해 들려신 한 중풍병자를 그에게 데리고 옵니다. 주어는 "그들"입니다. 문가에 모여든 모든 사람들과는 다른 사람들입니다. 네 사람이 그 중풍병자를 당가에 실어 데리고 옵니다(3절). 하지만 집 안에 있는 예수님께 접근하기는 불가능합니다. 무리들이 너무나 많이 운집해 있었기 때문입니다. 그들은 지붕 위로 올라가 지붕을 뚫고 그 중풍병자를 예수님 면전에 달아 내립니다(4절). 기상천외한 상상력입니다. 가히 필사적인 노력을 해가며 아이를 예수님께 데려가는 것을 볼 때 그 중풍병자는 아주 중요한 인물인 듯합니다. 그 중풍병자는 "아가"(테크논)라고 불립니다. 사람들에게 아주 큰 동정심을 산 어린 청소년이 중풍병에 걸렸던 것입니다. 소년이 중풍병에 걸려 식물인간이 되어 사는 것은 공동체 모두에게 슬픔이요 우환이었을 것입니다. 그래서 불특정 다수인 "그들"이 그 아가라고 불리는 소년을 예수님께 달아 내린 것입니다. 예수님은 이 필사적인 노력을 "믿음"이라고 평가하신 후 "아가야, 네 죄들이 사함을 받았다"라고 선언하십니다(5절). 이 "죄들"은 "아가"라고 불리는 이 소년이 지은 죄를 가리키는 말이라기보다는 병을 죄의 결과로 본 유대교 신학의 이해에 기대어 하신 말씀일 것입니다. 아담의 원죄 아래 인간의 질병이 시작된 것이었기에 넓은 의미에서 병은 죄의 결과였습니다. 죄의 삯은 사망입니다. 병은 사망의 예후입니다. 병은 미리 맛보는 죽음입니다. 따라서 창세기 3장 이래 시작된 죄와 죽음의 공격으로 발생한 병의 치유는 죄 사함을 통해서 가능합니다. "아가"라고 불리는 그 중풍병자는 예수님께 필사적으로 다가와 믿음을 인정받고 죄 사함을 받은 것입니다. 그런데 여기가 바로 문제가 일어나는 지점입니다. 마치 서기관들은 기다렸다는 듯이 마음속으로 예수님의 사죄선언을 문제 삼기 시작합니다. 왜 서기관이 여기에 와 있었는지 정확하게 알 수 없지만 아마도 예수님의 치유현장을 임상적으로 정밀하게 관찰하고 검증하기 위해 온 것이 아닐까 하는 생각이 듭니다.

인자의 사죄대권 논쟁 (7-9절)

예수님 바로 앞에 앉아 있던 서기관들이 마음속으로 토론하기 시작했습니다. 디아로기조메노이 엔 타이스 카르디아이스 아우톤. '디아로기조메노이'는 논쟁하는 것입니다. 서기관들은 마음속으로 서로 논쟁을 한 것입니다. 대단하다는 반응과 죄 사함의 선언이 주는 당혹감을 조화시키려고 했는지도 모릅니다. 그들의 마음속 논쟁 결과가 7절에 나타납니다. 그들의 마음속 논쟁의 결론은 예수님의 사죄선언이 신성모독적인 언동이라는 것이었습니다. 7절은 그들이 예수님에 대하여 품는 거리감, 경멸감, 분노를 잘 표현하고 있습니다. 티후토스 후토스 랄레이 블라스페메이 티스 뒤나타이 아피에나이 하마르티아스 에이 메 에이스 호 데오스. '티 후토스'는 "이 자는 도대체 누군가?"라는 정도의 말입니다. 뒤에 나오는 후토스*hútos*는 앞의 후토스*hutos*와는 스펠링이 약간 다른 단어입니다. "이렇게"라는 부사입니다. 뒤에 나오는 '후토스'라는 말은, "이 자가" 혹은 "이것"을 의미합니다. 더 정확하게는 "이 사람This man"도 아니고 "이것This"을 지칭합니다. 서기관들이 왜 이렇게 경멸적인 용어를 썼을까요? 예수님의 선제공격 때문이었습니다. 그들이 예수님의 바로 정면 앞에까지 와서 자리를 펴고 앉은 것을 볼 때 처음부터 적대적이지는 않았던 것 같습니다. 원래는 어쩌면 그들도 예수님께 은혜 받으러 왔을지도 모릅니다. 아니면 그들이 처음부터 뭔가 미심쩍은 혹은 심지어 적대적인 의도를 갖고 왔을 수도 있습니다. 예수님이 어떤 실수를 하는가 보려고 왔을 수도 있다는 거지요. MP3 가지고 몰래 녹음하면서 몰래카메라로 찍을 듯한 인상을 풍겼을 수도 있다는 것입니다. 어떤 이유로 왔건 예수님은 서기관들을 쫓아내지 않았습니다. 예수님의 논리는 배제보다는 무한포용의 논리이기 때문에 적대자들까지도 말씀의 자리로 초청하셨습니다. 그런 다소 긴장된 상황에서 사죄선언을 하신 것입니다. 어떻게 보면 예수님이 서기관들을 정확하게 보면서 다소간 도발적으로 선제공격을 하신 것이지요. 그때 서기관들은 예수님이 말씀하시는 것을 보고 마음속으로 격한 반발을 보였습니다. "왜 이자가 이렇게 말하는가? 그가 하나님의 이름을 모독하고 있다. 한분 하나님 외에 누가 감히 죄를 용서할 수 있단 말인가?"

그들이 사용한 '블라스페메이'라는 단어는 하나님의 신적 대권을 참칭하는 언동을 이르는 말입니다. 그들은 예수님을 "이 자"(후토스)라고 불렀고 그가 하나님의 신적 대권 즉 사죄권을 가로채서 하나님의 이름을 모독하고 있다고 단정한 것입니다. 그들이 이렇게 단정한 이유는 분명합니다. 7절의 마지막 소절이 말합니다. "한분 하나님 외에 누가 감히 죄를 용서할 수 있단 말인가?" 하나님 한분만이 죄를 사할 수 있다는 사상 때문이었습니다. 예수님의 사죄선언에 대한 두 가지 관점이 여기서 충돌합니다. 한 가지 관점은 서기관들처럼 신성모독적 언동이라고 보는 입장입니다. 또 다른 관점은 예수님을 하나님의 신적 대권을 위임받은 파송된 인자라고 보는 것입니다. 인자는 주전 2세기부터 유대교에서 발흥한 묵시문학에서 빈번하게 등장하는 칭호입니다. 짐승의 나라들 치하에 시달리는 하나님의 백성을 한데 모아 거룩한 언약백성으로서의 정체성을 회복시켜줄 신적 대리자를 가리킵니다(단 7:13). 신약시대를 연 사도들은 이 두 번째 입장을 선택한 사람들이었습니다.

예수님은 즉시 알아차렸습니다. 자신의 사죄선언이 서기관들에게 엄청난 충격을 주었음을 인지하시고 그들의 마음속에 일어난 논쟁을 간파하신 것입니다(8절). 그래서 말씀하십니다. "왜 그대들은 그대들의 마음속으로 이런 것들을 따지고 있습니까?" 예수님은 그것을 '토 프뉴마티', 즉 마음 중심으로 알아차리셨습니다. 8절의 '토 프뉴마티'에서 '토'는 여격 dative 정관사입니다. 그러니까 영으로 with the spirit, 혹은 영 안에서 in the spirit 또는 영에 의해서 by the spirit 정도의 뜻입니다. 그때 즉시 예수께서 '에피그누스 호 예쑤스', 영적 통찰력으로 감지하신 후에 그들의 심중 추론을 간파하신 것입니다. 영적 통찰력이 너무 큰 것도 고통스럽습니다.

이처럼 예수님의 사죄선언, 즉 자신이 땅에서 죄를 사하는 권세가 있다는 주장은 당시의 종교권력자들에게 엄청난 도발로 간주되었습니다. 그것은 결국 예수님의 생명을 위태롭게 했습니다. 적어도 유대인들의 입장에서는 예수님의 사죄선언과, 그것과 연동된 치유 기적들은 감당할 수 없는 공격이었기 때문입니다. 이 사죄선언이 어떻게 예수님의 죽음을 초래하게 되었는가는 자세히 살펴볼 필요가 있습니다. 예수님은 공생애 기간 내내 3대 논쟁에 휘말려 들었습니다. 첫째, 땅에서 자신이 사죄권세를 갖고 있다는 주장과 자신이 하나님의 친아들이라는 주장입니다. 둘째, 성전 멸망 예언을 포함한 성전모독 발언입니다. 셋째, 모세의 율법을 무시하고 위반한 언동입니다. 특히 안식일 계명 위반과 정결예법 위반은 적대자들에게 늘 공격의 빌미를 제공했습니다. 예수님께서 죄인들의 불결과 부도덕을 무제한 참아줌으로써, 도덕적인 인간들의 거의 자학적일 정도의 율법준수 노력과 분투를 무효화시켰습니다. 안식일의 신성성을 훼손했다는 비난은 예수님이 일부러 안식일에 병자들을 많이 고쳤기 때문에 덧붙여진 비난이었습니다. 이 모든 논쟁 중에서도 당시 종교권력자들의 가장 큰 격분을 초래한 것은 성전의 제사와 예배체제를 사실상 무력화시키는 사죄대권 논쟁이었습니다. 따라서 종교권력자들의 눈에는, 하나님께만 귀속되어 있으며 성전제사체제와 제사장들을 통해 매개되는 배타적 사죄대권을, 나사렛 예수가 자기에게로 귀속시켜 사죄선언을 일삼고 다니는 사태는 참을 수 없었던 도발이요 공격이었던 것입니다. 죄 사함의 문제, 이것은 갈릴리의 목수 출신 방랑예언자가 손댈 문제가 아니었다는 말입니다. 그런데도 예수님은 자기를 죽음으로 몰아가는 그 위험한 행동을, 즉 하나님의 무제한적 사랑을 선포함으로써 초래하신 겁니다. 어떤 과정을 거쳐 이 예수님의 사죄대권 선언이 그를 죽음으로 몰아갔는지 자세히 살펴봅시다.

예수님의 죽음에 관련된 당사자가 대여섯 그룹 있습니다. 첫째, 종교권력자들입니다. 대제사장, 서기관, 바리새인, 헤롯 분봉왕, 사두개인의 무리들입니다. 둘째, 로마제국의 치안담당자입니다. 유대 장관 빌라도입니다. 셋째, 유다와 베드로를 비롯한 열두 제자입니다. 유다는 예수님을 넘기고 베드로는 예수님의 무죄를 옹호하기보다는 삼십육계를 구사했습니다. 베드로가 예수님과 함께 체포되어 이렇게 말했다면 어떻게 되었을까요? "예수께서 베드로와 함께 잡히시니, 베드로가 계속 예수님께 눈짓하여 가로되 '피하십시오, 스승님. 십자가는 제가 대신 지겠습니다'라고 하더라." 이런 본문이 나올 법도 한데, 베드로를 비롯한 제자들은 예수님을 남겨 놓고 다 도망갔습니다. 이 제자들의 배반의 극단이 스승을 돈 받고 팔아넘긴 유다의 배신이었습니다. 넷째, 근원적으로는 예수님의 공생애 자체의 엄청난 파급력 때문입니다. 잃어버린 자들을 찾아나서는 선한 목자 예수님의 무한 사랑, 치유기적, 축사, 그리고 가난한 자들 가운데 심어주신 하나님 나라 도래 메시지 등이 예수님을 위태롭게 만들었습니다. 사실 바리새인이나 성전체제를 떠받치는 종교권력자들이 예수님을 먼저 공격했습니까? 아니면 예수님이 기존 종교시스템을 먼저 도발했습니까? 예수님이 먼저 선제공격하셨지요. 어떻게요? 너무나 자비로운 하나님을 선포하고 너무나 무차별적인 은혜의 왕국을 선포함으로, 기존 종교의 거짓된 하나님 상像을 공격한 것입니다. 그 당시 종교체제 안에서 구원받을 가능성이 제로가 되어 버리는 지점, 즉 구원 불가능 지점으로 굴러 떨어진 사람들에게 구원을 선포하신 것입니다. 기존 종교시스템에서 구원받지 못할 인간들로 낙인 찍힌 인간들을 무제한 포용함으로써 예수님은 자기를 위협에 빠뜨렸던 것입니다. 그러니까 예수님을 죽음으로 몰아간 더 근원적인 위협은 무엇이며, 더 근원적인 요인은 누구입니까? 유다나 빌라도가 아니라 바로 예수님 자신입니다. 대제사장과 성전·종교권력자들에게 시기심을 불러일으키고 빌라도에게 정치적 두려움을 불러일으킨 사태는 예수님 자신의 폭발력 넘치는 사랑과 자비의 사역 때문이었다는 말입니다. 대제사장과 종교지도자의 시기와 질투와 증오심과 격분을 불러일으키는 모든 행동의 원인 제공자는 예수님 자신이었습니다. 선하고 상한 목자의 마음을 가진 그분 자신말입니다.

마지막으로, 하나님 아버지께서 이 모든 사태의 궁극적인 원인이라고 볼 수 있습니다. 예수님에게 시종일관 계속 감동을 주신 분이 누구십니까? 하나님 아버지시죠. 하나님 아버지께서 성령을 통해 계속해서 예수님이 위험할 정도로 바르게 살도록 격동시키셨으니, 사실은 성령과 하나님 아버지께서 예수님을 죽음의 자리까지 추동하신 것입니다. 결국 예수님의 죽음에 관여한 결정적 당사자는, 인간 엑스트라나 조연들이 아니라 하나님 아버지의 무한히 착한 마음입니다. 그것이 예수님을 위험에 빠뜨렸던 것입니다. 굳이 말하자면, 하나님 아버지의 무한히 착한 마음에 예수님이 너무나도 순종을 잘 하셔서 종교권력자들에게 미움과 시기를 불러일으켰으니 예수님도 결국 자신의 죽음을 공생애 내내 준비하신 셈이지요. 인간이 상상할 수 없는 하나님 아버지의 무한히 착한 마음씨를 본받은 하나님의 독생자 예수님이 세상의 거짓 종교와 거짓 정치로 죽어가는 사람들에게 엄청난 생명파동을 불러일으킨 것입니다. 하나님의 무한 사랑과 은혜(공짜)는 호구지책 때문에 종살이하던 모든 비참한 사람들에게 엄청난 환희를 불러일으켰지만, 기층 민중들 위에 군림하던 자들에게는 커다란 성곽을 떠받치는 기초석들이 빠져나가는 위험한 사태를 초래한 것입니다. 마태복음 21:32에 보면 이런 말이 나옵니다. 바리새인들과 서기관들은 세례 요한의 세례를 거절하고 천국에서 탈락했는데, 세리와 창녀들이 도래하는 하나님 나라를 향해 자신을 열고 믿어 천국으로 쇄도했다는 것입니다. 우리가 비행기를 타고 올라가 아래를 내려다보면 15층 건물이나 2층 건물이나 똑같이 땅에 붙어 보이죠? 저 무한광년의 거리에 있는 우주의 중심 보좌에서 우리 인간의 의나 도덕적 키를 볼 때, 바리새인이나 창녀나 똑같이 보입니다. 그런데 지상의 종교권력자들의 눈에 바리새인과 창녀는 엄청난 차이를 가집니다. 한쪽은 거룩과 구원을, 다른 한쪽은 불결과 저주를 대표합니다. 하지만 지상적 관점에서 보면 엄청난 공로가 되었던 바리새인의 모든 의도 천상적 관점에서 보면 모두 의미가 없어지게 됩니다.

제가 신대원 1학년 때 '구약학 개관'이라는 과목을 수강했는데, 노만 갓월드의 책「히브리어 성서」두 권과 B. W. 앤더슨의 책「구약성서의 이해」세 권을 읽고 학기말 시험을 친 일이 있습니다. 그런데 많은 학우들이 커닝을 하게 되어 담당교수에게 고발이 접수되었습니다. 커닝에 연루된 사람이 한두 명이 아니라 워낙 많은 사람들이 바알브올의 죄에 동참했다는 사실이 밝혀져 시험을 취소하지 않으면 안 되는 사태가 벌어진 것입니다. 담당교수님은 그 사태를 수습할 방법이 있었습니다. "오늘 시험 본 것은 말짱 헛것입니다. 새로 보겠습니다." 이 선언은 두 가지 반응을 불러일으켰습니다. 한쪽의 그룹에게는 은혜가 되었고, 다른 한쪽의 그룹에게는 재앙이 되었습니다. 무엇보다도 시험공부를 많이 해 커닝을 안 하고도 시험을 잘 쳤다고 생각한 사람들은 실망하고 격분했습니다. 그런데 시험공부 안 해서 시험을 인상적으로 잘 쳤다고 생각하지 못한 사람들에게는 오히려 더 잘 준비할 기회가 생겼습니다. 저는 은혜의 자식이 되었는데, 두 번째 보는 시험 때에는 열심히 공부했습니다. 처음에는 그 다섯 권을 다 읽을 엄두가 안 나서 공부를 안 했는데, 누군가가 커닝을 해서 그 첫 시험을 무효화시켰기 때문에 저는 살아난 것입니다. 그래서 2주일 후에 다시 시험을 쳤습니다. 하지만 첫 번째 시험 때 밤새도록 공부한 사람들은 누군가가 커닝을 해 시험이 무효화됨으로 말미암아 또다시 열심히 공부해야 한다는 부담감 때문에 힘들어 했습니다. 탕자의 비유에 나오는 맏아들이 된 것처럼 교수님께 이를(?) 갈았기 때문에 그들 중 더러는 아마도 치과병원에 갔을 것입니다. 예수님이 꼭 그러십니다. 열심히 공부한 사람들을 크게 실망시킨 교수와 같습니다. 난이도가 너무 쉬운 시험문제를 출제해 공부 안 한 사람과 삼일 내내 밤 샌 사람이 똑같은 점수가 나오게 만든 교수와 같습니다. 예수님의 풍성한 은혜와 하나님의 자비로운 사역은 바리새인과 서기관의 종교시스템 전체를, 즉 공로주의 사상의 구원론을 초토화시켰습니다. 하나님의 너무 착한 마음씨 때문에, 하나님의 무제한적인 사랑 때문에, 공로주의 구원관을 가진 사람들이 실족했고 분노했습니다. 이러한 하나님의 무차별적 무한 자비와 은혜의 화신인 예수님을 향한 그들의 분노는 극에 달했습니다. 그들은 하나님의 무한 자비와 은총과 용서 공여를 온몸으로 거부하고 배척했습니다. 그런 분노 속에서 결국은 하나님의 아들 나사렛 예수를 죽여버렸습니다. 예수님은 죄인들의 죄를 용서하려다가 죽임을 당한 것이었습니다.

그럼 예수님은 어떻게, 왜 중풍병자의 죄를 사하셨을까요? 네 사람의 당가에 실려 지붕을 뚫고서 자신의 면전에 나타난 그 중풍병자의 행동을 죄를 사해달라는 요청이자, 예수님 자신에게 죄를 사하는 권세가 있음을 믿는 믿음을 표현한 행동으로 보셨기 때문입니다.

중풍병자와 그의 일행에게는 예수님이 세상 죄를 짊어지고 가는 하나님의 어린양으로 보였음이 틀림없습니다. 아담의 원죄는 인류가 갚을 수 없는 큰 빚, 즉 모든 인류를 일만 달란트 빚진 자로 만들었습니다. 예수님은 아담의 원죄를 상쇄할 완전한 순종의 화신으로 오셔서 아담의 원죄가 초래한 모든 죄와 질병을 짊어지고 가시는 어린양의 사역을 펼치셨습니다(마 11:4-5). 중풍병자와 그의 일행은 예수님을 누구보다도 정확히 꿰뚫어 본 것입니다. 예수님의 하나님 나라 운동은 죄 사함이 없이는 불가능합니다. 하나님 나라는 하나님과 동행할 수 있는 자유의지를 가진 사람에게 임합니다. 하나님께 순종할 수 있는 자유는 하나님의 율법대로 행할 수 있는 직립보행의 자유입니다. 중풍병은 걷는 일을 불가능하게 합니다. 중풍병자는 하나님의 율법대로 살 수 있는 능력, 은혜의 직립보행 능력을 박탈당한 자입니다. 하나님의 율법을 어긴 죄인들은, 혹은 육신에 속한 자들은 하나님의 율법에 순종하지 않을 뿐만 아니라 순종할 수도 없습니다(롬 8:7). 세례 요한의 하나님 나라 운동이 회개에 초점이 있었다면, 예수님의 하나님 나라 운동은 사죄은총을 통한 순종능력의 갱신에 있었습니다. 세례 요한에게는 중풍병자나 죄인들이 죄 사함을 기대하면서 쇄도하지 않았습니다. 그러나 예수님에게는 아담의 원죄가 초래한 치명상을 입고 살아가는 식물인간 수준의 무능력자들이 몰려들었습니다. 베드로 장모의 열병 치유 사건에서도 드러났듯이 예수님이 그들의 병을 고치는 행위는 그들의 죄를 대신 짊어지겠다는 의미입니다. 예수님의 사죄선언은 죄 짐을 대신 자신이 짊어지겠다는 결단을 선포하는 것입니다. 예수님의 사죄은총이 얼마나 엄청난 선물인가를 알려면 죄와 빚의 관계를 알면 됩니다.

　죄를 사해 주시는 것은 엄청난 빚을 탕감한 행위와 같습니다. 마태복음 6:9-13절에 나오는 주기도문을 보면 뭐가 나오지요? "하늘에 계신 우리 아버지여, 아버지의 나라가 오게 하시며, 아버지의 뜻이 하늘에서와 같이 땅에서도 이루어지게 하옵소서. 오늘 우리에게 일용할 양식을 주옵시고, 우리가 우리에게 죄 지은 자를 사하여 준 것 같이 우리 죄를 사하여 주옵시고." 그렇습니다. 특히 12절의 "죄"라는 단어를 주목해 봅시다. 그 죄라고 번역된 단어는 오페이레마타입니다. '빚들'(opheilemata, debts)이라는 뜻을 가진 단어입니다. 죄는 빚입니다. 외상으로 가져다 쓴 돈입니다. 인간의 행동은 자유입니다. 마음대로 사는 것이 가능합니다. 그런데 하나님의 율법을 위반해서 사용하는 모든 자유와 행동은 빚을 내서 돈을 쓰는 것과 동일합니다. 인간은 일생 동안 일만 달란트라는 엄청난 빚을 집니다(마 18장, 눅 7:44-47). 이 죄가 빚이라는 생각은 누가복음 7장의 품행이 방정치 못한 여인에 대한 예수님의 죄 용서 이야기에 명백히 나옵니다. 또한 마태복음 18장에 나오는 일만 달란트 빚진 자의 이야기에도 암시되어 있습니다.

　주기도문에 의하면 인간 또한 비록 파생적이긴 하지만 죄 사함의 권세가 있음을 알 수 있습니다. 따라서 예수님의 사죄권세 주장은 신성모독죄가 아니라 우리가 서로에 대하여 죄를 사하는 인자가 되어야 한다는 죄 용서 행위에의 참여와 초청을 함의하는 것일 수 있습니다. 우리가 우리에게 빚진 자, 즉 일백 데나리온 빚진 자를 탕감해 주듯이 우리의 빚 일만 달란트 빚을 탕감해 달라는 주기도문은 이런 논리를 반영합니다. 이처럼 하나님의 자녀들은 자신이 받은 하나님의 원초적인 빚 탕감(죄 사함)의 은혜를 유효한 빚 탕감(죄 사함)으로 유지하기 위해, 그들에게 죄 지은 자, 즉 빚진 자를 탕감해 주어야 한다는 말입니다. 마태복음 6:12-13은 누가복음 7:41-47과 마태복음 18장의 빛 아래서 해석해야 정확하게 이해됩니다. "우리가 우리에게 일백 데나리온 빚진 자를 탕감해 주었던 것처럼, 우리가 하나님 당신께 빚진 일만 달란트의 그 빚 탕감 선언이 계속 유효하게 해 주십시오." 이런 논리인 것입니다. 마태복음 18장을 보면 일만 달란트 빚 탕감을 받은 사람이 일백 데나리온 빚진 자가 빚을 갚지 않는다고 동관에게 넘겨 투옥시키고 있지요? 그 사실을 안 원채주original debtor가 일만 달란트 빚진 사람을 다시 불러 빚 탕감 선언을 무효화시켰습니다. 그렇게 되지 않기 위해서 일만 달란트 빚진 사람은 자신에게 일백 데나리온 빚진 사람도 빚 탕감을 해주었어야 합니다. 이처럼 죄가 빚입니다.

인간이 하나님께 범한 죄란 하나님이 인간에게 주신 자유의 신용credit을 남용하는 행위입니다. 하나님께서는 인간에게 자유라는 엄청난 신용을 주신 것입니다. 동물과 식물에게는 상상도 할 수 없는 자유를 주셨습니다. 동식물은 자신의 거주경계를 마음대로 정하지 못하지만 인간은 거주이전의 자유가 있습니다. 신체의 자유가 있습니다. 자신의 결단으로 자아를 구성할 자유를 가집니다. 인간됨을 이루기 위한 조건이 자유이기에 하나님께서는 인간을 본능에 묶어놓지 않으시고 자유의 광장으로 초청하셨습니다. 따라서 인간은 자유를 위하여 부름을 받았습니다. 그 자유가 하나님이 맡기신 크레딧, 신용입니다. 하나님께서는 사람을 믿고 자유라는 엄청난 자산의 크레딧을, 아마도 일만 달란트 정도의 자산을 맡겼다고 보면 됩니다. 죄는 하나님이 주신 이 엄청난 크레딧을 남용하여 마이너스가 되게 만드는 자유남용 행위입니다. 인간이 죄를 한 번 지을 때마다 자유라는 크레딧은 급격하게 줄어듭니다. 우리에게 신체의 자유가 있습니다. 이 신체의 자유가 탐욕과 욕망을 위해서 죄의 도구, 불의의 병기가 되면 자유라는 크레딧은 급감합니다. 어떤 사람이 자신의 몸을 불의의 병기로 삼아 죄를 지으면 형법이나 민법에 의해 재판을 받아 구금되지 않습니까? 자유 박탈이 일어난 것입니다. 이처럼 우리의 신체가 하나님의 정한 법칙을 어기고 범한 모든 행동은 외상으로 쓴 돈, 즉 빚이 되어 버립니다. 하나님의 법도를 지키는 행동의 자유는 전혀 빚이 안 됩니다. 인간의 죄란 하나님의 셈법으로 보자면 일만 달란트 빚, 즉 평생 갚을 수 없는 빚입니다. 일만 달란트 빚은 절대로 갚을 수가 없는 빚인데, 이걸 탕감해 주시려면 탕감해 주시는 분은 일만 달란트보다 더 많은 돈(순종)을 은행에 적립해 두었어야만 합니다. 인간의 모든 죄가 칠천 칠백만 달란트라고 칩시다. 칠천 칠백만 번의 죄를 범했어요. 이 칠천 칠백만 달란트의 빚을 탕감하려면, 그보다 더 큰 규모의 돈을 은행에 적립해 두었어야 합니다. 즉 인간의 모든 자유 남용을 상쇄할 만큼 위대한 순종을 드릴 분이 한 분 필요합니다. 팔천 팔백만 달란트만큼의 순종을 바쳐서 그 죄를 일대일로 탕감시켜 죄를 무효화하고도 남을 만큼의 천문학적인 크레딧을 은행에 적립한 사람만이 죄를 탕감할 수 있다는 것입니다. 예수님이 말로 죄를 사했다는 것은 자신이 그런 엄청난 자산을 은행에 미

6강_ 일어나 네 상을 가지고 집으로 가라

리 예치해 두었다는 뜻입니다. 예수님이 천문학적인 자산을 하나님 아버지 은행에 맡겨놓고, 우리 인간이 지었던 모든 죄를 다 탕감했기 때문에, 말로 죄를 사한 겁니다. 말로 죄를 사한다는 말이 무엇입니까? 그러면 예수님이 죄의 빚을 탕감했다는 것을 언제 알려 주셨습니까? 예수님이 하나님께 천문학적인 돈을, 인간의 모든 빚을 탕감할 만큼 엄청난 돈을 하나님 나라의 은행에 적치한 행위는 언제 일어났습니까? 창조 전에 일어났다고 보는 것이 에베소서 1:4입니다. 그러니까 십자가에 못이 박힌 그 사건은 창조 전에 그리스도 안에서 하나님의 자녀로 택함받은 자들을 위한 위대한 순종 사건의 완결편이라는 것입니다. 아들 하나님이 아버지 하나님께 엄청난 자산의 크레딧을 십자가에 못 박힌 그때 적치한 것이 아니라, 이미 그 이전에 맡겼다는 것입니다. 십자가는 아들 하나님이 아버지께 예치한 엄청난 자산을 갖고 인간이 초래한 빚을 탕감하는 부채변제의식 드라마라고 할 수 있습니다. 십자가에 못이 박혀서 인간의 죄를 뒤집어썼다는 말은 하나님의 아들인 예수가, 첫 사람 아담 이래로 지었던 모든 인간의 죄를 원천적으로 갚고도 남는 큰 사산을 순종으로 바쳤나는 것을 의미합니다(롬 5:12-21, 특히 20절 "넘쳤다"는 점을 강조, 참조. 빌 2:6-11). 아담 이래로 인류가 지었던 모든 불순종을 만회하고도 남는 넘치는 은혜의 그 위대한 순종을 바친 것입니다. 누가요? 바로 예수 그리스도께서!

그런데 한 가지 질문이 생깁니다. 어떤 죄는 예수님이 아니라 인간 피해자가 용서해 주어야 하는 경우도 있지 않습니까? 죄는 피해자가 용서해야지 제3자가 용서해도 됩니까? 좋은 질문입니다. 여기서 우리는 성경의 죄 용서 신학의 골격을 알아야 합니다. 자, 모든 죄는 일차적 피해자와 궁극적 피해자를 낳습니다. 살인죄의 경우 일차적인 피해자는 살해당한 사람과 그 가족입니다만 궁극적인 피해자는 자기 형상대로 사람을 창조하셔서 생명을 선물로 주신 하나님 아버지입니다. 죄 용서는 일차적 피해자의 용서도 중요하지만 궁극적 피해자와의 화해도 중요합니다. 모든 죄는 궁극적으로 피해자만 용서할 수 있죠. 일차적 피해자가 죄를 용서해도 궁극적 피해자가 용서하지 않으면 화해가 될 수 없습니다. 그러나 이 경우에도 중요한 것은 일차적 피해자를 거치지 않는 궁극적 피해자 중심의 화해만 있다면 그것은 완전한 화해가 될 수 없다는 점입니다. 성경에서 죄 용서는 일차적 피해자와의 화해를 전제합니다. 서구신학의 경우 피해자를 거쳐야 완성되는 화해에 다소 소홀한 면이 있습니다. 몇 년 전에 개봉했던 '밀양'이라는 영화를 보면 피해자를 거치지 않는 하나님과의 화해 장면이 나옵니다. 여주인공의 아들을 죽인 남자가 피해자인 자신이 용서해 주기도 전에 하나님께 죄 용서를 받고 하나님과의 화해를 이루었다고 평안을 과시하는 장면이 나옵니다. 일차적 피해자인 여주인공이 거의 실족해서 그를 용서할 마음을 거두고 다시 되돌아오고 맙니다. '데드맨 워킹'이라는 영화도 똑같은 주제를 다루었습니다. 피해자가 가해자를 용서할 준비도 안 되었는데, 가해자가 하나님과 쌍방 화해를 해 피해자를 실족시킨 내용의 영화입니다. 이것이 서구신학의 큰 약점입니다. 서구신학은 피해자를 거치지 않고 하나님과의 초월적, 수직적 화해만 강조하기 때문에, 수평적인 배상이 없이도 화해가 일어날 수 있는 것처럼 말합니다. 하지만 성경에서는 근본적으로 피해자 중심의 화해를 강조합니다. 배상과 보상이 이뤄지는 화해와 죄 용서를 말합니다. 누가복음 19:1-10에 나오는 삭개오의 죄 사함 이야기는, 정확하게 죄 사함이라 함은 피해자에게 배상과 보상을 거친 후에 이뤄지는 하나님과의 화해 이야기라고 말합니다. 이것이 '전설따라 삼천리'라는 옛날 라디오 드라마의 틀을 따르는 신학입니다. 비례적 응보와 신원을 거친 후에 이르는 화해신학입니다. '전설따라 삼천리'라는 드라마 중 '밀양 아리랑'에 얽힌 전설이 있습니다. 밀양에 부임한 고을 원님에게 성폭행을 당한 후 살해되어 대밭에 암매장된 처녀가 귀신으로 나타나서 새 원님들에게 머리 풀면서 '동지섣달 꽃 본 듯이 날 좀 보소'라고 하는 하소연을 해댑니다. 원님이 세 번 바뀔 때까지도 처녀 귀신을 신원해 주지 않다가 네 번째 젊은 원님이 마침내 신원해 줍니다. 네 번째 원님이 사건 전모를 밝혀내고 보니 고을 동헌 바로 뒤에 있는 대밭에 암매장당한 처녀를 성폭행하고 죽인 수령이 이제는 평양감사를 하고 있습니다. 그래서 그를 대사헌에 고발해 그 평양감사를 파직시키고 심판을 하니 처녀 귀신이 다시는 나타나지 않았습니다. 그러니까 먼저 피해자가 신원되고 나서 화해가 일어난 것이지요. 이것이 '전설따라 삼천리'의 신학적 모토입니다. 여기에는 복수도 있지만 항상 정의가 살아 있습니다. 그런데 서구신학에는 이것이 약하거나 없습니다. 수잔 서랜든이라는 여배우가 주인공 수녀로 분하고 숀 펜이 사형수로 분한 영화가 '데드맨 워킹'입니다. 텍사스 주에서 한 남자가 아홉 살 소녀를 성폭행하고 도끼로 살해한 죄를 범한 후 재판을 받아 사형수가 되었습니다. 한 수녀가 그 사형수를 감화시켜서, 마침내 그 사형수가 예수님을 믿게 됐습니다. 수녀와 많은 사람들이 그 사형수를 감형해 달라는 운동을 벌이기에 이릅니다. 그리고 사형폐지 운동으로 이어집니다. 그런데 문제는 사형수가 감화를 받고 예수를 믿는 그 사이에 피해자 가족은 실족하고 좌절한 것입니다. 정의가 훼손되었다고 생각했기 때문입니다. 피해자 가족은 다시 상처를 입었습니다. 참 역설적입니다. 직접적 피해자를 경유하지 않은 가해자와 하나님 사이의 비밀스런 화해는 일차적 피해자에게 다시금 폭력이 되고 상처가 됩니다. 이처럼 궁극적 피해자인 하나님의 용서 이전에 일차적 피해자의 용서가 있어야 합니다.

이런 이유 때문에 유대교에서는 창녀나 세리들이 죄 용서를 받을 수 없다고 보았습니다. 특히 세리들은 너무 많은 가렴주구를 통해 천문학적인 자산을 모았기 때문에 이전의 개별적 피해자들을 일일이 찾아서 죄 용서를 구하기가 불가능하다고 보았기 때문입니다. 왜요? 죄 용서에는 배상이 필요한데 개별적으로 피해자를 찾아가 배상할 수가 없다고 본 것이었습니다. 누가복음 19장에서 세리장 출신 삭개오가 배상 문제를 즉시 꺼낸 이유도 여기에 있습니다. 예수님은 먼저 죄 사함을 선언하신 구원 선포 후, 배상을 유도하셨습니다. 일차적 피해자들과의 화해를 주선하신 것이지요. 세례 요한은 먼저 배상하고, 완전히 회개하고 나서 천국에 오라고 했고, 예수님은 구원을 먼저 받아 천국이 얼마나 좋은가를 맛보게 해준 후에 천국에 들어가기 위해 죄를 회개해야 한다고 말씀합니다. 삭개오의 가렴주구 때문에 희생당한 피해자와 예수님이 무슨 관계인가가 중요합니다. 예수님은 일차적으로 삭개오의 가렴주구 때문에 죽어간 많은 피해자들과 당신을 동일시하시는 하나님의 아들입니다. 피조세계에 일어나는 모든 범죄의 궁극적인 피해자는 창조주 하나님이시기 때문입니다. 따라서 예수님은 삭개오의 가렴주구 때문에 희생당한 자들의 이름으로 삭개오의 죄를 용서하시는 것입니다. 피해자의 이름으로 이뤄지는 용서입니다. 예수님은 피해자의 고통과 희생을 당신 자신에게 전가시켜 십자가의 저주 어린 죽음으로 인간이 저지른 죄악된 행동의 결과를 감당하셨습니다. 동시에 예수님은 가해자 삭개오의 죄를 대신해 징벌을 자초한다는 점에서 가해자와 동일시되십니다. 그는 무한 책임을 지시는 하나님의 아들이기 때문입니다. 예수님 안에는 죄악의 피해자를 대표하는 자아와 가해자를 대표하는 자아가 병립되어 있는 셈입니다. 예수님이 삭개오의 죄를 용서하실 때 그는 피해자의 이름으로 삭개오가 범한 죄악의 피해자들의 모든 억울함을 당신 안에 포섭하시겠다는 의지를 천명하신 것입니다. 동시에 그는 가해자 삭개오가 저지른 죄악에 대한 징벌을 감수하겠다는 의지를 천명하신 것입니다. 예수님 안에서 피해자와 가해자 사이에 화해가 이뤄신 셈입니다.

    이처럼 하나님의 아들 예수 그리스도가 인간이 범한 죄악의 희생자와 동일시되실 뿐만 아니라 죄악의 실행자와도 동일시되심으로 인류 죄악으로 발생된 모든 원수와 불화상태를 무한 책임적으로 떠안으시고 해결하십니다. 그가 지신 십자가는 인류의 죄악으로 인해 피해를 당한 피해자들이 겪은 수치와 굴욕임과 동시에 가해자가 하나님께 받는 징벌의 참혹함을 대표합니다. 예수님은 하나님 아들의 이름으로, 즉 피해자의 이름으로 삭개오의 죄를 용서하시고 그가 자신의 죄로 희생당한 사람들과 화해하도록 이끄셨습니다. 하나님의 자녀는 결국 자발적인 순종과 신뢰의 화신 그리스도의 형상을 이루도록 부름 받았습니다(롬 8:29, 엡 4:13). 이것은 무엇을 의미합니까? 그리스도의 형상을 이루는 과정은 자신의 죄로 인해 피해를 입은 일차적 피해자와 궁극적인 피해자인 하나님과 동시에 화해를 이루는 것입니다.

다시 강조하지만 여기서 중요한 진실은 예수님이 신학적으로 볼 때 모든 범죄의 궁극적 피해자라는 사실입니다. 하나님의 형상으로 창조된 존재인 인간 생명의 손상과 파괴는 창조주 하나님에 대한 손상과 파괴를 의미하기 때문입니다. 로마서 8:29에 따르면 인간은 하나님의 아들 그리스도의 형상을 본받기 위해 창조되었습니다. 창세기 1:26에 나오는 하나님의 형상이라는 말은 달리 말하면 그리스도의 형상입니다. 그리스도가 인간의 원판이며 인간은 모상模像인 셈입니다. 인간을 창조하신 하나님의 결단을 보증하신 분이 성자 그리스도의 무한 책임적 순종결단이었던 셈입니다. 아주 쉽게 말하면 하나님 아버지의 인간창조 대프로젝트에 하나님의 아들 그리스도가 일종의 보증을 서신 것입니다. 인간창조 프로젝트가 실패할 때 그리스도가 인간을 재활복구시키는 책임을 지기로 결단했다는 것입니다(엡 1:4, 빌 2:6-11). 인간의 모든 불순종과 죄악을 상쇄하고 무효화시킬 수 있는 위대한 순종, 죽기까지 이르는 순종을 드리기로 한 결단이 창조 이전에 먼저 있었다는 것입니다. 따라서 인간과 피조물 일반에 대하여 가해지는 인간의 모든 범죄는 궁극적으로 하나님의 형상, 하나님의 권위와 위엄과 주권에 대한 파괴행위라 볼 수 있습니다. 어떤 살인 사건이 있을 때 그 범죄의 궁극적인 피해자는 살해당한 사람이 아니라 창조주 하나님 아버지와 아들 하나님이라는 것입니다. 결국 하나님이 인간의 범죄와 고의적 불순종 행위의 궁극적 피해자입니다. 인간의 죄 때문에 하나님은 치명상을 입는다는 것입니다. 인간의 불순종은 하나님의 존엄한 위엄의 거부와 배척이기 때문입니다. 하나님의 명령을 십자가에 못 박아 버리고 죽여버리는 행위가 누적되어 하나님의 말씀의 화육 자체이신 하나님의 아들을 십자가에 못 박아버리는 행위가 일어나는 것입니다. 그 죄는 유대인들이 처음 저지른 행위가 아닙니다. 아담 이래 모든 인류가 자행해 오는 짓입니다. 유대인들은 인류의 대표자, 불순종한 아담 인류의 대표자였던 셈입니다.

좀 더 쉬운 예를 들어볼까요? 아들 여섯을 둔 아버지가 있다고 합시다. 여섯 명 중 넷째가 셋째를 칼로 찔러 죽였다고 합시다. 이 경우 셋째 아들이 궁극적 피해자가 아니라, 아버지가 궁극적인 피해자가 됩니다. 아버지는 심장 더 깊은 어딘가를 칼에 찔린 거예요. 하나님의 아들들인 가인과 아벨 사이에 일어난 살인 사건이 바로 이런 상황을 연출한 것입니다. 가인이 아벨을 돌로 쳐 죽여 땅에 암매장했습니다. 돌은 아벨을 타격했을 뿐만 아니라 궁극적으로 아버지 하나님을 타격한 것입니다. 아벨이 궁극적 피해자가 아닙니다. 가인을 낳은 아담과 하와, 그리고 인간 부부를 창조하신 하나님의 머리를 돌로 친 것과 똑같은 겁니다. 땅에 잦아든 아벨의 피가 하나님의 마음 법정에서 호소했습니다(창 4:8-9). 모든 살해당한 자의 피가 하나님 아버지께 호소합니다. 하나님의 아들은 이 모든 범죄 피해자와 강력한 유대 속에 있습니다. 모상이 돌에 맞을 때 원형도 돌에 맞습니다. 하나님의 아들 예수 그리스도가 결국 이 모든 돌을 맞은 셈이 되고 칼에 찔린 셈이 됩니다. 그래서 예수님은, 이 모든 인간의 범죄행위의 궁극적 피해자가 됩니다. 궁극적 죄 용서가 하나님의 아들 예수 그리스도에게 가능한 이유는 바로 이런 논리 때문입니다. 예수님이 용서해야만 궁극적으로 용서가 되는 것입니다. 그래서 예수님이 사죄의 대권을 가지고 있다는 것입니다. 예수님이 용서하면 궁극적 용서가 되는 것입니다. 그래서 예수님은 "아가야, 네 죄들이 용서되었다"고 선언하신 것입니다. 7절의 논리(하나님 외에는 아무도 죄를 사할 수 없다는 서기관의 논리)에 따르면 예수님은 자신을 하나님이라고 주장했던 것입니다.

이 도발적인 사죄선언에 놀란 서기관들이 마음속으로 이것저것 따지면서 불쾌하고 당혹스러운 표정을 보이자, 예수님은 당신의 사죄선언을 공증하기 위해 추가적인 거룩한 도발을 감행하십니다. 9절입니다. 중풍병자에게 "네 죄들이 용서받았다"라고 말하는 것과 "일어나 네 침상을 취하여, 그리고 걸어가 보라"고 말하는 것 중 어느 것이 더 쉽냐고 물으십니다. 이 문장은 다소 어렵습니다. 이 말은 "네 죄가 사함 받았다고 말하는 것이 더 쉽냐, 네 침상을 들고 일어나 걸어가라고 말하는 것이 더 쉽냐?"라는 비교가 아니라, "'네 죄가 사함 받았다'는 말이 더 쉽냐, 아니면 '네 죄가 사함 받았다. 따라서 네 침상을 들고 걸어가라' 이렇게 연속으로 말하는 것이 더 쉽냐?"라는 질문입니다. 사실 네 죄가 사함 받았다는 말 선언을 하는 것도 쉽지는 않지만, 네 죄가 사함 받았다는 말을 한 후에 네 죄가 사함 받았다는 명제를 증명하기 위하여 "네 침상을 들고 걸어가라"고 말하는 것은 훨씬 어려운 것입니다. 결국 9절의 난이도 비교 질문은 쉽게 풀어쓰면 이렇습니다. "'네 죄들이 용서받았다'라고 말하는 것과 '죄들이 용서되었기 때문에 이제 일어나 네 침상을 취하여, 그리고 걸어가 보라'고 말하는 것 중 어느 것이 더 쉽습니까? 죄 용서를 말로 선언하는 것은 쉽습니다. 그러나 말로 선포된 죄 용서를 입증하기 위해 '일어나 침상을 취하여 걸어가라'고 명령하는 것은 훨씬 어렵습니다. 나는 그 더 어려운 명령을 내릴 것입니다."

인자의 사죄대권 공증(10-12절)

그럼에도 불구하고 어린 청소년을 향해 용서를 외치며 해방과 구원을 선포하는 예수님 앞에 서기관들은 냉혈한적인 시선을 거두지 않고 있습니다. 그래서 예수님은 당신의 사죄선언을 치유를 통해 입증하려고 하십니다. 10절은 이렇게 두 단계에 걸쳐서 치유를 베푸는 이유를 밝히십니다. 죄들의 용서와 치유선언을 두 단계로 구별하여 실행하시는 까닭은 인자가 땅에서 죄를 사하는 권세가 있다는 것을 선포하기 위함이었습니다. "하지만 그대들이 인자가 땅 위에서 죄들을 용서할 권세를 소유하고 있다는 것을 깨닫도록 하기 위하여." '히나hina' 목적절이 사용됩니다.

    인자의 기원은 다니엘 7:13에 나오는 '커바르 에노쉬'(사람의 아들 같은 이)와 에녹서 등 신구약 중간기 문서입니다(또한 제4에스드라서). 다니엘서에서 인자는 "옛적부터 항상 계신 이"와 긴밀하게 동역하는 지상 왕국의 최종심판자입니다. 인자 같은 이는 짐승 왕국을 심판하여 성도들과 함께 하나님 나라를 열어젖히는 사람입니다. 그런데 다니엘서에서는 인자의 죄 용서가 부각되지 않습니다. 예수님은 다니엘 7장을 참조하는 듯한 발언을 산헤드린 재판 상황에서 하십니다(마 26:63-64). "인자가 구름을 타고 올 때"라는 다니엘 7:13을 언급합니다. 그 인자는 옛적부터 항상 계신 이에게로 인도되어 영원한 왕국을 상속받습니다. 인자 같은 이는 하나님께로부터 파송되어 지상의 악의 제국을 극복하시고 거룩한 성도들을 모아 하나님 나라를 경영하실 분입니다.[79] 인자(바르 에노쉬)가 아람어 용법에서 1인칭을 의미하는 준대명사였다는 학설도 있으나[80] 우리는 여기서 다니엘 7장 맥락에 기댐으로써도 인자의 역할을 어느 정도 파악할 수 있습니다.[81] 여기서 예수님은 분명히 인자를 다니엘서의 묵시론적인 인자, 미래의 하나님 백성을 모으면서 영광을 가져올 그 인자로 생각하고 있습니다. 복음서 전체에 걸쳐서 인자는 1인칭 대명사로서 예수님 자신을 암시하기도 하지만, 또한 자신이 죄를 온전히 사하는 그 인자가 될 미래의 시점을 염두에 두고 삼인칭으로 지칭하고 있습니다. 마태복음 26:63 이하에서도 예수님은 정확하게 구름 타고 오는 인자, 이스라엘을 열두 보좌에서 다스릴 인자, 심판할 인자를 말씀합니다. 하지만 예수님이 현재 칭하는 인자는 구름 타고 오는 영광의 인자가 아니라 땅에서 죄를 사하는 인자입니다. 그런데 인자가 죄를 사하는 이유는 지상에서 하나님 백성을 모으기 위함이었습니다. 더욱이 예수님은 이 사죄사역이 문제가 되어 스스로 고난을 취하는 인자입니다. 결국 예수님의 말씀에 따르면 언제 사람의 죄가 완전히 용서됩니까? 인자가 수난의 십자가를 지고 굴욕을 당하면서 십자가의 그 비극적 죽음을 통하여 존귀케 될 때입니다. 요한복음 3:14-15에 나오는 것처럼, 놋뱀처럼 하늘 높이 들리운 그 인자가 모든 사람을 끌어들이는 그때 인간의 죄들이 완전히 용서되는 것입니다. 그런데 놋뱀처럼 매 맞고 십자가에 달려 처절하게 저주받은 죽음을 죽으신 그 인자, 즉 존귀케 되고 승귀케 된 인자가 죄를 사해 주실 것이지만, 예수님은 지금 그 인자의 죄 사함의 효력을 앞당겨 쓴다는 뜻으로 땅에서 죄를 사하시는 것입니다. 가불假拂을 하는 셈이지요. 인자가 십자가의 처절한 죽음을 당함으로 발생할 그 속죄 효력, 그 죄 사함의 권세, 그 대권을 지금 인자되신 예수님이 앞당겨 쓰는 것입니다. 십자가를 지기 이전의 인자가 십자가의 대속적 고난을 통과하여 속죄의 대전을 획득하신 그 미래적 인자의 사죄대권을 앞당겨 쓰는 셈입니다. 즉 예수님의 논리는 "인자가 땅에서 죄를 사하는 권세가 있다는 것을 증명하기 위하여, 수난을 당하고 존귀케 될 인자인 내가 지금 사죄대권을 구사한다"는 뜻입니다(참조. 요 5:27). 결국 예수님의 인자 용법에는 이 두 가지 "인자"가 겹쳐져 있습니다. 존귀케 될 인자와 지금 현재 땅에서 하나님 백성의 종말론적 고난에 참여하여 하나님 백성을 끌어 모으는 사죄대권의 과시자인 인자, 이 두 가지가 예수님이 말씀하신 51번의 인자 용법 안에 뒤섞여 있습니다. 이것이 지금 현재 예수님의 인자에 관한 말씀이 예수님께 진정성 있는 말씀이라고 보는 학자들(예레미아스와 김세윤 등)의 대표적인 의견입니다.

그런데 앞서 살펴보았듯이 인자가 땅에서 죄를 사하는 권세가 있다는 이 주장이 예수님을 죽음으로 몰아가는 결정적인 걸림돌이 됩니다. 땅에서 죄를 사한다는 예수님의 사죄선언은 서기관들이나 당시의 종교당국자들에게 도저히 용서받을 수 없는 주장이었기 때문입니다. 동시에 예수님은 죄를 사할 수 있다는 것을 입증할 부담감을 스스로 지게 됩니다. 서기관들이 예수님에게 "당신이 신성모독죄를 범하고 있다"고 비난할 때 이 사죄선언을 입증해야 하는 부담이 예수님 본인에게 떨어진 것입니다. 왜 그렇습니까? 이렇게 도발적이고 공세적이고 직접적인 사죄선언을 할 수 있는 분은 "에이 메 에이스 호 데오스" 하나님 외에는 아무도 없었기 때문입니다. 그러니까 두 가지입니다. 예수님이 지금 완전히 정신적인 탈구현상을 겪어 아무 말이나 하는 묵시론적 광인이 되어 버렸거나, 아니면 진짜 예수님께서 이렇게 표현할 수밖에 없는 진실(즉 예수님이 하나님이라는 사실)이 있거나 입니다. 우리는 예수님의 이 사죄대권 말씀과 다른 멋진 말들을 분리시키면 안 됩니다. 예수님의 다른 모든 감격적이고 감동적인, 진리의 황금률 같은 그런 말씀은 말짱말짱한 정신에서 하셨고 이것은 지금 심리적인 궁벽에 몰려서 묵시록적으로 하신 말씀이 아니라는 겁니다. 예수님의 죄를 사한다는 이 발언은 정신적 탈구에서 나온 묵시록적 광인의 발언이 아니라 하나님께 사죄대권을 갖고 파송되신 인자의 진정성 넘치는 자기 주장이라고 보아야 한다는 것입니다.

복음서에서 예수님의 직접적인 사죄선언은 두 번밖에 나오지 않습니다. 누가복음 7장의 소문난 탕녀를 향한 죄 사함 선언(눅 7:48)과 마가복음 2:5입니다. 그래서 어떤 사람들은 예수님이 사실 속죄의식이 거의 없었고 사람들의 죄를 용서하려는 마음이 없었는데 사도들이 후에 갖다 붙였다고 주장했습니다. "인자가 온 것은 섬김을 받으려 함이 아니라 도리어 섬기려 하고 자기 목숨을 많은 사람의 대속물로 주려 함이니라"는 마가복음 10:45은 예수님의 육성이 아니라 사도들이 창작하여 예수님의 발언으로 둔갑시켰다고 주장하기도 했습니다. 하지만 아돌프 슐라터, 예레미아스, 김세윤 등 많은 신약학자들은 예수님의 속죄의식과 그 표현을 진정성 있는 역사적 예수에게로 소급시킵니다. 그들은 예수님의 속죄의식을 예수님의 한두 말씀이나 구문에서 찾지 않고 예수님의 총체적 사역 자체가 속죄의 성례전이라고 보고 있습니다. 예를 들어, 누가복음 15:2에 나오는 죄인들을 모아 벌이는 '티쉬 게마인샤프트Tischgemeinschaft'(식탁 공동체)야말로 죄를 대속하시려는 예수님의 의지의 대표적인 현장이라는 것입니다. 죄인들을 영접하여 식탁에 모아 놓고 밥을 먹이는 것, 이것이 바로 죄를 용서하는 것이라는 것입니다. 누가복음 19:2에서 세리장 삭개오의 집에 가서 밥을 먹고 한통속이 되어 다리를 쭉 뻗고 식사함으로써 삭개오의 친구가 되어주는 것이 바로 삭개오의 죄를 용서하고 잃어버린 삭개오를 속량하는 행위라는 것이지요. 거룩하신 분이 죄인을 용납하시는 이런 일련의 행위가 총체적으로 속죄의 성례전을 행하고 계신 것이라는 겁니다. 그렇게 삭개오의 집에 가서 예수님이 식사할수록 삭개오는 점점 거룩해집니다. 예수님은 어떻게 됩니까? 삭개오의 더러운 이름을 예수님이 뒤집어씀으로 예수님의 거룩성sanctity이 감가상각됩니다. 우리가 새 물건을 사더라도 시간이 갈수록 값이 떨어지는 것처럼 예수님의 거룩성은 죄인과 접촉

할수록 떨어지는 것입니다. 죄인들과 한통속이 되어 죄인이 받는 경멸과 악담을 들으며 예수님도 속화俗化되는 것입니다. 예수님이 죄인들과 자꾸 한통속이 되면 예수님의 그 거룩성과 선량성과 그 의로움이 약간씩 훼손되면서 손상을 입지 않겠냐고요? 간음하다 붙잡힌 여인이 새벽에 옷매무새를 흩트리면서 끌려나와 광장에 엎드려 있습니다. 돌로 맞아죽기 직전에 있는 그 여자가 자신을 죽이려는 군중들의 분노와 기세를 온몸으로 느낍니다. 그때 예수님께서 어떻게 했습니까? 돌 든 군중이 언제든지 여인의 머리를 치려고 하는 그때, 예수님께서 순간적으로 몸을 구푸려 땅에 무언가를 쓰셨습니다. 예수님이 쓰셨습니다. 예수님이 글을 쓸 줄 아시는 분임을 입증하는 유일한 본문입니다. 그때 하시는 말씀이, "죄 없는 자가 먼저 돌로 치라." 그러자, 노인들부터 돌을 놓았습니다. 노인이 아무래도 죄를 많이 범했기 때문이었겠지요? 그때 여인의 머리를 향한 적개심 넘치는 돌들이, 간음하다 붙잡힌 여인을 따뜻하게 대하는 예수님의 머리를 향했겠지요? 복음서에는 이런 악순환이 많이 기록되어 있습니다. 예수님의 무한 자비와 용서, 치유가 당국자들의 분노와 질투, 시기와 의심을 초래한 악순환 말입니다. 이런 사건들이 반복될수록 어떻게 됩니까? 예수님이 위험에 처해집니다. 결국 누가 간음하다 붙잡힌 여인과 삭개오의 죄 짐을 지는 거예요? 예수님이 지십니다. 예수님이 죄인들 즉 세상 죄를 지고 산 자의 땅에서 끊어지십니다. 결국 예수님의 삶 전체가 마가복음 10:45을 예해하는 셈입니다. 예수님의 사역 전체가 속죄사상과 대속사상을 가지고 있습니다. 이렇게 보는 것이 서구 학자들의 단편적이고 구문적인 접근법보다 훨씬 나은 것입니다. 예외적으로 아돌프 슐라터와 예레미아스 등 소수의 학자들은 이런 서구인들의 방법론적 한계를 넘습니다. 이런 점에서 아돌프 슐라터의 「그리스도의 역사」라는 책을 반드시 정독해야 합니다. 다소 어려워도 여러 번 읽어야 합니다.[82]

이처럼 인자되신 예수님의 사죄대권 주장은 특정 한두 구절의 해석에 근거해 논할 문제가 아니라 예수님의 총체적인 사역의 맥락에서 논할 문제입니다. 예수님의 요단 강 수세, 죄인들을 영접하시는 식탁교제, 하나님 나라 비유, 예수님의 종교당국과 체제에 대한 거룩한 도발과 공격 등 모든 면에서 예수님의 속죄의식이 드러난다는 점이 중요합니다. 묵시록적인 인자는 사탄적 야수체제 아래 신음하는 인간을 건지시는 분입니다. 그분에게 죄는 아담 이래 인간이 범한 모든 죄를 의미하지만 또한 동시에 그 죄의 결과 초래된 고난을 의미하기도 합니다. 인자되시는 예수님은 하나님 나라를 세우기 위해, 아담의 원죄를 뿌리부터 상쇄하기 위해 죽기까지 하나님께 순종하십니다. 동시에 사탄적 체제 아래 악과 고난으로 시달리는 모든 자들, 즉 죄의 지배력 아래 있는 모든 죄인과 병든 자를 우선직으로 치유하고 속량하십니다. 궁극적으로 역사 속에 견고하게 뿌리를 내린 사탄적 악의 제국을 소멸하고 극복하시는 인자께서 인간의 마음속에 내면화되어 있는 야수적인 통치거소를 소거하시는 역할도 하십니다. 불순종의지, 불순종할 수밖에 없는 무능력 상태 자체를 소거하십니다. 중풍병자는 바로 하나님과 동행할 수 없는 죄인의 전형입니다. 인자는 즉 죄(무능력, 영적인 치명상을 입고 하나님의 율법에 따라 행할 수 없는 상태)를 소거하시는 분입니다. 인자는 땅에서 야수적 왕국 외에 인간의 인격을 지배하는 죄들의 힘도 소거시키려 오신 것입니다. 인자의 죄 용서는 하나님 나라의 영원한 통치를 위해 필수적입니다. 따라서 인자는 죄들의 용서를 통해 하나님 나라를 영원히 확정하실 것이기 때문입니다(눅 24:47, 행 1:8). 죄 사함의 세례가 온 땅에 퍼져야 하나님 나라가 이 땅에 세워질 수 있는데, 이 죄 사함은 성령세례를 통해서만 가능합니다. 인자되신 예수님은 성령세례를 통해 죄를 불태우시고 정결케 된 마음에 하나님의 통치를 매개하십니다. 죄를 극복한 사람들만이 하나님 나라에 들어갈 수 있습니다. 그래서 인자는 땅에서 죄를 사하는 권세를 가져야 합니다. 예수님의 땅에서의 사죄대권 구사는 하나님 나라 운동 사역의 필수적인 절차였습니다. 바울이 전한 복음도 결국 죄 사함의 복음이요, 하나님의 통치에 들어가기 위한 필요충분조건의 제시였습니다.

그래서 인자되신 예수님은 중풍병자에게 일어나 네 침상을 들고 걸어가라고 명령했습니다(10-11절). 중풍병자는 죄들의 용서를 선언받은 후 예수님을 통해 오는 하나님의 무한 자비의 힘을 느끼기 시작했을 것입니다. 아가라고 불리는 그 소년은 한창 뛰고 달릴 나이입니다. 죄들 때문에 생긴 중풍병을 앓던 그는 죄들의 용서를 받자마자 희망이 용솟음쳤을 것입니다. 나도 이제 걷고 달리고 뛸 수 있다고 생각했습니다. 자신의 축 처진 다리를 비트적거리며 일어서 보기로 작정했을 것입니다. 실험적으로 조금 움직여보았더니 움직였습니다. 힘이 차오르는 것을 느꼈습니다. 그런 상황에서 전광석화 같은 명령이 떨어졌습니다. "일어나라." "네 침상을 들어라." "걸어가라." "집으로 돌아가라." 이 네 가지 연속동작을 명령하는 예수님의 믿음직스러운 명령에 믿음으로 화답하며 그는 벌떡 일어났습니다. 침상을 번쩍 들었습니다. 한 번도 경험하지 못한 자기 초월을 맛보았습니다. 걷기 시작했습니다. 집으로 돌아갔습니다. 정상적인 사회생활로 복귀한 것입니다. 이 과정을 지켜본 모든 사람이 놀랐습니다. 메시아 시대를 예언하는 이사야 35장이 성취된 것입니다. 앉은뱅이가 뛰는 시대가 왔습니다. 메마른 광야가 연못이 되고 강이 되는 시대가 열린 것입니다(마 11:4-5). 목격자들 모두 하나님께 영광을 돌리며 "우리가 이런 일은 도무지 보지 못했다"고 소리쳤습니다. 예수가 열어젖힌 이 세기는 구약성경의 어떤 구원사 단계와도 달랐음을 인정했습니다(12절).

예수님은 이 식물인간 상태로 전락한, 근원적 불순종 상태에 묶여 있는 인간을 사랑하시고 그런 인간을 복구시키셨습니다. 그의 사죄대권은 자기를 위하는 권력이 아니라 사람을 살리는 은혜의 봉사였습니다. 그는 식물인간 같은 중풍병자를 은혜의 직립인간으로 재활복구시키기 위하여 죄 사함의 권세를 과시했고, 그 사람을 그대로 내버려 두기 원하는 서기관들과 달리 그를 은혜의 직립인간으로, 즉 새 사람으로 만들었습니다. 그 착한 마음 때문에 예수님은 적대자들의 적개심과 격분을 불러일으켜 마침내 죽임을 당했습니다. 그러니까, 그 중풍병자의 죄를 뒤집어쓰고 예수님이 죽임을 당한 셈입니다. 착한 일을 하시다가 서기관들의 적개심 어린 논란의 구설수에 오른 거예요. 이런 적대적 시기와 미움이 누적되어 예수님은 산 자의 땅에서 끊어지는 고난을 당하십니다. 바리새인과 서기관의 눈으로 볼 때, 용서받아서는 안 되고 하나님 은혜의 왕국으로 들어와서도 안 되는 사람들을 복구시키고 재활시키려다가 예수님은 점점 미움 받고 비난받고 적개심 어린 논변의 대상이 되었습니다. 자신이 고쳐 준 사람들의 불행한 운명과 죄 짐을 대신 져주다가 죽임을 당하게 된 것입니다. 땅에서 죄를 사해 주는 인자는 실상 사죄대권을 사용하기 위해 이미 오래 전에 하나님 아버지께 천문학적인 크레딧을 예치해 두었습니다. 천문학적인 돈을 예치하는 시점이 바로 십자가에 못이 박혀서 저주 어린 죽음을 받아들이는 시점이기도 합니다. 갈라디아서 3:13, 베드로전서 2:21-24은 예수님의 십자가 죽음이 확실히 저주 받은 죽음이라고 선언합니다. 불뱀에 물려 죽어가는 사람들을 위해 놋뱀처럼 매를 맞고 십자가에 달린 인자의 죽음이라는 것이지요(요 3:13-15). 인자가 달려야 모든 사람을 당신께로 끌어올 수 있기 때문에 그분은 놋뱀처럼 타격당하고 상처를 입고 높이 쳐들려야 했습니다. 일만 달란트 빚진 자까지도 다 용서하시려고요. 인류가 이제까지 지었던 죄의 모든 행위의 수, 즉 모든 범죄 건수를 다 만회하고도 남는 순종의 여분을 남기기 위해 십자가의 저주 어린 죽음을 감수하셨습니다. 예수님이 창조해 주신 새 하늘과 새 땅은 첫 하늘과 첫 땅보다 더 좋습니다. 이것이 로마서 5:12-21의 중심논지입니다. 둘째 아담의 순종이 첫째 아담의 불순종보다 더 커서 하나님이 인류에게 베풀 심판보다 은혜가 더 크다는 것입니다. 아, 정말 깊고 은혜로운 진리입니다. 예수님을 통한 구원의 방식은 상상을 초월합니다. 따라서 우리가 예수 그리스도에 대하여 다 알았다고 소리치면 안 됩니다. 예수님이라는 은혜의 정봉은 우리가 어느새 도달했다고 생각하는 순간 또 저만치 높이 솟아올라 멀리 보이는 신비한 영봉입니다. 우리가 이 말씀 다 깨달았다고 하는 순간, 또 다른 영봉이 나타납니다. 제가 옛날에 21명의 대학생을 데리고 지리산에 간 적이 있었습니다. 지리산을 세 번째 가는 길이었습니다만 여전히 천왕봉 부근은 희미한 안개구름에 싸여 있었습니다. 지리산 정상기도회를 하려고, 한 장소를 정하여 여기가 정상이다 하면서 깃발 꽂고 기도회를 했습니다. "예수님 이름 들어 기도했습니다"라고 하는 순간 갑자기 저기 저만치 실제적인 정상이 나타났습니다. 지리산 영봉도 신비에 싸여서 우리를 또 다른 영적 등반으로 유도합니다. 예수님을 통하여 죄가 사함 받았다는 것, 인자되신 예수님이 죄 사함의 권세가 있다는 이런 주장은 영봉에 속하는 비밀입니다. 성령의 계시와 조명으로 그 윤곽을 파악할 수 있는 신비한 구원경륜입니다. 예수님의 사죄선언은 단지 말이 아니라 그 속죄의 죄 짐을 대신 짐 지는 행위와 책임감수를 의미합니다. 무차별적인 사랑의 과시행위는 당신이 대신 짊어질 죽음의 운명을 받아들이겠다는 책임선언인 것입니다. 이것이 바로 대속적인 죽음입니다. 인자가 죄 사함의 권세가 있다는 말은 인자가 속죄와 대속의 죽음을 감수하겠다는 선언인 것입니다. 인간의 죄를 대신 받는 저주 어린 죽음을 통하여, 인자가 저주 어린 죽음을 통하여 존귀케 될 그날 때문에, 그 과정 때문에 사죄의 대권이 있다는 말입니다. 우리가 이 신비를 언제 어떻게 깨달을 수 있을까요?

　　로마서 4:25입니다. 인자되신 예수님은 우리의 범죄함을 위하여 내어줌이 되고 우리를 의롭다 하시기 위하여 다시 살아나셨습니다. 우리의 범죄함을 위하여 십자가에 내어줌이 되고, 우리의 의롭다함을 위하여 다시 부활하셨어요. 부활하신 예수님은, 우리의 죄 용서를 영원히 취소할 수 없는 현실로 만들어 주신 분입니다. 다시는 되돌이킬 수 없는 죄 용서 상태를 확증지어 주신 거예요. 여러분, 이런 은혜가 우리에게 있기를 바랍니다. 하나님 말씀의 영봉이 끊임없이 나타나는 신대원 시절이 여러분 모두에게 있기를 바랍니다. 그리스도의 사죄대권에 얽힌 이 비밀스러운 말씀을 조금 알았다고 쉽게 하산하지 마십시오. 아니 영원히 하산하지 마십시오. 계시의 영봉이 여러분을 기다리고 있습니다. 영적 등고선을 따라 올라가서 하나님 말씀 한 절 한 절 암송하면서 깨달아 가기를 바랍니다. 이 계시의 환희 앞에서 어린아이가 되어서 계속 은혜의 깊은 바다로 나아가는 여러분 되기를 바랍니다. 만약에 원전을 못 읽는다면 한글성경이나 영어성경이라도 소리 내어 크게 읽으면 비슷한 효과가 납니다. 지금 당장 헬라어 성경 못 읽어도 죽지 않습니다. 하나님은 원어성경 읽지 못하는 죄인들의 죄를 사해 주시며 훈민정음 성경으로도 충분히 은혜를 주십니다. 제가 여러분을 각성시키고 격려하기 위해서 원어성경을 읽은 것이지, 절대로 잘난 체하기 위함이 아닙니다. 원어성경 못 읽어도 구원을 잃지는 않습니다. 여러분 모두가 한글성경을 읽어도 되고 심지어 중국어 성경이나 스와힐리어 성경을 읽어도 하나님의 종이 될 수 있습니다. 선교와 봉사에 투신할 수 있습니다. 다만 예수님의 면전에서도 서기관처럼 강퍅하고 냉담한 자가 되어 예수님을 대적할 수도 있기에 늘 우리 마음을 살피고 살펴야 합니다. 중풍병자와 그 동역자들처럼 예수님 앞에 자신의 무능력을 갖고 나타날 만큼 영적 치열성과 정직성이 요청될 뿐입니다. 우리가 계시의 영봉 아래서 조금씩이라도 전진할 때 하나님께서는 우리 주 예수 그리스도를 아는 지식을 더하게 하실 것입니다. 우리가 하나님의 말씀이신 주 예수 그리스도를 다 알고 완전히 파악하고 깨달았다고 자족하며 영적 등반을 포기해 산을 내려가고 싶은 마음이 들 때마다 다시 더 높은 계시의 영봉이 나타나게 하실 것입니다. 말로 다할 수 없는 하나님의 풍요한 은혜 안으로, 은혜의 보좌 앞으로 우리를 끌어들여서 "아, 이런 뜻이었구나"라고 환호성을 지르게 하실 것입니다. 여러분, 이런 환호성을 안고 강단을 오르락내리락 해야 되지 않겠습니까!

하지만 하급 성직자로 분류되는 여러분이 현재 하고 있는 것은 이런 것과는 거리가 좀 멀 수도 있습니다. 여러분에게 계시의 영봉으로 올라가라고 격려하거나 초청하는 사람이 거의 아무도 없지요? 신대원 전도사들이 하는 일은 참으로 육체 노동급 허드렛일들인 것이 사실입니다. 주보 복사해야 되고, 전화 심방하거나 중고등학생들의 눈높이에 맞추기 위해 인터넷 수다에 참여해야 하고, 벽에 아무렇게나 걸려 있는 벽시계를 가지런히 세우고, 또 교우들을 실어 나르기 위해 운전해야 되고, 식당도 예약해야 하는 등 숱한 허드렛일들이 신대원 시절에 감당해야 하는 일들이지요. 그러나 그러는 중에도 계시의 영봉을 오르기 위해 영적 등반을 계속해야 하고 예수님을 일대일로 대면하기 위해 지붕이라도 뚫는 간절함으로 성경을 읽고 묵상해야 합니다. 지붕을 뚫고 대중을 돌파해서 예수님의 육성을 듣고 그의 부드러운 낯빛을 대하려는 순전한 사모함이 필요합니다. 예수님을 아는 지식이 으뜸 지식임을 확신한 이상 아무리 무가치하고 무의미한 허드렛일을 하도록 부름 받은 사역의 현장이라도 예수님을 만나고 그를 알아가는 지식이 자라 가는 자리가 될 것입니다. 누가복음 16:10이 말하듯이, 하나님께서는 지극히 작은 일에 충성하는 자에게 큰일도 맡깁니다. 지극히 작은 일에 불충하는 자는 큰일에도 불충하고 지극히 작은 일에 충성하는 자는 큰일에도 충성하거든요. 주보 만드는 것부터 오탈자 없이, 벽에 걸린 시계도 반듯하게 세우고, 책 정리 잘하고 복사 제대로 하는 일 등 이런 기가 막힌 허드렛일에 충성을 다하자는 것입니다. "내가 그래도 삼 년 만에 국내 최고 명문 신학대학원 들어온 인재인데, 내가 복사나 해야 되겠어?"라고 생각하면 시험에 든 것입니다. 이렇게 삐치지 마시고, 복사할 때도 하나님의 은혜를 받으시고, 봉고차를 운전할 때도, 동대문 시장의 학용품 가게에 가서 융 자료판을 만들기 위해 실을 살 때도, 항상 은혜 가운데 일하기를 간절히 바랍니다. 그것이 바로 선교와 봉사가 생생한 현장 아니겠습니까? 그런 허드렛일을 잘 하는 여러분이 또한 계시의 영봉으로 오르는 영적 분투를 잘 감당하실 줄 믿습니다. 모세가 시내산에서 40일 동안 구름 영봉 아래 기도하다가 내려오자 이스라엘 백성들이 말합니다. "당신은 가까이 나아가서 우리 하나님 여호와께서 하시는 말씀을 다 듣고 우리 하나님 여호와께서 당신에게 이르는 것을 다 우리에게 전하소서. 우리가 듣고 행하겠나이다" (신 5:27). 다섯 명의 주일학교 아이들을 위해서도 여러분은 계시의 영봉에 올라 말씀의 신비 속에 오래 머무는 영적 등반가로 자라 가야 합니다. 하나님의 육성을 직접 듣고 내려와 여러분의 회중에게 말씀을 명확하게 가르치고 확신 있게 전달하십시오. 여러분이 하나님께 가까이 가는 그 정도만큼 여러분의 회중이 여러분에게 겸손히 듣겠다고 말할 것입니다. 여러분의 본질적 사명은 여호와께 가까이 나아가서 여러분의 회중, 즉 산 아래서 여러분이 말씀 받아오기를 기다리는 양떼들에게 여호와께서 이르시는 말을 대언하고 전달하는 것입니다. 하나님의 말씀을 통해 하나님의 거룩하시고 사랑이 가득 찬 임재를 느끼도록 돕는 사명을 절대로 잊지 마십시오!

결론

본문은 소자, 테크논의 치유기적 이야기입니다. 병든 소년이 예수님의 은혜로 자기 초월을 맛보고 회복되는 이야기입니다. 예수님에게 "아가"라고 불렸던 사람은 소년입니다. 여러분들은 중풍병에 걸린 소년을 당가에 싣고 지붕을 뚫어 예수님을 둘러싼 인의 장벽을 돌파해서 예수님 앞에 달아 내리는 네 사람의 자리에서, 아니면 당가에 누워 있는 그 소자, 아가의 자리에서 본문을 읽고 해석할 수 있습니다. 그 중풍병자에게는 "죄들"이 있었습니다. 그 죄들은 그가 범한 죄라기보다는 기성사회가 그 아이에게 가한 죄악의 파생물을 의미할 것입니다. 청소년 세대는 어른 세대의 죄악들에 거의 일방적으로 희생당하는 쪽입니다. 교회 전도사님들은 중풍병에 걸려 누워 있는 청소년 교우들의 죄 짐을 벗겨주심으로 그들을 일으켜 세워주시는 예수님의 사죄선언을 대언해 주어야 합니다. "아가야, 네 죄들이 용서되었다." 우리 청소년 세대는 사교육 광풍, 가난, 기근, 입시지옥, 취업, 부모 세대와의 대화 및 소통 장애, 과다 경쟁, 오염된 환경이 가하는 생태적 위기 등으로 죽음을 강요당하고 있습니다. 아주 해로운 인터넷 환경, 전자영상 오락물 등이 청소년의 얼과 정신, 영혼과 육체를 병들게 합니다. 아름다운 국토 산하, 넓고 안락한 잔디 구장, 잘 정돈된 운동장 등에서 청소년들을 찾아볼 수가 없습니다. 그들은 학원에서 유리방황하고 학교에서 쫓기는 짐승처럼 숨을 헐떡거립니다. 부모와 기성 세대에 대한 분노와 실망이 있어도 표현하지 못한 채 거의 매일 흐린 날을 맞고 있습니다. 그들은 하나님과 동행하는 기쁨을 잃어버렸습니다. 학기말고사, 중간고사 등 입시철에 주일학교가 공동화되는 이유가 여기 있습니다. 우리 전도사님들은 이런 테크논들에게 예수님을 만나게 해주어야 합니다. 예수님은 저 인산인해의 장벽 너머에 계십니다. 지붕을 뚫는 수고, 즉 말씀을 잘 연구해서 말씀 안에 계시는 예수님을 여러분이 섬기는 테크논에게 보여주시길 바랍니다. 우리가 구원을 받는다는 것은 하나님과 동행하는 자가 됨을 의미합니다.

　레위기 26:13을 제가 읽어 드리겠습니다. "나는 너희 종 되었던 것을 면하게 하기 위하여, 너희 하나님이 되기 위하여, 너희를 애굽 땅 종 되었던 집에서 인도하여 낸 너희 하나님이 됨이니라. 내가 너희의 멍에의 쇠빗장을 부수고 너희를 바로 서서 걷게 하였느니라." 우리 하나님께서는 애굽의 종 되었던 집에서 우리를 끌어내어서 우리의 쇠빗장을 부수시고 우리를 똑바로 서서 걷게 하셨습니다. 우리를 은혜의 직립인간이 되게 하셔서 하나님과 동행하게 하셨습니다. 하나님께서는 사람을 창조하실 때 식물처럼 한 번 심기면 그 자리를 떠날 수 없는 식물인간으로 만드시지 않고, 주체적 의지를 가지고 자기 신체를 자유롭게 움직이며 이동시킬 수 있고 자기 의지를 관철시킬 수 있게 만드셨습니다. 그래서 하나님께서는 사람이 절대적 무기력 속에 빠져서 누워 있는 것을 원치 않고 똑바로 서서 걸어가기를 원하십니다. 무기력에 빠져 누워 있는 것은 창조주 하나님 앞에서도 민망한 일입니다. 하나님께서는 무기력한 식물인간 상태에서 벌떡 일어나 뛰고 달리는 자기 초월을 맛보는 사람을 통해 영광을 받으십니다. 은혜의 직립인간이 하나님께 영광을 돌리는 사람입니다. 우리가 척추에 치명상을 입으면 하나님의 율법을 준행할 수 없습니다. 척추에 치명상을 입었다는 것은 뼈가 녹아져 내리는 무기력 상태, 즉 더 이상 하나님 율법의 요구를 준행할 수 없는 상태입니다. 죄는 우리를 순종할 수 없게 만드는 원천적 조건입니다. 그런데 우리는 죄를 지어서 죄인이 되지 않고 죄인이기 때문에 죄를 짓습니다. 아담은 죄를 지어서 죄인이 되었고 우리는 죄인이기 때문에 죄를 짓습니다. 따라서 죄는 고의적 불순종을 의미하기도 하고 그 고의적 불순종 때문에 파생된 무기력 상태, 불순종 상태, 그것을 의미하기도 합니다. 따라서 내 죄와 나의 원천적인 고의적 불순종과 상관없이 생래적生來的으로 유전인자와 호르몬 때문에, 혹은 여러 가지 조건 때문에 내가 순종할 수 없는 무능력 상태에 빠져있는 것, 식물인간 상태로 드러누워 있는 것, 이것도 죄인 것입니다. 우리가 하나님이 창조하신 원래 모습대로 건강하게 살지 못하는 그 모든 상태가 죄입니다. 따라서 마태복음 8:17에서 예수님이 우리 죄 짐을 지신다 할 때 그 죄 짐은 질병, 귀신 들린 상태, 윤리적 파국상태, 도덕적 파산상태, 이 모든 것을 의미합니다. 그래서 오늘 우리 예수님이 죄를 용서하신다 할 때 그것은 고의적 불순종을 해결해 주시는 그런 뜻뿐만 아니라, 환경적이고 상황적으로 아담의 원죄 때문에 죄책감에 빠져 사는 우리의 무기력 상태를 고쳐 주겠다는 뜻도 됩니다. 그래서 오늘 본문에 "아가야, 네 죄들이 사함 받았다"는 복수표현이 나옵니다. 그런데 여기 나오는 중풍병자 테크논은 여러분이 섬기는 바로 그 청소년 세대의 영혼입니다. 이 소자가 무슨 죄를 지었겠습니까? 이 아이가 무슨 죄를 지어서 "죄들"이라는 복수를 썼겠어요? 이것은 그가 지은 죄들 때문에 중풍병이 왔다는 뜻이라기보다는 부모 세대가 범한 죄를 그 몸에 안고 태어났다는 의미인 것입니다. 비유적으로 말하자면 영적 유전으로 인해 생긴 질병이라는 의미입니다. 아담 이래의 모든 인간은 아담을 필두로 시작된 조상들의 죄악들을 그 몸과 마음에 안고 태어납니다. 그래서 이 소년이 죄들을 용서받았다는 말은 아담 이래로 누적된 죄들을 용서받았다는 말입니다. 즉 우리가 겪고 있는 모든 악과 고난과 하나님 창조의 원래 상태에서 이탈한 모습들, 그 죄들이 용서받았다고 말하는 것입니다. 여러분, 청소년 세대들에게 "네 죄들이 용서받았다"고 선언하시는 예수님을 전하는 데 열심을 냅시다.

7강

나는 의인이 아니라 죄인을 부르러 왔노라

마가복음 2:13-17

설교 7 (3월 25일 금요일 오전, 성찬식 결단예배)

예수께서 다시 바닷가에 나가시매 큰 무리가 나왔거늘 예수께서 그들을 가르치시니라. 또 지나가시다가 알패오의 아들 레위가 세관에 앉아 있는 것을 보시고 그에게 이르시되 나를 따르라 하시니 일어나 따르니라. 그의 집에 앉아 잡수실 때에 많은 세리와 죄인들이 예수와 그의 제자들과 함께 앉았으니 이는 그러한 사람들이 많이 있어서 예수를 따름이러라. 바리새인의 서기관들이 예수께서 죄인 및 세리들과 함께 잡수시는 것을 보고 그의 제자들에게 이르되 어찌하여 세리 및 죄인들과 함께 먹는가. 예수께서 들으시고 그들에게 이르시되 건강한 자에게는 의사가 쓸 데 없고 병든 자에게라야 쓸 데 있느니라. 나는 의인을 부르러 온 것이 아니요 죄인을 부르러 왔노라 하시니라.

이제 마지막 시간입니다. 그동안 여섯 차례의 말씀강해를 통해 여러분들의 높은 이해수준과 진지한 경청을 목격하면서 큰 위로를 받았습니다. 오늘 본문은 예수님의 성만찬적 식탁 공동체 이야기입니다. 거룩하신 하나님의 아들이 벌이는 무차별적인 천국초청 식탁입니다. 기독교는 하나님의 은총의 떡과 잔을 마시는 식탁에서 시작되었습니다. 고대 이스라엘에서 식사행위는 계약참여 행위였습니다. 한 몸 한 공동체에 속한 사람들의 우정과 사랑의 호환행위였습니다. 유대인들은 식사를 할 때 몸을 서로에게 약간 기대는 식으로 앉았기에 이런 우정과 무장해제적인 자기개방, 포용의 분위기는 예수님의 식탁 공동체에서 더욱 실감 났을 것입니다. 여러분이 예수님의 식탁에 기대어 앉아 함께 먹는 학습 공동체요, 천국백성 공동체입니다. 우리는 신학엘리트가 아니라 예수님이 초청해 주셔서 그분의 애찬식탁에 둘러앉은 용서받은 죄인들의 동아리입니다. 예수님의 식탁, 그것은 성전이요 하나님 나라였습니다. 죄 사함의 감격으로 새 사람, 새 마음을 덧입는 자리입니다. 가해자가 피해자에게 끼친 손해를 배상하는 화해의 자리입니다.

헬라어 본문 낭독과 사역

13 Καὶ ἐξῆλθεν πάλιν παρὰ τὴν θάλασσαν· καὶ πᾶς ὁ ὄχλος ἤρχετο πρὸς αὐτόν, καὶ ἐδίδασκεν αὐτούς
카이 엑셀덴 팔린 파라 텐 쌀라싼 카이 파스 호 오클로스 에르케토 프로스 아우톤 카이 에디다스켄 아우투스.

그리고 그가 다시 바닷가로 나가셨다. 그리고 모든 무리들이 그에게 나아왔다. 그리고 그는 그들을 가르쳤다.

14 Καὶ παράγων εἶδεν Λευὶν τὸν τοῦ Ἀλφαίου καθήμενον ἐπὶ τὸ τελώνιον, καὶ λέγει αὐτῷ· ἀκολούθει μοι. καὶ ἀναστὰς ἠκολούθησεν αὐτῷ
카이 파라곤 에이덴 레윈 톤 투 할파이우 카데메논
에피 토 텔로니온 카이 레게이 아우토 아콜루데이 모이 카이
아나스타스 에콜루데센 아우토.
그리고 지나가시다가 그가 세관부스에 앉아 있던 알패오의 (아들) 레위를 보셨다. 그리고 그가 그에게 말씀하신다. "나를 따르라." 그러자 그가 일어나 그를 따랐다.

15 Καὶ γίνεται κατακεῖσθαι αὐτὸν ἐν τῇ οἰκίᾳ αὐτοῦ, καὶ πολλοὶ τελῶναι καὶ ἁμαρτωλοὶ συνανέκειντο τῷ Ἰησοῦ καὶ τοῖς μαθηταῖς αὐτοῦ· ἦσαν γὰρ πολλοὶ καὶ ἠκολούθουν αὐτῷ
카이 기네타이 카타케이스다이 아우톤 엔 테 오이키아 아우투 카이
폴로이 텔로나이 카이 하마르톨로이 쉬나네케인토 토 예쑤
카이 토이스 마테타이스 아우투 에산 가르 폴로이 카이
에콜루둔 아우토.
그리고 그가 그의 집에서 식사를 위해 몸을 기대어 앉으신다. 그리고 많은 세리들과 죄인들이 예수와 그의 제자들과 함께 기대어 앉았다. 왜냐하면 많은 사람들이 거기 있었고 그들이 그를 따랐기 때문이다.

16 καὶ οἱ γραμματεῖς τῶν Φαρισαίων ἰδόντες ὅτι ἐσθίει μετὰ τῶν ἁμαρτωλῶν καὶ τελωνῶν ἔλεγον τοῖς μαθηταῖς αὐτοῦ· ὅτι μετὰ τῶν τελωνῶν καὶ ἁμαρτωλῶν ἐσθίει;
카이 호이 그람마테이스 톤 파리사이온 이돈테스 호티 에쓰이에이
메타 톤 하마르톨론 카이 텔로논 엘레곤 토이스 마테타이스
아우투 호티 메타 톤 텔로논 카이 하마르톨론 에쓰이에이.

그리고 바리새파 서기관들이 예수께서 죄인들과 세리들과 함께 잡수시는 것을 보고는 그의 제자들에게 말했다. "어찌하여 세리들과 죄인들과 함께 어울려 음식을 그가 먹는가?"

17 καὶ ἀκούσας ὁ Ἰησοῦς λέγει αὐτοῖς [ὅτι] οὐ χρείαν ἔχουσιν οἱ ἰσχύοντες ἰατροῦ ἀλλ' οἱ κακῶς ἔχοντες· οὐκ ἦλθον καλέσαι δικαίους ἀλλὰ ἁμαρτωλούς
카이 아쿠사스 호 예쑤스 레게이 아우토이스 (호티) 우 크레이안 에쿠신 호이 이시퀴온테스 히아트루 알라 호이 카코스 에콘테스 우크 엘돈 칼레사이 디카이우스 알라 하마르톨루스.

그리고 예수께서 들으신 후 그들에게 말씀하신다. "건강한 사람들은 의사를 필요로 하지 않지만 병을 가진 사람들은 의사를 필요로 한다. 나는 의인(디카이우스)을 부르러 온 것이 아니라 죄인들(하마르톨루스)을 부르러 왔다."

예수의 하나님 나라: 식탁 공동체(13-17절)

지금은 본문을 먼저 간단히 읽고 풀이하는 시간을 따로 갖지 않고 바로 본문 강해에 들어가려고 합니다. 여기서도 예수님의 발화동사는 현재직설법으로 표현되어 있다는 점을 기억하시길 바랍니다(17절). 베드로의 구두설교를 통역하던 마가가 베드로의 구술적인 설교 분위기를 살리려고 이렇게 예수님의 발언을 거의 대부분 현재직설법으로 표현했을 것입니다. 베드로는 유대 전쟁 발발(66년) 이전에 이미 로마로 활동 근거지를 옮겼던 것으로 보입니다. 성 세바스찬 카타콤 벽에는 어린아이 신자가 쓴 "베드로와 바울에게 승리를!"이라는 문장이 있습니다. 2세기의 이집트 교부 파피아스가 남긴 글에는, 베드로의 통역자 마가가 베드로의 구술설교를 중심으로 기록한 복음서가 마가복음이라는 발언이 있습니다(지금은 유세비우스의 「교회사」에 언급). 마가복음에는 거의 모든 문장이 카이kai라는 접속사로 시작되고 있고 왕래발착동사와 발화동사의 많은 부분이 현재직설법으로 표현되어 있어 독자들로 하여금 마가복음이 전하는 사건이나 상황의 현실적 생동감을 느끼도록 유도합니다.

이 시간에 우리가 묵상할 말씀은 예수님의 하나님 나라 운동의 역동적 현장입니다. 예수님의 하나님 나라는 식탁 공동체입니다. 먹고 마시고 즐거워하는 화해의 자리입니다. 교회가 힘쓸 선교와 봉사는 식탁을 중심으로 추진되어야 한다는 암시입니다. 먹고 마시는 행위는 긴장을 이완시키는 자리이며 가족적 유대감을 나눌 수 있는 자리입니다. 예수님은 당신의 하나님 나라와 죄 사함의 복음을 관념적으로나 이론적으로 강의하는 대신에 식탁 공동체를 통해 보여주었습니다. 병든 자와 죄인을 영접하는 식탁, 이것이 바로 예수님이 보여주시는 하나님 나라 공동체입니다. 인간은 허기를 느끼는 존재임과 동시에 고립될 때 외로움을 느끼는 존재입니다. 외로움은 영적 허기입니다. 하나님 나라는 영육간의 허기와 갈증을 해소시켜 주는 거룩한 공동체 식사자리입니다.

13절에는 "다시"라는 말이 주목을 끕니다. 가버나움 집, 회당, 바닷가가 예수님의 주요 활동공간입니다. 그런데 이제까지 바닷가에 가셨다는 말이 명시적으로 언급되지도 않았는데 마가복음 저자는 "다시" 바닷가에 나가셨다고 말합니다. 이것은 1:45이 말하는 동네 바깥 한적한 곳이 아마도 바닷가 어떤 장소를 가리켰다는 것을 염두에 둔 말처럼 보입니다. 아니면 1:38-39의 마을 전도가 주로 바닷가에서 이뤄졌음을 가리킬 수도 있을 것입니다. 아무튼 예수님은 다시 바닷가로 나갔습니다. 회당이나 집에서는 도저히 수용할 수 없는 인파가 몰려들었다는 것을 의미합니다. 즉 큰 무리가 쇄도하니까 바닷가로 나가셨다는 말입니다(13절). 개역개정에는 "큰 무리"라고 번역했으나 헬라어 성경은 "모든 무리"(파스 호 오클로스)라고 말합니다. 예수님이 일으킨 하나님 나라 운동은 모든 구성원들을 초청하고 끌어당기는 운동이라는 암시일 것입니다. 아마도 이 열기는 중풍병자를 고친 사건이 일으킨 파장일 것입니다. 이처럼 바닷가에서 모든 무리를 가르쳤습니다. 모든 무리가 모였을 때에는 예수님이 기적을 베풀지 않으셨습니다. 표적과 기적이 주는 대중적 흥분과 열기를 원하지 않으신 것입니다. 모든 무리를 상대로 해서는 가르치기만 했습니다. 가르쳤다는 말은 하나님 나라의 본질에 대해 여러 가지를 가르쳤다는 말입니다. 비유로 혹은 다른 방식으로 하나님 나라를 선포하시고 가르쳤습니다. 하나님 아버지의 무한 자비와 은혜를, 그리고 하나님 나라의 임박한 도래를 가르쳤을 것입니다.

14절은 "모든 무리" 가운데 포함되지 않는 단독자가 있음을 보여줍니다. 개역개정에는 "또"라는 말이 추가되어 있으나 헬라어 성경에는 단지 카이(접속사)로 되어 있습니다. 별다른 의미 없는 등위접속사입니다. 지나가시다가(파라가곤, 분사형) 예수님은 알패오의 아들 레위를 보았습니다. 헬라어 성경에는 아들이라는 의미의 단어 '휘온huion'이 생략되어 있으나(에이덴 레윈 톤 [휘온] 투 알파이우) 구문상 그 단어를 삽입해서 읽어야 합니다. 알패오의 아들 레위는 '파스 호 오클로스'에 포함되지 못한 고립된 단자單子였습니다. 바닷가

집회에 참여하지 못한, 즉 도래하는 하나님 나라의 축제열기에 동참하지 못한 자였습니다. 예수님은 그가 세관에 앉아 있는 것을 보신 것입니다. 고립된 채 세관에 홀로 앉아 있는 *kathemenon* 그 모습을 보신 예수님이 그를 당신을 전적으로 따르는 제자로 부르신 것입니다(14절). "나를 따르라"(아콜루데이 모이). 아무런 약속도 제시되지 않는 명령이자 초청이었습니다. 아마도 예수님과 레위는 구면이었을 것입니다. 예수님은 레위가 방황 중에 있는 것을 보고, 즉 누구를 따를 것인가를 고뇌하고 있는 상황에 끼어들어 그를 제자로 낚아채신 것입니다. 모든 무리들이 바닷가에 나와 예수님의 하나님 나라 운동에 참여했을 때에도 홀로 고립된 채 세관에 처연히 앉아 있는 레위를 부르셨던 것입니다. 즉 로마제국의 뒤를 따를 것인가, 예수를 따를 것인가의 사이에서 방황이 극에 달한 시점에 예수님의 부르심이 임했을 것입니다. 마태복음 9:9-13이 만일 이 마가복음 본문의 병행본문이라면 이 레위는 후에 마태복음의 저자 사도 마태가 되는 인물입니다. 열두 제자 중 세리 출신은 이 레위 혹은 마태밖에 없기에 동일 인물이었을 가능성이 아주 큽니다. 세리와 세관은 유대 민중들에게 혐오와 증오의 대상이었습니다. 로마제국과 헤롯 분봉왕국이라는 이중적 착취체제를 떠받치는 유대인 출신 반역자들의 도당이었습니다. 레위가 처한 상황을 이해하려면 예수님 당시의 세리들이 어떤 역할을 수행했는지를 보면 됩니다.

세리 tax-collectors라고 번역되는 용어가 대부분 텔로네스인데, 세금징수업자를 의미합니다. 더 정확하게 말하자면 통행료 징수업자 toll-collectors 혹은 소작료 징수인이예요. 성경에서 말하는 대부분의 세리들은 소작료 징수업자입니다. 삭개오도 소작료 징수인입니다. 예수님 당시에는 로마제국이 속주민들에게 징수하는 속주세가 있었습니다. 속주는 소득의 10분의 1을 속주세로 바쳐야 했습니다. 유대 지방은 속주세를 내지 않기로 유명한 속주였습니다. 로마의 세계통치에 만족하지 못한 것입니다. 속주세를 내지 않는 유대인들에게 강제로 속주세를 받아간 사람이 유대전쟁 발발기의 유대 장관 바로스입니다. 그는 성전 금고에 보관된 수백 달란트의 금괴를 탈취해 갔습니다. 로마제국의 속주세 외에도 유대인들, 특히 지방민들은 헤롯의 분봉왕들이 징수하는 지방세가 있었습니다. 아마도 여기에는 도로 통행료 등 사회간접시설 사용료가 포함되어 있었을 것입니다. 또 일 년에 반 세겔, 혹은 2드라크마(약 14만원 가량)를 바치는 성전 인두세가 있었습니다. 이 외에도 소작인들이 현물로 바치는 소작료와 과수원, 어획량 등에 부과되는 일종의 직접세 성격의 소득세 등도 있었을 것입니다. 이런 세금을 거두어들이는 일은 중앙정부파견 국가 공무원이 아니라 민간업자의 일이었습니다. 세금청부업이라는 직업을 택한 자들에게 맡겨졌습니다. 본문에 나오는 텔로네스, 세리는 영어로 퍼블리컨즈publicans를 의미했습니다. 이 단어는 라틴어 레스 푸블리카(공화국)에서 파생된 말입니다. 공화국 체제를 유지하기 위하여 바치는 세금을 거두어들이는 자라는 뜻에서 나온 말일 것입니다. 이 텔로네스는 대지주의 소작료를 거두어들이는 자들입니다. 대지주의 땅을 불하받아 말단 소작농에게 경작케 해서 대지주에게 바칠 소작료 외에 나머지 이익을 스스로 가로채는 사람들이었어요. 다시 말해 세리는 마름들, 중간 소지주들이라 볼 수 있습니다. 이 세리들이 텔로네스였습니다. 이들은 세례 요한의 폭풍 회개촉구 설교를 듣고 나서부터 동요하기 시작했습니다(눅 3:6-13). 그 결과 세례 요한의 하나님 나라 운동과 회개운동에 적극 동참한 사람들 중 세리가 있었습니다. 그들은 도래하는 하나님 나라에 동참하기 위해 기꺼이 요단 강 깊은 물속에서 침례를 받았습니다.

예수님은 세리 출신을 당신의 제자로 삼을 것인지를 고민하던 끝에 마침내 결단하셨습니다. "나를 따르라." 따라서 이 장면은 예수님의 하나님 나라 운동에서도 커다란 의미가 있는 순간입니다. 예수님은 당시의 바리새인들과 같은 유대인 주류들에게 단죄받은 종교적 부랑아급들을 하나님 나라에 초청하시고 심지어 제자로 삼아주신 것입니다. 자칭 의인이었던 바리새인의 눈에 비친 세리들의 모습은 누가복음 18장에 잘 나와 있습니다. 이들 중 상당수가 요한의 회개 세례운동 후부터 세리직 자체에 대하여 크게 동요하던 전향한 죄인들이 되었습니다.

9또 자기를 의롭다고 믿고 다른 사람을 멸시하는 자들에게 이 비유로 말씀하시되 10두 사람이 기도하러 성전에 올라가니 하나는 바리새인이요 하나는 세리라. 11바리새인은 서서 따로 기도하여 이르되 하나님이여 나는 다른 사람들 곧 토색, 불의, 간음을 하는 자들과 같지 아니하고 이 세리와도 같지 아니함을 감사하나이다. 12나는 이레에 두 번씩 금식하고 또 소득의 십일조를 드리나이다 하고 13세리는 멀리 서서 감히 눈을 들어 하늘을 쳐다보지도 못하고 다만 가슴을 치며 이르되 하나님이여 불쌍히 여기소서 나는 죄인이로소이다

하였느니라. 14내가 너희에게 이르노니 이에 저 바리새인이 아니고 이 사람이 의롭다 하심을 받고 그의 집으로 내려갔느니라. 무릇 자기를 높이는 자는 낮아지고 자기를 낮추는 자는 높아지리라 하시니라(눅 18:9-14).

세리는 토색, 불의, 간음 행하는 자와 같은 급으로 경멸당하는 인간군입니다. 세리는 하늘을 쳐다보지도 못하고 가슴을 칩니다. 잘못 살아 버린 자기 인생을 회한에 가득 차서 반성하고 후회하면서 고개를 떨굽니다. 자신은 죄인이라고 소리칠 뿐입니다. 이처럼 예수님이 레위를 제자로 부르신 것은 예수님에게도 중대한 결단이었다는 것입니다. 예수님은 마침내 결단하신 후 레위의 집에 들어가셨습니다. 레위의 누추한 인생에 들어가신 것입니다. 그와 한통속이 되신 것입니다. 그의 집에는 식탁이 차려져 있었습니다. 세리와 죄인들이 예수님과 그의 제자들과 함께 앉았습니다. 기대어 누운 것입니다. 세리 외에 또 다른 죄인들이 등장합니다. 하마르톨로이라고 불리는 자들입니다. 이들은 아마도 세금 혹은 채무 추심업자들이나 사설 무장병들일 것입니다. 세리들의 강압적인 세금징수를 돕는 보조인력이었을 것입니다. 15절 중반 소절에는 이들이 주어로 되어 있습니다. 많은 세리들과 죄인들이 예수님과 그의 제자들을 향하여 그쪽으로 "함께 기대어 누웠다"고(쒼나네케인토 토 예쑤 카이 토이스 마테타이스 아우투) 말합니다. 아주 밀착된 식사대형을 묘사합니다. 15절 마지막 소절은 이들이 예수님과 제자들을 중심으로 하여 밀착된 식사대형을 꾸릴 수 있게 된 배경을 말합니다. 많은 세리들과 죄인들이 예수님을 따랐기 때문이라는 것입니다. 세례 요한의 회개 세례운동 이후 세리들은 예수님 진영으로 넘어온 것입니다. 하지만 그들은 공개적으로 예수님을 따르지 못했습니다. 그래서 바닷가에는 나가지 못했습니다. 그러나 그들은 예수님을 따랐습니다. 레위의 집 식탁을 가득 채운 세리와 죄인들은 예수님을 따르는 언더그라운드 제자들이 있었음을 보여줍니다. 자, 많은 세리들과 죄인들이 예수님과 그의 제자들을 맞상대로 함께 기대어 누워 있는 상황을 그려 보십시오. 이것은 예수님에게 있어서 모종의 결단을 표현하는 상황이었습니다. 아니나 다를까, 바리새파 서기관 진영에서 벌써 항의와 불평을 터트리기 시작합니다(16절). 바리새파 서기관들이 예수께서 죄인들과 세리들과 함께 잡수시는 것을 보고는 그의 제자들에게 말했습니다. "어찌하여 세리들과 죄인들과 함께 어울려 음식을 그가 먹는가?" 이 질문의 헬라어 구문은 "세리들과 죄인들과 함께"를 문두에 배치하고 있습니다. 바리새파 서기관들의 당혹스러운 반응입니다. 도무지 이해할 수 없다는 뜻이겠지요? 식사행위가 갖는 의미를 충분히 아는 바리새파 서기관늘의 정당한 문제제기였을 수도 있습니다. 그들이 예수님의 제자들에게 이런 항의와 불평을 전달한 것을 볼 때 예수님의 제자들마저도 이 상황을 잘 소화하지 못하지 않았나 하는 추측을 불러일으킵니다.[83]

예수님께서 바리새파 서기관들의 항의 어린 질문을 들으시고 답변하십니다. 의사가 필요한 사람은 병든 사람이듯이 사죄대권을 갖고 하나님 자녀들을 갱생복구시키는 하나님의 아들은 의인을 부르러 온 것이 아니라 죄인을 부르러 왔다고 대답하십니다. "부르다"

라는 말은 식탁초청의 언어입니다. 하나님 나라의 식탁에 죄인들을 초청했다는 것입니다. 죄인들에 대한 무차별적인 개방과 포용이 예수님의 하나님 나라 운동, 더 나아가서는 기독교의 성공요인이었음이 드러납니다.

  이것은 예수님 당시에 종말을 준비하던 남은 자들의 공동체 구성과 비교해 보면 얼마나 유별나게 포용적인지를 알 수 있습니다. 세례 요한의 회개 세례운동은 세례 요한의 죽음과 더불어 끝났습니다. 그러나 예수님의 하나님 나라 운동은 예수님의 십자가 처형 후에 더욱 부흥했습니다. 예수님 당시에는 종말론적 남은 자 의식을 가진 몇 개의 그룹들이 서로 경합했습니다. 요세푸스에 의하면 그 경합하는 그룹으로는 엣세네파, 바리새파, 사두개파 등이 있었는데 특히 바리새파와 엣세네파 이 두 그룹이 치열하게 경합했습니다. 엣세네파는 바리새파에서 떨어져 나간 더 급진적인 종교적 순결파라고 보면 됩니다. 사두개파는 종말론적 남은 자 의식으로 뭉쳐진 종교적 분파주의 동아리라기보다는 친로마적 도시거주 엘리트계층으로, 합리주의적 국제주의자라고 볼 수 있습니다. 합리주의적 국제주의자였기 때문에 그들에게는 간절한 메시아를 기다리는 종말론적 기대심리가 없었습니다. 오히려 종말론적 기대심리가 고조된 그룹은 6천 명 정도로 예상되는 바리새인들이었습니다. 바리새인은 '구별된 자들the separated ones'이라는 뜻인데, 6천 명 정도의 바리새인들은 의식적으로ceremonially 자신을 더럽힐 수 있는 직업을 가지지 않았습니다.

  만일 어떤 바리새인이 텔로네스(세리)가 되면 즉시 바리새인 동아리에서 축출해 버렸습니다. 그래서 바리새인은 점잖은 직업만을 가졌습니다. 정결함을 유지할 수 있는 농업, 수공업, 구두 갖바치, 목수, 물고기 잡는 어부 등밖에 못했어요. 어떤 상업활동에도 참여할 수가 없었습니다. 로마황제의 초상이 새겨진 돈을 만지면 더러워진다고 생각했기 때문입니다. 로마제국과 친헤롯 세력들과 헤롯 분봉왕들과 관련된 모든 직장은 로마황제의 초상화가 있는 은전을 써야 했기 때문입니다. 바리새인들은 로마황제 초상화가 주조된 은전을 쓰면 십계명 제1계명이나 제2계명을 어긴 것으로 보았기 때문에 로마제국이 주조한 돈은 거룩함과 정결함을 유지하는 데 장애가 되었습니다.

그래서 예수님 당시에 글을 아는 지식인들이 선택할 수 있는 직업이 거의 없었습니다. 랍비, 서기관(문서필사가 혹은 대서소), 농부, 피혁공, 어부, 그리고 목수 등이 거의 전부였습니다. 뼈대 있고 부유한 가문의 자손 중에서 7세부터 10세까지 정규 랍비 집에 기숙하면서 미쉬나와 토라를 배우면 장차 랍비가 되는 겁니다. 그다음에 서기관이 되는 것입니다. 이건 뼈대 있는 종교적 집안 자손에게만 가능하고 기대할 수 있는 직업이었고 서민들은 대부분이 농사를 짓거나 소작인으로 살거나, 아니면 돼지목장 주인 밑에 고용되거나 큰 포도원을 가진 대지주에게 하루 일당 1데나리온 받는 일용 노동자가 됩니다. 그러니까 그렇게 많은 무리들이 예수님을 쫓아다녔다는 말은 사회가 그만큼 불안정했다는 것을 의미합니다. 직장을 갖지 못한 사람들이 너무 많았다는 말이에요. 예수님이 집회를 하면 벳새다 광야에 사오천 명씩 몰려왔다는 말은 그 사회에 안정감을 갖고 일하는 사람이 거의 없었다는 말입니다. 낮 시간에 그렇게 많은 사람들이 며

칠씩 굶어가며 예수님을 따라다녔다는 말은 예수님 당시의 유대사회가 굉장히 불안정하고 휘발성이 강한 사회였다는 말입니다. 휘발성이 강한, 언제나 폭발할 것 같은 volatile 세상이었다는 말입니다. 성냥불을 그으면 폭발할 정도로 인화점이 매우 낮은 사회였다는 것이지요. 당시의 민심은 하늘로 치솟고 있었습니다. 사나흘간 먹지 않고도 예수님 말씀을 들으려고 사오천 명씩 떼를 지어 다녔다는 것은 홍경래의 난이나 동학혁명의 분위기를 연출한 것이지요. 그렇게 많은 무리들이 핏기 없는 얼굴로 자신을 불쌍히 여기고 도와줄 목자를 찾아다니는 것입니다(막6:34). 이런 막힌 체제 안에서 선택할 수 있는 직업은 너무 제한되어 있었다는 말입니다. 이런 상황에서 예수님 당시에 남은 자들의 정체성을 가지고 메시아의 대림을 기다리는 그룹이 있었습니다. 그들이 엣세네파와 바리새인이었습니다.

엣세네파에는 또 두 그룹이 있었습니다. 요세푸스 기록에 의하면 광야로 나가서 수도 공동체를 이루는 전적 수도 공동체가 있었고 도시 안에 흩어져있는 재속在俗 신도가 있었습니다. 요세푸스가 1세기에 쓴 책에 광야에 나간 엣세네파에 관한 언급은 오랫동안 불확실하게 해석되어 왔다가 20세기 중반에 와서야 각광을 받은 부분입니다. 엣세네파가 광야에 나가 활동했다는 증거가 그동안에는 발견되지 못했습니다. 그런데 1947년에 사해 근처의 석회암동굴 지역인 쿰란에서 엄청난 자료가 발견되면서 엣세네파의 존재에 대한 언급이 빛을 보기 시작했습니다. 그곳에서 '공동체 규약' 등 공동체 관련 규약을 적어놓은 문서들이 나왔는데 그것들에 따르면 구성원들은 매일 세 번 씻는다는 규정이 있었습니다. 매일 밥 먹기 전에 손과 발을 씻었던 바리새인들보다 더 순결하려고 했지요.

이렇게 자주 씻는 정결주의자들인 엣세네파나 바리새파 사람들의 눈에 비친 예수님과 제자들은 불결하기 짝이 없었을 것입니다.[84] 손발을 안 씻고도 식사한다고 비난을 받았거든요. 심지어 요한복음 13장에 기록된 최후 만찬 때에도 바리새인이 정한 정결기준을 충분히 만족시키지 못했습니다. 예수님의 지상 최후 만찬석상에는 남자들의 발 냄새가 진동했습니다. 우리의 옛 자아가 최후를 맞는 만찬석에서 예수님은 식사 도중에 일어나 갑자기 제자들의 발을 씻기기 시작합니다. 갑자기 돌발영상 같은 분위기가 연출된 것입니다. 발 냄새가 너무 나서 예수님은 더 이상 식사를 하시지 못합니다. 식사 도중에 일어나셔서 겉옷을 벗으시고 몸 사분의 삼을 노출하신 채 몸을 구푸리시는 것입니다. 겉옷을 벗고 몸 사분의 삼을 노출하는 것은 노예의 자세입니다. "나는 비무장입니다. 나는 무기 없습니다"라는 의미로 노예는 겉옷을 벗었습니다. 예수님이 노예, 즉 둘로스처럼 겉옷을 벗었어요. 그리고 그 벗은 겉옷으로 허리띠를 두르셨겠지요. 발 냄새 진동하던 식탁을 진압하시기 시작한 것입니다. 누가 크냐는 논쟁 끝에 아무도 서로의 발을 씻어주려고 하지 않던 완악과 강퍅의 공간을 극한적인 겸손과 노예적 자기 낮춤으로 다스리기 시작하신 것입니다. 유대인의 식사대형은 아주 친밀한 사람들이 누리는 계약적 일체감을 표현하는 대형이었습니다. 맞은편에 앉아 있는 상대방 쪽으로 다리를 쭉 뻗으면서 기대어 앉아 reclining at the table 식사를 했습니다. '기대어 앉다'를 의미하는 헬라어 동사, 카타케이마이 *katakeimai*는 '눕다'를 의미하는 동사입니다. 약간 기대어서 머리를 식탁에 가까이 대면서 발을 쭉 뻗고 앉는 식사자세를 가리킵니다. 맞은편에 앉아 있던 상대방과 발을 서로 교차하면서 냄새를 주고받는 방식의 식사대형이었지요. 식사하는 행위는 한통속이 되는 행위였고 언약 공동체적 유대와 결속을 의미했습니다. 식사하는 행위는 단순히 화학성분을 섭취하는 것만이 아니었고 언약 갱신 같은 의미가 있었습니다. 서로 적대적인 행동을 하지 않겠다는 언약적 신실의 표현이었지요.

그래서 식사했다는 것은 "우리가 평균케 되었다. 한 그룹이 되었다"는 것을 의미했습니다.[85] 유대인의 식사에는 가장이 밥을 먹기 전에 축복하는 음식만 먹었습니다. 그래서 하나님 앞에서 가장의 축복을 받으면서 먹는 것, 그것이 유대인의 식사였습니다. 어떤 사람이 지체 있는 사람 집을 방문하게 되면 종이 뛰어나와서 신들메를 풀어주고 발을 씻어줬습니다. 누가복음 7장을 보세요(36-50절). 예수님께서는 누가복음 7장에서 마음이 많이 섭섭하셨어요. 예수님의 말꼬리를 잘 분석해 보면 예수님의 마음이 매우 섭섭했음을 알 수 있습니다. "시몬, 너는 내가 올 때 발 씻을 물도 주지 않았다"(44절). 그런데 평판이 나쁜 여자가 예수님 뒤로 가서 나드향을 깨뜨려 자신의 머리카락으로 예수님의 발을 씻기기 시작합니다(44절). 아주 도발적인 장면이지요. 이때 많이 탕감받은 자와 적게 탕감받은 자, 즉 죄 용서의 감격 차이가 어디에서 오는지에 대한 언급이 나오지 않습니까?(47절). 예수님이 "너는 나에게 발 씻을 물도 주지 않았는데 이 자매는 머리카락으로 내 발을 씻긴다"라고 말씀하시지요. 무시당하는 것과 환영받는 것의 차이는 이렇게 큽니다. 예수님은 무시당하신 것

입니다.[86]

예수님은 냉대와 무시에 익숙하신 분처럼 보입니다. 여러분도 앞으로 목회사역 여정에서 무시와 냉대를 받을 때마다 예수님을 생각하면서 위로를 받기 바랍니다. 목회자들이 가장 흔히 냉대와 무시를 당하는 곳이 노회 같은 모임입니다. 작은 교회 목사들의 비애가 뭔지 알게 되지요. 일단 작은 교회 목사님은 작은 목소리로 "목사님, 안녕하세요?" 이렇게 인사합니다. 노회장을 거친 목사나 장로들은 우렁차고 비교적 과장된 제스처로 인사하며 주변을 장악합니다. 큰 교회 목사들은 작은 교회 목회자들의 이름을 알려고 하지도 않고 자기들끼리 안하무인식으로 왁자지껄 떠들면서 식사를 합니다. 작은 교회, 미자립교회, 개척교회 목회자들이 기분이 다소 상할 수 있는 분위기가 형성됩니다. 저도 교회를 개척하려고 주변 교회의 목회자들에게 동의서를 받으러 다닌 적이 있는데 무시와 냉대를 당해 본 적이 있습니다. 교회를 개척하려면 인근교회 세 군데에서 동의서를 받아야 돼요. 한 큰 교회가 가장 가까운 교회였기 때문에 서명을 받으러 갔습니다. 15분 이상 동안 당회장 사무실 밖에서 기다렸습니다. 15분 동안 서서 목사님을 기다려 사인을 받을 줄 알았는데 여비서가 나와서 도장을 찍어 주더군요. 상가교회 개척 목사의 비애가 이런 것입니다. 이런 식의 굴욕적 경험과 냉대 경험이 예수님에게도 낯설지 않았을 것입니다. 바리새인 시몬의 집에서 예수님은 발도 씻지 못한 채(혹은 스스로 발을 씻은 후에) 식사를 하셨습니다. 마음의 상처를 받으셨습니다. 발 씻을 물, 즉 정상적으로 기대되는 환대와 친절을 경험하지 못했기 때문에 마음이 상한 거예요. 바로 그런 상황에서 한

평판 나쁜 여인이 와서 나드향을 발에 붓고 머리카락으로 발을 씻어 주었으니 얼마나 놀랐겠습니까? 그 여인은 이미 예수님의 집회에서 죄 사함의 은혜를 경험했기 때문에 예수님의 사랑에 감읍하고 감격하여 이렇게 예기치 않은 감사와 사랑을 표현한 것입니다. 이 이야기가 만일에 요한복음 11장의 마리아가 향유를 깨뜨린 사건과 관련되어 있다면, 이 향유 도유 사건이 당신 자신의 죽음, 장례식을 예기케 한 행동이라고 본 예수님의 발언은 그만큼 의미심장합니다. 이 이야기의 주인공이 막달라 마리아건 아니면 나사로의 동생 마리아건 익명의 여인이건 상관없습니다. 중요한 것은 예수님이 얼마나 광폭의 개방성으로 죄인들을 영접했는지입니다. 예수님 주변에는 당시의 종교적 기준으로 보면 메시아의 나라에 동참할 수 없는 죄인들, 종교적 부랑아들이 모여들었다는 것입니다. 그들의 회개와 전향은 누가복음 7장의 여인이 깨뜨린 나드 향수처럼 향기를 발산했습니다. 회개한 죄인이 내뿜는 향기가 진동했다는 것입니다. 예수님 공동체가 얼마나 무차별적인 포용과 개방성을 가졌는지를 잘 보여주는 일화입니다. 이런 쓰레기급 죄인들로 분류된 사람들, 즉 탕녀, 세리, 죄인들을 배제한 집단이 정결과 거룩에 집착한 종말론적 남은 자들의 동아리였습니다. 엣세네파와 바리새파 사람들이었지요. 바리새파보다 한 단계 더 강력한 종말론적 남은 자 의식으로 뭉쳐진 사람들이 엣세네파입니다. 그들은 손과 발만 씻지 않고 아예 하루에 세 번씩 목욕을 한 겁니다. 쿰란동굴의 엣세네파는 바리새인이나 재속 엣세네파보다 더 급진적 정결을 추구한 남은 자 동아리였습니다. 이 쿰란 엣세네파로 분류된 공동체에는 의의 교사라는 지도자가 있었습니다. 의의 교사, 그 사람이 의의 공동체를, 즉 하나님의 은총으로 완전히 요새가 된, 자기 충족적이고 다소 폐쇄적인 자기 공동체를 예찬하는 노래를 지었습니다. 쿰란 호다요트(Q. H.) 5:25-7:5은 그가 만든 시편입니다. 여기에는 어떤 죄인도 들어올 수 없는 완전한 남은 자, 은총의 아들들의 공동체에 대한 찬미가 있습니다. 배제의 논리를 찬양하는 게 나옵니다.

본문에 나오는 예수님의 무차별적인 개방과 포용은 바리새인과, 그들보다 더 급진적인 쿰란 엣세네파에 대한 신학적 도발이자 선전포고입니다. 쿰란 엣세네파가 종말론적인 메시아 기대심리를 이용해 광야에서 남은 자 그룹을 형성한 것에 비하여 예수님은 도시 안에 들어가서 무차별적으로 개방적인 하나님 나라, 즉 세리와 죄인을 영접하는 식탁 공동체를 세우신 것입니다. 엣세네파와 바리새파가 버려 버렸던 쓰레기같은 죄인들을 데리고 하나님 나라를 건설하시는 것입니다. 건축자들이 버린 돌을 모퉁잇돌로 삼아 집을 짓는 것입니다. 난지도 위에 베르사유 궁전을 지으려는 분이 예수님이었던 거예요. 난지도석 인간 실존의 쓰레기 경험 위에 베르사유 궁선의 미를 창출하는 것이 예수님인 겁니다. 예수님은 완전한 인간갱생 자활 프로젝트의 발주자요 완성자입니다. 모든 부정적 난파경험, 처절한 파괴와 실패경험을 다 살려서 리사이클하시는 것입니다. 버려졌던 죄인들과 세리들을 데리고 하나님 나라의 기초를 삼는 것입니다. 이 무한한 무차별적, 개방적 포용이 예수님의 하나님 나라 비전vision이었습니다. 그러니 당시 다른 집단들의 미래 비전과 얼마나 큰 차이가 나는지 아시겠지요? 예수님이 얼마나 돋보이는지 아시겠지요?

어떤 집단의 회원이 빨리 늘겠습니까? 바리새인, 엣세네파겠어요? 엣세네파는 원래 바리새파에서 갈라져 나간 그룹입니다. 더 순결하고 정결한 것을 추구하다가 스스로 고립된 집단입니다. 고신교단 같은 면이 있습니다. 우리 통합측은 지저분한 사람들을 참고 견디는 교단입니다. 꼭 예수님이라고 할 순 없지만 어쨌든 불순물도 포용하려는 경향이 있습니다. 그래서 우리가 통합이 된 거예요. 그래서 우리 교단은 신사참배도 아직까지 해결을 못했어요. 그런데 통합의 가장 큰 장점은 총회나 노회에 가보면 압니다. 극단을 배제하고 포용하는 중심원리가 잡혀 있습니다. 우리 교단의 자랑입니다. 노회에 가서 식사할 때는 다소 불편합니다만 회무처리하는 장면에는 배울 게 있습니다. 사도행전 15장 같은 분위기가 있습니다. 분열이 일체 안 일어났습니다. 예수님 공동체가 배제와 정죄와 구별의 심리학에 터하지 않고, 포용과 개방과 무제한적 은혜의 풍요 위에 기초한 공동체였기 때문에 역사 속에 살아남았고 번성을 거듭했습니다. 그 당시 메시아를 기다리는 모든 자칭 거룩한 남은 자들의 공동체가 포기했던 인간 군상들을 예수님은 불렀습니다. 아픈 자와 죄인들, 불결한 자들을 불러들였습니다. 하나님 나라로 다 불러들여 죄 사함의 은총, 치유의 은총을 맛보게 했습니다. 이 무제한적 개방성과 무차별적 은혜의 풍요로움 때문에 물론 예수님 자신은 목숨을 잃었습니다. 예수님의 하나님 나라 운동이 표방한 그 무제한적 은혜, 무차별적 사랑의 개방성 때문에 종교권력자들과 주류 종교세력들이 격분 끝에 예수님을 죽였습니다. 세리와 창녀, 아픈 자와 죄인들을 하나님 자녀라고 선언하셨기에 죽음을 당했습니다. 그들의 죄 짐을 지시기 위해 죽임을 당했기에 대속적인 죽음을 죽으신 셈이었습니다. 예수님께서는 하나님의 무한히 은혜로우신 성품 때문에 바리새인이나 세리나 창녀가 차이가 없어 보였습니다. 물론 세리나 창녀를 포용한다고 해서 바리새인과 서기관을 고의적으로 배제하지도 않았어요. 예수님은 바리새인과 서기관도 사랑했기 때문에 바리새인 시몬 등과도 우정을 텄습니다. 어떤 때는 바리새인이 예수님의 신변을 걱정해서 이런 말도 합니다. "예수님, 헤롯이 당신을 죽이려고 합니다." 예수님이 그 첩보를 받고 하는 말이 "그래! 그 여우에게 가서 이렇게 말하라. 나는 오늘내일 병 고치고 귀신 쫓아내다가 제 삼일에 완전하여 지리라." 바리새인이 예수님의 대외협력처장 같은 역할을 한 거예요. 이처럼 예수님과 바리새파 사이에는 갈등만 있었던 게 아닙니다. 친구 사이의 바리새파 사람들도 있었습니다. 베다니의 친구 나사로도 바리새인이었을 가능성이 큽니다. 예수님도 실제로 25퍼센트 정도는 바리새인이었어요. 베드로도 바리새파적 요소가 많은 인물이었습니다. 따라서 예수님이 본질적으로 바리새인을 배제한 것이 아니었다는 것입니다. 오히려 서기관과 제사장과 바리새인을 포함하여 모두를 무차별 포용했습니다. 예수님은 세리 마태도 제자단에 포함시키고 가나안인 열심당원 시몬도 포함시켰어요. 예수님이 구성한 제자 공동체는 이스라엘 공동체의 인적 포용성과 복합구성을 반영한 공동체였습니다. 극단적 순결주의자보다 공동체 중심적 포용의 정신을 추구했습니다. 영국의 성공회 신부인 존 스토트, N. T. 라이트 같은 사람들은 성공회에서는 돌출적인 신앙고백을 가진 사람들입니다. 보수적 성공회 지휘부에서는 다소간 압력을 넣습니다. 너무 복음주의적으로 나가지 말도록 경고합니다. 그래서 마틴 로이드 존스는 존 스토트 같은 복음주의자에게 성공회를 탈퇴하여 군소 복음주의자 그룹과 복음주의 교단을 만들라고 촉구합니다. 그러나 존 스토트는 성공회에 머물기로 결심합니다. 죽을 때까지 성공회 안에 잔류합니다. 성공회의 복합적인 신앙고백 구성을 견딘 것입니다. 반면 마틴 로이드 존스는 계속 순결을 추구하면서 존 스토트를 세속과 타협한다고 비판합니다. 대신 존 스토트는 다소 신앙고백이 혼합된 성공회 안에 끝까지 남아 85명 정도의 성공회 간부들을 배출했습니다. 영국의 복음주의자가 징계 또는 징계의 권고를 받아가면서까지 이탈하지 않고 성공회에 남아 거둔 성과입니다. 현 교황 베네딕토 16세(요세프 라칭거 신부)가 교황청 교리성 장관일 때 남미의 해방신학자 구티에레즈와 보프 신부 등에게 일시적으로 강의 및 집필을 금지하는 명령을 내린 적이 있습니다. 해방신학자들은 일시적으로 그 명령에 순종하여 책이나 글을 안 썼습니다. 우리가 볼 때 좀 맹목적이고 어리석은 중세적 의식의 잔재처럼 보이지만 가톨릭교회의 일치성이 갖는 위력일 수도 있습니다. 교회의 일치와 통합을 유지하기 위해서 치르는 인내와 굴욕의 경험들을 해방신학자들은 견디었습니다. 그 결과 라틴 아메리카는 사실상 해방신학의 교구라고 할 정도가 되었습니다. 그들의 입과 붓이 묶인 순간에도 그들의 영향력은 퍼졌다는 말입니다. 존 스토트 같은 경우도 성공회에서 떨어져 나가 분열주의자 또는 정결주의자로 치달을 수 있었는데 그렇게 하지 않고 남아 있었습니다. 통합측은 존 스토트의 길을 갔습니다. 포용과 개방의 대원칙이 갖는 위력이 있습니다. 한국교회와 목사님들은 너무 지나치게 정결과 순결을 위해 분열까지 서슴지 않는 마틴 로이드 존스에게 많은 영향을 받습니다. 균형감각이 중요합니다. 그분에게 지나치게 영향을 받기보다는 균형감각이 필요합니다. 굳이 받으려면 존 스토트에게 더 영향을 받으셔야 합니다. 존 스토트와 빌리 그래함과 로널드 사이더, 르네 빠리안 네 사람이 1974년 스위스 로잔에서 열린 복음주의선교협의회에서 만든 언약인 '로잔언약'은 한국교회가 주목해야 할 포용과 균형감각을 천명하고 있습니다. 이 로잔 언약이 「복음과 상황」이라는 잡지의 창간정신입니다.

결론

이제 요약합니다. 무제한적 사랑과 개방정신이 하나님 나라의 정신에 매우 근접하다는 것입니다. 이것의 함의는 적지 않습니다. 목회할 때 나쁜 교인을 잘라내고 배제하면 끝이 없어요. 옛날 독일의 한 수도원에서 일어난 일화가 있습니다. 수도원에서 만인에게 미움을 받는 러시아 수도승이 있었습니다. 그는 도무지 공동체의 규약에 적응하지 않고 누구의 말도 안 들었습니다. 모든 수도사의 소원이 "저 러시아 수도승, 저놈만 나가면 얼마나 좋을까"였습니다. 간절하게 기도했더니 드디어 그 수도승이 축출됐습니다. 이제는 좀 좋아질 줄 알았는데 수도원에는 그보다 더 말썽꾸러기인 프랑스 수도사가 나타나서 사고를 치기 시작했습니다. 할 수 없이 축출당했던 그 러시아 수도승을 데려오니까 다시는 사고치는 사람이 안 나타났습니다. 배제가 해답이 아니라는 뜻입니다. 알곡과 가라지의 원리가 있듯이 하나님 나라에는 당장 자격이 안 되는 사람들이 와 있을 수 있습니다. 하나님 나라는 어떤 특정 사람을 배제하는 나라가 아니라 포용해 변화시키는 나라입니다. 영성의 높낮이가 있는 울퉁불퉁한 다양한 사람들을 모아서 은총의 용광로 안에서 녹이려는 분이 예수님입니다. 엣세네파와 바리새파처럼 분리와 배제, 특권의식을 가진 집단은 역사 속에서 살아남지 못합니다. 그 당시 메시아를 기다리는 남은 자 그룹이 포기했던 세리, 창녀, 죄인들, 돼지목장 주인들, 이런 사람들을 일부러 골라 하나님의 은총을 집중적으로 베풀어주신 분이 예수님입니다. "나는 의인을 부르러 온 것이 아니라 죄인을 부르러 왔다"는 예수님의 말씀은 당시 경합하던 엣세네파적 공동체와 바리새적 공동체에 맞서는 대항명제입니다. "나는 배제의 논리로 죄인들을 배척하고 거룩한 사람만을 추구하는 여러분들과 달리 도시에서, 거리에서, 일상의 현장에서 쓰러진 자들을 일으켜서 세상 한복판에서 하나님 나라의 진지를 구축하겠습니다." 이것이 예수님이 펼치신 하나님 나라의 비전이었습니다. 그런 점에서 세례 요한과 예수님의 차이도 분명합니다. 세례 요한은 회개를 종료한 사람에게 천국의 멤버십을 줬습니다. 그런데 예수님은 먼저 구원을 베풀고, 즉 천국시민권을 먼저 발급한 후에 회개를 요청하셨습니다. 하나님 나라 시민이 얼마나 복된가를 만끽하게 하신 후에 뒤에 회개를 유도하셨어요. 이것이 바로 누가복음 19:1-10에 나오는 삭개오의 구원과 회개 이야기입니다. 이 선 은총경험, 후 회개유도 원리 때문에 기독교가 이 세상에서 존립하고 번영합니다. 무제한적 개방성, 무차별적 은혜의 평균성, 특권배제의 포용성이 기독교 복음의 풍요로움입니다. 세상의 어떤 종교나 구원론이 따라올 수 없는 기막힌 하나님 나라의 축제적 열기입니다. 세리와 창녀도 배제하지 않는 이 완전한 하나님 은총 속에서 복잡한 인간이 변화되어 가는 이야기가 기독교의 본질이어야 합니다. 죄악으로 갈라지고 분열된 인격이 성령 안에서 융화되고, 원만하여 공동체에 적합한 인격으로 바뀌어 가는 실험이 이뤄지는 곳이 바로 하나님 나라요 그것의 전위기관인 지상교회입니다. 이것이 바로 우리가 계승하는 역사적 기독교요 예수님의 교회입니다. 교회의 표지 중 으뜸은 사도성입니다. 사도성이라는 것은 사도의 가르침, 즉 주교의 보좌가 있는 곳에 교회가 존재한다는 말입니다. 오늘날 주교의 보좌에 해당되는 것은 정당한 말씀선포와 올바른 성례 집행, 적법하게 실시되는 치리입니다. 말씀과 성례가 있고 치리가 적법하게 집행되면 주교가 있는 것과 마찬가지라는 뜻입니다. 그다음 표지는 교회의 단일성입니다. 하나의 몸된 교회라는 뜻입니다. 그다음 표지는 인적 구성의 보편성입니다. 즉 있는 자와 없는 자, 도덕적으로 선량한 자와 도덕적으로 연약한 자가 한데 섞여서 하나님의 성령 안에서 한 가족이 되는 것입니다. 세리와 창녀들이 의롭고 선량한 자들이라고 불리는 자들과 한 친교권을 이루는 것이 단일성입니다. 이 세 가지 표지를 계승하는 기독교가 역사적으로 정통 기독교입니다. 그래서 장애인도 와야 되고 미성년자도 와야 되고 노인도 와야 되고 여성도 교회 안에 있어야 합니다. 기혼자도 싱글도 한데 어울려야 합니다. 일부일처제 가정만을 강조하면 가정을 일부러 갖지 않은 비혼자, 하나님의 뜻 때문에(마 19:11) 결혼을 하지 않기로 한 사람들이 외로워집니다. 배제된다는 느낌을 가질 수가 있다는 것입니다. 가정중심의 사역에 어떤 배제의 논리가 있는지도 생각해야 한다는 말입니다. 교회에는 남자중심의 논리, 어른중심의 논리, 헌금 내는 교우 중심의 논리 등이 있어서 배제의 분위기를 풍길 수 있기에 유의하여야 합니다. 이런 경향이 인적 구성의 보편성, 즉 그리스도 몸의 일치성을 깨뜨릴 수도 있다는 점을 명심하자는 것입니다.

그래서 성만찬은 만인 포용적입니다. 특히 가난한 자들까지 환영하는 식탁입니다. 이 세상이 가난한 자들에게 얼마나 냉혹하고 잔인합니까? 가난한 자는 죄인이라도 된 듯이 기죽어 지내는 세상이 되었습니다. 1세기 이방교회에서도 가난한 자들을 푸대접하는 일이 있었습니다. 성만찬 정신을 어긴 성만찬이 있었습니다. 고린도전서 11:26 이하에 보면 "너희들이 시장하거든 먼저 집에서 먹고 와야지 교회에 와서 비싼 술을 퍼마셔 성만찬 정신을 깨뜨리느냐?"고 질책하는 장면이 있습니다. 고린도교회에는 어떤 부자 교인들이 성만찬 정신을 깨뜨리는 사고를 친 것 같습니다. 요즘식으로 말하면 26년산 시바스 레갈이나 35년산 발렌타인 위스키 등의 술을 성만찬석상에 가져와 마시는 부유층 교인들이 있었다는 것입니다. 부자 교우들이 앉아 있는 식탁에서는 가난한 자들이 오기도 전에 성만찬이 먼저 시작되었던 것처럼 보입니다. 가난한 교우들은 집 옆의 슈퍼마켓에서 칠레산 포도주를 가지고 와서 뒤늦게 성만찬 식사에 동참하는 형국입니다. 주의 몸의 일치를 기념해야 할 성만찬 의식이 분열을 촉발시키는 계기가 되어 버린 것입니다. 이런 상황에서 고린도전서 11:23-26의 성만찬 제정의 말씀 Word of Institution이 나옵니다. 지금 우리가 참여하게 될 성만찬은 기독교의 무차별적 개방성, 평균케 하시는 신적 은총의 무제한성을 먹고 마시는 자리입니다. 성만찬에 집약되어 있는 무제한적인 개방성과 포용성, 은총의 무한 외연성外延性은 예수님 당시에도 너무 유별났을 뿐만 아니라 오늘날의 기준으로도 유일무이한 특장特長입니다.[87] 기독교가 살 길은 이 무제한적으로 개방되고 포용적인 하나님의 은총에 호소하는 길밖에 없습니다. 오늘날 기독교가 무제한적 개방성을 이루는 데 가장 큰 장애는 헌금 강조입니다. 돈을 많이 내는 교인이 대우받는 거대한 예산 구조, 이것이 가장 큰 문제입니다. 이렇게 예산이 크고 헌금을 지나치게 강조하면 헌금 내지 못하는 사람들은 올 수 없습니다. 이것이 바로 현대 이슬람과 기독교의 가장 큰 차이입니다. 이슬람은 가난한 사람에게 훨씬 더 호의적입니다. 왜요? 이슬람은 처음부터 하갈에게서 나왔기 때문에 감찰하시고 탄식을 들으시는 하나님에 대한 강조가 많습니다. 초대 기독교의 무제한적인 개방성과 포용성의 한 유산이 이슬람으로 이전된 듯한 인상이 듭니다. 이런 이슬람은 부자 중심, 중산층 중심의 기독교회보다 피억압민족에게 호의적입니다. 그래서 사하라 이남의 아프리카가 거의 80년 만에 이슬람화되어 버렸습니다. 셀주크 투르크가 콘스탄티노플 점령하고 나서부터 바울과 요한의 선교 중심지를 순식간에 이슬람화 할 수 있었던 이유는 칼과 코란 때문만이 아닙니다. 칼과 코란으로 이슬람이 전파된다고 비난한 토마스 아퀴나스의 단견은 진중치 못한 해석이었습니다. 피억압민족과 노예들과 하층민에게 이슬람이 훨씬 더 호의적이었기에 소아시아와 아프리카 민족들이 이슬람화되어 버렸다고 보아야 합니다. 가난한 이웃들을 형제로써 대우하는 정서, 이슬람의 국제적인 환대문화와 평등주의 등이 피억압민족에게 강력한 호소력을 행사한 결과라는 것입니다. 특히 이자 안 받고 돈 빌려주겠다는 수쿠크법이 요즘 논란이 되는데 이것도 어찌 보면 이슬람식의 포교입니다. 이슬람의 독특한 저인망식 친절과 봉사, 인도주의와 환대는 하층민을 블랙홀처럼 흡수합니다. 이것이 원래 기독교의 영성이었고 교회의 본질이었는데 현대 자본주의화된 기독교가 잃어버린 겁니다. 왜요? 돈이 많이 드는 고비용 제도교회 때문입니다. 돈이 교회 운영의 중심에 자리를 잡으면서 복음의 무차별적인 개방과 포용, 죄인 영접의 원래 케뤼그마를 잃어버린 거예요. 어떤 목회자가 돈이 많이 드는 프로젝트를 하면 부자 친화적인 목사가 될 수밖에 없습니다. 그러나 진리의 음성에 목마른 갈증 중심으로 보면 하층민 교우들이 훨씬 더 많이 목회자의 돌봄과 관심을 받아야 합니다. 하층민들은 담임목사의 전화번호를 모릅니다. 목사님과 전화하려면 그야말로 교황보다 더 어려워요. 그러나 변호사나 의사 교우는 언제든지 친구처럼 담임목사에게 전화할 수 있습니다. 의사나 변호사가 전화하면 "예, 집사님. 뭘 도와드릴까요?" 이렇게 나오지만, 가난한 교우가 전화하면 "또 뭐 때문에 전화했어요? 그거 구역장에게 전화하면 안 돼요?" 이렇게 나오기 쉽다는 말입니다. 헌금을 많이 할 수 있는 잠재적 재정기여자들이 전화하면 "예, 장로님. 곧 만납시다. 저도 메일 드릴게요" 이렇게 나오며 과잉친절을 베푸는 목사들이 얼마나 많은지요? 이들이 바로 예수님의 대적자들입니다. 이런 목사들의 신학을 칼 바르트는 하나님에 의해 분쇄될 신학이라 했습니다. 그래서 그는 기존 주류신학에 가해질 수 있는 가장 큰 위협은 하나님 자신이라고 말했습니다. 이런 차별적이고 배제적인 신학은 교회나 신학교에서 발붙이지 못하게 해야 합니다. 가난한 사람, 배제된 자, 인생의 사각지대로 밀려나서 존재를 가늠 수 없는 그런 난파된 가난한 자들을 총체적이고 무조건적으로 포용하고 환대하는 교회가 예수님이 현존하시는 교회, 예수 그리스도의 몸된 교회입니다. 예수님이 가난한 자들과 죄인들에게 베푼 친절과 포용, 자비와 은총만이 이슬람의 종교영역 침투로부터 기독교 문명권을 보존할 수 있는 유일한 방법입니다. 가난한 자와 연대를 잃어버리면, 즉 세리와 죄인들과의 연대와 우정을 잃어버리면 역사적 기독교의 시효는 끝납니다. 부자들, 왕후장상들, 장군들, 귀족들, 교수들은 절대로 기독교를 위해서 목숨 바치지 않습니다. 생활에 밀착된 민중들만이 살아계신 하나님과 공동체를 이루게 되는 것입니다. 오늘날 우리는 반성하지 않을 수 없습니다. 얼마나 한국교회가 세리와 죄인들에 대해서 너그럽지 못합니까? 얼마나 자주 구역예배가 나쁜 소문의 진원지가 되고 명예의 훼손처가 되고, 신앙의 파괴처가 되는지요? 교회가 예수님의 원시적이고 생명력 넘치는 무제한적 친절과 자비를 회복해서 모든 사람을 성만찬의 식탁에 능히 초대할 수 있어야 하겠습니다. 모든 무리들이 바닷가에 나갔지만 홀로 바닷가에 나가지 못하고 고립되어 있는 그 불쌍한 소작료 임차인을 영접해 건져 내어야 합니다. 임차료를 받아서 부를 유지하는 그 불쌍한 인간을 불러내어 성 마태 사도로 변화시켜야 합니다. 모든 사람들이 예수님을 따라 바닷가에 나갈 때에도 세관을 떠나지 못하던 그 고립된 영혼에게 예수님의 "나를 따르라"는 명령은 구원의 명령이었습니다. 탈출하라는 신호였습니다. 레위는 이 장면에서 처음 부름을 받은 것은 아니었을 것입니다. 예수님을 따를지 말지에 대한 고민이 임계점에 도달한 그날에 예수님의 명령이 당도한 것입니다. 예수님이 지나가다가 그저 우발적인 어조로 "나를 따르라!"고 명령한 것이 아니라 오랫동안 고뇌하던 문제를 종결짓는 명령이었던 것입니다. 바로 그런 상황에서 "나를 따르라"는 명령이 떨어졌기에 세리 레위가 거절할 수 없었던 것입니다. 초대교회에서 마태의 위치가 베드로와 요한에 비해서 약하기 때문에 간증 분량이 다소 짧습니다. 막달라 마리아와 요한은 굉장히 간증을 길게 했고, 심지어 바울은 무려 세 장에 걸쳐 간증이 반복되지요? 초대교회의 영향력에 비례한 간증 분량일 것입니다. 마태는 이 중심 사도들에 비하여 간증 분량이 짧은 것이 사실이지만 그가 초대교회의 가장 중요한 사도 중 한 사람이었음은 틀림없습니다. 그의 직업적 배경 때문에 그의 간증은 유명했을 것입니다. 파손된 존엄성을 가진 세리가 어떻게 하나님의 구원을 받았는지를 말할 때 레위의 간증은 빛을 발했을 것입니다. 무제한적인 개방과 초청으로 레위를 구원하신 후 예수님은 사도로 불러 세우신 것입니다. 하나님 나라의 무제한적인 잔치 분위기를 증폭시킨 인물이 바로 세리 출신 제자 레위였습니다. 세리 레위를 성 마태로 변화시킬 수 있는 곳, 이것이 교회입니다. 주일마다 찾아오는 회개의 향연, 돌아온 자가 느끼는 감격과 환호성, 이것이 교회의 오리지널 사운드, 축제의 열기가 되어야 하겠지요. 만일 매일 하나님께로 돌아온 전향한 자가 터트리는 잔치 분위기가 없다면 교회는 바리새적인 냉혈한들의 모임이고 엣세네적인 정결주의자들의 모임으로 각질화되어 버립니다.

　　마무리하겠습니다. 그동안 여러분 고생 많았습니다. 여러분 모두에게 이 무제한적인 예수 그리스도의 복음이 여러분의 열정을 일으켜 주기를 바랍니다. 우리 생애 내내 공부해도 끝없이 깊고 신비하고 풍요로운 이 복음을 아는 지식이 가장 고상함을 인하여 신학 수업과 목회현장에서 매 순간 정진하시기 바랍니다. 예수님을 다 알았다고 절대로 생각하지 말고, 성경을 다 알았다고 자만하지도 말기를 바랍니다. 원어성경 읽으면서 학자적 꼼꼼함으로 말씀을 파헤쳐 존경받는 교역자, 존경받는 전도사 되기를 간절히 바랍니다. 주일학교 아이들에게 설 때마다 전도사 특유의 카리스마와 오라aura가 진동하길 바랍니다. "우리 전도사님 서실 때마다 은혜 받을 것 같은" 간절함으로, 주일학교 교우들이 쇄도하는 일이 있기를 바랍니다. 여섯 살짜리 아이도 은혜 받으러 주일학교에 나옵니다. 아이가 엄마 따라 오는 것 같지만, 여섯 살짜리 아이도 학원과 그 고달픈 선행학습의 열풍 등으로 지쳐 구원에 목말라 나옵니다. 그에게는 정말로 구원이 필요합니다. 모든 연령대의 어린아이들이 다 은혜 받으러 오는데, 어린 교인들에게 바울이 되시고 베드로가 되셔서 영혼을 포획하는 선교와 봉사의 증인되기를 간절히 바랍니다.

　　아버지 하나님, 감사합니다. 우리 신대원 학우들, 그들이 서 있는 자리는 매우 작고 소박하여 지금은 소수의 영혼 앞에 서 있지만 결국 그리스도의 장성한 분량까지 자라게 하옵소서. 하나님 아버지, 세리 레위를 포획하여 성 마태로 만들어 주셨던 것처럼 신대원 젊은 신학도들을 말씀과 사랑으로 포획하셔서 사도적 사역자들로 변화시켜 주옵소서. 세관에 앉아 종처를 잡지 못하고 갈 바를 알지 못하는 신학도들의 영혼을 포획하여 예수님 제자 삼아 주옵소서. 우리 형제자매들의 사역 현장에서 또한 레위를 불러내듯이 구원이 필요한 어린 교우들을 제자 삼는 일이 왕성하게 일어나도록 복을 내려주옵소서. 예수님 이름 들어 기도합니다. 아멘.

대화_ 김회권 목사의 신학, 목회 소명 그리고 교회 이야기

질문 1. 어떻게 목회자가 되셨는지 궁금합니다.

1979년 11월경 대학교 1학년 가을학기에 작은 복음주의 캠퍼스 선교단체가 연 사경회에 참석했다가 경건주의적 회심경험, 즉 "거듭난 경험"을 했습니다. 그 후 그 선교단체에 들어가 성경공부와 기도훈련, 말씀묵상 훈련, 그리고 전도 훈련 등을 많이 받았습니다. 대학 4년 내내 이런 복음주의 선교단체의 공동체 생활을 통해 기독교의 기초교리를 배우고 공동체적 생활 훈련을 받았습니다. 급기야 선교단체 간사님으로부터 말씀의 종으로 일생을 바치라는 권고를 받기에 이르렀습니다. 서울대 ESF Evangelical Students Fellowship 책임목자 김만성 목사님은 여러 차례 제가 받은 소명을 확증하시고 제게 종신 목회의 길을 걸어갈 것을 권고해 주셨습니다. 그러던 중 대학 졸업을 앞두고 한탄강 암반 옆에 있는 대한수도원에서 소명확인을 위해 금식기도 하러 올라갔습니다. 1983년 1월 중순이었습니다. 기도원에서 3박 4일간 금식기도를 하면서 개인적으로 소명감을 확증받았습니다. 돌이켜 보면 그 당시 저는 일 년 내내 예비소명감 정도의 거룩한 부르심을 느끼고 있었습니다. 1981-82년 일 년 내내 "내가 하나님 말씀을 증거하는 이 길 외에 다른 직업을 선택할 수 있을까? 어떤 직업이 나에게 맞을까? 하나님께서 나에게 그렇게 실망하지 않으시면서 봐줄 만한 직장은 무엇일까?" 등 여러 갈래의 생각들이 경합을 벌이고 있었습니다. 그러던 중 기도원을 가게 되었는데, 기도원에 가기 전 몇 가지 작은 사건들이 있었습니다. 제가 걸어가야 할 길을 암시하는 사건들이라고 추정된 일들이라 아직도 기억에 남아 있습니다. 제가 졸업할 때쯤인 1982년 12월경, 졸업을 앞두고 열심히 졸업논문을 쓰고 있던 중 한 사건이 벌어졌습니다. 저는 비가 많이 오면 범람하는 신림 2동 도림천 변에 자취방을 얻어 살고 있었는데, 한겨울에 갑자기 우리 집 문 앞에 어떤 행려병자가 쓰러져 있었던 것입니다. 왼쪽 발목이 동상으로 거의 절단하지 않으면 안 될 만큼 상해 있었습니다. 퀴퀴한 악취를 풍기면서 누워 있는 그 행려병자를 자취방에 눕혀 놓고 몸을 닦아주었습니다. 이름과 고향을 알아보았습니다. 장지호라는 충청도 사람이었는데 금방이라도 죽을 듯했습니다. 임종 세례를 주는 기분으로 주기도문을 가르치고 몸을 녹이도록 하면서 논문을 마무리한 후 관악경찰서에 연락해 서울시립 행려병자 병원숙소까지 인도했습니다. 이 사건은 일종의 신호였습니다. 섬김에의 부르심에 대한 아주 작은 암시였습니다. 이 사건을 통해 진로와 소명에 대하여 고민하던 시간에 섬김으로의 부르심을 어렴풋이 느꼈습니다.

물론 좀 더 일찍이 읽은 책들도 이미 목회자의 소명감 형성에 적지 않은 영향을 끼쳤습니다. 3학년 2학기 때 읽었던 아시시의 프란체스코 전기서적류 책들을 읽으면서 종신사역자의 길을 많이 생각하게 되었습니다. '태양의 아들, 딸'이라는 영화와 「프란체스코의 작은 꽃들」이라는 책은 목회 소명감을 강하게 심어주었습니다. 하나님 말씀의 종으로 사는 게 불가능한 옵션은 아니라는 생각을 했습니다. 하지만 제게는 한 가지 약점이 있었습니다. 저의 가문이나 친척 중에 목사나 성직자의 생을 산 사람이 한 사람도 없었다는 겁니다. 완전히 세속 지파였습니다. 저의 아버지는 살아생전에 제가 목사되지 않기를 그토록 소원했습니다. "네가 기독교인이 되는 것까지는 내가 참을 수 있지만, 목회자만은 되지 않았으면 좋겠다. 왜냐하면 목회자는 자신이 생산하지도 않는 주제에 남의 쌀을 얻어 먹는 사람이기 때문이다." 이것이 제 선친에게 새겨진 목사상이었습니다. 왜 생산하지 않고 남의 쌀을 빌어다 먹느냐는 문제의식이었습니다. 제 선친의 부정적인 목사상은 여기서 그치지 않았습니다. "가난한 농민의 쌀을 얼굴이 희멀건 목사가 얻어먹어야 되냐? 목사의 얼굴은 기생오라비같더라. 항상 머리에 포마드를 발라가지고, 농부들이 논의 김매기를 할 때 여자들 서넛을 데리고 남의 집을 출랑출랑 찾아다니더라. 회권아, 네가 그렇게 사는 것은 내가 정말 보기 힘드니까, 제발 네가 그것만은 되지 마라"고 신신당부했습니다. 아버지의 강력한 권고도 있고 또 제 집안에 저를 받쳐줄 만한 아무런 영적 맥락이 없었기 때문에 적어도 3학년 2학기까지는 목사가 될 수는 없다고 생각했습니다. 그런데도 옆에 있는 선배들과 영적 멘토들은 제게 한결같이 "당신은 목사가 되어야 할 사람이요. 타고난 말씀의 종입니다"라고 말하면서 격려했습니다. 특히 김만성 목자님이 "당신은 타고난 말씀의 종이니까 절대로 딴 길 가지 말고, 요나처럼 풍랑 만나지 말고, 하나님 말씀 공부를 해야 한다"고 계속 부추겼습니다. 그분은 지금 아이오와 대학교 앞에서 유학생 목회를 하십니다. 그분이 제가 목회자가 되는 것을 결정적으로 부추기신 분입니다.

또한 많은 친구들이 제가 목회자가 될 것 같다고 예감했습니다. "회권아, 잠깐만! 네가 복음을 계속 전하면서 성경 말씀을 눈감고 암송하면, 내 가슴이 울렁거린다. 제발 그만해라. 하나님께 항복하지 않으면 안 될 것 같다"라고 말하는 친구도 있었습니다. 처음에는 "아, 내가 선교단체의 센터에 불러 놓고, 즉 내 홈그라운드에 친구들을 불러 놓고 복음을 전하며 믿으라고 거룩하게 압박을 하니까 친구들이 심리적으로 궁지에 몰려서 그런 말을 하는가 보다"라고 생각했습니다. 그런데 다방에 가서 복음을 전해도 똑같은 반응이 나왔습니다. "제발, 성경 이야기, 하나님 이야기 그만해라!"고 소리치는 겁니다. 그중에 한 명이 울산대학교 국사학과 교수로 고구려 고분벽화의 대가가 된 전호태 교수입니다. 그 친구가 집중적으로 저에게 전도를 당했는데, "그만, 그만, 그만! 마음이 울렁울렁한다. 네가 목사가 될지 안 될지 모르겠지만, 어쨌든 너는 지금 굉장한 수준까지 갔으니까 그만해라"라고 소리치곤 했습니다.

이런 농무濃霧 긴 상태에서 대한수도원에 갔습니다. 대한수도원은 삼팔선 이북에 있었습니다. 대한수도원에는 전진이라는 분이 만든, 악보가 없고 세로로 된 가사만 있는 찬양집이 있습니다. '민족의 구국제단'이라고 불리는 대한수도원을 그 전에도 몇 차례 금식기도를 하러 간 적이 있습니다. 1983년 1월에도 한탄강에 있는 바위 위에 올라가서 밤기도를 하는데, 시편 139편이 연속적으로 떠올랐습니다. 시편 139:1-12이 떠올랐습니다.

> 1여호와여 주께서 나를 살펴보셨으므로 나를 아시나이다. 2주께서 내가 앉고 일어섬을 아시고 멀리서도 나의 생각을 밝히 아시오며 3나의 모든 길과 내가 눕는 것을 살펴보셨으므로 나의 모든 행위를 익히 아시오니 4여호와여 내 혀의 말을 알지 못하시는 것이 하나도 없으시니이다. 5주께서 나의 앞뒤를 둘러싸시고 내게 안수하셨나이다. 6이 지식이 내게 너무 기이하니 높아서 내가 능히 미치지 못하나이다. 7내가 주의 영을 떠나 어디로 가며 주의 앞에서 어디로 피하리이까. 8내가 하늘에 올라갈지라도 거기 계시며 스올에 내 자리를 펼지라도 거기 계시니이다. 9내가 새벽 날개를 치며 바다 끝에 가서 거주할지라도 10거기서도 주의 손이 나를 인도하시며 주의 오른손이 나를 붙드시리이다. 11내가 혹시 말하기를 흑암이 반드시 나를 덮고 나를 두른 빛은 밤이 되리라 할지라도 12주에게서는 흑암이 숨기지 못하며 밤이 낮과 같이 비추이나니 주에게는 흑암과 빛이 같음이니이다.

이 중에서도 7-10이 유난히 제 마음을 쳤습니다. "내가 주의 영을 떠나 어디로 가며 주의 앞에서 어디로 피하리이까. 내가 하늘에 올라갈지라도 거기 계시며 스올에 내 자리를 펼지라도 거기 계시니이다. 내가 새벽 날개를 치며 바다 끝에 가서 거주할지라도 거기서도 주의 손이 나를 인도하시며 주의 오른손이 나를 붙드시리이다." 음부에 내가 자리를 펼지라도 거기에 함께 계시며 내가 새벽 날개를 치고 바다 끝에 가서 거할지라도 거기에도 함께 계신다는 구절이 제 마음에 불을 밝히며 새겨졌습니다. 그때는 캄캄한 밤이었기 때문에 성경구절이 정확히 기억나지 않아 찾아볼 수 없었습니다. 다만 몇 구절들이 맴돌았습니다. 특히 그중에서도 "음부에 내 자리를 펼지라도 함께하실 것이다"라는 하나님의 약속이 크게 울렸습니다. 그 말씀만 계속 떠올랐는데, "아! 내가 목사가 되어 음부에 내 자리를 펴는 절체절명의 추락과 실패를 경험한다 할지라도 하나님께서 함께하시겠다고 하시는가 보다"라는 생각을 하기에 이르렀습니다. 그리고 몇 년 후에 "이 지식이 너무 기이하여 내가 미치지 못하니 주께서 나의 전후를 두르시고 안수하셨다"는 말씀이 비로소 다가왔습니다. 그런데 그때는 안수하신다는 말씀은 기억나지 않았고 그저 음부에 자리를 펼칠지라도 함께하실 하나님만 계속 생각하고 있었습니다. "음부에 자리를 펼칠지라도" 함께하시는 하나님이라면, 내가 우리 가문에서 전인미답의 길을 개척하여 걸어간다 하더라도 두려울 것이 별로 없을 것이라고 생각했습니다.

 1983년 3월부터 종신 캠퍼스 사역자로 서원하여 활동하기 시작했습니다. 그것은 언제 끝날지 모르는 종신사역 서원이었습니다. 이것은 후임자가 나타나서 "당신은 이제 캠퍼스 선교사역을 맡기 제대로 할 수 있습니다!"라고 하기 전까지는 절대로 자리를 떠나지 못하는 것입니다. 1983년 그때 학생 선교단체 간사는 14만원 받고 생활했습니다. 가난한 출발이었으나 그것은 제게도, 우리 집안에도 신선하고도 충격적인 소명사건이었습니다. 저는 그때 극한 가난 속에서 훈련을 받았는데, 극한 가난 속에서, 무無에서 유를 창조하는 사역에 도전했습니다. 캠퍼스 노방전도를 하러 다니기 시작했습니다. 그러면서 사람을 모으고, 왔던 사람들이 돌아가지 않도록 밤새도록 기도하고, 2주 연속 나온 사람이 3주째 나오도록 기도하는 일을 십 년 넘게 감당했습니다. 그 일을 11년 6개월 동안 계속했습니다. 제가 유학을 갔을 때가 1994년이었는데 그때는 제가 12년째 서울대 캠퍼스 선교사역을 하던 중이었습니다.

그때 유학을 가게 된 계기가 놀랍습니다. 84학번 서울공대 기계공학과 학생이 나타난 겁니다! 그 학생은 전남 광주 출신의 수재였는데 고3 졸업도 하기 전에 자기 형을 따라 관악 ESF에 나왔던 청년이었습니다. 그가 종신간사 서원을 하면서 제게, 서울대 합격하고 제 설교를 천이백 번 들었다고 고백했습니다. 저를 찾아와서 "목자님의 뒤를 따르겠습니다"라고 했습니다. 저는 그때 그 형제의 눈을 보면서 "정말? 정말?" 재삼 다짐했습니다. 제가 종신서원 후 12년 만에 제대를 하게 된 겁니다. 그런데 문제는 저의 제대가 아니었습니다. 그 학생의 부모님이 저를 찾아 올라온 겁니다. 제 자취방에 찾아와서는 울면서 "김 선생님, 내 아들 좀 살려주십시오. 매일 성경 말씀과 김 선생님이 한 강의 노트만 보고 있습니다. 제발 이 착한 아이를 살려주십시오!" 참으로 슬프고도 장엄한 순간이었습니다. 그 착한 아들, 제 후임자가 최근에 영성신학 박사학위를 받아온 이강학 박사입니다. 지금 횃불트리니티신학교의 상담학 교수로 섬기고 있습니다. 너무나 사랑했던 형제님이고 탁월한 후배이며 존경하는 동역자입니다. 그의 부모님이 눈물로 저를 잡고 제발 풀어 달라고 했는데, 그게 사실 저의 어머니 아버지가 제 목자님께 한 말이었습니다. "제발 풀어 달라. 제발 내 아들을 더 이상 감화 감동시키지 말아 달라." 그 시절에는 한번 말씀의 감화 감동을 받아 붙잡히면 12년 동안 붙잡히던 시절이었습니다! 이강학 형제님도 12년 동안 간사생활을 하다가 유학을 갔지요.

어쨌든 저는 하나님의 부르심을 받고 너무 행복하게 목회자의 길을 걸어가고 있습니다. "No turning back, no burning back"이라는 찬양을 애창합니다! 한 번도 되돌아갈 마음이 없었습니다. 우리 아버지는 계보학적으로 저를 후원하지는 못했습니다. 우리 집은 유교집안이었고 불교를 믿었고 점쟁이가 오면 점을 치는 평범한 시골사람들이었습니다. 그러나 부모님의 큰 사랑과 신뢰가 저를 자신감 넘치는 사람으로 만들어 주었습니다. 제 육친의 부모님은 제 목회 소명의 길을 이해하시지 못했지만 저를 영적으로 길렀던 멘토들과 동역자들과 영적 선배들은 한결같이 저로 하여금 이 길을 걷게 했습니다. 저는 그 결과 장로회신학대학원에 들어갔습니다. 1987년에 시험을 치고 88년에 들어와서 은혜로운 신대원 시절과 대학원 시절을 보냈습니다. 그런데 제가 신대원에 들어와 보니 학부출신 신대원생들은 약간 교만해(?) 보였습니다. 이미 다 들어 알고 있다는 식의 자신감이 넘치더군요. 그런데 죄 많은 세상에서 세속생활을 하다가 들어온 일반대 출신 신대원생들은 마른땅이 물을 흡수하듯이 신학 수업을 즐겼습니다. 바르트, 몰트만이 나오면 귀를 쫑긋 세우며 강의를 경청했습니다. 수업시간은 하나도 버릴 만한 것이 없는 알차고 보람된 시간이었습니다. 모든 시간이 은혜 충만한 시간이었습니다.

제가 간사로 섬기던 대학교에서 6시에 새벽기도를 마치고, 서울대입구역에서 2호선을 타고, 강변역에서 내려 다시 마을버스를 타고 학교까지 가는 장거리 통학으로 수업시간에 종종 늦었던 기억이 납니다만 대체로 재미있게 공부했습니다. 심지어 단조로운 평성 어조로 강의하시던 교수님 강의도 제게는 정말 좋았습니다. 그분이 수업시간에 추천한 기독교교육 관련 책들을 두 번씩 읽었던 기억이 남아 있습니다. 교수님들의 수업계획서에 적힌 책을 두서너 번 읽으면서 신학에 눈을 떴습니다. '구약학 개관'을 가르치신 교수님이 수업교재로 사용한 노먼 갓월드의 「히브리 성서」 두 권과 버나드 앤더슨의 「구약성서의 이해」 세 권은 구약학 공부를 지적으로 자극해 준 책들입니다. 담당 교수님의 '구약학 개관' 수업은 제게 구약을 공부하도록 갈증을 심어주셨습니다. 아무튼 신대원 때 수강한 거의 모든 신학 수업이 좋았습니다.

그런데 신대원 2학년 2학기 때 학교의 용인 이전 문제로 데모가 발생했습니다. 그때 저는 캠퍼스 사역 때문에 학교 오는 것 자체가 힘들어서 시험을 거부하자는 총학 결정에 반대했습니다. "시험, 봅시다!" 그런데, 아무도 저를 지지하지 않았고 마침내 시험거부안이 관철되었습니다. 그래서 저는 모두 다 시험을 거부하는 줄 알고 시험기간 동안 캠퍼스 전도를 하러 다녔습니다. 간절히 기도를 하고 전도를 하는 동안에 대부분 학우들이 시험을 본 걸 몰랐습니다. 그래서 그때 대부분 과목의 성적을 C-에서 F학점 사이로 받았습니다. 재난이었습니다. D나 F를 받은 학점을 일부 교수님이 고쳐 주더군요.

결국 김중은 교수님의 '구약원전' C- 학점, 김명용 교수님의 '교회와 신학' C-학점이었습니다. 그렇게 성적이 나와 장학금도 받지 못했습니다. 제가 총학 결의를 믿고 시험을 거부하고 순진하게 관악산에서 기도만 계속하는 사이에 그런 엄청난 일이 벌어진 겁니다. 그런데 제가 유학을 갔을 때, 미국에서는 제가 신대원 2학년 2학기 시절에 받았던 학점들을 아예 주목하지 않더군요. 그 학점들뿐 아니라 한국에서 공부한 학점 일체를 무시했습니다. 이렇게 제가 한국에서 F학점 받아도 미국 유학 가서 박사과정 진학하는 데 전혀 문제없다는 것을 직접 확인했습니다. 미국 사람들은 대체로 한국의 신대원 성적이나 학부 성적에 별다른 관심을 보이지 않습니다.

이런 해프닝에도 불구하고 저는 유학가서, 한국에서 받은 신대원 교육이 얼마나 좋았는지를 실감하게 되었습니다. 영어로 말하는 농담이나 유머 빼고는 거의 전부 다 알아들었습니다. "아! 저거, 저 말이구나. 내가 다 알지." 세부적인 것만 못 알아듣지 핵심은 다 알아들을 수 있었습니다. 영어가 다 이해되진 않았지만 한국말로는 이해됐습니다. 이미 충분한 예비지식을 가지고 갔기 때문에 프린스턴 신대원 석박사과정 공부가 그렇게 두렵지만은 않았습니다. 어쨌든 저는 매우 행복하게 공부를 끝내고 돌아와서 교수생활을 하고 있습니다.

질문 2. 교수님, 사경회 내내 헬라어 원어성경을 자유자재로 읽으시고 강해하셨는데, 신대원 시절에 들었던 원전 수업들에는 무엇이 있었는지요?

신대원 때 박수암 교수님의 '산상수훈 원전강독'과 김지철 교수님의 신약 석의방법론 수업시간에 원전 '고린도전후서 강해'를 들었습니다. 그리고 대학원Th. M.에서는 박수암 교수님의 '마가복음 원전강독'을 들었습니다. 이 신약성경 주석 수업들은 원전읽기의 고투와 보람을 동시에 안겨 준 시간들이었습니다. 성경 말씀을 암송하도록 격려해 준 수업은 신대원에서 들었던 김중은 교수님의 '레위기 원전강독' 수업이었습니다. 히브리어 구절들을 칠판에 휘갈겨 쓰시며 모음점을 박력 있게 찍어 가면서 히브리어 구문과 단어들을 설명하시던 장면이 눈에 선합니다. 교수님에게 맞장구치려면 수강 학우들도 그렇게 자유롭게 모음점을 찍을 수 있어야 했습니다. 대학원 시절에 들었던 이동수 교수님의 '호세아 원전 강독', 강사문 교수님의 '성문서 원전강독'도 인상적이었습니다. 이동수 교수님은 어렵고 많이 부서진 호세아 본문 비평에 많은 공을 들이시며 원전수업을 인도하셨습니다. 전체적으로 원전 강의를 들으면서 하나님 말씀을 꼼꼼하게 읽는 법을 배웠습니다. 여러분도 한번 도전해 보십시오. 앞으로 평생 도움이 될 것입니다. "학자가 될 사람이나 하라지"라고 생각하지 말고 원전 암송에 도전해 보기 바랍니다. 원어성경을 읽으면 절대로 설교를 표절할 필요가 없습니다. 샘솟는 깨달음을 경험하게 될 것입니다. 원어성경은 다섯 절 내지 열 절만 읽어도 두 시간이 금방 지나가기 때문에, 말씀몰입 훈련에 유익합니다. 두 시간 기도하기 힘들다면 원전을 붙들면 됩니다. 심지어 우가릿과 아카드어 강독 때는 한 문장 판독과 해석에 한 나절이 소요될 때도 있습니다. 원어성경 읽기는 어쨌든 긴 시간의 기도와 묵상 훈련에 유익합니다. 해석은 안 되는데 시간이 신속하게 지나가기 때문에 기도 중에 보내는 시간이 많아집니다. 어려운 구문은 인내를 가르치고 기도를 익히게 합니다. 이렇게 준비된 마음으로 임하는 수업시간에 중요한 계시의 섬광이 번쩍이기 마련입니다. 하나님께서 수업시간에 계시와 통찰을 허락하십니다. 수업시간은 시내산 정상에 올라가는 경험과 유사합니다. 학식 깊은 교수님이, 즉 높은 위치 에너지를 가진 학자들이 높은 곳에서 툭툭 떨어뜨리는 말씀들은 감화력과 힘을 발출합니다. 그분들의 가르침에는 받아 적어야 할 내용이 많습니다. 계속 질문해서 더 깨우쳐야 할 주제들도 수업시간에 논의되지 않습니까? 무엇보다도 정규 수업시간에 큰 은혜를 받기 바랍니다. 하나님께서 어디서 부르십니까? 시내산에서 부르십니다. 어디가 시내산입니까? 수업시간입니다. 시내산 정상에서 들리는 세미한 계시의 소리를 들으시기 바랍니다. 수업에 불충하면 안 됩니다. 수업에 불충하고 아차산 올라가 소나무 뿌리 뽑고 뒤집어져도 소용없습니다. 그리고 방언의 은사를 받기 전에 영어나 독일어의 은사를 먼저 받으시기 바랍니다. 왜 방언의 은사를, 혀가 꼬부라지는 그런 방언은사만을 바랍니까? 스스로 혀를 꼬부리고 긴장하면서 외국어를 말하면 그게 방언의 은사입니다. 구약학자나 신약학자들은 전부 방언의 은사를 받았습니다. 여러분도 영어시험을 치고 들어왔기 때문에 이미 방언의 은사를 받았네요. 많이 방언하시기 바랍니다. 스와힐리어도 방언입니다. 인도네시아어도 방언이고요. 아무튼 모든 세계인의 언어가 방언입니다.

방언은 이민족 사람들과의 소통을 가능케 하는 신적 소통력이라는 은사입니다. 낯선 것들을 이해하고 사랑하려고 하는 사람에게 방언 은사가 터집니다. 신대원 시절은 시내산 정상에서 떨어지는 하나님의 낯선 언어, 절대타자의 언어를 수납하고 이해하는 시간입니다. 신대원 시절의 모든 배움의 순간들은 계시의 섬광 같은 말씀들을 만나기 좋은 시간입니다. 수업시간과 리서치 세미나시간 등에서도 하나님의 계시와 조명을 맛보시기 바랍니다.

질문 3. 교수님의 신학이 정말 따뜻하고 아름답고 본이 되어서 사경회 내내 심령이 떨렸습니다. 교수님이 실제 목회하셨던 목회 이야기를 듣고 싶습니다. 교수님은 어떤 목회적 가치를 가지고 실제 목회현장에서 양육, 설교를 하셨는지, 그리고 그 가운데서 느꼈던 어려움이 무엇이었는지 궁금합니다.

저는 2002년 12월 16일부터 2006년 12월 31일까지 고양시 덕양구 화정1동 905-2번지 상가건물에서 17명의 교우들과 함께 개척목회를 시작했습니다. 그 교회의 개척교우들은 구리두레교회의 19-2구역 식구들이었습니다. 약 4년간 목회를 했지요. 제가 5대 선교목표를 가지고 시작을 했습니다. 가난한 이웃과 함께하는 교회, 중보자를 지향하는 교회, 지역 사회를 섬기는 교회, 인재를 양성하고 양육하는 교회, 세계 평균시민의 고통을 품고 사는 교회. 이것들이 교회의 선교목표였습니다. 고양시 덕양구 일대는 비교적 가난한 이웃들이 많고 일산구에 비해 여전히 낙후되어 있어서 대체로 서민적인 분위기의 교회가 호소력을 갖던 지역이었습니다.

개척하자마자 숭실대 전임교수 생활도 시작되었기에 새벽기도를 네 번, 즉 화요일부터 금요일까지만 감당했습니다. 수요예배를 인도했고 주일설교를 1부, 2부, 오후예배 이렇게 세 번 했습니다. 교회를 방문한 사람들을 곧바로 등록시키지 않고 한 달에서 6주 정도 다닌 후에 등록여부를 결정하도록 했습니다. 어느 정도 검증과정을 거친 후에 등록한 사람만이 오래 남더군요. 바로 교우라고 대우하며 받아주지 않았습니다. 그리고 등록한 모든 교우들은 일 년에 걸쳐서 22주의 교육을 받아야 했습니다. 22주의 교육내용은 구원론 8주 교육, 사도신경 8주 교육, 주기도문 3주 교육, 그리고 십계명 3주 교육으로 구성되어 있습니다. 칼빈의 「기독교 강요」에 나오는 순서를 어느 정도 참조했습니다. 22주를 전반기에 한 번, 후반기에 한 번 해서 일 년에 두 차례 전입 교육을 실시했습니다. 이렇게 처음 2년 반 동안에는 저 혼자 다하고 그 후부터는 현재 제 후임으로 담임목사가 된 부목사님과 나눠 교육을 실시했습니다.

목회하면서 깨달은 것이 참 많았지만 한두 가지만 말씀드리지요. 하나님의 기도 응답과 목회 우선순위에 함께하시는 성령의 역사를 실감했습니다. 가난한 사람들을 위해서 기도하니 가난한 사람들이 많이 왔습니다. 그다음에 가난한 사람들에게 구제헌금을 낼 사람들을 보내달라고 간구하였을 때에는 중보자가 될 만한 교우들이 왔습니다. 중산층 지향적인 교인보다 중보자 지향적인 교인들을 보내달라고 기도를 간절히 했을 때 중산층이 많이 왔습니다. 그런데 그들이 중산층의 여유를 즐기며 뻐기기보다는 가난한 이웃과 함께하는 중보자적인 삶을 살기로 결단하더군요. 성자 같은 교우들을 만나 영적으로 크게 각성했습니다. 그다음에 '인재를 양성하는 교회'가 되게 해달라고 기도했더니 교사와 교수 교우들이 몰려왔습니다. '세계 평균시민의 고통에 동참하는 해외선교지향적 교회'가 되게 해달라고 기도했더니 해외선교지에서 도와달라고 전화가 쇄도했습니다.

이런 기막힌 방식으로 교회가 정한 선교목표가 충실하게 실현되는 과정을 경험하고 하나님의 함께하심을 맛보았습니다. 좀 더 구체적으로 예를 들면, 우리 교회가 인재양성 장학금으로 매년 7천만 원의 장학금을 조성했습니다. 그래도 장학금이 더 필요한 상황이 벌어집니다. 그런 경우 연말 예산을 제로로 만든 후 새해 예산을 짜기 위해 12월 셋째 주나 넷째 주에는 남아 있는 예산을 긴급 구제장학금으로 다시 출연한 일이 있었습니다. 첫해 연말에 남아 있던 3천만 원을 해외와 전국에 흩어져 있는 고학생 장학금으로 쓰자고 운영위원회가 결정했습니다. 그리고 15명의 유학생에게 보냈습니다. 그 유학생들은 도와달라고 편지한 사람들입니다. 12월 21일에 3천만 원을 긴급 구제장학금으로 쓰자고 결정했는데, 마지막 주에 또 한 분의 교우가 익명으로 3천만 원의 헌금을 하더군요. 일종의 매칭펀드가 조성된 것입니다. 우리 교회가 3천만 원을 구제장학금으로 쓸 결정을 하자 천상의 하나님 보좌로부터 동일 액수의 장학금이 송금된 것이지요. 순종하려고 할수록 순종을 쉽게 해주시는 하나님의 절대주권적 권고하심을 풍성히 맛보았습니다.

전체적으로 예산의 22퍼센트를 선교와 구제헌금, 장학금 등으로 썼습니다. 개척 4년차에 교회 예산이 6억 원 정도였던 것으로 기억합니다. 어른교인은 350명이었고요. 저는 월급 대신 판공비를 받았습니다. 판공비는 생활비로 쓰지 않고, 목회자 품위유지와 목회적 돌봄 사역을 위해 썼습니다. 상가 건물의 월세는 매월 740만원 나갔고요. 교인은 일 년에 80명 정도 늘었습니다.

또 하나 깨달은 것은 성령의 역사를 앞지르는 담임목사의 열정과 야심이 교회와 교우들을 어렵게 만든다는 것입니다. 기도를 열심히 하고 난 다음 날 대개 교회와 교우들을 어렵게 만드는 일이 벌어집니다. 제게는 교우들이 마땅히 성장하고 성숙해야 할 단계가 되었는데도 그런 단계에 오지 못하는 경우 감당이 잘 안 되더군요. 그래서 회개기도를 드렸던 기억이 많습니다. 그럴 때마다 교회의 주가 되시고 인도자가 되시는 우리 주 예수 그리스도의 속도, 성령의 속도가 교회성장과 성숙의 속도가 됨을 깨닫게 되었습니다.

고양시 덕양구에서 목회하면서 심각하게 반성한 것은 제 설교였습니다. 제 설교의 가장 난점은 설교가 어려워서 여성 교인들이 적응하기 힘들어 했다는 데 있습니다. 여성 교인들이 제 설교에 적응하는 데 평균 4개월 걸렸습니다. 다른 교회에 다니다가 졸던 남자 교우들은 제 설교를 듣고 깨어나기 시작했습니다. 여교우들 중 더러는 목사님의 기도제목은 너무나 포괄적이고 너무나 광범위해서 도저히 따라갈 수 없다고 불평했습니다. 그런 반응과 평가를 접수하고 점점 쉽고 간결한 설교를 하기 위해서 애썼는데도 여전히 갈 길은 멀었습니다. 저는 먼저 어려운 단어를 써서 사람을 긴장시키는 전략을 구사합니다. 설교에 집중하도록 돕기 위한 것입니다. 약간 정신을 긴

장시킨 후 설교의 논리와 구조를 파악하며 따라오도록, 분투하도록 만든 후 설교를 하는데 이것이 잘 먹혀들지가 않았습니다. 제게도 잠재우는 은사가 있습니다. 제 설교가 어렵다는 것, 그게 가장 어려웠습니다. 그다음에 제가 너무 우활하고 포괄적인, 큰 기도제목으로 기도를 많이 한다는 것도 교우들의 품평대상이 되었습니다. 그다음에 입시 때 교우들의 자녀들을 실명을 불러 중보기도 해주지 않는다는 것도 문제가 되었습니다. 정기적인 연례 대심방을 하지 않았습니다. 목숨 넘어가는 사람만 심방했습니다. 곧 돌아가실 분, 천국에서 만날 분만 심방했습니다. 말짱말짱한 사람들은 전부 다 천사의 심방을 받거나 하나님의 심방을 받으라고 부탁드렸고 양해를 구했습니다. 심방은 거의 항상 저녁 8시에 갔고 식사를 하지 않았습니다. 부부가 같이 있을 때, 대화와 기도에 집중하기 위해 그 시간대에 심방했습니다. 교우들의 가정에 가서 식사를 한 적은 거의 없었습니다. 그리고 통고되지 않은 모임을 갖지 않았습니다. 교회 밖에서 따로 만나기를 청하는 교인들과의 만남에는 열을 내지 않았습니다. 주보에 적힌 일정대로 정확하게 만났으며, 주말에는 교인들과 거의 만나지 않았습니다. 그리고 교우들에게 심방 등의 어떤 계기에서든지 금전적 사례를 받지 않았습니다. 주례나 기타 관혼상제를 주관하는 경우에도 사례를 받지 않았습니다. 그러나 한 교우가 우리 부목사님의 양복을 사주겠다고 제안한 적이 있어서 허락한 적이 있습니다. 헌금의 경우 십일조만 강조했습니다. 특별재난 때의 재난부조헌금 외에는 다른 헌금을 안출해 강조하지 않았습니다. 건물을 살 때도 절대로 특별작정헌금 등을 하지 않았습니다. 전체적으로 제 결론은 우리나라 교우들은 착하고 순결한데, 우리 목회자가 너무 부패했고 무자격자 같다는 느낌입니다. 교우들은 과분할 정도로 순결하고 착합니다.

그럼에도 불구하고 소득 수준과 직업군의 차이가 있는 교우들을 뜨겁게 하나되게 하거나 화해시키는 사역에는 큰 열매를 거두지 못했습니다. 구역성경 공부와 기도모임을 목양적으로 잘 감독하지 못했습니다. 예를 들어서 구역공부까지 봐주려면 더 시간이 필요한데 그게 안 됐습니다. 시간을 내지 못했습니다. 그래서 구역공부를 한 달에 한 번 교회에서 실시했고, 구역장 리더십을 잘 세우지 못했습니다. 왜요? 평신도들이 가정에서 모이면 성경본문 이야기보다는 세속적인 이야기로 본문을 밀어내 버린다는 소문을 듣고 교회에서 담임목사의 감독하에 구역모임을 하도록 했습니다. 저는 이 점에는 확신이 없습니다.

실패한 목회사례는 더 많습니다. 제가 상담을 깊이 한 사람들은 교회를 떠났습니다. 담임목사, 즉 설교자는 상담하면 안 된다는 게 제 생각입니다. 다른 목사님들에게 교우 상담을 의뢰하는 게 좋을 듯합니다. 뼈아픈 교훈입니다. 담임목사가 은근히 좋아하고 교회의 중심이 되어 주었으면 하는 인물들이 예상외로 사고를 치거나 조기에 이탈하는 경우가 있습니다. 거룩한 무관심이 좋습니다. 제가 가장 많이 깨달았던 것은, 성령께서 작정하시는 성장 및 성숙 속도와 제가 꿈꾸는 성장 및 성숙 속도가 달랐을 때 즉 담임목사가 추진하는 성장 및 성숙 속도가 더 빨랐을 때 많은 교인들이 지쳐서 힘들어 했다는 사실입니다. 교인들의 영적 성숙 속도는 성령께서 통제하시지, 담임목사가 끼어들 영역이 아님을 깨달았습니다. 이것도 뼈아픈 경험이었습니다.

　그 외에 치리의 어려움을 경험했습니다. 어떤 교우가 다른 교우를 공개적으로 혹은 준공개적으로 비방하고 명예훼손을 하여서 치리를 했습니다. 그 치리의 내용은 공개적으로 해당 교우에게 찾아가 사과하라는 권고였습니다. 그런데 치리를 받은 교우는 회개하는 대신에 다른 교회로 옮겨 버리더군요. 한두 명의 대적자는 늘 주변에 맴돌았습니다. 에베소교회의 바울 대적자 구리장색 알렉산더 같은 사람이 지금 돌아다니고 있습니다. 그런 사람은 동료 교우들을 비방하고 교역자의 설교를 곡해하는 일에 앞장서는 사람들입니다. "당신이 회개하지 않으면 나올 수 없다"고 말하면 그들은 "교회가 여기 밖에 없나요? 다른 교회에 가면 되지" 하고 반발합니다. 담임목사는 십자가에 못 박힌 자들이어야 합니다. 혈과 육이 십자가에 못 박혀야 하나님의 마음으로 목양할 수 있습니다.

질문 4. 목사님께서는 '이사야를 통한 하나님의 통치신학에 관해'라는 논문을 쓰신 것으로 알고 있습니다. 목사님께서는 이러한 관점을 간단히 말해 하나님 나라 신학으로 풀어내셨는데요. 현재 많은 학자들은 우리나라에 합당한 정치 신학이 없어서 한국교회의 많은 목회자들이 세상 정치에 휩쓸려 가고 있다고 말합니다. 교수님께서는 이 점을 어떻게 생각하시며 교수님이 보시는 이 세대에 필요한 건전한 정치신학적 관점이 있다면 말씀해 주십시오. 혹시 그것이 교수님이 말씀하시는 하나님 나라 신학인지요. 또는 현대 선교관인 하나님의 선교가 이 시대에 필요한 그러한 신학이 될 수 있는지요?

제 논문은 'The Plan of Yahweh in First Isaiah' (제1이사야에 있는 야웨의 계획)이라는 제목으로 쓰여진 이사야서 주석논문입니다. 이사야 1장부터 39장에 나타나는 '에차트 카도쉬 이스라엘'(이스라엘의 거룩한 자의 도모)이라는 주제를 천착한 논문입니다. 그것은 하나님의 모략이라는 뜻입니다. 이사야서의 전체 주제는 하나님의 모략이 모든 단위의 인간적 모략을 이긴다는 주장입니다. 주전 738년부터 주전 701년 사이에 예언자 이사야가 아하스 왕과 히스기야 왕 시대 때 선포했던 정치적 신탁을 해설한 글입니다. 여기서 저는 하나님 나라 신학의 단초를 발견했습니다. 모세오경부터 저는 하나님 나라 신학의 관점으로 주해해 오고 있습니다. 하나님의 통치권이 모든 인간들의 반역적, 자율왕국적 통치권을 초극하고 창조적으로 해체시키고 흡수한다고 믿습니다. 인류역사의 마지막에는 하나님 나라 민 남습니다. 나머지 모든 주권국가들은 하나님 나라 안의 비무장 지방자치단체 수준으로 격하될 것입니다.

    질문자께서 "우리나라에 합당한 정치신학이 없어서 많은 한국교회의 목회자들이 세상 정치에 휩쓸려 가고 있다"고 했습니다. 그런 점이 있는 게 사실입니다. 그러나 엄격히 말하면 정치적 행동을 도와주는 신학이 없지 않았습니다. 무엇보다도 우리나라 정치신학에는 일단 민중신학이 있습니다. 그다음에 한기총신학의 맹목적인 수구적 돌격대 정치신학이 있습니다. 그 중간에 있는 것이 1974년

존 스토트와 빌리 그래함 등이 선언한 로잔언약입니다. 이 로잔언약이 천명한 정치적 행동 지침에는 불의와 불법, 폭력적 통치와 압제에 대한 거룩한 저항원리가 천명되어 있습니다. 요즘 논란이 되는 것은 최악의 정치신학, 한기총 정치신학이지요. 전혀 정치의 정곡을 찌르지 못하는 한기총 정치신학의 특징은 좌경척결, 수구적 지배층 옹호 신학이지요. 과연 그것이 신학일수가 있겠느냐는 또 다른 문제이지만 그들에게는 일관된 목소리가 있습니다. 이 한기총신학은 아마도 1970-80년대 민중신학의 적대적 후계자 같습니다. 민중신학은 해직과 투옥되는 고통을 감수하면서 주창한 정치신학이었습니다. 이 땅의 민주화에 일정부분 기여했고 해외에 가장 많이 알려진 신학입니다. 특히 민중신학은 독일에서 굉장히 유명한 신학이고 세계적으로 알려진 유일한 한국 토착화 신학입니다. 하나님 나라 신학은 민중신학과 한기총신학을 둘 다 아우르려고 합니다. 좌우를 아우른다는 말입니다. 어정쩡한 절충주의나 중간주의와는 다릅니다. 하나님 나라 신학은 하나님을 향해 높아진 모든 권력과 권위를 비신화화하고 상대화하는 신학입니다. 이사야 2장에 나오는 야웨의 날, 하나님을 향해 높아진 모든 탑들과 요새들과 무역선단들과 금은우상 조각물을 거룩하게 분쇄하는 신학입니다. 제가 하나님 나라 신학 주석 시리즈에서 계속 밝혔지만 하나님 나라 신학은, 하나님 나라의 역사적 지향성과 세계변혁성을 제1명제로 주창합니다. 물론 하나님 나라는 창세기 1장이 천명하듯이 하나님이 친히 세워 가신다는 것이 제1명제입니다. 하나님 나라는 단계적으로 완성됩니다. 먼저 성령께서 우리 심령에 내주케 하심으로 인격 단위를 통치하신 후에, 법과 제도를 고쳐 가시면서 새로운 사회를 재창조하십니다. 그런 성과를 바탕으로 하나님께서는 궁극적으로 온 피조물과 생태계를 하나님 영광으로 가득 차게 만드십니다. 이 하나님 나라 신학은 제가 만든 것이 아니라 성경 안에 있는 신학입니다. 제가 그 신학의 이름을 달리 부를 방법이 없어서 하나님 나라 신학이라고 붙였습니다. 성경에 있는 이 하나님 나라 신학 외에는 어떤 신학도 대안이 될 수 없다고 봅니다. 하나님 나라를 다루지 않고는 어떤 다른 신학도 입론이 불가능하다고 봅니다. 하나님 나라 신학이 성경에 있는 신학이라는 점은 아무리 강조해도 지나치지 않을 것입니다.

하나님 나라 신학의 제2명제는 하나님 나라는 인간의 응답과 순종으로 완성된다는 것입니다. 하나님께서는 하나님의 말씀과 성령의 내주케 하심으로 인간 개인 단위를 통치하시지만 인간의 순종 또한 필요로 하는 겸손하신 하나님이시기 때문에 인간의 순종 여하에 따라 하나님 나라의 확장과 통치 과정이 지연될 수 있고 또 방해를 받는 것처럼 보일 수 있다는 것입니다. 그래서 하나님 나라 신학은 하나님에 대한 전적인 신뢰가 필수적이라고 강조합니다. 인간의 순종, 믿음을 매우 높게 보는 신학입니다. 하나님 나라 신학의 제1명제가 창세기 1장에 나오듯이, 하나님 나라 신학 제2명제는 창세기 2-3장에 나옵니다. 창세기 1장에는 과연 하나님이 명령과 말씀만으로 세상을 창조하십니다. 하지만 창세기 2-3장에서는 창세기 1장에서와는 달리 하나님께서 아담에게 아쉬운 처지에 놓인 듯 부탁하시면서 하나님 나라를 세우십니다. 마치 아담의 순종 여하에 따라서 하나님 나라의 미래가 달려 있는 것처럼 스스로 힘을 빼시고 아담의 협

조를 끌어내기 위해서 분투하십니다. 하나님 나라는 하나님 절대주권적인 의지로 정립되는 하나님의 전적이고 독존적인 통치임과 동시에 인간의 순종을 필요로 하는 겸손하신 통치입니다. 이 둘 모두를 동시에 강조하는 신학이 제가 생각하는 하나님 나라 신학입니다. 이런 신학은 민중신학에서 충분히 강조되지 않고 한기총신학에서도 강조되지 않았습니다. 이미 많은 학자들이 이 하나님 나라의 중심성은 강조하였으나 하나님 나라 신학이라는 말을 진지하게 사용하지 않았을 뿐입니다. 제가 시리즈로 지금 주석서를 출간하면서 이 표현을 알리고 있는 셈입니다만 사실은 제가 지어낸 말이 아니라 이미 성경 안에 있는 내용입니다.

    하나님 나라 신학은 전통적인 교회중심의 선교(미시오 에클레시아이)와 하나님의 선교(미시오 데이)를 통전적으로 아우릅니다. 현대 개신교회의 대표적인 선교신학이 "하나님 선교" 신학이지요. 이것은 WCC 선교운동을 주도했던 네덜란드의 호켄다이크 같은 사람의 흩어지는 교회론 등과도 밀접한 선교신학인데 교회를 거치지 않는 하나님의 주권적인 자기계시, 정의와 공평사역, 인권옹호운동 등을 총칭하는 말입니다. 하나님의 선교는 언뜻 보면 미시오 에클레시아이와 대립되는 개념입니다. 그러나 이 둘은 본질적으로 다를 수가 없습니다. 가장 깨어있는 성령 충만한 교회가 결국 사회정의와 공평의 확장, 인권옹호와 국제정의와 평화, 환경운동에 가장 주도적으로 참여하거든요. 저는 이 둘을 대립시켜 생각하지 않습니다. 다만 선교를 삼위일체 하나님의 연합과 동역 속에서 바라보는 게 중요하다고 봅니다. 하나님 나라의 신학은 철두철미하게 성령의 내주를 경험하는 그리스도인들을 중심으로 일어나는 신학이기 때문에 성령의 내주가 없는 일반적인 민주화 운동이라든지 생태계 운동은 하나님 나라의 포괄적 외연활동으로 분류될 수는 있겠지만 제가 말하는 하나님 나라의 중심과제는 아닙니다.

미시오 데이는 교회를 통하지 않고 인간의 일반 은총과 양심과 이성의 영역에서 일어나는 포괄적인 윤리각성 운동을 가리키기도 합니다. 그러나 그렇다고 해서 교회의 머리되시는 우리 주 예수 그리스도, 부활하셔서 하나님 보좌우편으로 승천하신 그리스도의 통치사역과 상관없이 이런 민주화운동이나 포괄적인 인권옹호운동이나 국제적 평화운동이 일어난다고는 보지 않습니다. 제도권 기독교회와의 연결이 잘 확보되지 않는다고 해서 우리 주 예수 그리스도의 보이지 않는 세계역사 향도와 통치적 관여를 부정할 수는 없다고 봅니다. 전통적으로 성자 예수 그리스도와 상관없이 추진된다고 믿어지는 성부 하나님 중심의 미시오 데이 개념은 보다 더 정교하게 규정될 필요가 있다고 봅니다. 예수 그리스도의 주권적 통치의 일환으로 일어나는 윤리운동이나 정의, 평화운동이 아닌 한 하나님 나라 운동이나 선교라고 말할 수는 없다고 봅니다. 저는 여전히 미시오 에클레시아이를 우선시하는 입장입니다. 교회가 우리 주 예수 그리스도의 직접적 통치를 받는 직할통치지역이기에 교회 안에서 드러난 그리스도 예수의 주권적 통치가 세상을 이끌어가는 지도력과 역사창조력을 제공하는 동력이 되어야 한다는 점에서 그렇습니다. 미시오 에클레시아이를 포기하면 안 됩니다. 교회만큼 자기 갱신적이고 자기 희생적인 민간기구는 이 세상 어디에도 없습니다. 교회는 진정,

충성, 재정적 헌신, 재능과 지위의 자발적인 희생이 모여드는 곳입니다. 그리스도의 통치권이 시발되는 곳입니다. 따라서 교회는 타락해서 징계와 연단을 받을지언정 결코 소멸되거나 부존재할 수는 없습니다. 자발적 갱신과 외부적인 공격 등으로 창조적 해체를 거듭할지라도 교회는 성령의 정결케 하시고 계시하시는 사역을 통해 세상 사람들의 영적 필요, 정신적 갈증을 정확하게 파악하여 역사를 창조하는 하나님 나라의 전위부대입니다. 그렇게 되어야 합니다. 그런 점에서 한스-요하임 크라우스의 「조직신학, 자유의 나라로서의 하느님 나라」라는 책이 중요합니다. 제가 말하는 교회론이 잘 정리되어 있는 책입니다. 카를 하임, 본회퍼, 칼 바르트, 그리고 몰트만 등의 저작들도 미시오 에클레시아이와 미시오 데이의 통전적 종합에 관심을 드러내고 있습니다. 미시오 에클레시아이가 포괄적인 의미에서 이 세계의 범 피조영역에 일어나는 하나님의 정의운동, 창조질서 회복운동과 대립되는 건 아니지만, 개인의 갱생과 회심, 중생 사역부터 강조한다는 점에서 하나님 나라 신학은 이 고전적인 교회중심의 선교관을 우선시합니다. 제가 강조하는 하나님 나라 신학은 먼저 성령의 내주하심을 통한 자발적 순종을 철두철미하게 요청하기 때문에 그냥 종래의 보수적 신학처럼 보일 수도 있습니다. 따라서 민중신학에서 볼 때는 매우 소박한 얘기입니다. 그렇습니다. 하나님 나라 신학은 하나님의 선교도 성령의 개인 재창조부터 시작된다고 보는 점에서 보수신학의 아류입니다. 그러나 민중신학은 충분히 성령의 내주하심과 예수 그리스도의 대속적 구원론에 대한 강조 없이, 피터 아벨라르 등이 주창한 도덕감화설만 내세우는 듯한 인상을 줍니다. 피터 아벨라르는 안셀름과는 달리 예수 그리스도의 십자가를 모방하려고 하는 일종의 도덕감화설적인 십자가 이해에 머물렀습니다. 그렇기 때문에 형벌대속설을 믿는 보수 신학자들과 보수적 기독교인들을 끌어들이지 못했습니다. 안셀무스는 형벌만족설, 형벌대속론적 십자가 이해를 주창하여 보수적인 십자가 이해, 즉 구원론을 설파했지요. 예장은 안셀름을, 기장과 감신은 피터 아벨라르를 추종하는 듯한 인상이 듭니다. 지금 자세하게 다 해명할 수는 없지만 하나님 나라 신학은 이 양자를 발전적으로 통전합니다. 저는 본질적으로 안셀름의 형벌대속설을 믿고 존 스토트의 「그리스도의 십자가」를 아주 높이 평가하지만 피터 아벨라르와 알버트 슈바이처의 도덕감화설적인 십자가 이해도 수용합니다. 우선적으로 강조하는 것은 속죄의 거듭남으로 시작된 성령의 내주를 통해 그리스도인들 안에 하나님 나라가 정립될 수 있다는 것입니다. 가장 항구적인 하나님 나라 운동의 근거지는 십자가의 대속적인 은혜로 죄 사함 받은 개인의 마음이라고 본다는 것입니다. 그러나 이 형벌대속설적인 십자가 이해를 붙든다고 해서 십자가에 달린 예수를 보고 그를 모방하기 위해 십자가를 지고 따르는 그런 도덕감화설적인 십자가 이해를 배제할 필요가 없다는 것입니다. 저는 본질적으로 교회낙관론자입니다. 개별적인 지역교회는 실패하고 도덕적으로나 영적으로 파탄될 수 있으나 우주적인 교회, 공교회는 결국 범죄할 수 없고 타락할 수 없다고 봅니다. 개별 교회는 도덕적 파탄에 의해서 소멸될 수 있지만 The Catholic Church, 그리스도의 몸 The body of Christ, 즉 전 세계의 살아있는 성도와 천상의 온전케 된 성도로 구성된 단일 공동체인 우주적인 교회는 절대로 타락할 수도 소멸될 수도 없다고 봅니다. 전체로서의 교회는 주님의 신부됨을 유지하고 있다고 봅니다. 담임교역자가 타락한 교회에도 여전히 주님은 현존하실 수 있습니다. 순교자적인 정결함으로 숨어 교회를 섬기고 떠받치는 자기 부인의 사람들이 주님의 통치를 매개하고 있기 때문입니다. 그래서 교회는 불멸적 indestructible 기관입니다. 그래서 저는 그리스도의 몸된 교회가 하나님 나라 운동의 우선적 주체가 되어야 한다는 입장입니다. 이 점이 아마도 하나님의 선교와 다른 점일 것입니다. 하지만 하나님 나라 신학 자체는 하나님의 선교가 주창한 쟁점들을 갱신되고 성숙된 교회의 선교영역 안에 얼마든지 끌어들일 수 있다고 봅니다. 그런 점에서 하나님 나라 신학은 굉장히 넓고 탄력적인 외연을 갖고 있습니다. 저는 하나님 나라 신학이 성경의 중심신학이라 봅니다.

질문 5. 교수님을 보면 항상 많은 책과 하나님과의 독대 속에서 사셨던 분 같다는 생각이 듭니다. 그래서 말씀드리는데, 사모님은 어떻게 만나셨는지 참 궁금합니다. 또한 결혼 적령기에 있는 우리에게 배우자의 선택에 있어서 조언을 해주신다면 무엇이 있을까요?

제가 작은 선교단체에서 약 12년 동안 간사생활 했던 것은 알지요? 제 아내는 같은 선교단체에 속한 자매님이었습니다. 85년 10월 30일에 제대를 하고 돌아왔더니 몇 분의 자매님들이 선배 간사님으로부터 훈련을 받고 있었습니다. 선배 목자님이 두서너 명의 자매님을 거명하며 배우자가 될 수 있을 것인지에 대해 기도해 보자고 제의했습니다. 제가 26세 정도 되었지만 결혼이 급하지는 않았습니다. 다만 앞으로 책임간사가 될 사람이니까 결혼을 하거나 배우자가 정해지면 좀 자유롭게 사역할 수 있을 것이라고 권면해 주셔서 저도 그렇게 기도하기로 하고 잘 살펴보고 관찰해 보았습니다. 그리고 대화도 한두 번 해보았습니다. 그런데 전혀 마음이 열리거나 확신이 오지 않았습니다. 선배 목자님이 우선적으로 추천한 분들에게서는 아무런 느낌을 갖지 못했습니다. 그분들은 다 사랑스럽고 귀한 분들이었습니다만 제 마음은 전혀 끌리지 않았습니다. 그러는 중 1985년 12월 23일에 선교단체에 한 자매님이 들어왔는데, 갓 믿기 시작한 어린 초신자였습니다. 대학교 4학년 졸업반이었는데 완전히 믿지는 않았으나 이제 막 거듭나려고 하던 자매님이었습니다. 그녀는 선배 목자님에게 그녀가 다니던 대학에서 훈련을 받다가 관악구 신림동 선교센터로는 처음 왔더랬습니다. 이 자매님은 니고데모처럼 많은 질문을 갖고 와서 선배 목자님을 괴롭혔다는 명성을 가진 사람이었습니다. 제가 군대에 있었을 때 선배 목자님이 그녀의 예리한 질문들을 받아 넘기느라고 아주 고생했다는 이야기에 등장한 자매였습니다. 선배 목자님이 "내가 감당할 수 없으니까 이제 김회권 목자가 감당해 보라"고 말하며 그녀의 신앙양육을 위임했습니다. 과연 선배 목자님의 말씀 대로 그녀는 니고데모처럼 한밤중의 고민들을 산더미처럼 쌓아 놓고 살던 영혼이었습니다. 지성의 한계 안에서 하나님을 이해해 보려고 발버둥치고 있었습니다. 요한복음을 가르쳤습니다. 아무런 느낌도 없었습니다. 그야말로 감정적으로 무감동적인, 순수한 성경공부만 했습니다. 그런 상황에서 일 년 반이 지났습니다.

그 자매님이 서서히 바뀌면서 86년에 절정의 변화를 보였습니다. 여름수양회 때 대천덕 신부님의 특강을 들으면서 결정적으로 변화되기 시작했습니다. 거듭났다고 볼 수 있는 조짐이 보였습니다. 그때부터 다시 일 년 반 사이에 선교단체에서 실시하는 모든 교육훈련 프로그램에 참여하며 훈련을 받았습니다. 기독청년의 면모로 자라기 시작했습니다. 그리고 어느새 자기 부모님까지 전도해 제가 인도하는 성경공부모임에 데려왔습니다. 김회권 목사의 강의는 엄마, 아빠도 들어야 된다면서 모셔온 것입니다. 아마도 그녀의 부모님은 딸이 한 단체의 이단 비슷한 동아리에 빠져서 밥 먹는 것도 잊고 성경만 읽으니까 상당히 놀랐던 것 같았습니다. 독문학 전공을 하다가 휴학하고 성경만 공부하니까 집안에서 놀랐던 게지요. 아예 휴학을 하고 성경만 하루 종일 보고 있으니 딸에게 영향을 미친 사람이 누군가 보자 하는 마음, 즉 호기심과 경계심이 뒤섞인 마음으로 오셨을 것입니다. 그래서 어떤 때에는 세 명 모두에게 성경을 가르치기도 했습니다. 한 오십 명 중에 항상 세 명이 같이 와서 성경강의를 듣곤 했던 겁니다.

그러나 그녀는 저를 인간적으로 안 좋게 생각하고 있었습니다. 덩치 큰 남자가 아이처럼 율동을 하는 모습 등을 보다가 한심한 생각이 들기까지 한 터라 결혼 상대자로는 결코 생각한 적이 없었답니다. 그런데 어느 순간에 그녀의 눈에 제가 뜻이 곧고 고상해 보이더랍니다. 율동하는 자세는 좀 어색하지만 올곧은 인상과 굳은 심지를 보고나니까 호감이 생겼다고 하더군요. 지성인 복음화, 성서한국 등 고상한 뜻을 위해 청춘을 바친 청년이라는 걸 알고 마음이 움직였답니다.

그러는 사이에 그 자매님이 우리 선교단체의 재정 실무일을 맡았습니다. 재정 실무자는 간사들에게 월급을 주는 책임자입니다. 70만원 정도의 월급을 받았는데 헌금이 안 들어와서 월급을 줄 수 없었을 때에는 자신의 아버지께 빌려다가 새 돈으로 월급을 줬습니다. 그래서 제가 월급을 받기 위해 그녀의 학교와 신림동 선교센터 중간에 있는 지점에서 만날 때가 있었습니다. 사육신묘 공원에서 저를 만나 월급을 전해주곤 했습니다. 사육신묘 공원에서 월급을 받기 위해 공원에 간 어느 날 놀라운 상상력이 발동하였습니다. 사육신묘 공원에 앉아 그녀를 기다리던 어느 날, 성삼문의 생애를 묵상하고 있다가 나에게 아버지 월급 빌려 사례비를 주는 이 자매님이 혹시 하나님이 나에게 보내준 배필이 아닐까라는 생각이 들었습니다. 87년 1월이었습니다. 가난한 선교단체의 간사에게 줄 헌금적립금이 없어 자신의 아버지께 빌린 새 돈으로 월급을 주는 이 착한 자매님이 혹시 내 아내가 될 사람이 아닐까라는 생각을 하면서 그녀를 보았더니 놀랍게 마음에 위로가 찾아왔습니다. 다만 신앙경력이 짧은 것이 마음에 걸렸습니다. 하지만 순결하고 아름다운 영혼의 소유자였기에 그런 것은 극복할 수 있는 약점이라고 보았습니다. 사육신묘에서 1월에 가난한 책임간사에게 월급을 주는 그 자매님이 제게 간절함과 불쌍히 여기는 마음을 말없이 표현하고 있다는 확신이 들었습니다. 불쌍히 여기는 마음에서 사랑의 흔적을 발견했던 것 같습니다.

87년 7월에 다시 수련회가 열렸습니다. 그녀가 또 엄청난 은혜를 받았습니다. 복음을 위해 인생을 바칠 각오를 할 정도로 큰 은혜를 받았습니다. 하나님 나라의 유격대로 살기로 작정한 것입니다. 그때는 데모하던 학생들도 분신을 해 자신들의 대의명분을 주창했을 때였기 때문에 저처럼 가난한 복음전도자로 사는 것은 아무것도 아니었습니다. 서슬 퍼런 운동권 학우들의 분신, 투신, 위장취업을 통한 공단 투신, 야학 등 자기를 겸손케 하는 봉사활동이 빈번했기 때문에 저처럼 10년 동안 캠퍼스 선교사역을 위해서 인생을 바치는 것은 별 것도 아니었어요. 86-87년 그 몇 년 동안에는 격렬한 학생운동, 분신, 투신, 녹화사업, 강제 징집, 투옥 등이 너무 많았던 때였거든요. 그런 상황에서 그녀도 학생 선교운동에 이바지할 마음이 생겼어요. 예수 믿고 훈련받은 건 2년밖에 안 되었지만 일주일에 네 번씩 성경공부에 참여해서 성경을 깊게 공부하고 기도 훈련을 받았어요. 그런데 87년 7월 수련회를 마친 후 어느 날 이 자매님이 혹시 하나님이 보내신 사람이 아닐까라는 생각이 좀 더 빈번하고 지속적으로 들더군요. 다시 한번 주의 깊은 관찰을 해야겠다고 가만히 봤더니 점점 예뻐지기 시작하면서 점점 사랑스럽기 시작했습니다. 아, 내가 이 사람과 결혼할지도 모르겠다는 생각이 들기 시작했습니다. 한 번도 결혼할 상대라고 생각해 보지 않았던 그녀가 점점 좋아졌고 매력적으로 보였습니다. 그녀에게 저도 조금씩 매력적으로 보이기 시작했던 것 같았습니다. 그래서 제가 87년 7월 말에 40일 작정 기도에 들어갔어요. 그 자매님에게 제 결심을 밝히고 같이 기도해 보자고 제안했습니다. 40일 작정 기도 후에 각각 기도 응답 결과를 가지고 만나기로 했습니다. 그런데 그녀가 약 20일 만에 부모님께 말을 해버린 거예요. 자기가 결혼할지도 모르겠다고 하니까 부모님이 너무나 환영을 하는 거예요. 그 부모님도 안 믿었는데 저를 일 년에 걸쳐 지켜보면서 마음에 들었던 거예요. 장모님이 아주 좋아했다더군요. 부모님이 전폭적으로 지지를 하시니 이 자매가 덩달아서 확신이 생긴 거예요.

87년 11월 7일 작정기도 후 약 넉 달 반 만에 결혼했어요. 제 아내는 지적입니다. 요즘도 오전 내내 계속 성경 읽고 기도하며 제가 순수한 목회자요 진지한 신학자로 살아가도록 중보기도합니다. 김회권이 이단에 안 빠지도록 저보다 더 기도를 많이 합니다. 그리고 제가 성경을 잘 가르쳐 주겠다고 약속하고 결혼했는데 아내에게 성경공부를 시켜주지 못했습니다. 그랬더니 하나님께 기도해서 아내는 나름대로 새로운 일가를 이루었어요. 거의 저와 맞장 뜰 수 있는 수준의 성경이해에 이른 사람입니다. 제가 그래서 두려워합니다. 나이는 저보다 네 살 어린데 두려워하는 동지가 됐습니다. 공부를 엄청 많이 합니다. 「녹색평론」을 읽고 가끔 글을 쓰기도 합니다. 한마디로 재야 신학자입니다.

아! 결혼 적령기, 이거 굉장히 중요합니다. 신대원 시절에는 결혼 상대자를 만나기에 적합한 시간입니다. 비교적 밀착된 공간에서 3년을 보내는 사이에 근거리 관찰과 접촉이 가능해서 자기 배필을 만날 가능성이 많습니다. 특히 5월에 역사가 일어나야 합니다. 아가서를 읽어 보면 왜 봄이 거룩한 남녀상열지사를 불러일으키기에 적합한지를 알 수 있습니다. 5월에 아가서 2장을 꼭 읽고 야외로 같이 나가십시오. 그러면 반드시 역사가 일어날 것입니다. 자신이 어떤 취향의 사람과 맞는지 깨닫게 됩니다. 오랫동안 캠퍼스 선교하면서 관찰한 사실에 따르면 5월에 커플메이팅이 가장 빈번하게 일어납니다. 특히 5월 신록수련회 때 대역사가 일어나는데, 5월에 신록과 향기 만발한 자연은 합환채 향기로 가득 차 있습니다. 꽃과 향기, 그리고 야생동물이 뛰노는 자연은 그 자체가 거룩한 최음제입니다. 5월은 청춘남녀의 매력을 북돋워 주는 계절의 여왕입니다. 라일락과 목련과 산수유 만발한 야생적 자연에서 보는 사람은 사무실이나 회색빛 도회지의 포장도로 위를 걷는 사람과는 다르게 보입니다. 들노루와 산양처럼 동물성과 야생성이 자연에 가면 발산되면서 사람도 꽃과 나무의 일부가 되지요. 그때 오고 가는 눈빛은 계시와 암시의 시그널일 경우가 많습니다. 여러분 각자가 누가 자신에게 계시의 눈빛을 던지는지를 직관해야 돼요. 평소 기도 습관이 잘 든 사람은 헛다리를 짚지 않을 텐데 기도 없이 자연 속으로 돌진하는 사람은 삼손처럼 한눈에 반해버리려고 합니다. 좀 위험합니다. 두 눈을 번쩍 뜨면서 기도를 하는 사람이 안전합니다. 하나님께서 인도하시는 메이팅이라면 그렇게 혼란스럽지 않습니다. 따라서 여러분도 거룩한 데이트를 시작하려면 "한 사람에게만 시선이 고요히 머물게 해주십시오"라고 기도해야 합니다. 5월 신록수련회 혹은 그에 준하는 옥외활동을 선용하기를 바랍니다. 3월은? 약간 힘들어요. 아직은 잔설과 겨울의 한기가 대기에 남아 있어서 시간가는 줄 모르고 야생의 자연을 소요逍遙하기가 어렵지요. 신대원장님, 봄 사경회를 5월에 하면 자연 안에서 거룩한 중매가 많이 일어나지 않을까요?

매우 경건한 미혼 전도사들에게 한마디 해 둘 권면은 마태복음 산상수훈 5:27-30 때문에 배우자가 될 만한 사람을 주의 깊게 관찰하는 것에 죄책감을 느끼면 안 된다는 것입니다. 특히 음욕을 품고 여자를 보는 자마다 간음한 자라는 27절 때문에 중세의 많은 수도사들이 그랬던 것처럼 오늘날 미혼 전도사들이 힘들어 합니다. 그것은 주석을 제대로 해야 합니다. 일단 그 본문은 이미 결혼한 남자들을 겨냥한 말씀입니다. 둘째, 예수님 당시의 이스라엘 사회의 남성중심적 결혼관행을 고려해서 새겨야 할 말씀이라는 것입니다. 이미 결혼한 남자가 음욕을 품고 성적으로 매력 있는 여자를 지속적으로 쳐다보는 행위는 아내를 소박 맞힐 가능성이 아주 컸던 상황을 배경으로 해석해야 한다는 말입니다. 미혼 남자가 아름다운 처녀를 보면서 그 아름다움을 찬미하고 관찰하는 것은 죄라고 보기 힘듭니다. 아름다운 여인을 창조하신 하나님을 찬미하는 경건한 묵상은 전혀 문제가 되지 않아요. 여성이 아름다운 남성을 쳐다보는 것도 문제가 안 됩니다. 사실상 미혼 남녀는 자주 서로를 쳐다봐야 돼요. 총각 처녀 전도사님은 거룩하고 절제 있는 관찰을 통해 임계점에 도달할 만큼 사모하는 마음이 들면 문자를 보내면 됩니다. 어떻게요? "자매님, 라일락 꽃이 피었습니다." "오늘 산수유 향기가 아차산에서 불어옵니다." 더 이상 긴 말 쓰지 말고 꽃과 자연을 묘사하면 알아듣습니다. 겨울 초입인 경우에는 "첫눈입니다. 형제님!" 정도면 됩니다. 그러면 반응이 올 것입니다. "라일락 꽃이 핀 벤치에 계세요. 제가 차 한 잔을 들고 가지요." 혹은 "아! 아차산 중턱으로 가겠습니다. 거기 산책로 한번 걷고 싶습니다." 이렇게 반응이 오면 상서로운 징조가 시작된 것입니다. 아차산을 아가서가 묘사하는 자연 세트장으로 많이 활용하십시오. 온달의 사랑의 역사가 일어난 곳입니다. 광장동 아차산에서 면목동 아차산까지 산등성이를 따라 걸으면 천천히 걸어도 두 시간 안에 답파할 수 있습니다. 젊은 시절에 저는 참 산을 많이 탔습니다. 산기도 다닐 때마다 산비탈을 이리저리 넘고 산등성이를 소요했습니다. 산은 영성, 거룩한 감수성을 길러주는 데 최적의 공간입니다. 그러면서도 산은 남녀의 연애를 촉진시키는 데도 최적의 공간입니다.

제가 가정을 이룬 과정에는 극적이라고 할 로맨스는 없으나 하나님의 인도하심은 분명히 있었습니다. 제가 너무 공적인 활동을 많이 하는 데 비해 아내는 매우 관계지향적이고 내면추구적인 인물입니다. 제가 많이 배웁니다. 공적으로 활달한 제 삶이 아내의 삶을 매우 궁핍하게 만들어서 죄책감에 시달릴 때도 많았습니다. 그래서 이번 사경회처럼 2박 3일 동안 외박하고 가면 앞으로 일주일 동안 굉장히 겸손하게 살아야 합니다. 설거지나 가사조력을 통해서 아내와 살가운 접촉과 교제를 잘 유지할 필요가 있습니다. 바깥에 많이 나도는 남자는 대체로 아내를 힘들게 합니다. 저는 제 아들이나 딸이 저처럼 살기를 원치 않습니다. 좀 더 가정적이길 원하고 좀 더 감미로운 관계를 유지하기 원합니다. 아내가 저를 베스트 프렌드라고 부를 때 가장 행복한 것을 보면 저 자신도 이제는 조금씩 가정적이 되어가나 봅니다. 아내와 남편은 나이 들수록 친구가 되어가는 것 같습니다. 부족하지만 대충 이렇게 살고 있습니다.

질문 6. 저희에게 복음과도 같은 이야기 감사드립니다. 5월에 강의

실이 많이 빌 것 같은데요. 아무튼 다음 질문 드리도록 하겠습니다. 외국어를 잘하기 전에 한글을 정확히 풀어낼 수 있는 풍부한 어휘력 사용이 정말 중요하다는 통찰을 주셔서 감사합니다. 교수님이 사경회 내내 지적하신 그 지적 화전민 신분을 벗어나기 위해 평소에 어떤 습관을 가지면 좋을까요? 그리고 교수님의 독서 공부 노하우와 비결이 궁금합니다.

지적 화전민은 아주 적은 수의 어휘를 갖고 살아가는 지식인을 가리킵니다. 풍부한 어휘와 다양한 문장력으로 자신의 일을 감당해야 할 지식노동자, 정신노동자들이 나태와 여러 가지 이유로 더 이상 지적 성장을 멈춘 상태를 가리키는 말입니다. 이 화전민 상태를 벗어나기 위해서는 아름답고 풍요로운 글과 책에 노출되어야 합니다. 좋은 강의를 듣고 익히는 것이 제일 좋겠지요. 견문을 넓히는 게 풍성한 언어생활을 이루는 데 제일 효과적이겠지요. 그다음 또 중요한 것은 독서습관을 길러두는 것일 겁니다. 제게 독서와 글쓰기의 중요성을 가르친 분은 아버지셨습니다. 아버지께서는 일본에서 교육받은 경험이 있으셔서 그랬는지 자녀들에게 글을 읽고 독후감을 쓰는 훈련을 시켜주셨습니다. 초등학교에 들어가기 전에 일기와 독후감을 쓰고 어떤 때는 시를 지어보도록 격려하셨습니다. 그래서 늘 아버지께서 주로 거하시던 사랑방 머리맡에는 질이 별로 좋지 않았던 16절지에 썼던 독후감들이 가득 쌓여 있곤 했습니다. 아버지는 시와 글을 잘 쓰도록 늘 격려하셨는데, 아마도 어린 시절에 공부의 세계에 눈을 뜬 것은 이런 아버지의 가정교육 덕분일 것입니다. 세 살 위의 형이 있었는데 그는 어렸을 때부터 독서광이었습니다. 그 형이 책을 많이 읽었고 제가 그 영향을 받았습니다. 그래서 형이 읽은 책은 세 살 어린 제가 늘 읽었습니다. 제 또래보다는 세 살 위의 형이 읽은 책을 읽은 제가 더 유식해 보였겠지요? 대학생이 될 때까지 우리는 TV 같은 걸 보지 않았습니다. 우리 어렸을 때는 TV가 없지 않았습니까? 전자영상 문화와는 담을 쌓았습니다. 남는 시간은 시나 희곡, 소설, 철학서나 역사서적을 읽는 데 바쳐진 게 자연스러운 일이었지요. 책을 읽는 몰입은 장엄한 원시림을 돌아다니는 여정과도 같습니다. 무궁무진한 서스펜스와 긴장, 모험과 발견이 일어나는 곳이었지요. 보통 저는 난이도에 따라 네 권 정도를 동시에 읽기 시작합니다.

새벽이나 이른 아침, 즉 정신이 맑을 때는 원어성경을 읽고 묵상을 합니다. 외국어로 된 논문이나 책을 읽기도 합니다. 하루 중 가장 늦은 시간, 피곤해서 정신이 해롱해롱할 저녁 9시 반과 10시 사이에는 침대 근처를 어슬렁거리며 소설류나 문학전기 등을 읽습니다. 그 중간 시간에는 신문이나 잡지도 읽습니다. 광역버스나 전철에서는 행간이 작은 책을 읽는데 장편 소설이나 전질류의 책을 읽습니다. 심하게 터덜거리는 버스에서는 행간이 큰 글자의 책을 읽습니다. 동화나 시를 읽습니다. 재미난 책 네 권 정도가 제 주변에 있기 때문에 책은 나에게 멀리 떨어지지 않습니다. 그래서 책은 전공서적을 제외하고 일 년에 4-5만 페이지 정도는 꾸준히 읽습니다. 그렇게 많은 책은 아니지만 즐겨 읽는 것은 분명합니다. 지난 겨울방학만 하더라도 만 페이지 정도 읽었습니다. 사마천의「사기史記」10권, 조성기 교수가 편저한「전국책戰國策」2권, 사서삼경 중「중용中庸」을 읽었습니다. 요즘 제 관심사 중 하나는 아시아 문명과 기독교의 공존 가능성, 혹은 지평융합 가능성을 탐색하는 일입니다. 그래서 우선 중국 고전부터 정독하고 있는 중입니다. 중국을 전도하기 위해서 사서삼경 전경을 철두철미하게 읽고 풀어내야 합니다. 그래서 대학, 중용, 상서, 예기 쪽을 파고 들어갑니다. 제가 몇 년 전에 박경리의「토지」문고판 하드커버 21권을 사서 현재까지 16권을 독파했습니다. 거의 대부분 출퇴근 중 차에 앉아 일 년 동안 읽었습니다. 그것도 밑줄을 쳐가면서 논문을 쓸 만큼 정독했습니다. 우리 집에 오면 페이지 온통 견출지 붙여놓은 책들을 쉽게 볼 수 있습니다. 저는 책의 난이도와 흥미와 관심을 가리지 않고 읽는 편입니다. 하나님의 종 모세, 다니엘, 그리고 바울 같은 인물들의 포괄적인 전기를 추적하는 데 아주 큰 관심을 갖고 있습니다. 특별히 역사와 문학을 많이 읽습니다. 그리고 책을 읽을 때나 읽고 난 후에는 늘 노트하고 메모해 기억하려고 노력합니다. 굳이 말하자면 이것이 제 독서 노하우입니다. 공부의 비결은 따로 없고, 반복된 책 읽기 정도만 추천합니다.

저는 책을 사랑하고 공부하는 일에 제일 많은 시간을 바치기에 공부가 제일 쉬운 일입니다. 다른 일에는 신경도 안 쓰고 대부분 공부만 합니다. 목사인 제가 기도하고 공부하고 글 읽고 글 쓰는 일 외에 달리 재미있는 일이 뭐가 있겠습니까? 우리 집 아이들은 제 삶이 너무 건조하다고 합니다. 기타도 안 치고 홍대 인디밴드 공연에도 안 가고 영화관에도 별로 안 가는 제 삶이 너무 드라이하게 보여 자신들은 이렇게 살고 싶지 않다고 평합니다. 어떤 점에서 그들의 말이 맞습니다. 지금 전 상당히 고립된 삶을 살고 있습니다. 사회적으로 고립이 됐습니다. 동창회 안 나가죠. 심지어 교수들 모임에도 안 나갑니다. 그것은 제가 교수들을 싫어해서가 아니라, 시간이 없어서입니다. 이제 교목실장 일을 하니까 교수들에게 아쉬운 소리를 해야 하기 때문에 교수들과 교직원들과는 자주 어울리는 편입니다. 학교 보직을 맡기 전에는 거의 어떤 사교모임에도 나가지 않았습니다. 제 삶이 고립되어 있어서 오히려 자폐적인 집중도가 높은 편입니다. 파주의 한적한 전원마을에 사니까 예상외로 시간이 많습니다. 주말에는 대개 7백 페이지 정도 읽습니다. 요즘 한 가지 깨닫는 것은 읽는 것보다는 적고 메모하고 묵상하는 게 더 중요하다는 것입니다. 여러분께서도 한번 해보십시오. 메모하고 적어가면서 독서하면 기억력이 비범해집니다. 독서와 공부가 놀랍게도 재미있게 될 겁니다.

질문 7. 이제 마지막 질문입니다. 신대원 학생들에게 학교에 다닐 동안 이것만큼은 꼭 하기를 바라는 것 두 가지를 말씀해 주시기 바랍니다.

신대원 학우들이라 하면 매우 복합적인 인적 구성을 가졌기에 꼭 집어서 뭐라고 말씀드리기가 곤란합니다. 굳이 추천하자면 연애와 결혼, 그리고 광범위한 여행을 추천하고 싶습니다. 여기 계신 분들 중에는 결혼 문제가 남북통일보다 더 시급한 사람이 많을 텐데, 결혼하지 못한 사람은 신대원 시절에 꼭 결혼할 수 있기를 바랍니다. 그러기 위해서는 거룩하고 감미로운 연애와 교제에 착수해야 겠지요. 자신을 매력적이고 아름다운 사람으로 만드는 것, 그런 그윽한 인격의 소유자로 만들어 가는 것이 참 중요할 것 같습니다. 미혼 신대원 학우들이 신대원 안팎에서 만나기를 바라는 마음이 있습니다. 두 번째로는 여러분의 정신적 각성을 일으킬 수 있는 의미 깊은 여행을 한 번 해보길 추천합니다. 저는 지난 일 년 연구년 동안 독일에 가 있었습니다. 일 년간의 유럽 여행은 참으로 많은 것을 깨닫게 했습니다. 유럽은 기독교 문명의 유산이자 살아 있는 박물관입니다. 보고 견문을 넓힐 곳이 한두 군데가 아니었습니다.

여러분, 제가 한번 공익광고 할까요? 2박 3일 동안 여러분과 저 사이에 약간의 신뢰와 우정이 쌓였다면 월간 「복음과 상황」 구독을 추천합니다. 제가 2년 동안 쓴 발행인 논단 칼럼들을 한번 읽어 보십시오. 한국 장로교 출판사에서 그 논단 글을 중심으로 단행본을 만들고 있습니다. 2009년부터 쓴 칼럼들을 읽어 보시면 제가 신대원생들에게 무얼 바라는지가 나옵니다. 제가 독일에서 경험했던 모든 것, 독일 통일 과정, 독일대학, 튀빙엔대학 유학 등에 관한 생각들을 전부 다 써놓았습니다. 저는 여러분이 해외 견문을 넓히기를 원하는데 가능하면 유학을 가기를 바랍니다. 한 가지 조심할 점은 유학의 목적에 관한 것입니다. 유학 갔다 와서 교수가 되려는 마음으로 가면 너무 가슴이 답답합니다. 저는 그런 마음으로 단연코 가지 않았습니다. 저는 서른다섯 살에 유학을 갔기 때문에 교수가 될 비전은 거의 없었습니다. 늦은 유학이었기 때문입니다. 제 친구들 중 여러 명은 이미 서울대를 비롯해 여러 대학에 교수로 부임해 와 있던 때였습니다. 저는 교수가 될 마음으로 간 것이 아니라 16년간의 캠퍼스 선교사역 투신으로 생긴 피로를 풀려고 갔습니다. 몸과 마음이 지쳐서 충전하러 갔습니다. 그럼에도 불구하고 하나님의 놀라운 역사로 모든 게 다 잘 마무리되어서 지금은 한경직 목사님이 세우신 학교에서 봉직하게 되었습니다. 감격적인 간증이 아닐 수 없습니다. 한경직 목사님이 2000년 4월에 돌아가셨습니다. 저는 2001년 4월에 공부를 마치고 그해 7월에 한국으로 돌아왔습니다. 숭실대학교에서 한경직 목사님의 신학 유산을 계승하기 위해서 프린스턴 나온 박사를 받는다고 연락이 왔습니다. 모교 신대원 교수님이 적극적으로 추천해서 숭실대 교수가 되었습니다. 참으로 순식간에 일어난 역사였습니다. 교수가 되기 위해서 애를 썼다면 공부하는 동안 내내 그렇게 공부를 즐기지 못했을지도 모릅니다. 공부를 마치고 나면 여러 가지 가능성이 열릴 수 있었기 때문에 굳이 교수직을 찾지도 않았습니다. 오히려 신학 사상가, 집필가, 그리고 목회자가 되어 제자를 양성하는 꿈이 있었습니다. 교수가 되려는 마음먹지 말고 선교사가 될 마음, 청년운동의 지도자가 될 마음, 상담 목사가 될 마음, 교육 목사가 될 마음, 무명의 직분이지만 하나님의 말씀 신비를 파헤치는 저술가가 되겠다는 마음이 있다면, 유학 가도 됩니다. 7-8년간의 궁핍과 불확실성을 포용할 수 있다면 그런 사람들에게 유학을 권합니다. 적어도 전도사님 모두에게는 해외 견문을 넓힐 것을 추천합니다. 좀 더 체력이 뒷받침되는 분들에게는 유학을 권합니다. 자, 유학은 무엇입니까? 격조 높은 삶을 위해 가난과 불확실성을 견디며 걸어가는 순례여정입니다. 그리고 여러 종류의 유학이 있습니다. 첫째, 2년에서 4년 사이의 짧은 유학이 있습니다. 신학석사나 목회학박사 정도 마칠 수 있는 유학입니다. 이 과정을 통해서라도 견문을 넓혀야 합니다. 둘째, 긴 유학입니다. 전문적인 학자나 저술가, 혹은 교수요원이 되기 위한 장기유학입니다. 재력과 체력, 실력과 야심이 고루 갖춰진 사람에게 권합니다. 적어도 체력이 되고 공부하는 것이 재미있다면 7-8년 정도 공부하면 박사학위를 받을 수 있습니다. 박사학위라는 것은 책상이나 도서관에 그냥 7-8년 동안 앉아 있으면 얻는 자격증입니다. 박사학위취득에는 아무런 사특한 기술이 필요 없고 앉아서 계속 정해진 공부를 감당하기만 하면 됩니다. 생각보다는 박사학위 따는 것이 어렵지 않습니다. 7-8년이라는 긴 기간이 우리를 기죽이지만 그 긴 기간이 부교역자로 지내는 시간길이와 유사합니다. 어디가든지 대개 보통 7-8년간 같은 데서 일하지 않습니까? 어떤 교회 부목사가 되어 봉급만 벌다가 7-8년 보낸 사람도 많아요. 그것보다는 유학이 나을 수 있다는 말입니다. 그러면 유학은 무엇을 줍니까? 내 삶의 근거지를 없애고 인생의 불확실성과 궁핍을 심화시키는 면이 있습니다. 갔다 와서 아무 기반이 없는 궁핍과의 대면도 유학 경험 안에 포함됩니다. 대신 하나님이 무에서 유를 공급하시는 광야를 경험할 수 있고, 식견이 넓어져서 내가 누구의 권위 밑에서 휘둘리지 않고 신학적 소양을 쌓을 수 있는 영적 자유함이 생깁니다. 말로 다 표현할 수 없는 굉장한 혜택이 있습니다.

    결국 제가 두 가지를 권하는 셈입니다. 결혼하지 않은 분들은 결혼을 꼭 하기를 바랍니다. 그리고 하나님을 향해서 야망을 품고 해외에 나가 신학공부를 한번 해보는 것입니다. 신학이라는 것이 굉장히 전문성이 있는 학문이기에 긴 시간 공부해야 합니다. 신학공부란 게 얼마나 중요한가를 모르고 쉽게 목회만 하려고 하는데 그것은 단견입니다. 찰스 스펄전은 모든 목회자는 신학자가 돼야 한다고 했거든요. 신학공부를 한번 해보기를 바랍니다. 공부할 열망이 이글거리는 사람에게는 장학금도 주어집니다. 공부를 장려하는 장학금은 하나님을 향해 불타는 향학열을 가진 사람에게 주어지는 선물입니다. 물론 자신의 학문적인 역량이 안 되는 사람에게는 무리하게 추천하지 않습니다. 아무도 추천 안하는 경우에는 부모님이 추천해 주셔야 합니다. 그런 경우에는 단기간 해외견문을 넓히러 가는 겁니다. 박사학위까지는 하지 마세요. 박사학위 취득은 신학공부가 나의 목회나 생애를 추동시킬 엔진이 될 만큼 강력한 추진축이 된다고 믿는 사람에게 해볼 만한 모험여정입니다. 질문에 대한 답변이 됐나요?

감사합니다. 시간이 1, 2분 정도 남아서 질문을 하나 더 받도록 하겠습니다. 질문을 안하면 골수에 사무쳐서 답답하여 견딜 수 없는 분, 딱 한 분만 손을 들어 질문해 주시길 바랍니다.

질문 8. 교수님께서 설교하시는 것을 녹음하지 말라고 말씀하셨는데, 특별한 이유가 있으신지 알고 싶습니다. 제 짧은 소견이지만 목회자가 자신이 선포하는 말씀에 대해서 반론이라든지 악플 같은 것을 두려워해서는 안 된다고 생각합니다. 왜냐하면 그것은 내가 그만큼 철저한 확신을 가지고 선포하는 것이기 때문입니다. 그런 것들을 두려워해서 설교가 공개되는 것을 막는다면 비겁한 일이 아닌가 생각하는데, 그것에 대해서는 어떻게 생각하시는지요?

좋은 질문입니다. 두 가지 이유 때문입니다. 무엇보다도 저는 구두 선포의 불확실성 때문에 그렇게 합니다. 책은 제가 끝까지 책임져서 오류를 시정할 수 있는데 구두 선포는 그럴 수가 없습니다. 저는 저의 혀를 믿지 못합니다. 설교 중에는 여러 가지 예화가 들어갑니다. 그런 경우에는 빈번히 특정 직업, 지역의 비하 또는 설교자의 독특한 편견이 말씀선포 속에 뒤섞이는 경우가 생깁니다. 유머 구사과정에서 특정 인물이나 특정 직업군이 등장합니다. 이번에 제 설교 중에 특정 교수님들의 성함이 언급되었지요? 그분들은 유머 맥락에서 나온 분들입니다. 제가 우리 교수님들을 존경하고 사랑하고 신뢰하기 때문에 그분들의 존함을 거명했지만 경우에 따라서는 안 좋게 들릴 수도 있는 겁니다. 특수한 회중에게 한 설교언어를 보편적 청중에게 개방하는 것은 모험이라고 봅니다. 지나치게 대담한 과잉 확신이 없고는 힘든 일이라고 봅니다. 오히려 책을 써서 어떤 내용에 대하여 비판받는 것은 수용할 수 있습니다. 서평으로 비판을 받으면 됩니다. 배정훈 교수가 제가 쓴 「하나님 나라 신학으로 읽는 다니엘서」에 대해서 서평을 했습니다. 서울신학대학원의 윤철원 교수가 제가 쓴 「하나님 나라 신학으로 읽는 사도행전」에 대해서 서평을 했습니다. 김필회 교수가 제가 쓴 「이사야 주석 I」에 대해서 서평을 했습니다. 장점과 단점을 공히 지적한 서평들입니다. 이것들은 얼마든지 좋습니다. 그러나 설교의 경우는 원래 맥락을 떠나서 오용되거나 인용되기 쉽습니다. 문맥을 떠나 인용되는 설교문을 갖고 어떤 교인이 자기 교회의 담임목사와 논쟁을 벌이는 상황 등을 걱정하는 것입니다. 자칫하면 최악의 오인용이 되기 때문에 이를 방지하고자 함입니다. 구두설교는 구체적 맥락과 회중의 특수성을 염두에 둔 선포라는 점 때문에 녹음이나 녹취를 통한 보급이나 유포를 원치 않는 것입니다.

만일 제가 담임목회자로 목회하는 교회라면, 즉 회중들이 저를 잘 알고 제가 회중들의 삶의 자리를 다 파악한 경우라면 제 설교를 녹음해도 되고 녹음설교를 들어도 된다고 봅니다. 제가 특히 녹화를 허용하지 않는 이유는 화면이 너무 밝게 비쳐서 구두선포의 집중력을 떨어뜨리기 때문입니다. 녹음은 경우에 따라 허용합니다만 그것은 설교보다는 보편적인 성경강해의 경우입니다. 특별히 사도행전을 강의한다거나 사도신경을 강의하는 경우 녹음을 허용합니다. 이것은 설교가 아니라 강의이기 때문에 보편적으로 개방해도 문제가 없을 것입니다. 하지만 설교는 그 순간의 목적이 있고 실존적 지향이 있기에 모든 사람들에게 개방하는 것은 교만한 확신이 없이는 힘든 일이라고 저는 봅니다. 설교 녹음이나 녹취를 반대하는 이유는 비판을 두려워하는 비겁한 마음이 아니라 설교의 보편적 적용에 대한 과잉확신을 경계하기 때문입니다. 저는 테이프 남용을 아주 안 좋게 생각하고 심지어 그것을 파는 사람을 못마땅하게 생각합니다. 만일에 누군가가 제 설교 녹음테이프를 판다면 그 사람이나 기관은 제게 저작권료를 물어야 할 것입니다. 그래서 이번에 허락하지 않았고, 사랑의교회나 영락교회에서도 제 설교 녹취나 녹화를 허락하지 않았습니다. 그런데 몰래 돌아다니는 해적판이 있다고 들었습니다만, 그것은 제가 허락한 게 아닙니다. 그래서 저는 설교의 경우 구두선포의 유일회성이 강조돼야 하며 회중과 설교자 사이에 있는 독특한 커뮤니케이션이 존중돼야 한다는 주장을 갖고 있습니다. 저는 설교 녹음과 그것의 무단복제, 무한개방을 반대하는 입장입니다. 대신 저는 설교원고를 책으로 낼 가능성이 많습니다. 다만 일반적으로 유머스러운 예화와 익살들은 책에서 뺍니다.[88] 왜요? 그것은 특정 직업군에 대한 비하, 특정 지역에 대한 비하, 특정 국가에 대한 비하가 들어갈 수 있기 때문입니다. 유머 안에는 그런 손상이 있을 수 있습니다. 유머가 좋지만 유머에 예상외의 부작용이 있을 수 있습니다. 저는 설교 비판이나 책 비평 받는 것을 전혀 두려워하지 않습니다. 비판은 제 학문에 원동력이 되기 때문입니다.

네, 지금까지 귀한 교수님 모시고 말씀 잘 들었습니다. 감사의 박수 부탁드립니다. 교수님의 기도로 마치겠습니다.

아버지 하나님, 고맙습니다. 총명함을 인정받는 신학생들이 모이는 이 신학대학원에 복 주셔서 계속 번성하고 성숙하게 하옵소서. 이들이 빈 들에 있는 세례 요한처럼 마광한 살처럼 말씀으로 단련받고, 하나님의 말씀이 임할 때까지 기도에 몰두하는 종들이 되게 하옵소서. 이스라엘에게 나타날 때까지 자신을 말씀으로, 기도와 묵상으로 단련시키는 젊은 사역자들이 이 선지동산에서 일어나게 역사하여 주시길 원합니다. 이들이 지금은 가난과 푸대접 속에서 교회 언저리를 배회하는 레위인처럼 보일지라도, 하나님! 이들이 요단 강과 예루살렘 거리와 을지로와 충무로에서 맹활약하는 말씀의 종들이 되는 그런 날이 오게 하옵소서. 예수님의 이름 들어 기도합니다. 아멘.

주

1. 플라비우스 요세푸스, 「유대전쟁사 1」, 「유대전쟁사 2」, 박정수, 박찬웅 역(서울: 나남, 2008). 원래 한 권인 이 책은 한국어로는 두 권으로 번역되었는데, 안티오쿠스 에피파네스의 예루살렘 장악부터 AD 73년 마사다 최후 항전까지를 다룬다. 제1권 1장 안티오쿠스 에피파네스의 예루살렘 장악부터 헤롯 대왕의 죽음까지가 공관복음서의 배경사로 읽히는 동시대적인 역사증언이다(1-172). 놀랍게도 80-90년 사이에 저작된 요세푸스의 「유대전쟁사」는 빌라도에 대해서는 길게 쓰고 있는데 비하여 나사렛 예수나 바울에 대해서는 진정성 있는 어떤 언급도 하지 않는다. 저자는 유대 전쟁(66-70년)은 유대지역 로마 총독들의 누적된 민중착취, 유대교전통 도발에서 촉발되었다고 말하는 한편, 로마제국에 대한 유대인들의 항전의 무용성도 주장한다. 특히 14명의 유대총독 중 66년경 유대총독이었던 플로루스가 가장 악질이었다고 증언한다(1권, 234).
2. 칼 바르트, 「복음주의 신학입문」, 이형기 역(고양: 크리스챤다이제스트, 1989). 1962년에 스위스에서 처음 출간된 이 책의 원제는 *Einführung in die evangelische Theologie*인데 '개신교 신학입문'으로 번역하는 것이 좀 더 원의에 가깝다. 요즘 '복음주의 신학'은 1950년대 미국의 근본주의 신학의 한계를 자각하고 나온 신학조류를 의미할 때가 많다. 개신교의 신학적 작업에 수반되는 17가지 주제를 주제별로 천착한 이 책은, 입문서치고는 압축적인 문장이 많아 신대원생들에게는 다소 어렵다. 그에 따르면 개신교 신학의 가장 큰 특징은 부단한 자기상대화다. 자기신학의 절대화와 교조적 우월감을 저지하기 위해 항상 새롭게 육박하시는 하나님의 현존에 대한 철저한 자각이 개신교 신학의 현저한 특징이다(27-28).

3. 알리스터 맥그래스, 「기독교, 그 위험한 사상의 역사」(*Christianity's Dangerous Idea*), 박규태 역(서울: 국제제자훈련원, 2007). 종교개혁 신앙의 역사 변혁력에 대한 종합적 증언서다.
4. 찰스 스펄전, 「목회자 후보생들에게 1」, 「목회자 후보생들에게 2」, 「목회자 후보생들에게 3」, 이종태 역(서울: 생명의 말씀사, 1982); 찰스 스펄전, 「목회자들을 위하여」, 박범룡 역(서울: 생명의 말씀사, 1980).
5. 리처드 백스터, 「참 목자상」, 최치남 역(서울: 생명의 말씀사, 2003). 목회자의 자아성찰과 목회자세를 가르치는 위대한 고전이다. 1655년에 청교도계통 목회자 수양회에서 설교한 설교를 묶은 이 책에서 백스터는 청교도 목회자의 자아성찰을 가장 우선적으로 다룬다. "성화되지 않은 신자가 되는 것도 무서운 일이지만 성화되지 않은 설교자가 되는 것은 더욱 무서운 일입니다"(37).
6. 에드워즈 M. 바운즈, 「기도의 능력」, 이현우 역(서울: 좋은씨앗, 2009), 71-72.
7. 성 아우구스티누스, 「하나님의 도성」, 조호연, 김종흡 역(고양: 크리스챤다이제스트, 2007).
8. 요아힘 예레미아스, 「신약신학」, 정충하 역(서울: 새순출판사, 1990).
9. 다른 중세사본들에서는 "예언서들에 의하면"이라고 되어 있다(A, W, Irenaeus Latin). 2세기의 이레니우스를 제외하면 이 구절의 가장 초기 증거는 5세기 자료(아마도 늦은 4세기; W, A) 사본이다. 이레니우스 자료의 난점은 그가 헬라어로 글을 썼는데 현재는 라틴어 판본만 남아 있다는 점이다. 그의 그리스 판본은 여전히 "이사야에서"라고 되어 있다. KJV는 이 다수의 중세사본을 따른다("in the prophets"). "이사야에서"라는 판본은 시기적으로 이른 자료들에, 그리고 넓은 지역에 분포된 자료들에 나타난다. 대부분의 알렉산드리아, 웨스턴, 가이사랴 사본들에 이렇게("이사야에서") 나타난다. 이것이 어려운 읽기다. 왜냐하면 "내가 네 앞서 내 사자를 보내리라"는 말은 출애굽기 23:20과 말라기 3:1에 나오는 구절이기 때문이다. 후기의 중세사본들은 이 난점을 극복하기 위해 "예언서들에 의하면"이라는 읽기를 착안했거나 채택했을 것이다.
10. 마태복음과 누가복음은 요한을 지칭할 때 명사 밥피스테스(βαπτιστης, , baptist)를 사용하는 데 비해, 마가복음은 분사형 명사를 선호한다(호 뱁티존, ὁ βαπτίζων). 오직 두 곳에서만 명사형을 사용한다(6:25, 8:28). 이 분사형 명사는 요한이 꽤 오랫동안 지속적으로 회개 침례운동을 펼쳐서 "침례자" 요한이라는 호칭이 생겼음을 암시한다. '죄 사함을 얻게 하는 세례'는 주 예수가 주실 구원을 받을 준비를 요청하는 의례였다. 회개의 세례를 받는 것은 수세자 자신이 하나님의 죄 사함이 필요한 죄인임을 공개적으로 인정하는 행위였다.

11. 마가복음은 거의 모든 문장과 단락을 '카이'(*kai*)라는 접속사로 시작한다. 이것은 셈족의 구술이야기에 나오는 와우어법에서 비롯되었을 것이며 이야기의 연속성을 강조하는 구문상의 장치일 것이다. 카이는 역접, 순접, 결과, 시간의 부사(그 때) 등으로 얼마든지 신축성 있게 번역해도 되며 심지어 번역을 생략해도 해석상 문제가 없다. 마가복음은 베드로의 구술을 마가가 받아 기록한 책이라는 2세기 이집트 히에라폴리스 교부 파피아스의 증언(130년경)이 능히 믿어질 만큼, 온통 셈족 어법인 '카이'로 가득 차 있다. 파피아스의 주장은 가이샤라의 유세비우스의 「교회사」에 남아 있는 증언이다(*Ecclesiastical History* 3:39:15).

12. '이조'(ιζω)로 끝나는 헬라어 동사는 왕왕 사역(causative)의 의미를 표현할 때가 있다(James H. Moulton & William F. Howard, *A Grammar of New Testament Greek* II [Edinburgh: T. & T. Clark, 1956], 409).

13. 예수님의 경우 유일하게 집에 소장했을 법한 두루마리는 이사야 두루마리였다는 전승이 있을 정도다(존 F. A. 소여, 「제5복음서」, 김근주 역[고양: 크리스챤다이제스트, 2003], 17).

14. 예수님의 경우도 들짐승과 함께 있었던 광야 금식 기간이 단지 황량한 야생의 고독을 의미했다기보다는 짐승들까지도 사랑으로 다스리고 공존하는 낙원의 회복을 의미한다고 해석되듯이(예레미아스, 「신약신학」, 112-113), 말씀을 깨닫기 위해 홀로 광야에서 기도와 공부에 몰입하는 경험은, 영적 고독과 낙원 같은 평안 둘 다를 맛보게 해준다.

15. 예수님이 전한 하나님 나라의 복음과 사도 바울이 전한 하나님 나라의 복음의 관계를 잘 정리한 논의를 보려면 김세윤, 「복음이란 무엇인가?」(서울: 두란노, 2003), 137-210을 참조하라. 또한 김회권, 「하나님 나라 신학으로 읽는 사도행전 1」(서울: 복 있는 사람, 2007), 77-98을 보라.

16. 그 이유는 아마 두 가지일 것이다. 첫째, 2절의 말라기 구절은 마가복음 저자가 세례 요한의 사역 근거를 해설하는 데 동원한 구절일 뿐 요한이 자기 사명을 규정할 때 인증한 본문이 아니기 때문에, 요한이 직접 인증한 이사야 예언의 일부로 포함시켰을 수도 있다. 마가복음 저자는 세례 요한의 자기 사명선언이 이사야 40:3에 터하고 있음을 밝히려는 원래 목적에 크게 벗어나지 않는다고 생각하고 말라기 3:1을 이사야의 예언 일부로 보았을 것이다. 둘째, 말라기 3:1과 이사야 40:3 두 절 사이에 공통적으로 "길을 예비한다"는 표현이 발견된다는 사실 때문에 말라기 3:1을 이사야 40:3의 일부로 보았을 가능성이다. 말라기 3:1의 "길 예비" 구절과 이사야 40:3의 "길 예비" 구절이 동일하기 때문에 말라기 3:1도 이사야 예언의 일부로 취급되었을 것이라는 것이다.

17. William Hendriksen, *The Gospel of John*(Edinburgh: The Banner of Truth Trust, 1998), 147.
18. 요한의 단순한 삶은 당시의 호화로운 종교지도자들의 삶과는 정반대였다. 안락함과 사치가 도회지 종교지도자들의 삶의 특징이었다. 그에 비해 요한의 옷과 음식은 광야에 사는 사람의 행색이었는데 그것은 예언자의 역할에 충실하기 위해 의도적으로 선택한 삶의 방식이었다(슥 13:4, 참조. 왕하 1:8). 메뚜기(마른 메뚜기)와 석청은 광야지역의 보통 식단이었으며 정한 음식이었다(레 11:22).
19. 김회권, '너희는 위로하라 내 백성을 위로하라', 「복음과 상황」 2011년 2월 발행인 논단, 20-33.
20. 예레미아스, 「신약신학」, 77-85; 루돌프 불트만, 「공관복음 전승사-문헌사적 연구」, 허혁 역(서울: 대한기독교서회, 1970), 306(각주 5).
21. 세례 요한과 예수님의 관계를 포괄적인 의미의 선배-후배, 제자-스승의 관계로 파악하려는 학자들도 많다. 더 자세한 논의를 참조하려면 John P. Meier, *A Marginal Jew*, Vol. 2(New York et al.: Doubleday, 1994), 7-9, 116-129을 보라..
22. 18년 혹은 19년 후에 예수님이 이방인의 뜰에서 성전 경제활동의 중심 무대를 거룩하게 도발하시는 사건이 일어난다(막 11:15-26).
23. 각 단위 통치자의 통치를 묘사하기 위해서 다른 용어들이 사용되고 있다. 헤게모니아스 티베리우(*hegemonias Tiberiou*), 헤게모뉴온토스 폰티우 필라투(*hegemoneuontos Pontiou Pilatou*), 테트라아르쿤토스(*tetrakountos*) 등의 단어가 사용되고 있다.
24. 빌라도의 학정에 대해서는 「유대전쟁사 1」, 210-211을 보라.
25. 「유대전쟁사 1」, 320.
26. 성기덕, '예수는 세포리스에 가셨는가?', 「신학과 문화」 10호(2001년 11월), 85-128. 목수 예수의 면모를 상상하는 데 아주 유용한 논문이다. 예수님 당시 세포리스의 인구는 약 2만 5천 명 정도로 추정된다.
27. 로마제국, 헤롯 왕국, 그리고 성전권력체계 등 정사와 권세들의 권력 남용과 압제적 통치에 대한 통렬한 논평이 마가복음 10:42에 나온다. 누가 크냐는 논쟁을 벌이던 제자들을 책망하는 맥락에서 예수님은, 자신들 스스로 다스린다고 생각하는 자들은 실상 다스리는 자가 아니라 권력 남용, 압제적 지배만 할 뿐이라고 갈파하셨다. '호이 도쿤테스 아르케인 톤 에스논 카타큐리유우신 아우톤 카이 호이 메갈로이 아우톤 카텍수씨아주신 아우톤.' 직역하면 이렇다. "자기 스스로 열국들을 다스린다고 생각하는 자들은 실상 강압적으로 억눌러 다스릴 뿐이며 그들의 큰 자들은 그들 위에 부당한 권력을 행사할 뿐이다."

28. 한나 아렌트, 「예루살렘의 아이히만. 악의 평범성에 대한 보고서」, 김선욱 역(서울: 한길사, 2006).
29. 다메섹 도상에서 변화된 사도 바울도 에베소에서 내려온 시카리파(맹렬 율법수호자들)에 의해 단죄를 받았는데 '나사렛 이단 괴수의 앞잡이'라는 비난을 한 몸에 받았다(행 24:5). 총독 벨릭스 앞에서 대제사장 아나니아와 변사 더둘로가 바울을 정죄한 말을 보라. "우리가 보니 이 사람은 염병(로이모스, loimos)이라 천하에 퍼진 유대인들을 다 소요케 하는 자요 나사렛 이단의 괴수라"(프로토스타텐 테 테스 톤 나조라이온 **하이레세오스**). 요약하면 기독교 신앙 자체가 유대교로부터 이단 시비를 받으며 탄생되었다는 점이다.
30. 적어도 AD 2세기까지 기독교회는 유대인들 중심의 교회였고, 2세기 중엽 140년부터 160년 사이에 비유대인 교부들이 등장한다. 물론 AD 96년에 로마의 클레멘트(Clement of Rome)와 같은 이방인 지도자가 등장하긴 하지만 그 이전까지는 사실상 유대인 출신 기독교인들이 짜 놓은 신앙과 신학의 틀 안에서 교회가 존재하고 선교활동을 벌였다(이문장 외, 「기독교의 미래」[서울: 청림, 2006], 24-27). 유대교의 공인 예언자에게 인정받는 일은 교회의 장래를 위해서는 결정적으로 중요했다.
31. 예수와 세례 요한의 관계는 한편으로는 구면이었으나(마태복음), 또 다른 한편에서는 세례 요한이 예수를 세상 죄를 지고 가는 하나님의 어린양이라고 규정할 만큼 그토록 잘 아는 사이는 아니었다(요한복음). 그러나 세례 요한의 세례운동과 예수의 공식 데뷔 사건을 직접적으로 연동시키지 않는 요한복음마저도 세례 요한이 참 빛이신 예수 그리스도를 증거하기 위해 보냄을 받은 자라는 사실을 밝히고 있다.
32. 누가복음 2:49에는 열두 살 소년 예수가 자신과 하나님의 관계를 독특한 부자관계로 의식하는 발언이 있다. "내가 내 아버지 집에 있어야 될 줄을 알지 못하셨나이까."
33. L. 엘리엇, 「땅콩 박사, 조지 워싱톤 카버 전기」, 곽안련 역(서울: 대한기독교서회, 1970), 153-155.
34. 사경회 둘째 강의에 앞서, 장애인 사역에 뛰어든 늦깎이 신대원생 박병상 형제의 간증은 감동적이었다. 그의 간증은 구원의 손길을 요청하는 사람들과의 만남이 자신의 소명을 발견하는 계기가 되었음을 강조했다.
35. 예레미아스, 「신약신학」, 90-91.
36. 예레미아스, 「신약신학」, 123-130.
37. 이것은 요한복음 1:29-34과는 차이가 나는 부분이다. 예수님의 수세 장면을 다루는 네 복음서 본문들을 비교하면서 읽으면, 지루해 보이지만 깨닫는 것도 많다. 요한복음에서는 그 영이 내려오는 것을 본 사람이 예수님이 아니라 세례 요한인 것처

럼 되어 있는데 그 작은 차이도 세례 요한의 예수 소명수납 상황을 공증하고 있어 이 본문의 중요성을 조금도 약화시키지 않는다.

38. 예를 들면, "주께서 말씀하실 때에 의로우시다 하고 주께서 심판하실 때에 순전하시다 하리이다"는 시편 51:4을 바울은 로마서 3:4에 일부만 인용한다. 그다음에 예수님께서 시편 22:1의 "엘리 엘리 라마 사박다니"를 십자가상에서 일부만 인용한다. 하지만 학자들은 이 기도문 첫 문장을 보고 원래는 예수님께서 시편 22편 전체를 다 읊조리며 기도하시려고 했다고 판단한다.

39. 예레미아스는 이것은 왕의 대관식에 관한 것이 아니라 이사야 42장 인용에 덧붙여진 하나의 모두어(冒頭語)라고 말하면서 왕의 대관식과 상관이 없다고 주장하지만 (「신약신학」, 92) 반드시 그렇게 볼 필요는 없다. 하나님이 시편 2:7을 인용하여 일종의 유다 다윗계열의 왕이 되는 장면을 나타내기 위해 "너는 내 사랑하는 아들이다. 너는 내 아들이다"라는 말을 사용했다고 하더라도 예수님의 사역을 설명하는 데 큰 난점이 없다. 왜 그런가? 예수님이 유대인의 왕, 즉 다윗계열의 이상왕이면서 동시에 이사야 42장의 종이라는 이중정체성을 가지고 등장하셨다고 보아도 아무 문제가 없기 때문이다.

40. 대부분의 증거들(특히 보다 후기의 판본들[A D W lat])은 하나님(τοῦ Θεοῦ,)과 복음(τὸ εὐαγγέλιον) 사이에 왕국(τῆς βασιλείας)이라는 말을 삽입하고 있다. 즉 '하나님 나라의 복음'(the gospel of the kingdom of God)이다. 이 '나라'라는 말이 서신에 나오는 표현들과의 일치를 위해 생략되었을 수도 있다(비교. 롬 1:1; 15:16, 고후 11:7, 살전 2:2, 8, 9, 벧전 4:17). 또 다른 한편 하나님의 복음이라는 표현은 복음서에는 여기 외에는 전혀 나타나지 않는다. 대신 '나라의 복음' (the gospel of the kingdom)이라는 말이 마태복음에 나오고(4:23; 9:35; 24:14), '하나님 나라'라는 말은 공관복음서에서 50여 차례 이상 나온다. 후대 서기관들이 원래 있던 '바실레이아스'를 생략했다기보다는 원래 없던 말을 추가했을 가능성이 더 크다. 이뿐만 아니라 이 짧은 읽기(하나님의 복음)를 지지하는 외적 증거는 긴 읽기(하나님 나라의 복음)보다는 더 강력하다. 짧은 읽기가 원전에 가까웠을 가능성이 크다.

41. 개신교의 문화 변혁력과 사회 재구성에너지 발출의 역사를 참조하려면 알리스터 맥그래스, 「기독교, 그 위험한 사상의 역사」, 27-28, 317-627을 보라.

42. "그리고 그들이 가버나움으로 들어간다." 동사는 현재형으로 되어 있다. 그리고 곧 안식일에, '토이스 삽바씬'은 복수형으로 되어 있다. "안식일들"에 그 회당에 들어가실 때마다 그는 "가르치셨다." "가르치다"는 말과 "안식일들"이 연동되어 있기 때문에, "안식일마다 가르치셨다"라고 번역할 수 있다. 누가복음 4:16에 보면 "늘

하시던 대로 회당에 들어가사 성경을 읽으려고 서시매"라고 되어 있는데, 여기서 그 "하시던 대로"가 "회당에 들어가는 것"을 수식하는지, "회당에 들어가서 성경을 읽으신"것까지 수식하는지는 애매모호하다. 그런데 마가복음 1:21에 비추어 볼 때 "안식일들에 회당에 들어갈 때마다 성경을 읽으신"까지 수식한 것으로 볼 수 있다. '성경을 읽는 것'은 본문을 읽고 짧고 간결하게 해설하는 약식 설교를 하는 것을 의미한다(눅 4:16, 딤전 4:13).

43. 빈번하게 등장하는 '카이'는 마가복음 모든 문단과 문장을 시작할 때 나온다. 모든 문장을 등위접속사 혹은 역접접속사 '카이'로 시작하고 있기 때문에 마가복음의 헬라어가 누가복음과 비교할 때 조야한 헬라어였다는 말을 듣는다.

44. '카싸르토'는 '깨끗한'을 의미하는데 헬라어에서 부정어 '비'(非)를 의미하는 '아'(a)가 붙어 '카싸르토'의 반대말이 된다. '아카싸르토'는 '불결한'을 의미한다. '카이 아네크락센'에서 익숙한 동사가 나온다. 자동차 경적 클랙슨과 유사한 '크락센'(cried out)이다.

45. 더러운 귀신은 '우리'와 '나', 즉 일인칭 복수와 일인칭 단수 대명사를 혼용하고 있다. 일인칭 복수와 단수의 혼용은 셈어적 용법이다. 창세기 1:26 "우리가 사람을 만들자"(Let us make man)에서 일인칭 복수대명사가 나타났다고 해서 "아, 삼위일체 하나님이 여기 창세기에서부터 나타난다"라고 주장할 필요는 없다. 삼위일체는 에베소서나 요한복음에 잘 나온다. 일인칭 복수와 단수의 혼용은 고대 가나안 문헌(케레트[Keret], 아크하트[Aqht] 등 셈족 문헌)에 빈번하게 나오며, 또한 이사야 6장에도 "누가 우리를 위하여 갈꼬? 내가 누구를 보낼꼬?"라는 구문이 있다. 하나님께서 말씀하실 때 일인칭 복수대명사와 단수대명사를 혼용하는데, 이것은 성경의 셈어적 어법이다. 마가복음의 이 구절에서는 귀신 하나가, "우리들을 멸망시키러 왔습니까? 나는 당신이 누구인지 압니다. 하나님의 거룩한 자!"라고 말했다고 보면 된다.

46. "그를 집어 던지면서"와 "큰소리를 지르면서"는 분사구문이고, "나왔다"만 정동사다. "나오는 행위"가 핵심이다.

47. 23-26절에서는 "더러운 영"이 단수로 표현되는데, 27절에서는 "더러운 영들"이라는 복수로 표현된다. 회당 안에 있던 그 귀신 들린 사람 안에는 더러운 영들이 거주하고 있었음을 의미하고, 23-26절에서 등장하는 귀신은 대표자일 수도 있다. 인간 안에 거하는 귀신의 단독거주 혹은 집단거주 현상에 대해서는 마태복음 12:43-45(한 귀신과 일곱 귀신)을 보라.

48. "명하시고 복종하는" 행동은 둘 다 현재형으로 표현된다. 예수님께는 직관적으로 옆에 있는 사람의 마음을 순식간에 꿰뚫어 보는 능력이 있다. 이것도 '엑수시아'

주
371

(능력)다.

49. 예수님의 나사렛 회당설교가 보통의 회당강론(성경을 읽고 약간의 코멘트를 추가하는 짧은 설교)을 듣고 자란 사람들에게 얼마나 충격적으로 들렸을지 실감이 된다. 그분은 안식일 강론에서 너무 직접적인 요구를 구체적으로 선포하고, 자신의 사명을 지나치게 부각시켰다. 누가복음 4:21에 나오는, "이 글이 오늘날 여러분 귀에 응했다"는 문장은 듣는 자에게 도망갈 길을 원천봉쇄해 버렸다. 순종하든지 불순종하든지 양자택일을 촉구하는 듯한 어조다.

50. '티 헤민 카이 쏘이'(τί ἡμῖν καὶ σοί)는 히브리어 구문에서 유래한 셈어적 특성이 남아 있는 헬라어 문장이다. 이것은 두 가지 뜻을 갖는다. 첫째, 어떤 사람이 다른 사람을 부당하게 괴롭히거나 손상을 가했을 경우, 피해자가 "내가 당신에게 무엇을 했길래 나에게 이렇게 합니까?"라고 항의할 때 이 구문이 사용된다(삿 11:12, 대하 35:21, 왕상 17:18). 둘째, 어떤 사람이 자신이 관여할 일이 아니라고 생각되는 일에 관여해 달라고 요청을 받을 때 거절하는 표현이다. "이것은 당신 일인데 내가 왜 관여하여야 합니까?" 정도의 의미다(왕하 3:13, 호 14:8). 첫째 용례는 적의, 둘째 용례는 불간섭과 거리두기를 함의한다. 귀신과 예수님 사이에 적의가 느껴지는 분위기인 것으로 봐서 첫째 용례임을 알 수 있다(비교. 눅 8:28, 요 2:4). "우리를 떠나시오. 우리 일에는 당신이 관여할 바가 없소"라고 소리치는 셈이다.

51. 성 아우구스티누스, 「하나님의 도성」, 448-579.

52. 존 밀턴의 실낙원(*Paradise Lost*), 1-6편도 천사장과 그의 부하들이 타락하여 사탄과 귀신들로 변질되는 과정을 시적으로 묘사한다(John Milton, 「실낙원」, 안덕주 역[서울: 홍신출판사, 2003], 11-272).

53. 마귀에 대한 종말진압의 예고편이 예수님의 축사활동이었다. 예수님이 책망과 함께 당장 그 사람에게서 "나오라"고 명령하자 귀신이 자기 임자몸을 파괴하면서 떠났다(26절). 개역개정에서는 경련을 일으키게 하고 큰소리를 지르며 나왔다고 했는데 헬라어 성경을 직역하면 "그를 집어던지며 큰소리를 지르며(반역과 저항, 원통) 나왔다"고 되어 있다. 예수님의 권위에 인격적으로 감화되어 순복한 것이 아니었다. 당시의 바리새인 축사가들과 달리 예수님은 어떤 주문도 외지 않고, 혹은 다른 이들의 이름을 부르지도 않고 당신의 인격에서 발출된 명령만으로 귀신을 쫓아냈다(막 3장 바알세불 논쟁). 예수님이 하나님의 거룩한 자로서 엑수시아를 드러내신 것이다.

54. 예레미아스, 「신약신학」, 60-61.

55. 11세기 레닌그라드 구약전질사본과 주전 1세기의 쿰란사본이 천 년 이상의 시간 경과에도 거의 같은 것은 서기관들의 베끼는 충성심에서 비롯되었다.

56. 메시아의 학습방법에 대해서는 이사야 50:4-5이 말한다. 그는 아침마다 귀를 열어 깨우치시는 하나님께 자신을 맡기고 학자의 귀와 학자의 혀를 훈련받았다. 예수님도 공부하는 메시아였다. 누가복음 2:41-52에서 보는 것처럼 그는 배움의 열망이 너무 강한 청소년기를 보냈다. 듣기도 묻기도 하고 대답도 하느라고 삼 일간 부모와 떨어져 있어도 집에 돌아갈 마음을 잊었을 정도였다.
57. 칼 바르트, 「복음주의 신학입문」, 31.
58. Merlin R. Carothers, 「찬송생활의 권능」, 민병길 역(서울: 보이스사, 1975).
59. '화해론' 제3권 2부(IV/3-2)에서 칼 바르트는 하나님과 죄인의 화해사건이 남긴 열매는 인간의 소명감이라고 말한다. 이 소명은 하나님과의 화해를 동료인간과 피조물과의 화해로 치환시키는 과업이다. 그리스도인 안에 일어난 칭의와 성화는 그 자신이 세상을 위해 파송된 소명자라는 인식과 그것에 입각한 실천을 통해 공증된다. "그리스도는 죄인의 운명인 신적 유기를 스스로 감수함으로써 어떤 인간도 버림받지 않았고 모든 인간이 칭의받음과 성화와 소명받음으로 선택되는 길을 열었다"(칼 바르트, 「교회교의학 IV/3-2」, 황정욱 역[서울: 대한기독교서회, 2002], 11-12). 이 부분이 칼빈의 이중예정론을 극복하려는 바르트의 노작을 잘 드러낸다.
60. 중세에 대한 수정주의적 시각 중 하나는 중세의 대성당 등이 중세인들의 여가선용 차원에서 드려진 무상노동 봉사로 건축되었다는 견해다. 중세는 암흑시대가 아니라 적은 노동으로 생존이 가능한 여유와 자원적 봉사가 넘치는 시대였다는 것이다(엘렌 호지슨 브라운, 「달러」, 이재황 역[서울: 도서출판 AK, 2008], 109).
61. "이 레위기 구절은 작년 사순절 기간의 레위기 낭창(lectio divina) 때에 발견한 구절인데 참으로 위로가 됩니다. 이렇게 멋진 구절이 있는 레위기를 히브리어로 낭창해 읽으면 참 좋습니다. 야크립(가져오다), 타크리브(가져오다의 2인칭), 코르반(예물) 등 레위기 중심단어의 어근, 카랍(*qārab*) 동사가 다채롭게 변모되어 나타나는 책입니다. 하나님께서 죄인을 당신께 가까이 오게 만들려는 신적 화해의지가 부각되는 책입니다. 레위기 히브리어 낭창, 절대로 지루하지 않습니다. 1장부터 8장까지 다소 지루할 때도 정신 바짝 차리면 괜찮습니다. 심지어 출애굽기 25장에서 40장까지의 본문을 읽을 때도 은혜가 많이 임합니다. 이 부분도 읽기 힘들다고 통독할 때 빼먹지 말고, 하나님의 선하심과 인자하심을 믿고, 오르막길 같은 본문도 답파할 수 있어야 합니다. 성막설계도와 제작과정의 그 복잡한 건축학적 디테일, 색깔, 기학학적 균형 등 모든 절과 표현에도 하나님이 우리에게 전해주시려는 뜻이 있다고 믿는 사람에게는 깨닫는 지혜가 올 줄 믿습니다. 고난절기에는 이런 본문을 읽는 것도 고난에 동참하는 일일 수 있습니다. 잘 안 읽히는 성경 본문을 읽는 것은 마치 고비사막을 넘는 것 같은 고난입니다. 열왕기상 6장에 나

오는 성전설계도의 엄청나게 자세한 건축 세부사항들을 이해하려고 애를 쓰는 것이 곧 고난이고 사순절적인 자기 연단이 되겠죠. 따라서 울퉁불퉁한 길을 순례하듯이 잘 안 읽히는 본문도 읽어야 합니다! 제게는 어떤 본문이라도 하나님의 영이 우리 마음을 격동하시면 그 안에서 하나님의 통치와 살아계심을 경험할 수 있으리라는 믿음이 있습니다."

62. "그런데 베드로 장모님만 대단한 게 아니라 베드로 사모님도 대단했습니다. 고린도전서 9:5에 '주의 형제들과 게바는 아내를 데리고 다니면서 선교여행 다니는데, 나와 바나바만 솔로로 다녀야 하는가?'라는 말이 나옵니다. 듣기에 따라서는 베드로에게 약간 누가 되는 정보를 바울이 누설하는 장면입니다. 고린도교회가 자신과 바나바에게 선교지원금도 전혀 지원해 주지 않고 정식 사도가 아니라는 등의 시비를 거는 상황을 질책하는 장면이지요. 어쨌든 바울의 이 말 때문에 우리는 베드로와 그의 아내와 그리고 장모까지 예수님을 측근에서 모시면서 구세군처럼 합동 사도직을 수행했다고 추정할 수 있을 것입니다."

63. Geerhardus Vos, *Biblical Theology*(Grand Rapids, MI.: Wm. B. Eerdmans Pub. Co., 1948), p. v.

64. E. M. 바운즈, 「기도의 능력」, 이현우 역(서울: 좋은씨앗, 2009), 71-72.

65. 찰스 해돈 스펄전, 「목회자 후보생들에게」 1권, 이종태 역(서울: 생명의 말씀사, 1982), 90.

66. 같은 책, 84.

67. 같은 책, 88-89.

68. 조나단 에드워즈, 「데이비드 브레이너드 생애와 일기」, 송용자 역(서울: 복 있는 사람, 2008). 1742년 4월 18일 일기는 이렇게 시작된다. "아침 일찍 기도하러 숲 속으로 갔다. 성령의 도우심을 누렸고 예배 속에서 믿음을 얻을 수 있었다. 그리스도의 나라 확장을 위해 열정을 다해 간구했다.…… 정오에는 하나님과 씨름할 수 있게 해주셨다. 그리고 기도 속에서 하나님의 사랑을 느낄 수 있게 해주셨다. 밤에 나 자신이 하나님께 무한히 빚진 자임을 절실히 깨달았다"(107).

69. 존 스토트, 「그리스도의 십자가」, 황영철, 정옥배 역(서울: IVP, 1987).

70. 스펄전, 같은 책, 84.

71. 바리새인들도 안식일의 특별예외 규정을 알고 있었지만, 예수님의 안식일 밀밭서리를 예수님의 극한 가난이라는 맥락에서 이해하지 않고 안식일 계명을 기계적으로 해석하는 실수를 범한다. 마가복음 2:23-24(눅 6:1-4)에서 예수님은 율법의 신성성보다 생명의 신성성을 더 중시하시는 해석을 하신다. 안식일은 생명을 구하는 날이다(눅 6:9).

72. 정기덕, '예수는 세포리스에 가셨는가', 118-119.
73. 2010년 4월호 특집 '우리가 절대로 알 수 없는 예수'
74. 도올의 성서 및 기독교이해에 대한 자세한 비판적 논의를 보려면 김회권, "도올 김용옥의 성서 및 기독교이해 담론 자세히 읽기"(1), (2), (3),「기독교사상」2007년 6월호(582호), 208-219 ; 7월호(583호) 158-171 ; 8월호(584호), 256-272를 참조하라.
75. Luke Timothy Johnson, *The Real Jesus*(San Francisco: Harper, 1996), 141-143. 도미니크 크로쌴 등이 주도한 '예수 세미나'의 역사적 예수 연구의 방법론적 결함을 비판한 저작이다.
76. 베자사본(*Codex Bezae*)과 몇몇 고대사본은 "화를 내사"(*orgistheis*)라고 말하고 있는데, 마가복음의 사본가들이 화를 내는 예수에 대한 로마제국 지성인 비평가들의 비난에 응답하는 과정에서 고쳤다고 보는 학자들도 있다(바트 어만,「성경 왜곡의 역사」*[Misquoting Jesus]*,〔서울: 청림, 2008〕, 247-258).
77. "지금 우리가 가진 성경은 원어성경이지, 원문성경(최초의 자필 원고〔autograph〕)은 없습니다. 그래서 에른스트 바트 어만이 쓴「성경 왜곡의 역사」라는 책의 서문에 보면, 성경영감설이 옳은 주장이라 하더라도 그것은 현재로서는 의미가 없다고 말합니다. 성경영감설을 주장하는 대부분의 사람들은 거의 원본영감설을 주장하기 때문에 실제 원본이 없는 현 상황에서는 성경영감설의 교조적 권위가 100퍼센트 지켜지지 못한다는 것입니다. 그래서 성경사본의 어떤 해석 때문에 다른 의견을 가진 사람을 과도하게 정죄하거나 비판하는 것은 지나치다고 봅니다. 우리가 가지고 있는 성경은 사본성경입니다. 준(準)영감성경이라 할 수 있죠."
78. "아가"라고 번역된 헬라어는 '테크논'이다. 마태복음 병행본문(9:2)에서도 '테크논'이라는 말을 사용했는데 다만 개역개정에서 "작은 자"라고 번역했다. 누가복음 병행본문은 "이 사람"(5:20, 안드로페〔*anthrōpe*〕)이라고 번역한다. 마가복음은 적어도 '청소년 중풍병자'를 소개하고 있는 셈이다.
79. 김회권,「하나님 나라 신학으로 읽는 다니엘서」(서울: 복 있는 사람, 2010), 256-257.
80. 인자(人子, son of man, bar ĕnāšā〔아람어로 '바르 에나샤'〕)의 기원을 예수께로 귀속시키는 강력한 논증은 예레미아스의「신약신학」, 373-398에 나와 있다. 예레미아스는 예수가 인자라는 칭호를 3인칭으로 사용했으나 사실상 자신을 비의적(秘義的)으로 가리키는 1인칭 대명사격으로 사용된 경우가 많았다고 본다(396). 복음서에 모두 83회 사용되는데, 51회의 인자 사용 구절에서 적어도 37회는 1인칭 대명사 에고(*ego*)도 경합적으로 사용되고 있다(380).
81. 김세윤,「바울신학과 새 관점」(서울: 두란노, 2002), 312-341.

82. 아돌프 슐라터, 「그리스도의 역사」(History of the Christ) 상·하권, 한제호 역(서울: 자연, 2007). 슐라터는 예수의 왕적 대권의 핵심이 죄 사함의 권세라고 주장한다. 그는 당시의 역사적 예수 연구방법론(통계적이고 실증주의적 역사 재구성 방법)을 비판하고 역사적 예수를 재구성하기 위해서는 예수 당시에 대한 전체적인 이해와 예수의 신념과 신학을 총체적으로 이해할 것을 주문했다(상권, 15). "우리가 추구해야 할 과제는 예수의 이야기를 구성하는 그 사건들이 아니고, 예수가 그의 말씀과 사역의 기초를 두셨던 바 그 자신의 확신들(the convictions), 즉 그의 말씀과 사역을 통해 나타났던 바로 그 확신들이다"(상권, 23). 「그리스도의 역사」는 예수께서 간직하셨던 소신들이 어떻게 발전했으며 그 소신이 그의 모든 행동을 어떻게 제어했는가를 추적한다. 그에 따르면 예수님의 3대 과업은 세례 요한의 메시지를 수용하고 발전시킨 것, 요한의 공동체를 창조적으로 흡수하고 자신의 하나님 나라 공동체로 불러들인 것, 그리고 몸소 십자가를 지신 것이다(상권, 26).

83. A. B. 브루스(Bruce)의 「열두 제자 훈련」(Training the Twelve), 김영봉 역(서울: 생명의 말씀사, 1984)이라는 책은 세리 출신 제자와 바리새파 출신 제자와 열심당원 출신 제자들의 갈등과 화해, 일치의 과정을 잘 그리고 있다.

84. 이방인들의 유대교 개종 시 거치는 정결예식을 참조하려면 H. L. Strack & P. Billerbeck, Kommentur zum Neuen Testament aus Talmud und Midrasch, vol. 1(Munich: C. H. Beck, 1965), 102-112을 보라. 회개와 관련해서 사해문서의 규정들을 참조하려면 1QS 5:13-25, 2:25-31:13을 보라.

85. 루돌프 불트만, 「공관복음 전승사」, 허혁 역(서울: 대한기독교서회, 1988), 18-19.

86. 이 장면 외에도 예수님이 무시당하여 섭섭한 마음이 들었을 법한 장면은 더 있다. 사마리아로 통과하려고 할 때 사마리아 사람들이 배척한 일(눅 9:51-56), 십자가를 지고 수난의 길을 가겠다고 선언하셨을 때 베드로가 크게 반발한 상황(막 8:32-33), 무화과나무에서 열매를 따먹으려 하셨는데 열매가 달려있지 않았던 일(막 11:12-14), 최후 만찬석상에서 식사도중에 일어나 제자들의 발을 씻기던 일(요 13:3-11), 12세 때 예루살렘 박사들에게 붙들려 삼 일간 공부하던 중 다시 부모님에 이끌려 낙향하던 순간(눅 2:41-51), 유다에게 떡 한 조각을 떼어주며 양심회복을 촉구하셨음에도 불구하고 유다가 어두운 밤으로 도망쳤던 상황(요 13:26-30) 등이다.

87. 로마제국 중기에 나타난 기독교의 발흥 원인에는 기독교회의 로마 하층민 흡수와 포용에 있었다(김회권, '과연 유일신신앙은 인류 문명의 적인가?' 「로마인 이야기」를 통해 살펴본 기독교신앙의 배타성과 그 참 의미', 「복음과 상황」 254호[2011년 12월호], 22-34).

88. 이 책에는 나의 다른 책들에서와는 달리 예화와 익살스러운 표현들을 구어체 설교의 현장성을 살리기 위해 그대로 두었다. 교수님들의 수업 관련 유머들은 장신대 신대원생들의 유머감각에 호응할 정도로 처리되었음을 일러둔다.